민족주의란?

- 낭만적 민족주의 비판 -

민족주의란?
−낭만적 민족주의 비판−

초판 1쇄 발행 2018년 8월 10일
초판 2쇄 발행 2024년 5월 25일

지은이 ㅣ 권순철
펴낸이 ㅣ 윤관백
펴낸곳 ㅣ ◪선인

등 록 ㅣ 제5-77호(1998.11.4)
주 소 ㅣ 서울시 양천구 남부순환로 48길 1, 1층
전 화 ㅣ 02)718-6252 / 6257
팩 스 ㅣ 02)718-6253
E-mail ㅣ suninbook@naver.com

값 27,000원

ISBN 979-11-6068-196-3 93300

민족주의란?

-낭만적 민족주의 비판-

권순철

머리말

　한국 민족주의는 산업화, 민주화 과정을 거치면서 충분히 성장했다고 여겨지지만 이념의 저변에는 아직 정리되지 않고 남아있는 갈등의 뿌리가 있다. 그것은 식민지배에 대항하고자 했던 저항민족주의, 낭만적 민족주의 요소와 자유민주주의체제를 뿌리내리고자 했던 시민민족주의의 흐름이다. 민족, 민족주의 그 흐름의 실체가 무엇이기에 갈등과 반목의 골을 메우지 못하고 혼란의 세기를 넘으려 하는가 하는 안타까움이 끊어지지 않았다. 우리에게 민족*nation*, 민족주의*nationalism*가 과연 무엇이기에 왜 갈등과 혼란의 중심에서 벗어나지 못하고 있는지 낭만적 민족주의에 대한 비판을 통해 그 연원을 알아보는 것은 이 땅을 살아가고 있는 국민의 한사람으로서 마땅한 일이라 생각된다.

　민족은 역사적이고 실천적인 개념이다. 민족을 어떻게 규정하고 공유해야 하는가의 문제에 대한 답을 찾기 위해 한국 민족주의의 형성·전개 과정에서 남북한의 낭만적 민족주의에 대한 문제를 비판적으로 고찰해 보고자 했다. 낭만적 민족주의는 문화, 언어, 혈통 등의 종족적 요소를 포괄한다. 그중 문화는 광범위한 개념으로 일반화가 쉽지 않다. 그것은 국가적 이데올로기로 오용될 위험성을 지녔고 오늘날 자유민주주의 체제의 보편적 가치를 뛰어넘을 수 있는 문화적·낭만적 개연성의 큰 오류를 가지고 있다. 민족주의 개념에 대한 Rousseau의 '주권재민' 이념을 중심으로 한국 민족주의 흐름의 근원과 그 정체성을 정립해야 한다. 개인의 자유와 평등에 대한 이념적 가치 기준에서 낭만적 민족주의를 평가했다.

민족주의란 사람의 가치관으로 민족 또는 국민이 정치의 근원이 되어야 한다는 이념에서 출발한다. 민족은 국가를 소유하고 있는 국가 시민 그 자체를 가리킨다. 그래서 '국민주권'은 국가권력의 뿌리가 된다. 즉 민족의 일차적 의미는 정치적인 것이다. 민족과 국민과 국가 간에는 정치적 등식이 성립하게 된다. 민족주의는 보편적 인권 개념과 직접적으로 연관되어 민주주의를 기반으로 하고 있다. 단순히 종족이나 문화적 동질성의 문제가 아니라 개인의 자유의지에 의한 선택과 동의가 전제되어야 한다. 국민이 곧 민족을 일컫는 것이다.

시민혁명과 함께 등장한 프랑스 민족주의도 신분제를 철폐하고 자유와 평등의 원리에 입각하여 대내적으로 '주권재민' 원칙을 확립하였다. 여기서 '민족' 개념의 가장 핵심적인 내용이 바로 '자유'와 '평등' 사상이다. 민족주의에 내재된 이러한 자유와 평등의 요소를 무시하고 개인보다 집단을 앞세우는 낭만적(집단적, 폐쇄적) 민족주의는 민족주의 근본 사상과 부합되지 않는 '민족 이데올로기'에 불과한 것이다.

아직도 우리사회에는 민족과 민족주의 개념을 둘러싼 오해와 논란이 계속되고 있을 뿐만 아니라 심지어 '민족'을 특정 정치적 목적을 위해 이용하려는 '민족 이데올로기'의 부정적 영향마저 나타나고 있다. '민족'은 단순히 '종족'이 아니라 근대국가 통치의 명분과 인적 구성체로서 정치적 의미를 갖는 '국민'이다. '민족' 개념에 대한 혼란이 야기되는 이유는 '주권재민' 사상이 바탕이 된 루소적인 nation 요소에 대한 이해가 결여되어 있기 때문이다.

북한은 원래 민족주의에 대해 부정적이었다. 1957년 김일성은 "우리는 모든 부르주아 민족주의와 배타주의를 배격합니다"라고 민족주의를 배격했다. 1986년 7월 김정일이 '조선민족 제일주의'를 주창하면서 북한 지도부의 민족주의에 대한 인식에 일대 전환은 1980년대 후반 사회주의 체제의 몰락 과정에서 소련과 중국 및 동구 사회권의 변화 바람을 차단함으로써 체제유지를 위한 것이었다.

북한의 민족관은 '주체의 민족관'에 근거를 두고 있다. 민족주의가 주체사상의 하위개념으로 내면화되어 버린 것이다. 북한의 민족은 단지 수령, 왕조체제에 대한 복종이 필요한 김일성 민족주의일 뿐이다. 이러한 김일성주의를 포장하는 외피가 바로 북한판 민족주의이다. 자유·평등 사상을 근간으로 했던 '주권재민'의 민족주의가 북한 왕조세습 지배 세력의 체제 유지를 위해 철저히 왜곡되어 지배 이데올로기로 이용된 것이다.

'민족' 개념이 종족적·문화적으로만 이해된다면 루소의 nation적 요소의 결여는 물론 '국민'이라는 개념이 포착되지 않을 뿐만 아니라 남과 북을 하나의 민족개념으로 보아 주권국가로서 대한민국의 정치체제 자체에 대한 부정적 이념의 도구로 전락될 수 있다.

대한민국은 '우리민족끼리', '민족 공조'라는 선전을 통하여 적절히 남남갈등을 조장하고 이용하는 문화진지적 헤게모니 전략에 너무나 쉽게 휘둘렸다. 남한 사회에 민족에 대한 뚜렷한 개념 인식이나 '융합의 지혜'를 형성할 인텔리겐챠들의 지식사회학적 활동이 너무나 부족했다.

이제 민족주의가 정치적으로 지배체제 헤게모니 장악을 위한 지배 이데올로기로 이용되어 왔던 낭만적 민족주의의 역사를 냉철하게 비판할 수 있어야 한다.

시민 민족주의(civic nationalism)의 내면화는 곧 낭만적 민족주의(romantic nationalism)의 극복이며 대한민국 정체성의 강화이다. 민족은 자유와 평등의 이념 없이 형성될 수 없기 때문에 민족주의는 그 출발부터 민주주의와 동일한 것이다. 루소의 민족주의는 모든 주권이 국민으로부터 비롯되는 '주권재민' 사상을 명확히 천명했다. 시민 민족주의는 한국 민족주의를 보는 유일한 관점이 되어야 할 것이다.

끝으로 이 책은 대학원 박사과정 최우수 논문으로 선정되었던 내용을 정리한 것이다. 특별히 이 책의 발간을 권장하시고 깊은 관심과 애정 어린 가르침을 주셨던 혜사(蕙史) 노재봉 선생님(서울대 교수, 제22대 국무총리)께 깊은 감사와 존경을 올린다. 대한민국 자유민주주의 체제 수호를 위해 함께 골몰하였던 한국자유회의 조성환·김영호 교수님과 박석홍 주필님, 서명구·유광호·강량·이옥남 박사님, 김용철, 도희운님께 고마운 마음을 드린다.

이 책의 발간을 위해 수고해주신 도서출판 선인 윤관백 사장님을 비롯한 관계자 여러분에게 감사드린다.

2018년 8월

雲岩 권 순 철

차 례

제1장

서 론

민족은 정치적이고 실천적인 개념이다. 그런데 한국 민족주의는 사회 갈등의 중심에서 벗어나지 못하고 있다. 민족을 어떻게 규정하고 공유해야 하는가의 문제에 대한 심각한 고민의 흔적이 보이지 않는다. 문제의 답을 찾기 위해 한국 민족주의의 형성·전개 과정에서 나타난 민족의 개념과 남북한의 '낭만적 민족주의'에 대한 비판적 평가를 통해 '민족' 개념의 왜곡과 우리에게 '민족주의'란 무엇인가에 대해서 알아보고자 한다. 특히 낭만적 요소 중 문화는 인류학 분야를 형성시킨 핵심 개념이지만1) 포괄적이며 광범위한 개념으로 일반화가 어렵다.2) 그만큼 문화가 어떤 특정한 의미로 해석되고 소수 특권층이 독점할 때 결국은 정통성이 왜곡되는 모순을 야기할 수 있다. 따라서 합리적인 민족 개념을 기반으로 민족을 어떻게 규정하고 그것을 어떻게 공유해야 할 것인가의 문제를 민족·민족주의에 대한 근원적 본질에서부터 조명해 본다.

1. 민족, 민족주의

　1648년 베스트팔렌(Westphalia) 조약은 근대적인 국제관계에서 주권국가들 간의 상호주권 원칙을 평등한 관계로 만들었지만 '주권'(sovereignty)의 행사자는 1789년 프랑스 시민혁명을 거치면서 절대군주3)에서 인민(people)에게로 넘어갔다. 비로소 탈 중세적 주권국가인 진정한 근대 '국민국가(민족국가)'로 발전하게 된 것이다. 루소의 '주권재민'4) 사상을 바탕으로 근대 국민국가는 군주가 지배하는 국가에서 자유주의적 민족주의의 '인민'을 대표로 하는 국가로 바뀌었다.5) 주권의 원천이 군주로부터 국민에게로 넘어간 것이다. 이것은 루소의 일반의지에 의한 '주권론'으로,

계몽사상에 자유와 평등사상을 불러 일으켜 프랑스 시민 대혁명을 완성시켰고 근대국가 이념의 기초가 되었다.

오늘날 민족(nation)[6]이 정치적 의미를 가지고 작동하기 시작한 것도 근대에 와서라고 할 수 있다. 민족은 근대 초기 절대왕정이 등장하면서부터 정치적 의미를 갖기 시작하였지만 프랑스 혁명에서 '자유·평등·박애'의 인권선언이 공표되어 군주의 절대권이 거부되고 성직자·귀족의 특권이 폐지되었다. 곧 민족주의란 절대군주에 대항하는 공화제와 민주주의를 뜻하는 것이라 할 수 있다.

민족주의는 본질적으로 국가 권위의 정통성을 보장해주는 역할을 한다.[7] 민족주의는 국민과 영토성을 매개로 국가성을 상징하게 된다. 민족국가(nation-state)는 민족으로 구성된 국민, 인민주권의 개념을 가지고 있다. 주권과 민족주의는 근대국가의 가장 근본적인 토대가 되었다. 주권과 민족주의의 상호 관련성은 근대국가의 발전 과정에서 근대국가에 정통성을 부여하는 것으로 다른 어떠한 개념보다 중요한 사항이었다. 서구 근대국가는 인민의 주권을 통해 국가의 권력에 대한 정통성을 부여받고, 민족주의를 통해 국가의 권력 작용을 용이하게 하였다.

즉 민족이 주권적 주체가 되어 만들어 낸 국가가 바로 근대 민족국가이다. 따라서 근대 민족국가는 그 출발부터 '자유'라는 자유주의의 원리와 '평등'이라는 민주적 원리를 동시에 내포하고 있었다. 민족주의에 내재된 이러한 자유와 평등의 가치를 간과한 채 개인보다 집단을 앞세우는 것은 민족주의의 근본 사상과는 뿌리째 결별한 낭만적 '민족 이데올로기'에 불과한 것이다.

토크빌은 "미국 민족주의의 '시민적 애국심'은 모든 사람이 법 앞에 평등함을 느끼고 개인의 권리를 자유롭게 행사하면서 나라의 번영이 개인의 번영과 일치한다는 생각을 갖게 될 때 생겨나는 나라 사랑하는 마음이다"라고 하였다. 이것은 민족주의가 집단이 아닌 개인의 자유와 평등, 인권, 법치 등의 민주주의 원칙들에 대한 동의를 전제로 함을 얘기하고 있다. 즉, '시민적 애국심'은 맹목적인 사랑과 충성을 의미하는 것이 아니라 자유와 민주, 법치와 인권 등과 같은 자유민주주의적 가치들을 공유하고 실현하기 위한 노력의 과정에서 생겨난다.[8]

민족주의란 이처럼 매우 실천적인 개념으로서 단순히 학술상 필요에 의해 만들어진 추상적인 것이 아니다. 민족주의는 때로는 생명을 걸고 싸우던 명분이며 여러 국가의 정책적 국운을 걸었던 가치관이었다.[9] 즉 민족주의는 사람의 가치관이며 그 사람과 집단이 생활하는 지역과 환경에 따른 특수성을 지니고 있다. 민족주의는 민족 또는 국민이 정치의 근원이 되어야 한다는 가치관에서 출발한다. 민족주의는 타(他)에 대하여 자주와 독립을 요구하는 민족자결권으로, 안으로는 자유와 평등 이념을 바탕으로 한 국민주권 개념으로 발전하게 된다.

이러한 관념은 르낭(Ernest Renan)의 "민족의 존재는 매일 매일의 국민투표다"라는 말에서 극명히 드러난다. 르낭의 말은 국민이 곧 민족임을 일컫는 것이다. 민족주의는 단순히 종족이나 문화적 동질성의 문제가 아니라 개인의 선택과 동의가 중요하다는 점을 강조하였다. 촛불과 같은 민중적인 낭만적 집단이 아닌 개인의 자유의지에 의한 선택과 동의가 민족의 존재 여부를 결정짓는 가장 중요한 기준이 되는 것이다.

홉스봄(E. J. Hobsbawm)에게도 민족에 대한 기본적인 개념은 정치적인 것으로 민족은 국가와 국민을 동일한 맥락으로 등식화 한다. 이것은 보편적 자유와 권리 개념이 직접적으로 연결된 민주주의를 그 기반으로 하고 있다. 마이네케(Fredrich Meinecke)의 민족 개념도 바로 "국가민족(staatsnation)"이다. 이것은 개인이 민족을 자유롭게 선택할 수 있는 의지나 주관적 신념이 있다는 데서 연유한다.

시이에스(Sieyès)는 민족을 '공통의 법률' 아래 '동일한 입법체계'를 통해 반영되는 '결합된 개인들의 총화'로 규정하였다. 즉 국가를 소유하고 있

는 국가 시민 그 자체를 가리킨다. 그래서 '인민주권'은 국가권력의 뿌리가 된다.[10]

시민혁명과 함께 등장한 프랑스 민족주의도 신분제를 철폐하고 자유와 평등의 원리에 입각하여 대내적으로 '주권재민' 원칙을 확립하였다. 특정 계급이 주권의 주체가 되어서는 안 되고 자유롭고 평등한 모든 인간, 즉 민족 혹은 국민이 국가 권력의 기초가 되어야 한다고 한 것이다. 이것은 근대적 의미의 '민족' 즉 국민을 탄생시킨 혁명적 이념이었다. 여기서 '민족' 개념의 가장 핵심적인 내용이 바로 '자유'와 '평등'사상이다.

한국 민족주의에서 '민족'이라는 말은 1905년 이후부터 본격적으로 사용되었다. '민족'이라는 용어는 량치차오(梁啓超)의 『음빙실문집(飮氷室文集)』에 실린 '민족론'에서 기원했다.[11] 우리가 사용하는 '민족'은 일본에서 네이션(nation)을 번역한 것을 들여와 보편화한 것이다.[12] 한국 민족주의는 일제강점기 제국주의에 저항할 수밖에 없는 상황에서 자유민주주의체제에 대한 기본 바탕도 없이 민족주의의 문화적이고 낭만적인 면이 먼저 자리 잡게 된다.

량치차오의 영향을 받았던 신채호는 '민족'을 역사 서술의 주체로 삼았다. '민족' 개념은 1919년 3·1 운동을 통해 지식인만이 아니라 대중적 차원으로 확산되는 계기가 되었다. 이로 인하여 조선은 국가의 주인이 왕에서부터 국민으로 옮겨가면서 국권 회복을 위한 민중의 주체적인 행동이 모색되었다. 이 후부터 한국 민족주의는 주권재민 사상의 개별성이 아닌 집단적 낭만적 민족 관념이 배태하게 된다.[13]

이렇게 탄생한 한국의 민족주의는 낭만적 한계성을 넘지 못했지만 그 역사적 의의는 뚜렷하다. 유교, 실학사상, 대원군의 정책, 동학농민운동, 3·1 운동 등 자발적인 주체성을 갖추며 한국 민족주의는 평등사상을 기초로 국민주권을 지향하였고, 나아가 국가주권적 민족 개별성을 기초로 민족자결주의와 결부된 귀중한 역사적 수확을 얻었다.

일제강점기 유기적 '민중'에 치중할 수밖에 없었던 낭만적 한계성은 어쩔 수 없는 시대상황의 영향이 컸다고 하겠다. 단재 신채호의 '저항 민족주의'도 실제 낭만적 민중의 무정부주의적 사조의 영향을 받아 형성되었다고 할 수 있다. 우리의 경우 개인의 주권의식이 자리 잡지 못한 상태에서 민족이 유기적 집단성과 일체성으로 전면에 나타나게 된 데에는 제국주의의 침략과 일제 식민지라는 역사적 상황이 그렇게 만든 것으로 보아야 한다.

민족 개념을 개인의 자유의지로부터 보는 것이 아니라 집단적 관점에서 본 것이다. '주권재민' 사상에 입각한 국가체제의 노력보다는 민중이라는 대중의 힘에 의해 공동체의 문제를 해결하고자 하는 비제도권적 무정부적 관념일 수밖에 없는 부분이다. '근대'를 표방하는 지식인이 아니라 주로 '민중'에 의해 인도되어 왔다는 점에서 적지 않게 전근대성을 안고 있었다.

민족주의가 가진 다의적인 성격만큼이나 한국 민족주의는 다양한 이념체계들과 결합하면서 여러 가지 형태로 나타났다. 우리는 이제 민족과 민족주의의 개념적 이해를 바탕으로 대한민국 사회의 수많은 갈등 저변에 자리 잡고 있는 민족과 관련된 이념적 지도를 따라 소위 '접두사 민족주의'[14]라는 단순치 않은 민족주의 논의 구도에서 한국 민족주의가 형성되고 성장해오면서 아직까지 왜 논란과 혼돈의 끝을 보지 못하고 갈등의 중심에 있어야 하는지를 알아야 한다.

루소는 프랑스 혁명에서 나타난 민족주의가 인간의 보편적 자유와 평등에 대한 이성적 믿음에 대한 결과였다고 보았다. 그것은 '민족성(nationality)' 개념에 기초한 민족자결주의와 '일반의지' 개념에 기초한 인민주권 사상이다. 그는 인간의 "'일반의지'를 자유와 평등 그리고 공동선의 보장자이며 법의 원천이다"라고 강조하였다.[15] 루소의 '일반의지'는 애국심이 최고의 선이 될 수 있도록 하는 것이다.[16] 루소의 애국심은 무조건적인 사랑이 아니었다. 국가가 시민의 생명과 자유, 안전 등을 보장하지 못한다면 국가는 시민으로부터 사랑받는 대상이 될 수가 없다. 일반의지는 자유·평등 가치 실현의 의지이며 법의 원천이 된다. 주권은 곧 일반의지의 행사다. 루소의 민족주의는 자유와 평등이념을 기초로 모든 주권이 인민으로부터 비롯된다는 '주권재민' 사상을 명확히 하였다.

동포 혹은 동족을 민족(nation)과 동일시하였던 한국 민족주의는 국민주권적인 성격보다는 종족주의적 색채가 더 강했다. 일제강점기라는 침략의 역사적 상황 아래서 개인의 권리의식이 뒷받침되지 못한 채 민족은 집단성과 일체성으로 전면에 대두되었다.[17]

한국은 역사적인 단일 민족으로서 종족적 의미를 더 짙게 두었다. 한국 민족주의의 전통 개념인 '겨레', '민족'이 지닌 성격을 놓고 봤을 때 한국 민족주의는 시민적 민족주의보다는 낭만적 민족주의에 가깝다고 볼 수 있다.[18] 반면에 민족주의 운동의 주체인 민족은 프랑스 혁명에서 "인간과 시민의 권리선언"이 공표한 주권과 인권, 시민권자들이다. 즉 민족주의는 민주주의적 지향성을 가지며, 낭만적 개념과 대비되는 정치적 개념이다.[19]

최근 한국사회를 뜨겁게 달구고 있는 『한국 근·현대사』를 둘러싼 이른바 '역사전쟁', 진보와 보수의 정치공학적 충돌을 넘어 갈등의 근본 원인이 무엇인가. 남북분단 이후 특정 이데올로기에 결합된 민족 개념의 등장으로 한국 민족주의가 분열과 갈등을 겪어 왔다는 사실에 주목한다. 민주주의의 내면화가 없는 낭만적 민족주의의 이데올로기적 관념을 넘어 정치적 자유주의의 근본으로 돌아가 자유민주적 기본질서라는 헌법적 가치가 지켜지는 화이부동(和而不同)적 성찰의 지혜가[20] 필요하다.

민족 정체성을 공유함으로써 발생하는 '귀속감'(a sense of belonging)

은 자유주의적 가치 실현에 중요한 역할을 하게 된다. 밀(John Stuart Mill)은 "민족 정체성은 정부가 자유주의적 제도의 질서 등을 이룩하기 위해 반드시 필요한 것"이라고 역설한다.[21] 정치적 견해의 통합을 위해[22] 자유주의적 제도들이 유지되기 위해서도 공동체 구성원 상호 간 문화적 귀속감(동료애)은 매우 중요하다. 귀속감은 정치체제에 대한 애정 즉 애국심의 기초를 제공하게 된다.[23]

정치적 견해의 합리적인 통합과 귀속감의 형성은 한국 민족주의가 한 단계 더 성장하는 데 중요한 모멘텀이 될 것이다. 대한민국이 1987년 민주화를 성취한 이후 끊임없이 이어져온, 민족주의를 중심으로 한 갈등의 연원이 무엇인지 민족 개념의 변용과 한국 민족주의의 형성·전개 패러다임에 대한 평가를 낭만적 민족주의에 대한 비판적 분석을 통해 확인해봐야 한다. 그리고 정치체제와 '융합의 지혜'라는 그 발전적 모멘텀을 찾아본다.

2. 한국민족주의에 대한 관점

본 연구의 범위를 설정함에 있어서 한국 민족주의는 서구처럼 완성된 민족주의가 아니라, 급박한 일본 제국주의 침략에 대한 저항을 목표로 한 민족주의였다. 국가적 위기를 극복해야 할 절실했던 시기의 유기체적 집단주의, 권위주의, 국가주의적 요소가 내재된 저항 민족주의였다. 그것은 국가적 이데올로기로 오용될 위험성을 지녔고 오늘날에는 자유민주체제의 보편적 가치를 뛰어넘어도 된다고 착각할 수 있는 오류를 야기할 수도 있다[24]는 문화적·낭만적 민족주의 관점들을 중심에 두고 있다.

본 연구는 남북한의 낭만적 민족주의에 대한 비판적 평가를 위해 우선 민족·민족주의의 기원과 이론적 배경을 이해하고 남북한의 민족주의에서 낭만적 민족주의가 형성되고 전개되어 온 과정을 통해 평가의 대상을 식별하고 비판한다. 낭만적 민족주의에 대한 분석의 틀은 한국 민족주의가 형성되고 전개되는 과정에 분단이라는 현실과 직면하면서 남북이 상이한 체제에서 민족주의가 발전한 상황을 감안하여 남한의 문화적·낭만적인 요소와 북한의 낭만적 주체 민족주의를 구분해서 분석하였다.

한국 민족주의는 국권을 상실한 뼈저린 역사적 체험을 하였고, 외세에 의해 분단된 국가로서 민족적 가치가 더욱 절실할 수밖에 없었던 대한민국이 받아들였던 민족, 그 민족(nation)의 기원으로부터 한국 민족주의가 태동하고 전개·발전되었던 과정들에 대한 연구를 시도한다. 이를 위해 먼저 프랑스 혁명의 원초적 이념이었던 루소의 자유·평등에 대한 가치의 관점을 정립한다. 한국 민족주의의 실체적인 모습을 보기 위해 이데올로기적인 요소를 배제하고 '주권재민 사상', 오직 개인의 자유·평등에 대한 시민 민족주의의 가치이념을 바탕으로 한국 민족주의의 형성·전개에 대한 패러다임을 평가해 보고자 하였다.

평가의 기준을 설정하기 위해 근대 국민국가의 이념적 기초가 된 민족·민족주의 개념에 대한 이론을 루소(Rousseau)와 헤르더(Herder)를 중심으로 먼저 이해한다. 초기 한국 민족주의에 영향을 끼쳤던 중국·일본 등 동아시아 국가 민족주의와 근·현대 한국 민족주의의 유래로부터 산업화·민주화까지의 과정을 통해 한국 민족주의 흐름의 근원과 그 정체성을 파악한다. 민주화 이후 시기는 남한과 북한의 낭만적 민족주의를 분석하기 위해 한국 민족주의의 다양한 패러다임 유형들을 내어 놓고 민족 개념의 왜곡과 변용을 비판적으로 평가해보았다. 여기서 프랑스 혁명의 사상적 기초가 되었던 개인의 자유와 평등에 대한 이념적 가치를 평가의 기준으로 삼았다. 민족·민족주의가 가졌던 고유 가치가 집단적, 유기체적 문화·낭만 민족주의로 왜곡, 훼손되지 않고 시민 민족주의로의 성장을 위해 더욱 내면화 되어야 하기 때문이다.

본 연구에 필요한 자료는 학술지에 등재된 KCI 논문을 비롯하여 SCI, SSCI 혹은 SCOPUS 등 해외 학술지에 등재된 논문자료들을 중심으로 국내외 단행본, 정기 간행물, 인터넷 등의 자료를 활용하였다.

본 연구는 제1장 서론에 이어 제2장에서 민족주의에 대한 문제의식을 제기하고 근대 국민국가 탄생의 이념적 기초가 된 민족 개념의 현실적 문제에 대한 연구 방향을 제시한다. 민족주의의 기존 이론에 대한 주요 관점들을 살펴보고 시민 민족주의와 낭만적 문화 민족주의에 대한 개념을 정립한다. 한국 민족주의에 시민 민족주의가 왜 필요한지에 대한 관점을 제시하면서 남북한의 낭만적 민족주의에 대한 비판적 평가의 필요성을 주장한다.

제3장에서는 한국 민족주의가 태생에서부터 성장·발전하는 과정에 가지게 되는 변화와 외부적 다양한 영향에 의해 어떤 모습으로 그 패러다임이 변화되어 왔는가를 파악한다. 한국 민족주의에 있어서 남한의 낭만적 민족주의 영역에 대한 고찰 및 비판적 평가를 한다. 이념적 유형과 양면성, 저항 민족주의의 한계성 등 한국 민족주의의 상황적인 이중성을 분석한다. 또한 한국 민족주의의 이념적·종족적 전근대성을 파악하면서 낭만적 민족주의에 대한 평가를 통해 한국 민족주의의 태생적 한계성과 종족적 취약성을 비판한다. 그리고 제4장 북한의 주체 민족주의를 중심으로 한 낭만적 민족주의 패러다임에 대한 분석 방향을 제시한다.

제4장에서는 북한의 낭만적 민족주의를 해체해보면서 북한 문화·낭만적 민족주의의 토대가 된 주체 민족주의를 다양한 유형의 민족주의 패러다임을 통해 민족 개념이 왜곡되고 변용되어온 실태를 분석한다. 민족주의의 기본 이념인 개인의 자유와 평등의 가치가 과연 얼마나 반영되어 있는지 확인 과정을 통해 한국 민족주의가 겪고 있는 이데올로

기적 갈등과 혼란의 중심점에 있는 북한 문화·낭만 민족주의의 실상을 통해 우리 민족주의가 이데올로기로 변용되어진 부분을 비판적으로 평가한다.

제5장에서는 한국 민족주의의 역사적 흐름과 비판적 평가 과정을 통해 루소의 자유와 평등의 보편적 가치 이념을 실현할 수 있는 시민 민족주의의 내면화와 공화주의적 애국주의로의 한국 민족주의 발전 방향을 모색한다.

끝으로 제6장 결론에서는 제3장과 제4장 한국 민족주의에서 남북한의 낭만적 민족주의 패러다임에 대한 비판적 평가 결과를 총괄한다. 그리고 한국 근·현대 정치사에 가장 본질적인 문제라고 할 수 있는 한국 민족주의에 있어서 토크빌의 '질적 평등'과 정치적 자유주의와의 결합을 통해서 사회적 갈등을 해소하고 시민적 민족주의의 내실화를 위한 융합의 지혜(prudence)를 기대한다.

"nation", '민족' – 우리에게 '민족주의'란 무엇인가?

제2장

민족주의 이념과 낭만적 민족주의

제1절 현실인식과 민족주의 이념

1. 한국 민족주의에 대한 현실 인식 문제

한국 근현대사에서 끊임없는 논쟁의 대상이 되어온 민족주의란 과연 무엇인가? 민족지상주의, 낭만적 민족주의, 민족 제일주의, 우리민족끼리, 민족 공조론 등 민족과 관련한 수많은 접두사의 변화와 함께한 북한의 민족주의 담론들 속에 담겨진 민족의 의미는 무엇인가? 저개발 국가에서의 민족주의 논리처럼 국가의 정통성을 위해 대중의 동원 이데올로기로 기능하고 있는 단순한 종족적 민족 개념인가? 왜곡되어 변용된 이데올로기로 남아 그냥 필요에 의해서 만들어진 껍데기 민족주의인가?

남·북한은 정치적인 면에서 자유민주주의와 인민민주주의로, 사회경제적으로는 자본주의 시장경제와 사회주의 명령경제라는 체제적으로 분립된 모순을 안고 있다. 남한은 민주화의 산고를 거치면서 체제와 권력이 다원화되고 민주화를 달성하면서 정권(권력)과 국민 사이의 모순이 많이 해소되고 국가적인 부(富)도 가지게 되었지만 북한은 이미 역사성을 상실한 레닌주의적 일당 세습지배의 "현대판 세습적 전체주의체

제"를 유지하고 있다.[1]

북한은 김정은 체제 등장 이후에도 체제(regime)의 안정을 위해 김일성 민족주의 담론을 강화할 수밖에 없었다. 1972년 7·4 남북공동성명에서 비롯된 '민족대단결론'으로부터 부시 행정부의 '악의 축' 발언으로 촉발되었던 대북 압박정책 시 2000년대 경제적 고립위기 타개와 남북관계 개선의 바람을 타고 강화하였던 민족 공조 전략도 버리지 못했다. "민족은 전체요, 계급은 부분"이라는 『위대한 주체사상 총서』의 민족지상주의적 기조[2]를 유지하면서 김정은 체제의 대를 이은 사회주의 강성대국 건설의 정당성을 획득하고자 하였다.[3]

김정일에서 출발하였던 조선민족 제일주의, 우리민족끼리, 민족 공조론 등 낭만적 민족주의 관념은 한국 민족주의가 넘어야 할 과제가 아닐수 없다. 문화가 소수 특권층이 독점하여 정통성이 왜곡된 모순을 정당화 하고자 할 때, 그리고 그것을 전략적으로 이용하려 할 때, 이를 극복하기 위해서는 우선 그 실체를 알아야 한다는 데는 이론의 여지가 없을것이다.

한국 민족주의가 가지고 있는 또 한 가지 특성이자 한계라면 개체의 문제일 수 있다. 개인이 결여된 민족주의는 유기체적 민중주의로서 민족주의의 헤게모니가 변용될 개연성을 가지고 있다는 문제점이 있다. 근·현대 사상사에서 개인주의의 결여 문제는 근대사상에 일반적인 현상이라[4]고 하지만 근대적 개인은 민족 구성원으로서 가져야 할 의식이나 자세에 소홀히 함으로써 완성된 민족국가의 결손 요소로 남을 수 있다[5]는 점이다. 근대적 개인이 가져야 할 의식이나 자세에 대하여 고민해 보아야 한다.

대한민국은 한때 연간 갈등의 사회적 기회비용이 GDP의 24.6%에 도달했고, 한국의 사회갈등 수준이 OECD 27개 국가 중 2위로 매우 심각한 상태이며 연간 300조 원이 넘는 경제적 손실을 보고 있는 갈등 공화국이라고 했다.[6] 모든 남북문제에 현실적으로 등장하는 '남남갈등', 역사문제에 대한 인식의 차이 등 갈등 해소의 통로가 없는 대한민국이었다.

민족주의의 낭만적 이데올로기적 요소를 극복하고 좌·우 경직 사회에 균열을 크게 만들어 화이부동적 열린사회, 좌·우 유연 사회로의 변화를 기대할 수 있는 길은 무엇인가? 사회를 '지킬 앤 하이드'로 보는 이분법적 관념을 넘어설 수 있는 전진적 민족주의는 없는가? 근대국민국가 탄생의 이념적 기초가 된 민족주의에 대한 기본 개념을 이해하고 낭만적 민족주의 패러다임에 대한 현실적인 문제점들을 분석하여 냉정하게 평가할 수 있어야 한다. 이 책은 남과 북이 '하나의 민족'이라는 감성적이고 낭만적 민족관념으로부터 왜곡된 민족, 민족주의에 대한 인식을 새로이 갱신함으로써 대한민국의 국가정체성인 자유민주주의 체제 위협에 대한 분명한 대응 가치관을 찾아야 하는 현실 인식에 대한 절박성을 담고 있다.

2. 민족·민족주의의 이론적 관점

1) 근대국가의 정치이념

1648년 30년 전쟁을 종식시킨 베스트팔렌(Westphalia) 조약의 체결은 근대적인 국제관계를 출현시켰다. 여러 국가의 집합체가 상호주권의 원칙하에 주권국가들 간의 평등한 관계로 이루어진 탈 중세적 근대 국제질서가 처음으로 이뤄진 것이다. 그러나 '주권'(sovereignty)의 행사자는 지배 영토 내에서 거주 주민에 대하여 강압적 통치권을 행사하던 절대군주였고[7] 진정한 탈 중세적 주권국가는 1789년 프랑스 시민혁명을 거치면서 비로소 근대 '국민국가(민족국가)'로 발전하게 된다. 주권의 행사 주체가 절대군주에서 인민(people)으로 넘어간 것이다. 루소의 '주권재민'[8] 사상을 바탕으로 한 자유주의적 민족주의의 근대 국민국가는 군주가 지배하는 국가에서 '국민'을 대표하는 국가로 바뀐 것이다.[9] 주권의 원천이 군주로부터 국민에게 옮겨지고, 군주정치가 기본 인권이 보장된 법률에 의한 통치로 변화되었다. 루소의 일반의지에 의한 '주권론'은 계몽 사상가들에게 자유와 평등·민권사상을 불러 일으켜 프랑스 시민 대혁명을 완결시켰고 그것은 근대국가 이념의 기초가 되었다.

2) 국가와 민족

(1) 국가, 근대국가

국가(state)라는 말은 르네상스 시대에 사용된 라틴어의 'stato'의 '선다'는 말에서 유래되어 'status'의 지위, 신분이란 의미로 전환된 후 오늘날 'state'의 국가란 의미로 변화되어 사용되고 있다. 국가란 말이 처음 사용된 것은 마키아벨리(N. Machiavelli, 1469~1527)의 군주론이었으며, 그는 저서에서 "많은 사람들이 현실에서 존재했다고 알려진 적이 없는 공화국과 군주국을 상상해왔다"[10]라고 말함으로써 국가라는 말을 공화국, 군주국 등을 포괄하는 용어로 일반화 하였다.

아리스토텔레스(Aristoteles, B.C. 384~B.C. 322)는 국가의 의미를 "정치적인 동물이라는 인간성에 의해 결정된 생활형성체"라고 하였다. 막스 베버(Max Weber)도 국가를 "일정한 영역 안에서 정당한 물리적 강제력의 독점을 효과적으로 요구하고 행사하는 인간의 공동체"라고 정의했다. 이처럼 국가의 정의는 동일하게 표현되는 경우가 흔치 않은데 베버주의 국가가 가정하는 것은 국가가 매우 합리적인 존재라는 점이다. 합리적으로 존재한다는 것은 자신의 이익을 위해서 국가가 움직인다는 것이다. 이러한 국가는 지배권을 행사할 수 있는 공간 범위 및 장소로

써 영토·영해·영공이라는 영역을 가지고 있으며 영역 개념은 근대국가가 형성되면서 시작되었다.[11]

근대적인 의미에서의 국가는 공간적으로 볼 때 대부분 서유럽에서 처음 발생하여 전 유럽으로 확산되었다. 즉 근대국가는 유럽에서 처음 출현하여 '민족'을 중심으로 형성되었으며 민족주의는 근대 민족국가 통일의 기본 원리로 제기되었다. 민족주의가 태동할 당시 전쟁을 통해서 영토를 확장한 정치 지도자들이나 정책 입안자들은 에쓰닉(ethnically)하게 다른 거주민들을 효과적으로 통제하거나 동원하기 어려웠다. 이때 국가들에게 필요했던 것이 민족주의 관념이었다.

근대 국민국가는 도시 중심의 중세사회에서 국가 중심의 근대사회로의 변화 과정에 민족 개념을 동원했다. 생존을 위한 생활의 단위는 지역 단위에서 국가라고 하는 보다 큰 단위로 변화하기에 이른다. 하나의 존재 단위는 그 자체로서 존립할 수 있게 해 주는 동일성의 영역을 필요로 한다. 하지만 국가의 동일성 영역은 '국토'만 가지고 가능한 것이 아니었다. 물리적 외연 이상의 민족 개념이 필요했다. 즉 정치 지도자들이 민족을 만들어 국가와 동일시하게 한 것이 오늘날 민족 혹은 국가인 것이다. 이러한 '민족(nation)'과 '국가(state)'의 용어는 종종 혼란을 야기한다. 국제연합(the United Nations)의 'Nations'도 사실상 'States', 즉 국가를 의미한다.[12] 'nation'이라는 말이 국민과 민족을 동시에 뜻하며, 'nation state'가 '국민국가'와 '민족국가'로 동시에 번역된다는 사실이 이 점을 시사한다.

서구에서는 민족과 국가가 동시에 발전해왔기 때문에 민족국가와 국민국가가 동일한 개념으로 이해될 수 있다. 하지만 한국의 민족국가는 19세기 말과 20세기 초에 시도되었다가 일제강점기에 식민지를 경험하면서 민족은 존재하나 그것의 국가는 없는 형태로 양분되어 발전해 왔다.[13] 일제강점기의 한국과 같이 민족 집단이 그 구성을 위해서 국민국가를 필요로 했던 경우와 해방 후 한국처럼 국민국가의 구성 원리로 민족이라는 이념이 필요했던 경우를 구분하는 것도 필요하다.[14]

해방과 함께 남북분단이 되면서 단일민족으로 믿어왔던 한민족은 나뉘어져 서로 다른 국가를 형성하고 전쟁까지 경험한 이후 한민족 중심의 완전한 민족국가는 한반도에서 가능하지 않았다. 이러한 역사적 배경으로 국민국가와 민족국가가 다르게 발전해온 한국의 경우에는 국민국가와 민족국가의 차이에서 기인한 갈등이 민족주의의 혼돈에 끊임없이 작용하였다.[15]

민족이 주권적 주체가 되어 만들어 낸 국가가 바로 근대 민족국가이다. 따라서 근대 민족국가는 그 출발부터 자유라는 자유주의의 원리와 평등이라는 민주적 원리를 동시에 내포하고 있었다. 민족주의에 내재된 이러한 자유와 평등의 요소를 무시하고 마치 민족주의로서 개인보다 집단을 앞세우는 것은 원래 민족주의 사상과는 부합되지 않는 '민족 이데올로기'에 불과한 것이다.

프랑스와 영국의 시민적 민족주의는 특권 폐지와 국민(nation)에 대한 정부의 책임성에 대한 요구가 있었다. '시민적 민족(civic nation)'이라는 개념은 상업의 세계화로 세력을 확장하던 중간계급의 이익을 대변한 개념이다. 프랑스 혁명은 국가가 민족을 위해 존재한다는 점을 분명히 했다.[16]

(2) 민족, 실체적 개념

① 국가민족

민족이라는 용어는 'nation' 또는 'volk'를 번역한 것이다. nation은 민족, 국민, 국가를 의미한다. nation은 혈통이나 출생을 의미하는 라틴어 natio에서 나온 것으로, natio는 원래 인종이나 종족 같은 혈통 관계에 기초를 둔 집단을 의미하였다. 'nation'은 프랑스 시민혁명 이후 자유 · 평등 · 박애라는 정치적 이념을 공유한 계약공동체 내지는 합의공동체라는 새로운 의미를 갖게 되었고 민족(nation)의 구성에도 종족이나 혈통이 아닌 정치적 이념이나 시민이라는 보편적 개념이 더 중요한 것으로 인식하게 되었다. 한편 'volk'는 민중, 국민, 인민, 민족 등 다양한 의미를 지니고 있었으나 주로 이념을 공유하는 정치적 공동체 성격이 강했던 nation과는 달리 volk는 언어 · 역사 등을 같이하는 문화적 공동체 성격이 강했다.[17]

한편 우리가 사용하고 있는 '민족' 개념은 영어의 nation이나 race와도 일치하지 않고, 독일어의 volk 특히 volkschaft와 유사하다는 점도 있다. 이와 같은 민족의 개념상 차이는 민족주의의 유럽적인 전개에서처럼 자유민주주의 체제의 nation으로 통합되는 과정을 거친 것과는 달리, 한국은 역사적 단일 민족으로서 인종적 공통성에 의한 종족적 의미가 짙은 '겨레' 혹은 '민족'의 용어법이 nation과 혼돈을 불러왔다. 이것은 우리 한국 민족주의의 중심 개념인 '겨레', '민족'이 지닌 성격을 놓고 봤을 때 한국 민족주의는 'nation'적인 정치적 민족주의보다는 'volk'적인 낭만적 민족주의에 가깝게 출발했다고 볼 수 있고[18] 그것은 한국 민족주의의 갈등과 혼란의 출발이었다.

20세기 중반까지 민족 형성에 대한 개념은 크게 프랑스 혁명으로 촉발된 국가민족(state-nation)이라는 민족 개념에서 출발한 주관주의적 이론과 문화민족(culture-nation)이라는 개념에서 출발한 객관주의적 민족이론으로 나뉘었다.[19] 즉 근대 자본주의 이후 민족이 형성되었다는 주장과 근대 이전부터 종족의 정체성을 가진 민족이 오랫동안 존재했다는 주장은 이른바 민족에 대한 '주관적' 정의와 '객관적' 정의로 개념화함을 이해할 수 있다.[20]

에릭 홉스봄은 민족에 대한 객관적 정의와 주관적 정의 가운데 어떤 것도 만족스러워하지 않았고 둘 다 부족한 것으로 보았다. 어떤 경우든 이 분야 학자들에게 최선의 자세는 불가지론(agnosticism, 不可知論)이다. 그는 "서로가 서로를 같은 '민족' 구성원으로 간주하는 사람들 가운데 크기가 충분히 큰 집단을 민족으로 정의하고자 한다"[21]라고 하였다. 홉스봄은 민족을 역사적으로 특정한 시기에 근대적 영토국가, 즉 민족국가(nation-state)에 관련될 때 한해서만 사회적 실체로 보았다. 민족(nation, nationalty)을 민족국가와 연관시키지 않고 논의하는 것은 의미가 없다는 것이다. 민족이 국가와 민족주의를 만든 것이 아니라, 국가와 민족주의가 민족을 만들었다고 보았다.[22] 민족주의와 국가가 민족에 앞선 것이다. 민족의 의미는 정치적인 것이었다.

영국과 프랑스는 산업 생산력의 빠른 향상으로 부르주아 계급이 일찍 성장하였다. 부르주아 계급은 정치권력 쟁취를 위해 축적된 경제력을 바탕으로 일찍이 시민혁명을 도모하였다. 그들은 봉건적 특권계급을 제거하기 위한 이념을 정당화하기 위해 자연법사상에 의한 인권 개념을 도입하였고, 그것은 제한된 범위 내에서 민주주의의 확산을 초래하였다. 프랑스 시민혁명은 국민 주권론을 발전시킴으로써 무엇보다도 민족으로의 귀속 여부가 혈연, 언어, 관습, 전통 등 객관적 특성이 아니라 주관적 결단에 의해 결정될 수 있음을 알게 하였다. 즉 민족 구성원으로서 동질성과 평등성이 국민주권을 행사하는 것으로 확인되었고 확보될 수 있음을 보여주었다.[23] "민족의 존재는 매일 매일의 국민투표다"라는 르낭(Ernest Renan)의 말에서도 주권을 가진 국민이 곧 민족임을 알 수 있었다.

시이에스(Sieyès)는 민족을 '공통의' 법률 밑에서 동일한 입법체제를 통해 결합된 개인들의 총화로 규정[24] 민족이란 사회적이고 법률적으로 형성된 국가 구성원 전체를 뜻하게 된다. 즉 국가를 소유하고 있는 국가 시민 그 자체를 가리킨다. 민족은 혈통, 언어, 관습이나 사회적·경

제적 신분으로부터 독립하여 법적으로 동등한 권리를 획득하고 정치적
으로 각성된 시민공동체로 생성되었던 것이다. 그래서 인민주권은 국
가권력의 뿌리가 된다.

베네딕트 앤더슨은 "민족은 주권적인 것으로 상상되는 '상상의 정치
공동체'이다"[25]라고 하였다. 인쇄와 종이의 사용이 확대되면서 의사 전
달이 용이해진 것이 기반이 되어 같은 시간과 공간을 공유하는 '상상의
공동체 근간'을 형성했다고 본 것이다.

한편 한국 민족주의 이론의 선구자적인 활동을 하였던 이용희 선생은
민족을 "언어 · 혈연 · 지연 · 풍습 · 종교적 일체감 · 역사적 공동체감 · 경
제적 일체감 등으로 집결된 사회집단"으로 정의한다.[26] 이는 상상적인
것이 아니라 실체적이며 원초론적 민족 개념을 포함한 정의로 이해된
다. 선생은 단일 민족주의 시대의 민족 개념을 그대로 유지하고 있다고
본 이러한 전통적인 정의가 다민족주의에 적용되어 혼란을 야기하진
않을까 우려한다.

즉 공산주의에서 생각하는 민족에 대한 정의에서 역사공동체 개념은
역사적 단일민족을 대상으로 한 것이며 고전적 민족주의를 얘기하는
데 불과하다고 보았다. 공산주의에서 얘기하는 역사적 민족주의는 민
족 간에 불화와 불신을 불러일으키는 부르주아 사상이면서 철저한 일
국주의 입장으로 공산국가끼리 민족적 이해로 다투고 있는 당시의 현
실을 비판한 것이다.[27]

한국적 의미의 민족이 동일한 혈연과 영토, 그리고 역사와 언어, 전통
을 공유한 사람들의 원초적 공동체로 파악하는 부분에서 혈연적 · 언어
적 · 유기체적 공동체[28]로 이해하는 윤해동의 한민족 공동체는 이념적
구성물로서의 국민이 아니라 조상과 역사, 문화와 언어, 공간을 공유하
는 원초적이면서 영속적인 실체가 된다. 바로 그 점 때문에 "상상된 공
동체(imagined community)라기보다는 실체적인 공동체(real community)"

인 것이다.[29]

민족이란 '국민', '종족' 등과 유사한 수준의 개념이자 '지역', '인종' 등
과 밀접한 연관성을 가진 개념으로[30] 달리 왜곡되면서 민족에 대해 우
리와 그들을 구분 짓기 위해 단순히 동원하는 사회적 보편자로 파악한
것이다.[31] 우리와 그들의 구분은 민족이라는 동일성 자체가 발견되어
서 차이가 성립되는 것이 아니라 의도적으로 그 차이를 만들어냄으로
써 민족적 동일성이라는 것이 존재하게 된다는 것이다.[32] 종족적 동일
성의 내외적 환경과 관계에 따라 민족의 본질이 형성된다고 본 하나의
실체적 집단이 민족으로 왜곡되어 버렸다.

민족의 형성은 특정 지역에 어떤 종족이 단순히 모여 사는 것만으로
이루어지는 것이 아니다. 그 종족이 동질적 인종으로 구성되어 있고 같
은 문화와 습관 속에 동일한 언어를 사용한다면 민족 형성은 그만큼 쉬
워지는 것이 사실이지만 종족의 단일성과 언어의 통일성은 민족 형성
의 필요조건일 뿐 충분조건은 되지 못한다.[33] 즉 근대적 의미의 민족은
단순히 종족적 귀속감에서 생겨나는 것이 아니다. 르낭의 얘기처럼 선
택으로서의 민족은 자유와 평등이 보장되지 않은 상태에서는 형성될
수 없기 때문에 민족주의는 출발부터 민주주의와 함께 같이 갈 수밖에
없다.

홉스봄(E. J. Hobsbawm)도 민족의 일차적 의미를 문헌상 정치적인
것으로 보았다. 민족과 인민과 국가 간에는 정치적 등식이 성립하게 된
다. 국가민족 개념은 민족의 한계와 국가의 한계를 동일하게 보는 개념
에 기초하고 있다. 아울러 보편적 인권 개념과 직접 연관되어 생성 발
전된 개념의 틀을 가지고 있기 때문에 민주주의를 그 기반으로 하고 있
는 것이다.

마이네케(Fredrich Meinecke)의 민족 개념은 바로 '국가민족(staatsnation)'
이다. 이것은 평등한 개인은 자유 의지에 의해 민족을 선택할 수 있는

주권적 의지나 신념을 가질 수 있다는 것이다. 이러한 관념은 프랑스 종교사가 르낭(Ernest Renan)이 1882년에 얘기한 "민족의 존재는 매일매일의 국민투표이다"라는 말 속에서도 선택과 동의로서의 민족은 출발부터 민주주의의 이념적 뿌리였음을 알 수 있다.[34]

르낭(Ernest Renan)의 말은 집단에 대한 종족적 귀속감을 강조하는 '민족 이데올로기'를 비판하였다. 국가에 대한 소속 개념이 민족과 동일시되는 것이다. 국민이 곧 민족을 일컫는 것이 되는 것이다. 민족주의는 단순히 종족이나 문화적 동질성의 문제가 아니라 개인의 선택과 동의가 중요하다는 점을 강조하였다. 개인의 자유의지에 의한 선택과 동의가 민족의 존재 여부를 결정짓는 가장 중요한 기준이 되어야 한다는 것이다. 국가민족(staatsnation) 개념은 민족 구성원들의 민주적 등질성 및 평등권을 실현시키고자 하는 민족적이고 국가적인 과제를 역사적, 실천적으로 추구해왔다고 말할 수 있다.

프랑스 시민혁명과 함께 등장한 민족주의는 신분제를 철폐하고 자유와 평등의 원리에 입각하여 대내적으로 '주권재민' 원칙을 확립하였다. 특정 계급이 주권의 주체가 되어서는 안 되고 신분과 계급을 완전히 철폐한 자유롭고 평등한 모든 인간, 즉 민족 혹은 국민이 국가 권력의 기초가 되어야 한다고 한 것이다. 이것은 근대적 의미의 '민족' 즉 국민을 탄생시킨 혁명적 이념이었다. 이러한 '민족' 개념의 가장 핵심적인 이념이 바로 '자유'와 '평등' 사상이었다. 근대 국민국가 형성의 주체로서 민족은 바로 '주권을 가진 국민'을 의미한다.

우리에게는 민족을 "혈연과 지연 그리고 자연적 공동의 기초 위에 언어, 종교, 관습, 전설, 풍습 등의 문화적 공동 소유를 계기로 소생된 운명공동체로서 역사를 통하여 자발적으로 형성된 가장 넓은 범위의 사회적 기초집단"이라고 정의를 해놓고 '민족'을 "혈연에 의한 문화나 역사적 경험의 공감성으로 만 안일하게 파악하는 낭만적 문화적 경향을 보여주고 있다"35)라고 비판적 평가를 한다. 이것은 우리가 민족을 전통적 인식단계에 머물게 함으로써 국민국가로의 민족 발전에 대한 지향성을 갖추지 못하게 하였다고 보는 것이다.

앞에서 이용희 선생이 민족을 "언어 · 혈연 · 지연 · 풍습 · 종교적 일체감 · 역사적 공동체감 · 경제적 일체감 등으로 집결된 사회집단"이라고 정의한 데서 보면 언어 · 혈연 · 지연 · 풍습 등은 객관적인 요소이고 일체감, 공동체감 등의 사회집단은 주관적인 공통의식의 요소임을 알 수 있다. 따라서 '민족'은 단순히 종족적 의미의 개념이 아닌 객관적인 공동체로서 개인의 자유와 평등에 기초하여 선택과 동의의 정치적 의미를 갖는 '국민이다'라고 정의하는 것이 바람직할 것이다.

민족의 일차적인 의미는 정치적인 것이었다. 홉스봄(Eric Hobsbawm)은 "'민족'은 시민집단으로서, 그들은 자신들의 집합적 주권으로 자신들의 정치적 표현인 '국가'를 구성한다"라고 하였고, 밀(J. S. Mill)은 "민족을 단순한 민족적 감정의 존재로만 정의하지 않는다" "동일한 정부에 속하고 정부가 자신들이나 그 중 일부에 의한 정부이기를 원한다"는 점을 밝혔다. 민족=국가=인민 특히 '주권인민'의 등식은 명백히 민족을 영토에 결부시켰다.36)

결과적으로 '민족'에 대한 정의에서 종족적 정체성에 입각한 객관적 정의는 '언어 · 혈연 · 지연 · 풍습 · 종교적' 일체감을 가진 공동체로서 '문화 · 종족적 민족' 의미를 가지고 있고, 주관적 정의는 '정치적 · 경제적 · 역사적 일체감을 가진 사회적 집단'으로서 '사회적 · 시민적 민족'의 의미를 가지고 있다고 하겠다. 여기서 사회는 두 사람 이상이 조직한 집합체이지만 반드시 민주적이거나 공익적이어야 한다는 것이 핵심 요체임37)을 전제해야 한다.

민족은 낭만적 민족 개념에서 출발한 '문화 종족적 민족'과 프랑스 혁명 이후 대두된 사회계약론에서 출발한 민족 즉 보다 발전된 근대적 의미의 '사회적·시민적 민족' 개념으로 구분해 볼 수 있다. 여기서 문화·종족적 민족은 민족의 원초적이며 자생적인 전근대적인 개념으로 근대적 의미의 사회적·시민적 민족 개념의 원초적 배경 개념으로만 인식할 수 있다. 따라서 민족 개념은 '언어·역사·문화적 공감대(共感帶)를 바탕으로 개인의 자유와 평등 가치 이념이 사회적으로 결합된 시민공동체 또는 사회적 집단'이라고 정의할 수 있겠다. 곧 민족은 문화·종족적 관념을 넘어 자유의지에 의한 선택권, 즉 주권을 행사할 수 있는 근대적 의미의 시민 민족이어야 한다.

② 문화민족

민족은 역사적이고 실체적이며 실천적인 개념이다. 따라서 해당 민족이 추구하는 민족에 대한 관념은 어떠한 역사적 지향점을 가지고 있는가의 차이에 따라 달라질 수밖에 없다. 특히 민족국가가 형성되는 과정에 있어서의 차이는 각 민족의 민족운동이 지니는 성격이나 특성의 차이를 만들어내기 때문이다.

민족의 역사적 흐름 중에 민족주의가 가장 위험한 방식으로 폭력과 결합하였던 것은 파시즘을 통해서다. 군국주의의 구축을 필요로 하는 민족(nation)의 존재는 아리안족에 대한 히틀러 나치즘의 민족적 집착에서나 서구 민족주의에 대한 피해의식에서 출발한 일본의 자기 민족에 대한 군국주의적 쇼비니즘에서 그 상징적 의미를 발견할 수 있다. 그래서 20세기 현대사는 인류 최대의 비극을 낳았던 파시즘과 민족주의와의 결합이라는 뼈아픈 역사를 겪어야만 했다.

통일된 민족국가 없이 자본주의의 발전이 제대로 이뤄지지 않아 후진성을 벗어나지 못했던 독일에서 지배적인 민족에 대한 관념은 영국과 프랑스와는 달랐다. 이민족의 지배를 받고 있지 않은 상태에서 작은 국가로 분열되어 있던 독일은 통일된 공동체 의식을 수용하고 나눌 수 있는 통합된 국가체제나 다른 정치적 공간이 구축되어 있지 않았다. 민족에 대한 의식도 국가에 대한 귀속감이나 통일된 공동체 의식을 바탕으로 출발하지 않고 비정치적이면서 낭만적 수준에 머물렀다. 독일 민족주의는 합리주의적인 시민적 민족주의 흐름에서 벗어나 관념적이면서 낭만적 '민족정신(volksgeist)'이 큰 줄기를 형성하게 되었다.[38]

그 흐름은 언어, 혈연, 관습, 종교, 문화, 전통과 역사 등 원초적이면서 객관적인 공통성에 집착하게 된다. '독일국민에게 고함'을 통해서 칸트의 생각함으로 존재하는 것이 아니라 의욕을 가짐으로써 존재한다는 의지론을 펼친 낭만주의자 피히테(Fichte)는 독일 민족이 역사를 공유하지 않고, 국가주의적 민족의식을 소유하고 있으며, 역사적 실체가 결여된 순수한 사유로서의 민족의식을 가지고 있다고 보았다. 이것은 곧 독일 국민들의 의지를 결집시키면서 "낭만적 문화민족(kulturnation)" 개념으로 발달하게 되었다.[39]

혈통과 언어 등의 객관적 공통성을 강조하는 문화민족(kulturnation) 개념은 민족에 대한 소속 여부를 자연과 역사적 운명에 맡김으로써 민주주의적이고 자유주의적인 민족 개념에 대응해 민족의식이라는 낭만적이면서 비민주적이고 비합리적인 경향을 숨김없이 나타냈다. 따라서 문화민족 개념은 몇 가지 간과해선 안 될 문제점을 가지게 된다.[40]

첫째, 같은 민족 내부에서 특권적 문화양식 계급과 실제 상대적으로 소외된 사회계급 사이의 간격이 극복할 수 없을 정도로 벌어져 계급별 문화양식의 심각한 차별이 존재한다면 민족 일체감을 정당화하기 위한 문화적 공통성의 강조는 무의미해질 수 있다.

둘째, 문화는 인류학 분야를 형성시킨 핵심 개념이지만[41] 포괄적이며 광범위한 개념이기 때문에 일반화가 어려운 것이다.[42] 그런데 문화가 지극히 특정한 의미로 해석될 때, 북한처럼 문화를 소유할 수 있는 집단이 일부 소수 특권층에만 제한될 수밖에 없고 결국은 이 소수가 전체 민족을 대변하게 되는 모순을 야기하게 된다. 소수 지배계급의 문화가 민족문화의 정통성인양 왜곡된 모순을 불러 올 수 있다.

민족은 역사적이고 실체적이며 실천적인 개념이다. 따라서 해당 민족이 추구하는 민족에 대한 관념은 어떠한 역사적 지향점을 가지고 있는가의 차이에 따라 달라질 수밖에 없다. 특히 민족국가가 형성되는 과정에 있어서의 차이는 각 민족의 민족운동이 지니는 성격이나 특성의 차이를 만들어내기 때문이다.

셋째, 어느 민족의 문화적 우월의식이 집중적으로 추구된다면 문화적으로 후진적인 주위의 약소민족에 대한 민족적 존엄성과 자결권을 무시·억압하게 될 팽창주의적 문화 제국주의의 출현 가능성을 결코 배제할 수 없다.

넷째, 특히 동남유럽의 슬라브 소수민족의 경우는 이민족에 의한 억압 지배로부터 민족해방을 위한 민족운동을 실천적으로 전개하였는데 이는 낭만적 문화민족 개념의 범주에서 '저항민족' 개념으로 이해될 수 있다.

"저항민족 개념은 무엇보다도 산업화·근대화의 결과물이다"라는 말에 전적으로 동의하지 않는다. 산업화 자본주의 사회가 낳은 양극화의 결과라고 할 수도 있지만 저항민족 개념은 적어도 일제강점기 외세에 대응해 만들어진 역사적 결과물이다. 그러나 저항민족 개념의 출발점은 문화적 민족의식에서라고 볼 수 있다. 이 문화적 민족 관념은 민족적 단합과 일체감 창출을 위해 유용한 동력을 제공하고 있었던 것이다. 바로 그러한 측면이 저항적 민족관의 문제점으로 배태된다. 저항민족 개념은 일제강점기 때부터 민족 외부에 설정된 저항의 대상인 민족적 상대 적에 대한 해방운동 과정에서 동원된 민족적 단합의 전통으로 민족적 일체감에 대한 호소를 쉽게 유발할 수 있었다. 하지만 이 개념이 국민통합이라는 특정 지배세력의 정책적 판단에 따라 형식적이고 맹목적으로 추구되는 '민족단결'이라는 지극히 효율적인 낭만적 이데올로기로 전락할 수도 있었다.

"유구한 역사를 가진 자랑스러운 '단일민족', 평화를 사랑하는 '백의민족'이나 '삼천리 금수강산'" 등은 우리 민족에게 있어서 남북 모두에게 객관적 공통성에 초점이 맞춰진 흔히 피력될 수 있는 일상적인 관념이라고 볼 수 있다. 침략에 맞선 끈질긴 저항, 압제로부터 벗어나려는 불굴의 투쟁정신 등은 운명공동체적 역사 이해라 할 수 있다. '문화민족'이나 '저항민족' 개념이 우리에게 멀리 느껴지지 않는 이유이다.

낭만적 문화민족 개념은 무엇보다 완전한 민족국가 달성을 위한 민족적 일체감 형성에 필요한 정서적 호소력을 발휘할 수도 있었을 것이다. 이것은 우리의 국가적 주인의식에 대해 "민족의식이 개인을 초월한 집단주의적이고 다분히 온정적이며 공동체적이었음은 이 땅의 근대화 여명 시기 식민지배 탓이다"[43]라고 한 권태준 선생의 민족의식에 대한 관념에서도 낭만적 저항민족 개념이 묻어난다.

대부분의 민족은 민족국가를 '문화민족'과 '국가민족'의 일체성 회복을 구현하고자 하는 목표를 지니고 있다고 할 것이다. 겔너(Ernest Gellner)는 민족이론의 핵심적인 두 요소로 '의지(will)'와 '문화(culture)'를 꼽고 있다. 의지와 문화를 정치체제와의 융합이라는 제도적 관점에서 민족을 보았다.[44] 민족이 민족국가를 통해서 목표로 하는 일체성 회복을 이루기 위해서는 '의지(will)'와 '문화(culture)'와 정치제제와의 합리적인 융합의 지혜가 필요한 것이다.

우리의 민족 개념을 기반으로 '합리적인 융합의 지혜'를 발휘하기 위해서는 민족을 어떻게 규정하고 그것을 어떻게 공유해야 하는가의 문제는 북한 및 통일 문제와 직접적인 관련을 맺고 있기 때문에 매우 중요하면서도 동시에 복잡하고 미묘한 과제가 된다. 국가와 당성에 의해 획일적으로 제조되는 북한의 민족 이데올로기와 달리 남한에서는 합의

된 하나의 민족 개념을 추출해 내는 것도 쉬운 일이 아닐 것이기 때문이다.[45]

그린펠드는 "민족은 사실 그 자체 고유한 실체는 아니고 어떤 집단 구성원들의 의식 내지 신념의 일부이다"라고 하여 민족을 단순히 의식이나 신념의 일부로 보았는데 민족 집단 구성원들 간의 관계질서, 즉 "사회질서"와 같은 상황에 따라 민족의식이 구성된다고 하였다. 영국의 민족의식을 구성원들 간의 신분 계급적 차등관계에 대한 문제의식에서 국가 주권자로서의 '민족'은 곧 '개인주의적' 주권자 의식으로 변질되었다[46]고 하였다. 이것은 어떤 특수한 상황에 입각해서만 민족을 들여다본 것으로 이해된다.

일부 민족주의자들은 기존의 국가들은 민족주의자들이 선호하는 대안적 국가 형태로 나타난 것이 아니기 때문에 이를 해체해야 한다고 주장한다. "민족주의(nationalism)라는 특정한 종족·종교·언어 및 역사적 유산 등을 공유하는 사람들만의 국가를 창설할 권리가 있다"고 주장하는 것이다. 그들 민족만이 스스로 통치할 수 있어야 한다는 것이다.[47] 이 또한 낭만적 문화민족 개념이 가지고 있는 특수한 상황논리의 위험성과 그 논리가 가지고 있는 폭발성에 대한 경계의 시선을 보낸 것으로 볼 수 있다. 낭만적 민족주의의 위험성이다.

3) 근대국가 이념과 민족주의

(1) 근대국가와 민족주의의 개념

① 민족주의의 개념과 근대국가 운동

17세기 중반 유럽의 '베스트팔렌 체제(the Westphalian system)'로부터 주권적 영토국가의 국제질서[48]가 발전하면서 18세기 후반 민족주의의 성장은 이 근대국가 체제를 민족화(nationalize) 했고 이후 민족국가 체제는 유럽을 넘어 전 세계로 확산되었다. 이 결과 모든 국제적인 관계는 민족국가들 간의 관계가 되었다. 여기서 민족주의는 "세계가 정치적 정체성과 충성심의 우선적 대상으로 민족자결(self-determination)을 요구하는 민족으로 이루어져 있다고 보는 관념"⁴⁹⁾으로 정의하였다.

즉 민족주의가 가장 먼저 싹튼 곳은 자본주의를 가장 빨리 발전시킨 17세기 영국이었지만, 그것은 왕권의 시녀가 되어버린 국립교회의 개혁, 국가와 국토가 국민의 것이라는 혁명적 정치이론을 창안한 '청교도 혁명'을 통하여 실천되었다. 이것은 미국에도 직접적인 영향을 끼쳐 독립전쟁(1776~1782)을 유발하게 되었고 미국은 영국과 투쟁하는 가운데 민족주의를 정립하였다.

절대왕정 체제에서 경제적인 힘을 확보한 사회계급은 당연히 정치권력에 대한 장악까지도 요구하게 된다. 절대군주에 의한 중상주의 경제정책에 대해 부르주아 계급의 자유방임주의적 저항은 당연한 일이었다. "대표 없는 과세 없다"라는 주장에서 보듯 부르주아 계급과 전통적인 절대왕정의 지배 엘리트 간의 충돌은 불가피하였던 것이다. 그것은 막스 베버(Max Weber)의 지적처럼 "경제적 몰락 계급이 정치권력을 손에 쥐고 있는 것은 위험한 것"이며 결국은 민족의 이익과 양립할 수 없기 때문이다.⁵⁰⁾

전형적인 민족주의 형태가 나타난 것은 18세기 후반 프랑스 시민혁명에서부터다. 부르주아지가 혁명의 선두에서 군주의 절대권을 부인하고 성직자, 귀족의 특권을 폐지한 '자유·평등·박애'의 인권선언이 공표되었다. 민족주의란 절대군주에 대항하는 것이고 애국심이란 바로 혁명을 일으키는 것이었다. 즉, 민족주의는 민주주의와 공화제를 뜻하였으며 애국자는 곧 혁명가였다.

18세기 말 루소에 의해 정립된 민족주의는 근대 유럽을 중심으로 전파되고 인식되었으며 근대국가를 형성해 가는 가장 중심적인 이념으로 확산되어 유럽의 대표적인 지도 가치로 자리를 잡아갔다. 이데올로기로서의 민족주의는 19세기 전반까지는 좌파 중심의 이데올로기로 작용했다가 19세기 후반부터는 우파 중심의 이데올로기로 그 역할을 수행하게 된다. 이렇듯 민족주의는 이념에 있어서 좌우를 넘나드는 다양한 의미를 가질 수가 있는 이념이며, 사조에 의해 발전한 민족주의는 실로 근대적인 운동이 아닐 수 없다.[51]

민족주의는 민족 개념과 긴밀하게 관련되는데, 민족이 먼저 존재했고 민족주의는 그 이데올로기로 나타났다는 주장이 있는가 하면 반대로 민족주의가 먼저 나타나 유행하면서 민족을 형성시켰다는 주장으로 대립된다. 또한 민족을 구성하는 요소의 관점에서 주관적 측면과 객관적 측면으로 나누어 설명했다. 즉 언어·역사·문화·관습과 같은 요소가 민족을 구성하는 객관적 요소라고 하였고 같은 민족이라는 동질감에 대한 의식은 주관적 요소라고 하였다. 달리 말하면 객관적 측면은 종족적 요소를 강조하는 것이고 주관적 측면은 공통의 심리상태를 강조하는 것이었다. 그래서 르낭(Ernest Renan)은 "민족주의는 매일매일의 국민투표"라고까지 주장했다. 민족주의는 국민국가(nation state) 형성과 밀접하게 관련된 것이다.

토크빌은 "미국 민족주의에 있어서 '시민적 애국심'은 모든 사람이 법 앞에 평등함을 느끼고 개인의 권리를 자유롭게 행사하면서 나라의 번영이 개인의 번영과 일치한다는 생각을 갖게 될 때 생겨나는 나라 사랑하는 마음이다"라고 하였다. 이것은 혈통·언어·문화적으로 만들어진 집합체로서의 민족주의가 아니라 개인의 자유와 평등, 인권, 법치 등의 민주주의 원칙들에 대한 동의를 전제로 하고 있다. 즉, '시민적 애국심'은 원초적인 집합체인 종족과 민족에 대한 맹목적인 사랑과 충성을 의미하는 '애족심(愛族心)'과 달리 자유와 민주주의, 법치와 인권과 같은 가치들을 공유하고 실현하기 위해 노력해 나가는 과정에서 생겨난다는 것을 알 수 있다.[52] 이는 시민들의 능동적인 참여, 정치적인 대표권, 시민의 일반의지 등에 기초하여 정통성을 부여받은 국가에서 볼 수 있는 민족주의의 모습이다.

민족주의는 일정한 규범과 이념체계를 바탕으로 그 민족이 나아가야 할 정향성을 제시해 주는 것이며, 공통된 정치적·사회적으로 형성된 민족 성원에 대한 믿음과 사랑을 실천적 행동으로 함께 추구하는 것으로 파악된다. 이것은 한스 콘이 "민족주의란 개개인의 최고 충성심을 민족국가에 귀속시키고 있는 정신 상태를 말한다. 자기가 태어난 지역에 대한 애착심이라든가 전통에 대한 애정 등 집단을 중심으로 하나의 국가, 민족국가에 대한 민족 성원의 포용은 당연한 것으로 생각하게 되었다"라고 설명한 얘기와 맥락을 같이한다. 즉 민족주의는 민족 구성원의 집단의식, 감정 상태를 말한다고 본 것이다.[53]

홉스봄(E. Hobsbawm)은 "민족주의는 정치 엘리트가 권력에 대한 정당성을 부여하기 위해 만들어낸 여러 전통(traditions) 중의 하나"라고 주장한다. 민족주의가 유럽의 국가들의 성장과 발전의 노정에서 정통성을 보장받기 위해 꼭 필요한 이념으로서 만들어진 것이다. 결국 민족주의는 지배계급의 필요에 의해서 창조된 여러 전통과 유사 발명된 전통으로 다루어져야 한다는 것이다.[54]

역사와 전통의 창조는 공통의 영역, 언어, 종교 등과 함께 민족주의 형성의 기본요소라고 보았는데[55] 특히 전통의 창조는 산업화에 따른 정치제도의 변화와 연계된 통제와 관련된다. 19세기 산업화 과정에서 배출된 다수의 노동자 계급을 국가가 무시할 수는 없었다. 국가 운영 과정에서 노동자 계급에 대한 통제는 계급성보다는 광범위한 정치적 운동 또는 조직이 필요했다. 따라서 이러한 정치적 조직이나 운동과 관련된 활동은 민족이라는 명분으로 행해졌던 것이다. 따라서 이러한 민족적 전통의 창조 과정은 근대국가 자체가 가지고 있던 성격과 분리해서 해석할 수 없다.

홉스봄은 근대국가와 민족주의 간의 관련성을 1880-1914년 사이의 종족 및 언어 민족주의의 형성과 관련시켜 설명하고 있다. 즉 홉스봄은 민족주의가 다음과 같은 특징을 가지고 있는 것으로 보았다.[56]

첫째, 1880년 이후 민족집단은 모두 한결같이 자신 스스로를 특정의 민족에 속해 있다고 생각하는 '민족자결'을 외쳤으며 이는 결국 특정 영토의 개별적인 주권 독립국가로서의 권리를 갖고 있음을 말한다.

둘째, 잠재적이며 '비역사적'인 민족 개념을 역사성 있게 조작하기 위해서 결국 종족성과 언어성이 민족을 구별하는 결정적인 기준으로 활용된다.

셋째, 이미 형성된 민족국가 내에는 민족적 감정(nation sentiment)이 형성된다. 즉 민족주의를 매개로 주권을 가진 독립국가로 구별된다. 결국 '민족주의'라는 용어는 19세기 후반에 실제로 창조되었다고 할 수 있다. 결국 이런 맥락에서 민족을 규정짓는 중요한 잣대로서 종족성과 언어성의 발견은 민족이 갖는 독창적인 요소라기보다는 국가의 정치적 노력에 의해 만들어진 결과물이라는 지적이 옳다. 홉스봄은 민족주의가 결국 근대국가 형성을 위한 정치적 동기에서 출발했다는 점을 확인하고 있는 것이다.[57]

다른 한편으로 스미스(Anthony Smith)는 근대국가에 의해 민족 혹은 민족주의가 만들어진 중요한 원인 중의 하나가 바로 국가의 정통성 결핍이라고 주장한다.[58] 근대국가에서 정통성의 결핍을 보완해 줄 수 있는 제도적 장치로서 민족주의는 다음과 같은 역할을 하였다.

첫째, 민족주의는 국가와 시민사회 사이의 이념적 기반으로서 제도적인 관계를 견고하게 한다.

둘째, 민족주의는 문화적, 경제적으로 다양한 공동체나 지역을 내부적으로 공유된 결합체 즉 국가로 만들어 통제력을 강화한다.

셋째, 민족주의는 우리 민족이라는 정치적 공동체를 다른 민족과 구별하는 데 결정적 역할을 한다.

국가 내에서 동일성의 증가와 국가 간 상이성의 증가는 민족주의 발전에서의 백미라 할 수 있다.[59] 하나의 국가가 독립된 정치단위 즉 하나의 독립국가를 영위하려는 것은 민족주의의 본질적인 측면에서 이해할 수 있다. 따라서 민족주의의 발전은 근대국가 건설과 서로가 상생 구축해 주는 방향으로 이루어지면서 국가 구성원들의 공통성과 동질성을 근거로 통합시키는 원리[60]에서 이뤄진다고 볼 수 있다. 이는 민족주의를 기본적으로 '위기'의 이데올로기로 보는 관점과 맥락을 같이 한다 하겠다.

유사한 의미에서 부르얼리(Breuilly)도 "민족주의 운동은 흔히 본질적인 내부 정치 변화와 새로운 엘리트를 향한 권력의 이동과 관련되어 있다. 민족주의 정책은 전형적으로 위기정책이다. 그 위기는 현상(satusquo)을 위협한다"고 주장한다.[61] 즉 민족주의가 위기관리 정책의 결과물로서 정치적 공동체의 정통성 결핍을 보완해 주는 역할을 했다는 것으로 볼 수 있다.

역사적으로 봐도 프랑스 대혁명에서 민족주의가 발흥했고, 나폴레옹 침략전쟁으로 독일 및 슬라브 민족주의가 본격적인 발돋움을 했다. 서구 열강의 제국주의가 민족주의를 명분으로 서로 격돌하면서 제국주의적 침탈에 맞선 식민지 약소국가들에게서 민족주의가 터져 나오기 시작했다. 이 사실들을 보면 민족주의가 얼마나 다양한 대내외적 위기 상황과 연관될 수밖에 없었던가를 웅변해주고 있다. 그러므로 민족주의에 대한 열망이 강렬해질수록 위기가 그만큼 고조되고 있다는 것을 반증하는 것으로 볼 수 있다.

베네딕트 앤더슨이 "유럽과 아메리카에서 상상되기 시작한 민족 및 민족주의는 단순히 언어와 혈통을 같이하고 있다는 것만으로 생성되는 것은 아니다"라고 한 것처럼 문명자가 체험하는 통일체의 한계는 역사의 공유 등 객관적 요인과 민족의식이라는 주관적 요인으로 파악될 수 있다.[62] 여기서 민족은 포괄적인 문화로 출발할 수 있다고 하였다. 즉 문화적인 동질성에 대한 존재 여부가 민족주의를 유형화하는 기준의 하나라고 보는 것이다.

한스 콘의 이론에서도 민족주의는 지극히 감정적인 존재라는 점으로 표현되기도 한다. 민족주의란 "민족 구성원 간에 느끼는 공동운명체적인 마음의 상태"라고 표현한 정의에서 볼 수 있듯이, 민족주의는 형상화되지 않은 국민정서의 문제라는 점이다. 이는 국민 동원이라는 점에서 엄청난 잠재력을 가지고 있다는 긍정적인 측면과 함께 민족 문제를 어렵게 하는 양면적 성격을 가지고 있다.[63]

민족주의(nationalism)는 원래 비합리적이고 다의적인 개념을 가지고 있기 때문에 이것에 대한 일률적인 정의를 내리기는 어렵다. 하지만 제반 정의들을 종합해볼 때 민족주의란 '일정한 규범과 이념체계를 바탕으로 개인의 자유와 평등, 민주주의 원칙에 대한 동의를 전제로 민족·국민국가를 조직해 내는 추진력이며, 공동운명체적인 민족 구성원의 정향성'을 말하는 것으로 정리할 수 있다. 즉 민족주의는 실천적이며 역사적으로 형성된 실체이다. 다만 민족 구성원의 정향성이나 민족 구성원의 의지가 때로는 이데올로기화 될 수 있는 개연성을 내재하고 있음은 간과할 수 없다.

② 민족주의에 대한 관점

세계사적으로 민족주의는 그것이 발생한 시대와 지역의 배경에 따라 더욱 더 다양한 모습을 띠고 나타났다고 말할 수 있다. 이와 관련하여 웹스터 사전은 민족주의의 유형으로서 시민적 민족주의, 종족적 민족주의, 낭만적 민족주의 그리고 종교적 민족주의 등 4가지 유형을 들고 있다.[64]

1. 시민적 민족주의(civic nationalism)란 시민의 능동적 참여, '국민 의지', '정치적 대표권' 등을 기반으로 하여 정치적 정통성 있는 국가를 세운 곳에서 볼 수 있는 민족주의 형태이다. 장 자크 루소는『사회계약론』에서 이 같은 의미를 지닌 '일반의지'라는 개념을 처음 만들어 냈다. 시민적 민족주의는 합리주의와 자유주의의 전통에 토대를 두고 있다.

2. 종족적 민족주의(ethnic nationalism)는 역사, 문화나 종족이라는 요소로부터 정치적 정통성을 이끌어 낸 국가에서 주로 나타나는 형태이다. 이것은 volk라는 개념을 제시한 요한 고트프리트 헤르더에 의해 개발된 것이다.

3. 낭만적 민족주의(romantic nationalism, 유기체적 민족주의)는 계몽주의적인 합리주의 대신 문화, 언어, 혈통 등 비합리주의적 관념에서 정치적 정통성을 이끌어 낸 국가에서 볼 수 있는 것이다. 브라더스 그림(Brothers Grimm)은 헤르더로부터 영감을 받아 독일 민족주의라고 주장하는 얘기들을 편집한 것이다.

4. 종교적 민족주의(religious nationalism)는 공통된 종교를 기반으로 정치적 정통성을 이끌어낸 국가에서 보이는 형태이다. 시오니즘이 대표적인 예이며, 아일랜드의 가톨릭, 인도의 힌두교 등이 여기에 속한다.

여기서 종족적 민족주의와 낭만적 민족주의는 헤르더(Herder)에 의해 영감을 받아 정립되었고 프랑스 계몽주의에 대응해서 개발되었다는 점과 종족·문화적 요소를 중심으로 공유하고 있는 점 등을 봤을 때 낭만적 민족주의로 통합하여 이해할 수 있겠다.

즉 민족적인 문화, 문화 단위로서의 민족을 보는 관념인 문화적 민족주의도 민족주의적 입장에서 피아의 구별을 문화의 관점으로 본 것이다. 대부분 문화에 대한 우월감이나 애착심을 가지고 민족주의적 가치를 자기 문화에 투입하게 되는데 19세기 독일의 낭만적 민족주의가 그 예가 될 수 있다. 문화적 민족주의는 한번 기회만 생기면 곧 정치적 민족주의로 탈바꿈하는 것이 역사의 전례였다는 것이다.[65] 여기서 종족적 민족주의나 문화적 민족주의, 종교적 민족주의는 낭만적 민족주의로 개념적 통합을 통해 시민적 민족주의와의 대척점에 둘 수 있다.

기타 식민지 국가에서 전개된 민족 독립운동 이념으로서의 식민지 민족주의(저항 민족주의)도 특수한 유형으로 추가되어야 한다. 물론 식민지 민족주의도 넓게 보아 낭만적 민족주의의 범주에 포함시켜 크게는 시민적 민족주의와 낭만적 민족주의로 유형을 대별 할 수 있다.

한스 콘이 "민족주의란 모든 종류의 인간군을 민족·국민국가로 조직해 내는 추진력이라고 한다"라고 한 이 민족주의 개념에서 "민족이 있으면 곧 거기 있는 정치체가 곧 민족국가다"라는 관점은 자칫 이해에 혼란을 가져올 우려가 없지 않다. 대부분의 경우 민족이 곧 민족국가란 등식은 성립하지 않는다. 민족주의에 의해서만 민족국가가 만들어지는 것이다.

민족주의란 "내 나라라고 하는 정치와 경제, 문화체제의 형성과 고양을 민족 또는 국민이라는 인적인 면에서 정당화하려는 집단의사"[66]를 견지한 국가일 때 진정한 민족국가라고 할 수 있기 때문이다. 이용희 선생은 집단의사의 이념형을 정치사적으로 '시민 민족주의', '저항 민족주의', '현대 민족주의'로 나누었다. 이용희 선생의 민족주의 유형에서 저항 민족주의나 복잡한 현대문화의 다양성 속에서 민족 특유의 역사, 문화 또는 종교적 영역을 지키고자 하는 것으로 이해되는 현대 민족주의 분야를 낭만적 민족주의 영역에 포함시켜 함께 논의하고자 한다.

민족주의가 이데올로기적 측면에서는 보편성과 특수성을 함께 지니고 있고 민족국가만큼 그 의미나 개념도 다양하다. 앤더슨, 겔너, 홉스봄 등과 같이 민족주의가 특정 집단의 이데올로기로서 만들어진다는 창조성에 초점을 두는 관점이 있는가 하면, 민족주의는 그것을 결정짓는 토대가 있어 근대 민족주의를 새롭게 재구성할 때 지식인이나 국가가 그 토대를 바탕으로 제 역할을 할 수 있게 된다는 시각이 있다.

민족주의를 하나의 이데올로기로 보는 관점에서는 표현방식이 실제적인 민족감정의 표출이 되기 때문에 배타적·관념적으로 되기 쉽다는 것이다.[67] 뿐만 아니라 식민지 시대의 한국 민족주의가 적지 않게 전근대성을 안고 있었다는 점에도 불구하고 한국의 민족주의는 일제강점기 식민지 지배에 대한 저항운동의 전통을 이어오고 있었다는 측면에서 역사적으로 건강한 역할을 수행해 왔다고 할 수 있다.

민족주의 개념은 단순히 학술적으로 회자되는 추상적인 개념이 아니다. 그것은 매우 실천적인 개념이다. 민족주의는 때로는 생명을 걸고 싸우던 명분이며 여러 나라의 정책으로 국운을 걸었던 가치관이었다.[68]

즉 민족주의는 사람의 가치관이며 운동이며 집단의 정책이어서 그 사람과 집단이 생활하는 지역과 환경에서 보아야 되는 특수성을 지니고 있다. 민족주의는 민족 또는 국민이 정치의 근원이 되어야 하고 문화의 기본이이라야 한다는 가치관에서 출발한다. 역사적으로 보면 민족주의는 타(他)에 대하여 자주와 독립을 요구하고, 안으로 자유와 평등 이념을 바탕으로 한 국민주권으로 발전하게 된다. 따라서 민족주의

가치관은 역사의 특정한 장, 역사의 특정한 시기에 형성되었다.

단일민족은 하나의 민족이 나라를 세우고 민족 개념에 입각해서 대내적인 면에서 '국민주권' 개념을 토대로 한 국민이 성립되어야 한다. 단일민족 개념과 연계하여 대외적인 자주와 독립을 요구하는 저항 민족주의는 다민족주의와는 그 개념의 출발부터가 다르다. 다민족주의는 현실적으로 나라가 먼저 선 다음에 민족이나 국민의 일체감을 조성하는 과정을 형태화한 민족주의 개념이다. 단일민족주의가 어느 시기 민족이 스스로의 존재를 의식한 후 민족 개념을 정립하여 나라를 세우거나 동시에 체제를 정비하게 되는 것과는 사뭇 다른 형태인 것이다. 'state-nation' 선 국가 후 민족의 개념이 'nation-state' 선 민족 후 국가의 민족주의 개념과 선후의 논리가 전도된 것이다. 최근에는 'state-nation' 선 국가 후 민족 형태의 다민족 국가가 많아지고 있다.[69]

18세기 이후 사회주의 국가에서의 민족주의와 관련해서 마르크스와 엥겔스는 민족주의에 대해 "민족주의는 프롤레타리아 혁명 초기 단계에서 무대로 삼아야 할 하나의 영역이면서 초기 단계 혁명이 완성되었을 때 국제주의적인 프롤레타리아의 원래 속성 때문에 민족이 내적으로는 동질성과 보편성을 추구하고 외적으로는 차별성과 분리주의를 지향한다"[70]라고 하였다. 따라서 민족주의 내부에서는 민족의 헤게모니 장악을 위한 사회세력 간의 갈등이 존재하고 민족 상호 간에는 민족 이익의 충돌로 인한 갈등이 발생하게 된다고 보았다.

1848년 K.마르크스는 공산당선언에서 "프롤레타리아에게는 조국이 없다"고 말하였지만 1917년 러시아 볼셰비키 혁명을 통해 프롤레타리아 조국을 갖게 되었다. 마르크스-레닌주의는 사회주의 국가관계가 프롤레타리아 국제주의이지 민족주의는 아니라고 표명하였다. 그러나 사회주의 국가의 경제구조도 국민경제로 조직되어 있기 때문에 필연적으로 민족주의가 발생하게 된다. 중·소의 대립과 소련의 침공에 저항했던 아프가니스탄 민족주의자들의 반소 게릴라전, 유고의 티토이즘, 폴란드 민족주의자들의 자유노조운동 등은 이를 잘 말해준다.

　실체적인 민족주의를 하나의 이데올로기로 바라보는 관점도 있다. 거기에다 표현방식이 실제 민족감정으로 표출이 되므로 배타적·관념적인 상태로 나타나기 십상이다. 뿐만 아니라 식민지 시대의 민족주의가, 계급구조로 말한다면 '근대'를 표방하는 방향으로 나가는 경향을 가진 부르주아나 지식인이 아니라 주로 '민중'에 의해 인도되어 왔다는 점에서 적지 않게 전근대성을 안고 있었다고 본다. 그럼에도 불구하고 한국 민족주의는 제국주의 침략에 저항했던 저항 민족주의 전통을 잇고 있었다. 한국사회의 민족주의는 상당히 모호해졌으며 소리 높여 '민족'을 얘기하면 할수록 주변으로부터 오해받기 쉬운 상황을 배제할 수 없다.[71]

　민족주의라는 개념 자체가 오늘날 한국사회에서 부정적으로 받아들여지기도 하고 또 한편으로 역사인식이나 대북정책 등을 둘러싼 갈등의 중요한 요소가 되기도 하였다. 한국에서는 백낙청처럼 근대에 대한 비판의식에서 근대 서구문명의 원리를 도외시하고 새로운 보편원리를 추구하려는 것처럼 비쳐지는 민중론적 민족 관념을 지향하는 움직임도 있다.[72] 민족 개념을 개인의 자유의지로부터 보는 것이 아니라 집단적 관점에서 본 것이다. '주권재민' 사상에 입각한 국가체제의 노력보다는 민중이라는 대중의 힘에 의해 공동체의 문제를 해결하고자 하는 '촛불'과 같은 비제도권적 관점일 수밖에 없는 다분히 낭만적 관념인 것이다.

　③ 주권과 민족주의

　주권과 민족주의의 상호 관련성은 근대국가 발전 과정에서 근대국가에 정통성을 부여하는 것으로서 다른 어떠한 개념보다 중요한 사항이었다. 서구 근대국가는 인민의 주권을 통해 국가의 권력에 대한 정통성을 부여받고, 민족주의를 통해 국가의 권력 작용을 용이하게 하였다. 사실 근대국가의 정치적 영역에서 산업화에 따라 비대해지고 집중되는 권력의 정통성을 확보하기 위해 주권이라는 개념이 발전되었던 것이다. 이것은 러너의 지적처럼 주권과 민족주의가 근대국가의 정통성을 부여하는 데 동전의 양면으로 활용되었다고 볼 수 있다.

물론 이때 국가는 민족의 생존과 발전을 달성하기 위한 하나의 수단이었다. 국가 그 자체가 궁극적인 목적이 될 수 없는 것이다. 또한 국가는 대내적으로는 수많은 주권을 가진 개인과 집단의 이해관계를 조절하면서 사회의 안녕과 질서를 유지하는 것을 임무로 한다. 또 대외적으로는 외부로부터의 침략을 막고 다른 나라와 국제 경쟁에서 패배하지 않도록 노력함을 사명으로 한다. 국가의 경계와 민족의 경계를 일치시키는 것은 민족주의의 본질이라고 볼 수 있다.[73]

따라서 민족주의는 본질적으로 국가 권위의 정통성 보장뿐만 아니라 영토적 안위를 보장해주는 역할을 한다.[74] 즉 민족주의는 국민과 영토성을 매개로 하는 결정적 이념으로 작동한다. 결국 민족주의는 국가성(stste-hood)의 으뜸 상징이 된다. 민족국가(nation-state)는 민족으로 구성된 국민, 인민주권의 개념을 가지고 있다. 주권과 민족주의는 근대국가의 중요하면서도 가장 근본적인 토대가 되었다.

또한 집단적 유대감이 군주에 대한 충성심 차원을 떠나 적극적인 민족의식으로 발전하기 위해서 두 가지의 이념적인 조건이 충족되어야 한다. 첫째, 공동체 성원 모두를 아우르는 민족의 수직적 통합을 위해서는 봉건적 신분제도를 없애고 '우리'라는 공동체적인 귀속감을 불어넣어 줄 수 있는 새로운 질서 위에 체제를 바꿔야 한다.

둘째, 봉건적 신분제를 철폐하고 민족을 수직적으로 통합시켜 줄 수 있는 이데올로기가 요구된다. 이는 종족적 원초적인 충성심을 넘어서 적극적인 집단행동을 유발시킬 수 있는 정치적인 이데올로기여야 한다.

"그것은 종족적 원칙을 민족적 원칙으로 대체한다는 의미를 가지고 있고", 민족의 수직적 통합은 "민족의 존재는 매일매일의 국민투표이다[75]"라는 르낭의 주장과 같이 민족공동체를 꾸려 함께 살겠다는 일반의지의 시험이었다. 그것이 프랑스 대혁명이라는 부르주아 혁명으로 나타난 것이다. "민족적 정통성이 절대 군주의 정통성을 대신했다. 이로써 민족은 인민주권론을 바탕으로 헌법과 결합하면서 전제주의를 비판하는 시민적 개념으로 변화되었다."[76]

민중을 동원하여 근대 민족주의를 유도한 정치사상인 국민주권론은 구성원 개인의 자발적 선택과 동의를 통해 집단적 주권의 주체인 민족을 형성하였다는 점에 의미가 있다. 절대왕정 체제는 민족으로 자리바꿈하였고 봉건귀족의 신분적 특권은 자유와 평등이라는 원칙에 자리를 내주었다. 민족은 종족적 혈통이 아니라 합리적인 "시민권(cititas)" 개념이나 "공민권(citoyen)" 개념과 결합되었다.

그러나 민족주의는 단순한 담론의 결과물은 아니었다. 생산 및 노동분업의 발전과 더불어 자본주의적 근대의 산물이었고 프랑스 대혁명과 산업혁명이라는 이중혁명이 낳은 인민주권론의 결정체였다.

마르크스는 민족을 "정치적으로는 중앙집권 국가, 사회적으로는 부르주아 계급, 경제적으로는 국민적 시장권과 더불어 형성된 역사적 형성물"로 보았지만 이것은 주권재민 사상에 기초하여 형성된 역사적 실체로 이해하지 않은 결과이다. 또한 세계화 시대에 한국 민족주의의 폐쇄성이나 배타성을 극복해야 한다고 비판한 복거일 선생의 얘기에서도 주권재민 사상이 '나' 또는 '우리'만의 이념에만 그치지 말아야 한다는 점을 간과해선 안 된다. 민족주의가 가진 양면성, 즉 진보성과 억압성 등도 객관화시켜서 봐야 한다는 관점에 대해서 민족주의라는 것이 가지는 본래의 속성을 좀 더 내밀하게 지켜봐야 할 부분으로 생각한다.[77]

(2) 민족주의의 이론적 관점(Rousseau와 Herder)

"유럽이 일정한 발전단계에 도달하게 된 이후, 그 전 몇 세기 동안 말 없이 성장해왔던 언어적·문화적 민족 집단들은 민족 집단으로서의 피동적 존재세계에서 벗어난다. 그들은 자신들을 역사적 운명체로 인식한다. 그들은 최상의 권력도구로서 국가에 대한 통제를 요구하며 정치적 자결을 위해 투쟁한다. 민족에 대한 정치적 관념과 새로운 의식이 나타난 것은 프랑스 혁명의 해인 1789년이었다."[78] 프랑스 혁명이 일어난 지 200여 년이 넘었지만 현재까지 이 말은 '민족'에 대한 역사적인 근원을 표현한 것으로 볼 수 있다.[79]

프랑스 혁명에 의해 탄생한 자유·평등·박애의 이념을 가진 민족주의와 관련된 이론은 민족주의가 가진 다의적인 성격만큼이나 너무나 많다. 그 다의성처럼 민족주의는 다양한 이념체계들과 결합하면서 여러 가지 형태로 나타났다.

한국사회의 수많은 갈등 중에 그 저변에 가장 깊이 스며있는 것이 바로 이 민족·민족주의와 관련된 것이라고 생각할 때 복잡한 민족주의 지도를 따라 소위 '접두사 민족주의'[80]라는 단순치 않은 민족주의 논의 구도 중에 민족주의 유형에서 '정치적(시민적) 민족주의'와 '낭만적(문화적) 민족주의'를 중심으로 한 이론적 뿌리와 역사의 흐름을 파악해보고 한국 민족주의가 성장 발전해오면서 왜 아직까지 논란과 혼돈의 끝을 보지 못하고 갈등의 중심에서 헤어나지 못하는지를 낭만적 민족주의에 대한 분석을 통해 구체적으로 평가해 보고자 한다. 따라서 여기서는 민족주의 이론의 양대 산맥이라 할 수 있는 루소(Rousseau)와 헤르더(Herder)의 논리를 중심으로 민족을 이해하고 분석할 수 있는 관점을 정리해 본다.

① 루소의 민족주의 이론

가. 루소의 일반의지, 민족의식

18세기 프랑스 혁명으로 이룩된 민족주의는 경계가 뚜렷한 영토와 민족을 구성하고 있는 중앙집권적 국가 형태를 전제로 정의되었고, 이는 당시 프랑스 왕권이 중앙집권적 체제를 계승하면서 절대군주에 의해 제작된 하나의 결과물이기도 하다.[81] 하지만 프랑스 민족주의는 구성원 전체의 협력을 바탕으로 국민주권과 민족의지가 형성된다는 점을 강조하고 일반 대중을 진정한 발전의 주체로 보았던 장 자크 루소(J. J. Rousseau)의 이론을 토대로 발생했다.

루소가 상정하는 인간이란 본래 인본성에 대한 애정을 가지고 있는 존재는 아니라는 것이다. 인본성이라는 감정이 현실에서 의미를 가지기 위해서는 동일한 집단 내에 같이 살아가는 사람들에게만 동정심을 줄 수 있도록 제한해야 한다는 것이다.[82] 그래서 애국자와 시민이 되기 위한 우선 첫 번째 조건이 우선 그 집단의 구성원이 되는 일이고 유아독존적인 존재가 아닌 큰 집단 전체의 일부로서 상부상조할 수 있어야 한다는 것이다.[83]

루소는 프랑스 혁명에서 나타난 민족주의가 인간의 보편성과 자유를 향한 이성적 믿음에 대한 의지가 정점에 이른 것이라고 보았다. 그는 인간에게는 "일반의지"[84]를 향한 본성이 있음을 강조하면서 일반의지를 "자유와 평등 그리고 공동선의 보장자이며 법의 원천이다"라고 하였다. 일반의지는 애국심이 최고의 선이 될 수 있도록 하는 것으로 보편적 인본주의의 이상과도 같이 갈 수 있는 것이다. 이 같은 루소의 이론을 토대로 근대 프랑스의 민족주의 이념이 정립되었다.[85]

'민족성(nationality)' 개념에 기초한 민족자결주의와 '일반의지' 개념에 기초한 인민주권 사상이 그것이다.[86] 루소는 약육강식의 세계에서 약소국의 생존 유지가 얼마나 어려운지를 알고 있었다. 국난과 투쟁하는 폴란드인에게 정신적 지원을 아끼지 않았던 경험에서 민족적인 힘의 강인함을 알았고 국가의 궁극적인 기반은 결국 '시민의 뜻'이라는 신념이 '일반의지' 이론으로 발전되었다.

"국가를 형성하고 있는 것은 인간이다"[87)]라는 말처럼 루소에게 국가란 이것을 구성하고 있는 구성원의 공동체이다. 여기에서 국가의 궁극적인 기초는 '인민의 의사'라는 신념, 즉 '일반의지' 이론으로 발전될 수 있었다.

루소의 선은 영혼의 강건함과 활기참이며 양심의 목소리다. 그는 정치적인 선의 실현을 위한 가장 유효한 수단을 애국심으로 본 것이다. 애국심은 자기애(自己愛)로부터 출발한다. 자기애가 확장됨에 따라 개인들은 부모형제와 이웃 그리고 인류, 신까지 사랑하게 된다는 것이다. 루소는 애국심이 계몽주의적 관점의 정의와 대립되지 않도록 '일반의지' 개념을 제시하였다.[88)] 루소는 애국심을 무조건적인 사랑으로 보지 않았다. 국가가 시민의 생명과 자유, 안전과 재화 등을 보장하지 못한다면 국가는 시민으로부터 사랑의 대상이 될 수 없다. 즉 시민은 국가가 자신을 보호하고 국가로부터 사랑받고 있다고 생각하지 않으면 그들의 애국심은 발생되지 않을 것이다. 애국심의 출발은 자기애에 근거하고 그것은 인류애적인 이념인 것이다.

루소가 상정하는 인간은 무엇보다 생존을 추구하며 본능적으로 각각의 개별의지를 가지고 있으며 개인의 이익을 추구한다. 따라서 일반의지는 개별의지 안에 존재하며, 인간에게는 일반의지를 지향하는 본성이 있다고 주장한다. 일반의지는 자유·평등·공동선을 위한 보장의지이며 법의 원천이 된다. 주권은 곧 일반의지의 행사인 것이다. 애국심은 불타오른 열정인데 그 열정을 지도하여 선의 수단이 될 수 있게 도모하는 것이 일반의지이다.

루소는 인간의 본성이 가족의 수준을 넘어서 자연상태에서의 마지막 단계에 도달하게 되는 진화론적 발전 논리가 인간의 본성에 존재한다고 보았다. 사람들이 비사회적 동물성을 넘어서 정착생활을 같이 하게 되고, 관습들을 공유하고 고유한 특성을 가지면서 독립적으로 민족을 점차 형성해 가게 된다는 것이다.[89] 초기의 이러한 단순 집단성이 민족의 시작이며, 이후 정치적 민족이 형성되는 기반이 된다는 것이다. 아직은 즉자적 민족에 불과할 뿐 대자적 민족은 아닌 셈이다.

민족의 변화에 있어서 정치적 민족의 형성은 결코 쉽게 이루어질 사항은 아니다. 루소는 민족 형성과 관련해서 민족 형성을 시도하는 적시 적절한 시기(timing)의 문제와 그 규모의 적정성(suitability) 및 제어가능성(manageability) 등 세 가지 문제를 중요한 고려사항으로 제시했다.[90] 어느 민족에게나 자신에게 맞는 가장 합리적인 정치체제가 있기 마련이다. 민족의 비정치적 문화로부터 발생한 문제들은 자연관계와 조화를 이루어야 한다. 이를 위해서는 현명한 입법자들에 의한 법체계를 잘 만들어 자연관계를 보호하고, 교정할 수 있어야 한다.

민족을 건설한다는 것이 단순히 합리적인 목적과 정치적인 의지와 관련되는 것만은 아니라는 것이다. 민족이 구성되기 위해서는 동질성뿐만 아니라 지속성도 필요하고 정치구조의 성립과 함께 문화적 전통도 요구된다. 영토의 확장만이 아니라 민족의식에 대한 결집이 보다 중요한 안건이라는 것이 루소의 생각이었다. 이러한 결집력을 증진시키기 위해서는 모든 개개인이 사회적 공동체에 귀속감을 가진 시민으로서 최고의 도덕적인 선이 발휘될 수 있도록 민족적 집단정신(esprit de corps)의 합리적인 규율이 제도화 되어야 한다.[91]

루소의 민족의식을 시민의식, 집단정신, 여론, 일반의지 등으로 생각하는 것은 저절로 주어지는 것이 아니다. 루소는 뜻있는 결집을 유지하기 위해서는 법보다도 정치문화가 중요함을 강조한다. 이것은 교육, 종교 등 여러 분야의 공공활동과 지속적인 연계를 통하여 형성된다는 것이다. 여기서 루소는 교육이 엄격한 공공의 통제와 검열 과정을 거쳐야 한다고 보았다. 왜냐하면 교육도 종교도 민족적 단합이 궁극적 목적이기 때문이다. 루소는 교육과 종교의 근본 목표가 조국에 대한 변함없는 희생과 애정을 고취시켜 주는 일이라고 강조한다.[92]

나. 루소 민족주의 이론의 관점

일반의지를 중심으로 한 루소의 이론은 대외적인 관점에서 힘의 정치라는 국제정치의 현실적인 상황을 고려하여 민족자결권이 규범적인 면에 치중할 수 있도록 함으로써 세력균형에 따른 제도적 대응을 하나의 개념으로 삼았다. 대내적인 면에서는 루소의 인민주권이 정치적인 면에 집중될 수 있도록 현실 정치사회에 대한 경제사회적인 측면에서의 민족 역량 확대를 또 하나의 대응 개념으로 보았다.[93]

이것은 루소의 이론에서 민족주의는 '민족자결주의'와 '인민주권'이 결합된 형태로 생성되었다는 것을 다시 한 번 확인시켜주는 것이며, 여기서 대내·외적 문제에 대한 관점의 핵심은 역시 상호 동등한 권리를 갖는다는 '평등'이 가장 중요한 특징이다.

'일반의지'는 루소가 민족자결주의를 주장하는 데 있어서 핵심적인 역할을 하였다. '민족 개별성'에 대한 실체적인 근거는, 서로 다른 각각의 국가는 각기 특수하고 고유의 성격을 지닌다는 사실에 입각하여 각 민족의 독자성이 상호 동등한 권리를 갖는다는 평등성·동격성에 대한 주장이었다. 이 평등성·동격성에 대한 인정이 국제관계에서 각국이 독립을 유지할 수 있도록 도출된 민족자결권에 관한 논리였다. 따라서 민족주의는 본질적으로 침략주의적인 요소는 상정하지 않는 것이 명백하였다. 루소의 이론을 기반으로 하여 민족주의는 민족자결주의가 인민주권과 결합된 내용상 대외적이면서 대내적 문제에 있어서 평등 이념을 기초로 한 것이 특징이다. 국가와 국가 사이의 관계에서 뿐만 아니라 민족공동체 구성원과 구성원 사이, 그리고 국가와 구성원 사이의 평등 관계를 설정해 주는 것이다.

민족 형성에 있어서 루소는 국가와 사회는 분열하지 않고 통합되어 있어야 한다고 생각하였다. 루소는 공과 사의 문제, 도덕적인 것과 정치적인 것의 문제를 분리하지 않고 통합하려 했다. 루소가 추구하고자 하였던 일원적 합의나 분할되지 않은 하나의 민족 개념은 정치적이면서 동시에 윤리적 구원까지 생각하고 있었던 것이다.[94]

국가가 그 일체성을 갖기 위해서는 사회 구성원 간의 밀접한 관계도 필요하지만 국가나 공동체에 있어서는 어떤 도덕적인 인격성이 존재해야 한다는 것이다. 이와 관련하여 '일반의지'는 모든 특수한 개별의사들과 구별되는 주권자의 의사로서 국가의 일체성을 형성하는 개념상 특성뿐만 아니라 "사회 구성원들에게 전통과 이해관계에 대한 공통적인 지향점이 존재한다는 것"을 일깨워 주는 사상으로 이해한다. 이것은 국가와 구성원 사이의 평등 관계를 설정해 주는 것이다. '일반의지'는 정치적 견해의 통합을 위한 '귀속감'의 개념과도 맥을 같이한다.[95] 귀속감(a sense of belonging)은 일반의지 사상과 같이 자유민주적 가치의 현실화에 꼭 필요한 것이기 때문이다.

유럽 국가의 민족화 또는 민족국가의 건설 과정은 다양한 유형의 민족국가들을 만들어냈다. 그 중에도 영국과 프랑스처럼 사회적 산업화와 생산력의 증가에 힘입어 민족국가가 일찍 형성되었던 민족의 경우에는 부르주아 계급이 일찍 성장하여 정치권력의 쟁취를 위한 시민혁명을 축적된 경제력을 기반으로 일찍부터 도모할 수 있었다. 그들은 자연법사상에 의거한 인권 개념을 도입하여 봉건적 왕조계급 제거 투쟁을 이념적으로 정당화하였고 그것은 자연스럽게 매우 제한적이었지만 민주주의의 확산을 초래하였다. 프랑스 혁명은 국민 주권론의 기반을 구축해 줌으로써 민족에로의 귀속 여부가 혈연, 언어, 전통, 관습 등의 객관적인 특성이 아니라 일반의지에 의한 주관적 결단에 의해 결정될 수 있다는 것을 보여주었다. 즉 민족 구성원의 주권 행사가 평등성을 확인할 수 있음을 보여준 것이다.

민족은 곧 "형식적이고 법률적인 국가 구성원 전체"를 뜻한다. 국가를 소유하고 있는 국민 그 자체를 가리킨다. 민족은 혈통, 언어, 신앙, 관습, 사회·경제적 신분 등으로부터 독립하여 법적 동등권을 획득하게 된 정치적으로 각성된 '시민공동체'로 생성된 것이다. 그래서 국가권력이 인민주권에 뿌리내릴 수 있게 되었다.[96] "민족의 존재는 매일매일의 국민적 결의다"라고 한 르낭(E. Renan)의 말과 같이 국가에 대한 구성원은 민족과 동일하다. 즉 국민이 곧 민족을 일컫는 말이 되는 것이다. 이 민족 개념이 바로 "국가민족(staats-nation)"이다. 이것은 개인의 의지나 주관적 신념을 통해 민족을 자유롭게 선택할 수 있다는 생각이다. 따라서 민족주의는 주권재민 사상과 함께 능동적이며 적극적인 주체성을 요구하고 있다.[97]

여기서 루소의 민족주의는 자유·평등 이념을 기초로 모든 주권이 인민으로부터 출발한다는 '주권재민' 사상을 명확하게 천명한 것이며 민족 개별성을 바탕으로 한 민족자결주의에 의한 민족적 주체성을 다시 한 번 각인시킨 것이라 할 수 있다.

② 헤르더의 민족주의

헤르더(Herder)는 19세기에 일상적인 민족 관념을 이론적으로 뒷받침한 낭만적 민족 개념(volksbegriff)의 창시자라 할 수 있다. 그는 당시 민족적으로 억압당하고 있던 민족주의자들에게 중요한 정치적 의미를 부여했던 사상가였다.[98] 헤르더는 생활방식의 습성뿐만 아니라 모든 감성과 영혼의 특징은 기후적으로 조건 지어진다고 보았다. 즉 자연으로부터 주어지는 생활방식은 결과적으로 민족성과 민족문화를 결정짓는 중요한 요인으로 작용했다는 것이다. 헤르더는 자연으로부터 주어진 생활방식이 전통적인 행동규범과 관습을 변화하게 하는데, 바로 이런 요소들이 상호 조화를 이룸으로써 결과적으로 문화적 유산과 민족성에 대한 이질적인 요소로 나타난다[99]고 하였다. 그래서 헤르더는 민족문화를 형성하는 요소와 민족성을 형성하는 요소에 대한 전통적 물리적 환경에 의해 결정지어지는 풍속과 관습 등에 본질적 관심을 가졌다. 따라서 헤르더는 자연스럽게 민족문화와 민족성을 형성하는 그 민족의 전래된 풍속 및 관습과 물리적 환경에 의해 조건 지어지는 행위양식은 모방과 연습을 통해 전통의 구성요소가 된다고 보았다.

민족은 가족, 씨족, 종족 등과 연속성 있게 연결되어 있어 한 가족처럼 자연스럽게 성장할 수 있게 된다. 이것은 여타의 다른 역사적 집단 개념을 대치하는 개념이 아니라는 것이 그 첫 번째 주장이다.[100]

민족 구성원 전체를 상호 연관성 있게 엮어주는 문화적 유대감 역시 내부로부터 솟아나는 생명력 있는 에너지(living energies, krafte)일 뿐 밖으로부터 주어지는 것이 아니고 사람들의 집단정신을 형성하는 공유감정이라는 것이 헤르더의 두 번째 주장이다. 그 집단정신에는 민족과 그 성원만이 공유하고 있는 독특한 특성이 내재되어 있다. 루소에게서 동의(agreement)는 합의(consensus)와 같은 의미로 해석되지만 헤르더의 개념은 같지 않다.

루소와 헤르더의 동의에 대한 개념 차이는 '자연인(natural man)' 개념에 대한 차이에서 출발한다. 루소가 자연인을 "어떠한 언어도, 산업도, 고정된 삶터도 그 어떤 종류의 유대관계도 갖지 않고 숲속을 헤매는 고독한 야만인(solitary savage)"이라고 했다면[101] 헤르더는 원시인을 "고립된 바위도 아닌 자기중심적인 단일체(monad)"도 아니라고 했다. 루소의 인간은 고독한 개인이었지만 헤르더의 인간은 기원에서부터 사회적 피조물이고 언어를 구사하는 내적인 존재였다는 것이다.

즉 헤르더는 언어의 우선적 기능을 외부와의 의견 교환으로 본 것이 아니라 내면적 소통으로 보았다. 민족의 토대도 언어에 대한 기본적 이해를 공유하는 사람들의 집단이 된다는 것이다. 민족이 가족의 자연스러운 확장이 되는 이유도 가족이란 언어를 공유하는 가장 기초적인 집단이기 때문이다. 루소의 언어는 객관적인데 헤르더는 매우 주관적으로 상황을 분석한다. 헤르더는 사람들이 태어날 때부터 언어적인 존재이자 사회적인 존재였다고 역설한다. 언어가 인간 고유의 특징과 밀접하게 관련되어 있고 개념이나 생각이 가능한 것도 바로 언어를 통해서이기 때문이다.[102]

이런 관점에서 언어는 전통을 보전하고 전래하는 도구로 보았고 언어가 없는 민족은 존재할 수 없다고 단언한다. "한 민족의 오성(이성, 이해능력)과 그 특성이 모든 개별적인 언어 속에 각인되어 있다"고 확신한다.

"언어는 민족이 존속하는 동안 존속할 뿐만 아니라 그 민족이 헌정(verfassung) 질서 속에서 견고해지고 계몽되듯이 선명해지고, 순화되고 강화된다." 이처럼 헤르더는 언어를 정치적 지배의 유효한 수단으로 해석하는 현실 정치적 감각을 보여주고 있다.[103] 강한 민족들이 자신들의 지배하에 있는 약소민족들의 언어를 체계적으로 분쇄함으로써 실제 이 민족들의 정체성을 말살하고자 한다고 보았다.

과거 우리의 일제강점기 시대를 연상한다면 이러한 주장이 얼마나 선견지명이었는지 이해될 수 있다. 곧 헤르더에게 민족과 언어는 하나의 수레바퀴인 것이다. 통일된 민족국가를 건설하고자 노력하는 세력들에게는 민족이라는 개념이 통일된 언어 속에서 자연스럽게 구현될 수 있고, 자연에서 찾아볼 수 없는 가능성과 문화적인 가능성 등을 인간세계에 부여해 줄 수 있는 언어적 통일이야말로 민족국가의 전제라는 관점에서 출발한다.

베네딕트 앤더슨(Benedict Anderson) 역시 언어의 결정적 의미를 간과하지 않았다. 민족 형성과 민족의식 그리고 민족주의에서 언어가 차지하는 중요성을 "언어를 통하여 과거가 복원되고, 동료의식이 상상되며, 미래가 꿈꾸어진다"라고 감동적으로 묘사하고 있다.[104]

루소의 민족주의 사상은 민족의 생성에 관한 헤르더의 사상이 형성되는 데 있어 일종의 필터 역할을 하였다. 루소가 제기한 민족적 개별성, 인민의 국가와 인간의 본성과 운명의 완성 및 문화로서의 정치 등 대부분이 헤르더의 민족 사상에 반영되었다.[105]

헤르더는 민족을 살아있는 유기체, 신성(神性)의 현시(顯示) 등으로 보았기 때문에 파괴당하거나 억압당할 것이 아니라 당연히 계발되지 않으면 안 될 존재로 확신하고 있었다. 이런 의미에서 헤르더가 생각하는 '민족공동체(national gemeinschaft)'는 한스 콘이 적절하게 얘기한 것처럼, "개체와 인류 사이의 필수적 매개물(necessary medium)"로서 유기적이면서 자연적이고 그 토대는 문화적이면서 정신적인 존재다. 인간은 곧 민족 속에서 그리고 민족을 통하여 비로소 인류적 소명을 실행할 수 있게 된다고 믿었다.

헤르더의 민족(volk)은 단순히 한 떼의 무리가 아니었고 민족문화의 창조적 원천이었다. 따라서 헤르더는 여기서 민족주의와 민주주의가 이념적으로 동일한 범주에 포함되게 되는 것이라고 주장한다.[106] 이러한 민족공동체는 그 속성이 기본적으로 정치적이지 못하고 법과 인간의 자유로운 결의 위에 뿌리내리고 있는 루소 식의 통일성(unity) 개념의 '공동체'와는 다를 수밖에 없다. 헤르더적 공동체는 모호하고 무정형적이며 비합리적이다. 헤르더는 인간의 문명이란 일반적이고 보편적인 것이 아니라 민족적이고 특수한 징후 속에 살고 있다는 것을 처음으로 역설한 사람이다.

헤르더의 낭만적 민족 개념이 지닌 문화적인 특성은 이 개념이 민족적 오만과 쇼비니즘으로 빠지는 것을 막아주고 있다. 한마디로 그는 "계몽주의의 진정한 아들"이며, "자유주의적 인도주의자(liberal humanitarian)"이고, "합리적 세계동포주의자(rational cosmopolitan)"였다고 이해된다.107)

헤르더의 민족 개념은 비정치적이었다. 그러나 민족에 대한 그의 새로운 철학적 인식은 혁명적 함축성을 지니고 있었다. 그는 민족을 자연적이고 필연적인 존재로, 그러나 국가를 인위적이고 우연적인 존재로 간주하였다. 헤르더의 입장이 비록 비정치적이긴 했으나 민족 언어와 민족공동체를 강력히 옹호하는 단호한 자세는 유럽 지역의 다양한 민족 집단들에게 새로운 의미를 던지면서 그들의 민족의식 발흥에 기폭제가 되었다.108)

헤르더는 민족공동체의 생존과 존속을 위협한다고 생각한 노예제도와 식민주의를 거부하였다. 그는 언어로 특징지어지는 민족의 평화적 존립과 문화적 번영을 희망하였던 것이다. 헤르더는 국가나 정부의 형태가 사라지고 변할 수는 있어도 민족은 불변적인 존재이며 신의 창조 계획의 일부라고 생각했다. 따라서 모든 민족이 자신의 고유 특성을 유지해야 함은 필연적이다.

헤르더는 확장된 가족으로서의 민족을 설명하였고 그것은 집단결사 모델이었다. 거기서는 중앙권력의 필요성이 용납되지 않는다. 또한 단일 권위체의 통치를 받는 "다민족 국가와는 달리 '민족성'을 공유하면서 다양한 사람들로 구성된 국가는 중앙 집중권력이나 항구적인 형태의 최고 명령계통에 대한 존재가 필요로 하지 않는다"109)고 하였다.

개별적인 인간은 바로 이러한 민족이라는 공동체를 통하여 드디어 인류의 일원이 된다. 헤르더는 각 개인들이 민족의 범주 내에서 자신들의 고귀한 사명을 더욱 잘 구현할 수 있으리라고 믿었다. 민족에 대한 불가피한 종속이 개별 인간의 보편적인 인류성에 결코 어긋나지 않고 오히려 헤르더의 '다원적 민족공동체'의 이상에 다가가게 될 것으로 확신하였다.[110] 한마디로 헤르더는 민족적 언어·전통·문화·관습 등의 객관적 공통성에 대한 가치를 민족의 본질적인 것으로 이해하였다.

민족 및 민족국가의 생성이나 성격 문제 등에서 우리나라는 유럽의 경우와 상당한 차이가 난다. 이미 7세기에 우리나라는 기본적으로 '민족'의 통합을 완료한 것으로 보는 헤르더적 관점도 있다. 신라에 의한 한반도 통일은 다양한 부족의 융합과 문화·언어·풍습 등의 발전적 통합을 가능케 한 획기적인 계기를 만들어 주었다. 그리고 그것은 현재 우리 민족의 토대가 되었다. 그로부터 근 1,300여 년 기간을 이른바 '단일민족' 국가로 존속해왔던 것이다.

우리나라에서 민족 생성도 자본주의 도래와 불가분의 관계를 맺고 있지만, 그러한 단일민족은 민족적 충성심의 대상을 민족국가로 본 것이 아니라 왕으로 대변되는 관헌적인 왕정질서로 보았다. 전체 민족 구성원에게 동일한 권리와 의무가 부여되고 제도적 평등이 보장되지 않는 신분적으로 분열되고 본질적으로 불평등한 사회 인민계층으로 이뤄진 시대와 지역에서는 민족을 논할 수 없다. 단지 '우리는 하나'라는 공속감과 유대의식으로 결합될 수 있을 정도의 사회적 커뮤니케이션만 존재하는 것이다.[111]

헤르더는 통일성과 동의를 중요하게 생각하였지만, 헤르더가 확장된 가족으로서 민족을 설명할 때의 구상은 다양성을 고려한 집단 결사 모델이었다. 헤르더의 다원주의적 민족 개념은 루소의 동의와 통일성에 있어서의 합의 도출 방식을 그냥 '같이 행동한다'는 협력 원칙으로 바꿔놓게 된다. 즉 헤르더의 유기적이며 관계적인 '다원적인 민족 공동체 개념'은 아리스토텔레스의 복합체적인 국가 개념과 맥락을 같이 하고 토마스 아퀴나스의 비본질적인 전체 개념[112]과 일치한다.

물론 헤르더의 민족 철학이 민족을 통합된 단일체로 보았다는 근거는 없다. 민족 또는 민족성은 물리적인 개체라기보다는 유기적이며, 관계적인 사건의 집합체로 보는 관점이 있다. 결국 헤르더의 민족은 개체적인 것이 아닌 유기체적 전체이다. 본질적 개체라고 본 루소의 생각과는 배치되는 유기체적인 집단성을 강조한 개념이다. 한편 민족적 배타성에 대한 헤르더의 부정이 민족의 다원성에 대한 이해의 관점을 갖고 있는 것이지만 헤르더는 지나친 배타성에 대한 자기 파괴성에 대해서도 확실한 경고를 하고 있다. 자신만 생각하는 배타적인 민족은 민족문화 발전의 발목 잡을 개연성이 크다는 것, 그리고 내부로부터 스스로 고립되면서 결국 타락의 위험을 자초하게 된다는 것이다.113)

③ 루소와 헤르더의 민족주의 개념

민족주의는 사상적 유형의 측면에서 '시민적(정치적) 민족주의'와 '낭만적(문화적) 민족주의'의 두 가지 형태로 보는 것이 일반적이다. 이는 민족주의 사상의 원조라고 불리는 루소와 헤르더의 사상적 기초와 사상적 영향에 따라 구분한 것이다. 114)

루소의 영향을 받았던 헤르더는 루소가 제시한 것처럼 개인이나 민족의 자기결정권이나 자율성의 도구로서 교육과 법에 대한 존중과 관련해서는 동의하지만, 루소의 '통일성(unity)' 개념과는 견해를 달리하면서 결과적으로 "다원주의적 정치문화"라는 이상 상을 제시하고 있다. 사회 저변의 질서를 형성하는 민족(volk)은 헤르더의 정치사상에서 가장 중요한 추진력으로서 민족문화의 창조적 원천이라고 파악된다. 여기서 민족주의와 민주주의는 이념적으로 동일한 범주에 포함된다. 헤르더의 정치적 목표는 루소의 그것과 크게 다르지 않다. 그것은 "문화에 의한 힘의 교체"라고 볼 수 있다.115) 즉 헤르더의 발전은 성장 패러다임과 동일시되고 루소의 발전은 건설이나 공사 작업에 주로 비유될 수 있다.

헤르더는 언어, 전설, 관습과 민속 등에 관심을 두었고, 루소는 국가의 건설, 보전과 발전에 관심을 두었지만 루소의 정치적 개념이나 헤르더의 낭만적 개념은 공히 민족주의에 대한 핵심 개념의 발전에 공헌하였다. 그러나 헤르더는 인간관에서 뿐만 아니라 인간의 언어와 사회적 동의, 사회유산이나 역사의 발전 양태 등에 대한 관념 등에 있어서는 루소와 분명한 차이를 나타내고 있다.

루소와 헤르더는 아리스토텔레스적인 가정을 공유한다. 어떤 실체의 완전성 도달은 자체에 내재하는 자연적인 본성을 통해 달성이 가능하다는 것이다. 존재와 당위성의 상호 밀접한 관계로 인하여 '문화'와 '자연'의 의미가 무엇인지 혼란스러워진다. 루소와 헤르더 낭만주의자들이 자연을 강조하려 하는 것은 자연의 순수함과 즉각성을 의도성과 인공적인 것에 대비시키려는 데 그 목적이 있었다.

루소와 헤르더에 대한 밀접한 비교는 문화와 자연의 역동적인 관계를 원활하게 하기 위해 필요했다. 민족 개념에 대한 두 가지 유형을 비교해 보기 전에 먼저 두 사람의 공통점을 살펴보자.

첫째, 루소와 헤르더는 홉스의 자연상태관을 비판한다. 루소는 인간이란 본질적으로 비사회적이라고 주장하지만 루소는 헤르더와 같이 자연적 인간은 본질적으로 평화적이라고 주장한다.

둘째, 루소와 헤르더는 모두 범세계주의(cosmopolitanism)를 반대한다. 범세계주의는 존재하지 않는 국제질서라는 미혹에 근거한 자연법 전통의 일부이자 조각일 뿐이라고 역설한 것이다.

셋째, 두 사람 모두 부와 사회적 특권에 대해서 부정적인 급진적 평등주의자였다. 상류사회의 문화는 불평등 사회에서 성장하는 것이기 때문에 사라져야 한다고 생각했다. 루소도 헤르더도 중세를 결코 이상적으로 생각하지 않았다. 그들은 중세의 엄격한 위계질서 제도에 의한 불평등을 인정하지 않았다. 루소와 헤르더 입장에서 민족과 국가 성립의 진정한 토대는 귀족이나 지식인이 아니었고 보통 사람들이었다. 때문에 두 사람은, 민족의 기초는 순수해야 하고 본질적으로 대중적이어야 한다는 데 동의하고 있다.

넷째, 가정을 제외한 모든 사회적 관계에 있어서 주인과 노예는 있을 수 없다. 인간의 지배를 넘어선 법의 지배가 확립되어야 한다는 것이다.

다섯째, 루소와 헤르더는 종교가 본래부터 민족적인 것으로 파악하고 있다. 사람들의 집단적인 동일성과 집단적 자아인식에 대한 종교적 영향력을 높이 평가했다.

여섯째, 루소와 헤르더가 민족의 개념적 가치를 매우 중요하게 생각하고 있지만, 개별 민족은 각자의 특성을 충분히 구현하면서 궁극적으로 인본성(humanity)을 풍부하게 고양시켜야 한다고 주장한다. 하지만 어느 한 민족이 자기실현을 통하여 범세계적인 구원이 가능하다고는 생각하지 않았다.

일곱째, 정치적 민족과 문화적 민족이라는 개념의 차이에도 불구하고 루소와 헤르더는 자민족과 타민족을 개인이 자아를 인식하는 것처럼 이해하고 인식하는 데 있어 보다 본질적인 문제라고 보았다. 루소와 헤르더는 공히 문화가 자연의 요청과는 결코 떨어질 수 없는 것이라고 보았고 정통성 확립을 위해서는 문화와 자연간의 균형이 이루어져야 한다고 생각했다.116)

이와 같이 루소와 헤르더는 자연적 평등과 법의 가치에 대한 동일한 관념을 가지고 있었지만 〈표 2-1〉에서 보는 것처럼 루소의 정치적 민족주의는 철학적으로 합리주의적이고, 영토를 기본 바탕으로 하며 개인의 상호이익을 위하여 자유스러운 개인들의 법적 결합을 그 주요 내용으로 한다. 그러므로 여기에는 법과 시민이 중요시되고 특수주의나 폐쇄주의가 배격되며, 개인을 중심으로 한 국제주의가 포용되고, 계약적인 정치관계를 중심으로 하는 게젤샤프트적(Gesellschaft)인 성격이 두드러진다. 이러한 정치적 민족주의는 기존의 국가에 대해 시민적 자유주의로 개혁하는 것을 목적으로 하면서 사상의 폭이 개방적이고 역사에 대해서도 전진적인 자세를 지닌 시민적 민족주의를 지향한다.[117]

이에 비하여 헤르더의 낭만적 민족주의는 비정치적·비합리적인 사상을 기반으로 공동 언어, 민족 전통 등 '민족정신'(volksgeist)을 기준으로 내세운다. 그러한 민족 개념은 개인이 '민족적 공동체'에 통합되는 부분으로서만 의미를 갖게 되고, 법적 또는 헌법적인 보장이 문제되지 않으며 유기적인 결사체로서 자연과 역사에 근거한 게마인샤프트(Gemeinschaft)적인 성격으로 부각된다. 그리고 여기에는 국제주의가 있을 수가 없고, 특수성에 입각한 폐쇄주의가 본질적 중심이 되는 문화민족주의를 지향한다.

이 두 유형은 물론 사상의 이념형으로 모든 정치현실을 그대로 대표하는 것은 아니다. 그들 사이에 현실적으로는 여러 가지 결합형이 있어서 역사에서 보면 구체적인 사정은 일반적인 것이 아니다. 앞서 웹스터에서 소개된 시민 민족주의, 종족 민족주의, 낭만 민족주의, 종교 민족주의 등으로 구분하였던 민족주의 유형을 크게 시민적 민족주의와 낭만적 민족주의로 대별해서 비교해 보았다.(표 2-1)

여기서 주권재민 원칙이 적용된 시민적(정치적) 민족주의는 정치적 민족주의와 같은 맥락에서 볼 수 있겠다. 정치적 민족주의는 '민족적' 기반이 이미 갖춰진 상태에서 그 기반의 체계를 개혁하려는 민족주의적인 유형이고, 낭만적 민족주의는 근대적인 '민족적' 기반이 형성되지 못한 곳에 '민족주의'를 실현시켜 보고자 하는 데서 오는 비정치적, 비합리주의적 유형이다. 따라서 양자는 도전과 응전의 관계에 있다고 할 수 있으며, 그 관계 속에서 특수민족의 사정에 따라 양자 중 어느 하나가 상대를 압도하게 되는 것이다. 역사의 경험에서 보면, 정치적 민족주의는 선발 정치체의 '우월 민족주의'였고 낭만적 민족주의는 대체적

〈표 2-1〉 루소와 헤르더의 민족주의 비교

시민적(정치적) 민족주의	낭만적(문화적) 민족주의
Rousseau	Herder
합리주의적	비합리주의적
정치적	비정치적
영토적 바탕	역사적
주권재민 계약적인 정치관계에 근거한 게젤샤프트(Gesellschaft)적인 성격	민족공동체 자연과 역사에 근거한 게마인샤프트(Gemeinschaft)적인 성격
力學的	有機的
普遍的	공동언어, 민속전통 등 民族精神(volksgeist)를 기준
個體的	集體的
Staatnation	Nationstaat
개방적, 전진적 자세, 국제주의	특수성에 입각한 폐쇄주의, 비국제주의
미래지향적	과거 집착형
선발 정치체의 우월민족주의 (터키 등)	후발 정치체의 저항 민족주의 (중국, 한국 등 비서방 지역)
민족적 기반이 근대적으로 굳혀지고 난 뒤의 민족주의적인 사상형	근대적인 민족적 기반이 없는 곳에서 민족주의를 실현시켜 보려는 사상형
두 사상형은 도전과 응전의 변증법적인 관계에 있다 할 수 있음	
운동사상으로서는 대내적, 국내정치적	운동사상으로서 대외적, 국제정치적임
공통 : 근대화, 민주화, 자주의식, 통일 문제	

자료: 노재봉, 『사상과 실천-현실정치인식의 기초』, 도서출판 녹두, 1985, 279쪽에서 추가
보완.

으로 후발의 '저항 민족주의'였다.[118]

　　루소와 헤르더는 정치적 민족주의와 비정치적 민족주의라는 점에서
이해되었다. 루소의 정치적 민족주의가 지닌 이론적 토대는 민족을 사
람들의 집단의지와 동일시하고 있는 반면 헤르더의 낭만적 민족주의는
사람들의 언어적·인종적 특성을 매우 중시하였다. 마이네케와 한스 콘
은 독일 낭만주의자들이 지나치게 보편적 사고를 가지고 정치적으로
너무 안이한 생각을 하고 있었으며 낭만적 민족주의가 언어, 전통 등
민족정신(volksgeist)을 내세워 집단적 폐쇄주의로 나갈 때 개인의 선택

이나 표현의 자유를 위협할 수 있을 것이란 의구심을 떨쳐버리지 못했다.[119]

이 두 유형은 오늘날 지구상 모든 지역에 영향을 미치고 있다. 선발의 터키는 주로 정치적 민족주의를 받아들였고, 후발의 아시아 지역 중국은 낭만적 민족주의를 받아들였다. 두 가지 사이에 절충적인 예로는 프러시아, 일본, 스탈린 등이 해당된다고 하겠다. 운동사상으로서의 정치적 민족주의는 대내적 국내정치적이고 낭만적 민족주의는 대외적이고 국제정치적이다. 국가별로 시대적인 상황과 여건이 다르지만 대부분의 나라들에서는 국제정치적인 경쟁의식에서 민족주의가 시작되었다.[120] 따라서 영국, 프랑스, 미국을 제외한 대부분의 나라들에서 낭만적 민족주의가 압도적이었고 한국도 예외는 아니었다. 자연과 민족에 대한 상이한 견해 차이를 보면 루소는 이것을 '자연으로부터의 발전'으로 보았고 헤르더는 '자연과의 발전'으로 보고 있다. 상기 내용은 극단화된 비교일 수도 있지만 루소와 헤르더가 문화와 정치의 변화를 포함한 민족주의를 이끌고자 애썼다는 건 공통된 사실이다.

헤르더의 낭만적 민족주의 즉 비합리주의적 관점은 무정치성이나 비정치성에 있기보다는 낭만(문화) 민족주의가 정치적 정통성의 문제에서 나타나는 근본적인 변화들을 주목하는 데 있다. 문화는 정치와 잠재적 연관성을 지녔다. 민족은 정신적 유대관계와 문화적 전통으로 결합되어 있는 공동체인 것이다. 따라서 헤르더의 민족주의는 문화적인 가치의 고려 없이는 존재할 수 없다. 그러나 언어나 철학, 종교, 민속, 연극 및 회화 등 모든 것이 정치에 도움이 되기 위해서는 정치적으로 다루어질 필요가 있다. 문화와 정치의 '이중적 변화'[121]는 서로의 이념을 정당화하면서 민족주의에 공헌한다. 정치적 정통성의 확립상이 변화되고 국가민족(state-nation)으로부터 민족국가(nation-state)로 이행하는 이중적인 변화 과정에서 민족주의 이념은 정치나 문화의 치열한 변화와 함께하게 된다.

　민족문화에 근거하여 국가의 정통성, 정당성을 생각하는 것은 생각보다 복잡한 문제이다. 국가 정통성을 기준으로 민족문화를 인정하는 문제와 특별한 경우 특정한 지배문화를 결정하는 것과는 다른 문제이다. 결국 문화(낭만) 민족주의가 제기하는 문제는 답변하기 쉬운 일이 아니다. 문화와 정치와의 결합은 실제 행복의 원천이 되고 정당한 사회가 될지도 모른다. 그러나 동시에 문화에 근거한 국가는 정당하지도, 평화적이지도, 조화롭지도 못한 결과로 나타날 수도 있다. 명확하고 논리적인 근거를 찾기가 어렵기 때문이다. 낭만적(문화) 민족주의가 가지는 유기체적인 성격이 시민적(정치적) 민족주의에 비해 우발적이고 폐쇄적인 비합리성을 가졌기 때문에 그렇다.

　정통성 있는 민족문화도 다른 원칙들과 마찬가지로 우발적인 원인으로 발생했을 가능성도 있다. 따라서 민족문화가 필연적으로 정치의 정통성 문제를 해결해 줄 수 있을 것 같지는 않다. 문화적으로 결정된 국제질서에는 명확한 결과가 없다. 문화적 질서에는 타협의 여지가 없어질 수 있는 경쟁과 협조, 평화와 갈등의 관계가 존재할 뿐이다.[122] 정치적 의무에 대한 문화적 기준은 그 밖의 정통성 기준과 마찬가지로 명백히 합리적이거나 윤리적이지도 못하다. 민족문화는 아마도 정치적인 것에 대한 이해를 돕거나 변화시킬 수는 있을 것이다. 그러나 민족문화가 정치의 정통성 문제를 해결해 주지는 않는다. 이러한 문화적이고 낭만적인 사상적 전통이 한국의 현대 정치사상에 하나의 커다란 맥을 형성하고 있다. 즉 낭만적 민족주의는 정치적 정통성을 담보하지 못한다. 따라서 한국 민족주의에 대한 제반 평가는 루소의 시민적(정치적) 민족주의를 기준으로 대척점에 있는 낭만적(문화) 민족주의에 대한 비판적 고찰을 통한 분석과 평가를 하는 것이 보다 합리적이다.

제2절 한국 · 중국 · 일본 민족 개념의 수용

1. 한 · 중 · 일의 민족 개념 수용

1) 일본의 민족 개념

동아시아에서 'nation'을 '국민' 혹은 '민족'이란 단어로 처음 쓴 것은 일본이었다. 후쿠자와 유키치는 1860년대에 쓴 『서양사정』 초편(1866년) 과 외편(1867년)에서 '국민'이라는 단어를 처음 사용하였다. 국민이라고 번역한 단어는 영어의 people이었고 nation도 국민이라 번역되었다. 한 편 가토 히로유키는 독일 학자 블룬칠리의 『일반국법론』을 번역하면서 독일의 nation 개념을 수용하고 '민종(民種)'이라 번역하였으며, volk는 '국민'이라고 바꾸어 번역하였다.123) 이후 1891년 『칙어연의(勅語衍義)』 에서 이노우에 데쓰지로는 '일본 민족'이라는 단어를 사용하였다. '민족' 개념은 '단일민족 신화'를 만드는 데 사용되었다. 일본에서 '민족'이라는 단어가 일반화된 것은 1888년 간행된 『일본인』이라는 잡지와 『일본』이 라는 신문에서 사용하면서 전파되었지만 일본에서는 민족보다 '국민'이 라는 말을 더 많이 썼다.124)

2) 중국의 민족 개념 수용

중국에서는 '민족'이라는 단어를 처음으로 사용한 사람이 량치차오 (梁啓超)였다. 량치차오는 1899년 「동적월단(東籍月旦)」이라는 글에서 처음 '민족'을 사용하였다. 일본에서 번역된 '민족'을 가져와 사용한 것이다.[125] 량치차오도 독일 학자 블룬칠리의 『국가론』을 번역하면서 nation을 '족민(族民)'으로 volk는 '국민'으로 번역하였다. 블룬칠리는 국가론에서 독일어 nation은 문화적 개념을 가지고 있는 영어의 people과 같은 의미로 보았고, 독일어 volk는 정치적 의미를 가지고 있는 영어의 nation에 해당하는 것으로 보았다. 이후 량치차오는 '민족'이라는 단어를 더 많이 사용하였다.[126]

량치차오는 1903년에 쓴 「정치학 대가 백륜지리지 학설」에서 블룬칠리가 주장한 '국민'과 '민족'에 대한 학설을 소개하였다.

블룬칠리는 학자들이 '국민'과 '민족'을 혼동해 잘못 쓰고 있음을 지적하면서 "민족이라는 것은 민속·연혁·소생의 결과이다. 민족이라는 것은 다음의 가장 중요한 8가지 특질을 지닌다. 민족은 처음부터 한곳에 동거하며, 처음부터 동일한 혈통이며, 그 지체나 형상이 같으며, 그 언어와 문자·종교·풍속·생계가 같다. 이 8가지가 갖추어지면 부지불식간에 타 민족과 서로 거리를 두면서 하나의 특별한 공동체를 조성하게 되며, 하나의 고유한 성질을 가지게 되고, 이를 자손들에게 물려주게 된다. 이것을 가리켜 '민족'이라 한다"라고 하였다.

민족주의에 관해 량치차오는 "민족주의란 최근 4백년 이래 점차 발생해 나날이 발전해온 것으로서 근세국가를 형성시킨 원동력이다"라고 말하고 "따라서 민족주의란 세계에서 가장 광명정대하고 공평한 주의지만, 근대 민족국가가 수립되는 과정에 등장한 긍정적 의미의 민족주의는 각국이 서로 국력 경쟁을 하는 가운데 19세기 말에 이르러 '민족 제국주의'로 일변했다"고 설명했다. 량치차오(梁啓超)는 민족주의를 사회진화론적 입장에서 '우승열패(優勝劣敗)'와 '자연도태(自然淘汰)'의 원리에 입각하여 파악함으로써 생존경쟁에서 이기는 민족만이 살아남는다고 보았다.127)

량치차오는 블룬칠리의 '국민'에 대한 개념에 대해 국민을 인격으로 보는 시각과 하나의 법률체로 보는 시각을 설명하고 국가와 국민은 같은 것이라고 얘기하고 있다. 따라서 량치차오는 "민족이란 동일한 언어 및 풍속을 가지고, 동일한 정신 및 성질을 가지며, 그 공통성을 점차 확장하여 국가라는 체계를 이루는 것이다. 다만 아직 결합하여 일국을 일으키지 못했을 때에는 이를 가리켜 민족이라고 하지 국민이라고 하지는 못한다"라고 하여 민족은 국가를 세우지 못하면 국민이 될 수 없다고 보았다.128) 량치차오는 1902년 「논민족경쟁지대세(論民族競爭之大勢)」에서 서구의 민족주의와 제국주의의 발흥 과정에 대해서도 자세히 설명하였다.

이와 같이 도입하여 중국에서 사용하게 된 '민족'이라는 용어는 이후 한족의 청나라 조정 타도 문제, 신해혁명 이후 소수민족 등에 대한 문제의 해결 과정에서 자주 사용하게 되었다.129)

3) 한국의 경우

우리에게는 '민족'이란 단어가 사용되기 전에 '족류'(族類)라는 말이 있었다. 같은 친족, 혹은 같은 무리를 의미하거나 동족이라는 뜻으로 사용되었다.130) 이 말은 요즘 얘기하는 '에스니(ethnie)'와 유사한 의미였다고 볼 수 있다. 이 말은 타 종족과의 경계를 짓고 종족의 정체성을 확인하기 위한 단어라고 할 수 있겠다.131)

또한 조선왕조실록에 실려 있는 '동포'(同胞)라는 단어는 여러 가지 의미로 사용되었다.132) 그 중 하나는 한 부모에게서 태어난 동기, 즉 형제자매라는 뜻이 있고, 또 하나는 국왕의 은혜를 입고 있는 백성이라는 뜻으로 사용되었다.[133) 이 동포라는 말은 근대에 들어와서 '인민' 또는 '백성' 등과 함께 널리 사용되기 시작했고 동포의 개념에는 '평등'의 이념이 내포되어 있었다.[134) 조선시대의 동포는 주로 '애휼'(愛恤,compassion)의 대상이었는데 근대 독립운동 시기에는 서로 사랑해야 할 형제로서의 동포, 계몽 대상으로서의 동포 등으로 서서히 역사의 주체로서 인식되기 시작했다.

민족이란 개념은 1896년 4월 7일부터 1899년 12월 4일까지 약 3년 반 동안 발간된 독립신문에 '조선인민' 또는 '조선신민'이라는 말로 조선의 독립을 수호할 것을 주장하여 민족의식과 민족주의 개념이 본격적으로 등장한다. 2년 후 서재필은 영문 잡지에 낸 기고문에서 'nationalism'이라는 용어를 사용했다. '민족주의'라는 용어는 1900년대 들어와서 제국주의 세력에 대항하는 개념으로 조금씩 사용되었다.

역사적으로 '국가'라는 말은 조선시대부터 사용되었으나 '국민'이라는 말은 갑오개혁 때부터 사용되었으며, '민족'이라는 말은 그보다 늦은 1905년 이후부터였다. 이 시기는 러일전쟁 후 자강운동기 또는 계몽운동기라 불리던 시기였다. '민족'이라는 용어는 량치차오(梁啓超)의 「음빙실문집(飮氷室文集)」에 실린 '민족론'에서 기원했다.[135) 앞서 소개한 대로 량치차오(梁啓超)는 『정치학 대가 백륜지리지 학설(政治學 大家 伯倫知理之 學說)』(1903)[136)이라는 책에서 '민족' 개념을 자세히 설명했다. 량치차오(梁啓超)는 블룬칠리의 학설을 빌려, "왕왕 국민과 민족을 혼동하는 이가 있으니 이는 다른 것"이라고 말하고, "하나의 민족이 하나의 국가를 이루는 경우도 있고, 다른 민족을 받아들여 동화시키면서 하나의 나라를 이루는 경우도 있고, 여러 민족이 하나의 국가를 이루는 경우도 있다"고 얘기했다. 량치차오는 민족을 혈통과 언어, 지리, 형질, 문자, 종교, 풍속과 경제생활의 공통점에서 찾았다.[137)

량치차오(梁啓超)의 민족 개념은 '원초주의적 민족론'에 해당한다. 원초주의적 민족론은 민족 형성 과정에서 친족·조상·혹은 신앙이나 역사 등을 상징하는 원초적 기반과 언어·종교·풍속 등의 문화적 특징을 가진 문화적 기반을 강조한 것이다.[138]

신채호는 중국의 사상가이자 혁명가였던 량치차오(梁啓超)의 영향을 받았다. '가장 급진적이고 정치적으로 타협하지 않는 반일 '자강' 민족주의자들 중 한 명이었던[139]' 신채호는 1908년 『대한매일신보』에 속재한 '독사신론(讀史新論)'에서 "국가의 역사는 민족의 소장성쇠 상태를 열서(列書)한 것"이라고 말하고, 민족을 버리면 역사가 없을 것이고 역사를 버리면 민족의 국가에 대한 관념이 크지 않을 것이라고 함으로써 '민족'을 역사 서술의 주체로 삼았다.[140]

'민족' 개념은 1919년 3·1 운동으로 지식인만이 아니라 대중 차원으로 확산되는 계기를 맞았다. 최남선의 독립선언문에는 '민족'이란 표현이 11회 나온다.[141]

당시 국권상실이라는 민족적 위기 앞에 무기력한 황실은 그 위상이 급격히 약화되었다. 이로 인하여 조선은 조선인 모두에게 황제의 신민에서 벗어날 수 있는 사건을 안겨다 주었으며, 국가의 주인이 왕에서 국민으로 자기 정체성을 확립하고 국권회복을 위한 주도적이고 주체적인 행동을 모색하게 되었다. 이후부터 민족이 탄생되기 시작한 것이다.[142]

이렇게 탄생한 한국의 민족주의는 역사적 의의가 뚜렷이 나타나듯 그 행위 또한 역사 속에서 찾아볼 수 있다. 오랜 역사 속에 나와 있는 유교, 실학사상, 대원군의 정책, 동학농민운동 등 고도의 자발성과 애국계몽사상, 3·1 운동 등 주체성을 갖춘 민족주의가 평등사상을 기초로 국민주권을 지향했다. 나아가 민족 개별성을 기초로 한 민족자결주의와 결부되면서 얻은 귀중한 역사의 수확이다.[143]

차기벽은 "민족(nation)이란 혈연, 지연, 종교, 언어, 정치, 경제 등을 공유하며 자연적·문화적 조건 속에 공동생활을 영위하면서 공통의 역사적 운명을 거치면서 독자적인 네이션 의식을 갖게 된 인간 집단[144]"이라고 정의하였다. 여기서 차기벽의 '네이션 의식'이란 단순한 민족감정, 민족의식, 민족정신이라기보다는 혈연, 지연, 종교, 언어, 정치, 경제 등 객관적 요소의 공유에 기초하여 주관적 요소인 '공동운명체 의식'을 갖는 것을 말한다.[145] 즉 민족의 구성원인 개인의 자유의지가 반영된 공동체의 집단정신을 네이션 의식이라고 본 것이다.

오늘날 민족(nation)이 정치적 의미를 가지고 작동하기 시작한 것은 근대에 와서다. 민족은 근대 초기 절대왕정이 등장하면서부터 정치적 의미를 갖기 시작하였지만 본격적으로 정치원리가 된 것은 프랑스 혁명에서부터 시작되었다. 민족을 개인 권리의 토대로 한 주권재민의 근대국가나 집단적 주체 혹은 단위를 설정하는 민족주의가 나타났고 독일과 같은 경우에는 이를 문화적 단위로서 주로 사용하였다. 우리가 사용하는 '민족'은 서양어의 네이션(nation)을 번역한 것을 당시 일본으로부터 들여와 보편화한 것으로, 두 가지 의미 중 후자의 의미가 강하게 투영된 것을 받아들여 민족 개념으로 정립하고 있다.[146] 그러니까 한국 민족주의는 자유민주주의 체제가 갖춰지지도 않았고 일제강점기 제국주의에 저항할 수밖에 없는 상황 속에서 민족주의의 비정치적이고 낭만적인 면이 먼저 자리 잡게 된 것이다.

2. 제국주의

1) 반제민족주의

민족주의는 프랑스 혁명, 즉 민주주의 혁명에 의해 발원됨으로써 애초부터 개인의 권리를 보장하는 민주주의적 성격이 그 안에 내재된 것으로서, 보편적이면서 발전적인 근대정치 이념이 될 수 있었다.

프랑스 혁명으로부터 시작된 정치적(시민적) 민족주의가 문화적 집단주의로 흐르게 된 것은 나폴레옹 전쟁과 독일의 낭만주의적 결집에 의한 것이었다. 나폴레옹 침략에 대해 독일은 혈연·역사로 정의되는 문화(kultur)적 일체성으로 대응함으로써 집단주의가 민족주의적 미덕으로 숭앙받게 되었다.[147] 그 유명한 피히테(Johann Gogglieb Fichte)의 '독일 국민에게 고함'은 그의 내면주의적 주관철학과 함께 유기적 일체로서 프랑스 침략에 대한 독일인들의 결집된 저항정신을 호소한 것이었다.

서양적 근대의 확장과 제국주의적 침략과 더불어 외세에 대항하기 위해 결집된 동아시아의 민족주의는 시대적 상황으로 인해 프랑스형 시민적 민족주의보다는 독일형 낭만적(문화적) 민족주의가 보다 유효하게 수용될 처지에 놓여 있었다.

근대 서양사상을 제일 먼저 받아들인 일본에서도 독일계 낭만주의와 함께 집단성을 강조하는 스펜서(Herberr Spencer)의 '사회진화론(social-darwinism)'적 세계관이 확산되었다. 일본 근대 정치사상의 아버지격인 후쿠자와 유키치는 '민권'의 개체성보다는 집단적 '국권'이 우선된다는 '국권론'을 제기했다. 이는 독일 낭만주의의 국가이성론에 근거했고 이 '국권론'은 일본이 '탈아입구(脫亞入歐)'하여 서양의 민족-제국주의에 합류하는 시대의식을 만들었다. 일본은 독일식 낭만주의와 '적자생존'의 '사회진화론(social-darwinism)'에 바탕을 둔 침략적 민족주의 즉 제국주의를 국권론에 이념화 하였다.[148]

중국의 민족주의는 영국에 유학한 옌푸(嚴福)가 사회진화론의 '자강불식(自强不息)'의 개념을 바탕으로 중국의 민족주의적 근대화를 주창하면서 결집되어 나갔다. 진화론은 20세기 초 중국의 신지식인 층에게 '진

화와 개혁'이라는 혁신적인 시대정신을 고취시켰고 민족국가 건설의 정치적 비전을 확산시켰다.[149]

옌푸의 사회진화론과 일본 국가주의의 영향을 받은 량치차오(梁啓超)는 '적자생존'이라는 사회진화론의 법칙을 '우승열패(優勝劣敗)'라는 중국식 용어로 이해하여 중국 변화의 필요성, 즉 개혁의 필요성과 정당성을 환기시켰다.

량치차오(梁啓超)는 중국이 민족화하지 않으면 여타 제국주의 강대국에 의해 멸망할 수밖에 없다는 것을 각성하여 '서세동점'하는 위기적 시대사를 극복하기 위한 세계관으로 진화론을 수용하고 이를 바탕으로 '민족'을 단위로 하는 근대적 국가관을 발전시켰다.[150]

조선에서 량치차오의 영향을 가장 많이 받은 사람이 신채호였다. 그는 일본 유학생 최석하와 함께 한말의 시점을 사회진화론적 관점에서 제국주의의 시대로 이해했고 우승열패, 강식약육의 제국주의 시대에 살아남는 길은 자강운동을 통한 민족주의의 분휘(奮揮)하는 길 밖에 없다는 점을 간파했다.[151] 신채호는 역사를 '我와 非我와의 鬪爭'이라고 하여 아 민족과 타 민족의 싸움으로 제국주의 침략에 대한 저항의식을 결집시키고자 했던 결합적 민족주의 성격을 나타냈다.

량치차오의 민족주의는 안으로 새로운 정치주체인 근대적인 국민, 즉 신민(新民)을 형성하고 밖으로는 공권력에 근거한 정부와 독립된 근대국가를 세워 서양 민족주의 · 제국주의에 대항하게 하는 반제국주의적 정치이념이었다. 량치차오의 민족주의는 인종주의, 혹은 문화주의적 차원이 아닌 시민(국민)주의적, 혹은 국가주의적 성격을 지니게 된다.[152]

중국 국학의 대가인 장타이옌(章太炎)이 "종족 민족주의"를 내세운 민족주의를 이념으로 한 개혁과 혁명의 정치 근대화를 주장하였다. 1919년에 이르러 5·4 운동을 통해서 반일 민족주의가 결집되었다. 1921년엔 중국 공산당도 항일과 반제국주의 이념으로 창당되었다. 마오쩌둥의 중국혁명을 견인한 것도 항일 민족주의였다. 영웅주의, 집단주의, 문화주의라는 낭만적 저항 민족주의가 중국 민족주의의 기본 양태로 나타난 것이다.[153]

동아시아 지역의 민족주의가 공동체 모색을 위해 필요한 것은 민족주의에 대한 비판과 극복이 아니라 순수 민족주의의 실천이다. 반성하고 극복해야 하는 것은 민족주의가 아니라 민족주의를 이용한 제국주의 혹은 그 권력인 것이다. 외적으로는 제국주의뿐만 아니라 민족주의를 왜곡시키고 좌절시킨 국가 권력의 내적인 반성을 필요로 한다. 민족주의가 역사적으로 생성된 실체임을 인정할 때 외적으로 동아시아가 공존할 수 있는 공동체 창출의 문제는 민족주의가 아니라 반성하지 않고 있는 제국주의의 역사와 그 권력의 한계에 있다.[154]

어쨌든 한국 민족주의에는 근대국가 수립을 위한 민족과 민족주의의 기초가 이미 역사적으로 만들어져 있었다. 서구는 민족 건설과 국가 건설이 동시에 진행된 근대국가의 수립 과정을 경험했지만 한국의 경우에 근대국가의 이념적 주체인 민족을 정치적 원리에 의해서나 언어적·종족적 원리에 의해서나 만들어 낼 필요가 없었다고 할 수 있다. 다시 말해 오래 전부터 강력한 종족적 정체성에 대한 기반을 강하게 구축할 수 있었고 그것이 민족 구성원의 실질적인 기반이 되었다는 것이다. 따라서 우리 민족은 오래 전부터 정치적 단위와 민족적 단위가 일치하는 바탕 위에서 존재해 왔기 때문에, '단일민족' 원리를 근대국가 수립 과정에 적용시키는 일이 한국 민족주의의 중요한 부분이었다.

그러나 근대국가 수립은 제국주의의 이해관계에 의해 굴절되고 말았다. 산업화가 이루어지지도 못한 채 제국주의 침탈에 의해 근대화의 내적 동력이 생성되지 않은 상태에서의 근대국가 건설은 결국 '미완의 민족국가'와 '실패한 국민국가'로 귀결될 수밖에 없었다. 제도적 형식의 차원에서는 온전한 근대국가이지만 내용상 불완전한 근대국가의 구조적인 틀을 갖게 된 것이다. 이유는 한국의 공화주의 이념이 프랑스에서처럼 절대왕정을 타도할 이념으로서 적극 창출된 것이 아니라, 절대왕정이 외부 세력에 의해 붕괴된 상태에서 '주어진' 이념이었다는 것과 밀접한 관련이 있는 것이다.

대한민국에서의 내셔널리즘이 국민주의 혹은 국가주의보다 민족주의로 통용되고 있는 것과 한국을 민족주의적으로 "결손국가" 또는 "미완의 민족국가"155)라고 하는 이유는 이러한 사정과 무관하지 않은 것이다.

한국 민족주의는 국민주권, 보통선거, 의회제, 대외적 주권국가 등 근대 국민국가로서의 제도적 요건은 갖췄으나 민족통일과 민주주의의 구현이라는 기준에서 봤을 때 미완의 민족국가이자 결손국가로 규정되었다. 민주주의의 제도적 형식과 실질적 내용 사이에서 깊은 구조적 괴리가 있었던 것이다. 한국 근대국가에 있어서 이러한 중첩된 모순은 저항세력에 의한 반정부 운동이 통일운동과 민주화운동이라는 이중적인 성격이 되도록 한 원인으로 작용한 것으로 파악할 수 있다.156)

2) 동아시아 비서구형 민족주의

한스 콘은 민족주의를 영·불·미 등의 서구형과 중·동구·아시아의 비서구형으로 나눈다. 발생 동기, 성격 및 전개 등과 관련하여 두 가지 민족주의를 비교한다. 발생 동기 면에서 서구형은 주로 근대 민족(국민)국가를 이룩하려는 정치적인 운동이며, 그 역사적 동기가 된 것은 문예부흥과 종교개혁을 통해 세속화된 시민층의 발생이었다. 그들은 정치권력을 장악하자 이론에서도 실제에서도 중세적 보편 세계 내지 제국의 관념을 물리치고 새로운 정치, 사회질서를 세웠다. 비서구형은 민족주의가 뒤늦게 발생했을 뿐만 아니라 사회적, 정치적 발전 단계가 보다 낮은 상태에서 나타났다. 그것은 주로 서구 세계와의 문화적 접촉을 통해 각성되어 현존하는 국가 형태에 대한 이의를 제기하였고, 민족적 요청에 따라 정치적 경계를 새로이 정하라는 요구로 나타났다. 문예부흥과 종교개혁은 비교적 높은 발전 단계에 있던 독일에서까지도 그 정치·사회질서를 근본적으로 뒤집지는 못했다.[157]

성격을 비교해 보면 서구형은 자유, 인도주의 및 애국주의를 핵심으로 하는 개방적, 자율적 민족주의였다. 국가는 국민의 자발적인 동기에 의해 결합하는 모든 개인, 모든 국가는 평등한 권리를 가진다고 했다. 그러나 이 같은 사상이 서로 다른 전통과 정치, 사회제도를 가진 비서구 후진 지역에 들어가면 비합리적, 전(前) 계몽적 개념들을 기초로 하는 편협한 민족주의가 되었다. 그것은 권위주의와 군국주의를 핵심으로 하는 폐쇄적이며 위로부터 주어지는 민족주의였다. 국가는 민족 실현의 수단으로 간주되고, 종교와 정치는 흔히 밀접하게 결합하여 중세적 보편 세계 실현을 위한 매개체가 되었다.

서구형은 중산층 계급의 지지를 받으며 시작되었고, 정치적 자유를 추구하는 시민적 자유주의 운동과 결부되면서 전개되었다. 그러나 상층계급과 대중의 지지를 받던 비서구형은 스스로의 민족적 특이성을 강조하였고 외국 문화와의 문화적 접촉을 회피하며 영향권 밖에 있으려고 했다. 과거의 전통에 젖어있으면서 고대의 신화를 중심으로 부족적 단결을 꾀하였고 고립의 경향을 나타냈다. 비서구형은 역사를 민족적 목표 추구에 이용하려 했다.

요약해보면 시민=중산계급이 추진세력이었던 서구형은 자유주의와 병행하면서 발전했거니와 그것은 국가권력을 제한하면서 개인의 권리를 확보함으로써 민주적인 근대 민족(국민)국가를 이룩하려는 정치적인 운동이었다.

시민=중산계급이 성장하고 있지 못하던 비서구형은 자연발생적으로 일어나지 못하고 외부적인 압력에 자극받아 일어났다. 그것은 자기방어적인 운동이 아니면 이민족의 식민 지배로부터 해방을 쟁취하려는 운동으로 나타났다. 우선은 지식인들이 민족의 전통과 독자성을 중심으로 한 문화운동의 형태를 취하면서 전개되었다. 이는 자기중심적이며 배타적인 것으로 되었고, 다른 한편으로 민족주의에 대한 지나친 강조와 자만심을 초래했다.

요컨대 서구형은 개인의 자유와 사회적 평등, 법치주의와 합리주의 등을 핵심으로 하는 민주적인 개방사회를 이룩하게 한 데 대하여, 비서구형은 '안에 있어서의 자유'보다는 '밖으로부터의 독립'에 치중함으로써 개인의 자유보다는 국가 권력이 강조되는 권위적이면서 폐쇄적인 사회로 가게 되는 경향을 가지게 되었다.

결국 서구형은 민족의 근대적 기반이 형성된 곳에서 구조개혁을 통해 민주적인 근대 민족(국민)국가를 이룩하려는 데서 만들어진 민족주의형이고, 비서구형은 민족의 근대적 기반이 취약한 곳에서 근대적인 민족(국민)국가를 이룩하려는 데서 나온 민족주의형이라 할 수 있다. 전자는 단지 자생적이었을 뿐 아니라 도전하는 입장에 있었다는 점에서 '우월 민족주의'였고, 후자는 외생적이었으므로 응전하는 입장에 있었다는 점에서 '저항의 민족주의'였다.158)

웰트에 의하면 "국가 간의 민족주의가 문제가 되는 경우는 근본적으로 주어진 속성 때문이 아니라 국가의 이기적인(egoism) 면 때문"이라고 보았다. 따라서 서구형이냐 비서구형이냐를 떠나 동북아의 지역주의 한계는 민족 관계를 구성할 때 나타나는 국가 이익과 지역 이익을 정의하는 과정, 그리고 그 두 이익을 연결하는 과정에서 발생하는 각 국가의 이기적 속성이 강조되기 때문이다.159)

한·중·일 3국 민족의 동아시아적 발견은 근·현대사의 전개 과정에서 구축한 개별 국가들의 국가성과 민족주의, 경제체제의 현실과 그 동태성을 사상(捨象)하려 해서는 안 되고 그 속에 존재하는 민족적 개별성, 문화적 다양성, 발전의 격차를 개성의 교류와 상호보완성의 입장에서 소통하는 전통을 창조하기 위한 노력의 일환으로 인식한다.[160] 동아시아 지역에 존재하는 여러 종류의 다양성은 결코 '지역화'에 대한 문명 전환을 방해하는 것이 아니라 상호보완성을 촉진시키는 매개체로 보는 것이다.[161]

'동아시아적 모색'에서의 민족주의는 해체가 아닌 극복과 지양이라는 관점에서 재인식된다.[162] '국가들의 동아시아'가 아니라 '지역으로서의 동아시아'라는 동아시아적 패러다임으로 동아시아를 새로이 발견하고 탈근대 '지역화'의 방법을 모색함은 새로운 동아시아 역사 창조의 단초가 될 것이다.

이는 국가의 분립성을 무시하거나 급진적 개편을 모색하는 것이 아니라 국가성 자체와 그 관계의 성격을 민주화시키고 평등화시켜 점진적으로 국가 간의 호혜성과 지역 이익을 확대시키는 방안을 찾음으로써 새로운 상상력의 발휘와 현실적인 제약에 대한 전략적 해결이라는 관점에서 동아시아 민족주의의 '민주적 내면화'가 작동될 수 있을 것이다.[163]

우리의 경우 개인의 권리의식이 뒷받침되지 못한 채 민족이 집단성과 유기체적 일체성의 차원으로 전면에 나타나게 된 것은 외세의 침략과 일제 식민지라는 19세기 말에서 20세기 전반에 걸친 역사적 상황이 크게 작용한 것으로 보아야 할 것이다. 그러한 민족운동의 성격은 강화도조약(1876)을 분기점으로 싹트기 시작한다. 왕조사직(국가)을 보전하기 위한 민족적 움직임으로 '위정척사론'(衛政斥邪論)이 있었다. 이는 외세를 배격하여 자력갱생해야 한다는 민족주의적 입장이었다. 민족주의는 세계사적 측면에서도 외세에 대항하는 민족의 자주성과 자립을 위한 정치적 운동의 성격이 강했다. 우리의 민족주의 운동은 기본적으로 일본 제국주의의 무력에 의한 강압에 따라 외세를 배격하는 과정에서 그 성격이 형성되었다.

　한국 민족주의는 국가적 위기를 극복할 수 있는 한민족의 공동체 담론으로서 생산 전파되었다. 한국 민족주의 담론은 서구처럼 합리성, 자유주의적 개방성, 다원적 요소가 형성된 후에 대내적 불평등을 해결하는 완성된 민족주의가 아니었다. 급박하게 일본 제국주의 침략에 대한 줄기찬 저항을 목표로 한 민족주의였다. 이로 인해 그 이면에는 집단주의, 권위주의, 국가주의적 요소가 내재되었는데 이는 국민을 통합하고 문제를 해결하는 데 있어 일면 효율적이었지만 이후 국가적 이데올로기로서 오용될 수 있는 위험성도 안고 있었다.

제3절 민족주의의 두 유형 :
시민적 민족주의와 낭만적 민족주의

1. 시민적 민족주의와 낭만적 민족주의

　근대국가의 정치적 기초 이념이나 민족주의의 이론적 관점에서 민족주의는 크게 시민적 민족주의와 낭만적 민족주의로 구분함은 타당하다 할 것이다. 시민적 민족주의는 루소의 정치적 민족주의의 범주에서 보았고 낭만적 민족주의는 헤르더 낭만 민족주의의 유기체적 집단이데올로기 범주에서 보았다. 시민 민족주의는 우리가 지향해야 할 루소 민족주의의 정치적이고 합리적인 이념이다. 루소의 정치적 민족주의는 자유스러운 개인들의 법적 결합을 그 주요 내용으로 법과 시민이 중요시되며 특수주의와 폐쇄주의가 배격되고, 개인을 중심으로 한 국제주의가 포용되며, 계약적인 정치관계를 중심으로 하는 게젤샤프트적(Gesellschaft)인 시민적 민족주의적 성격이었다. 국가에 대해 시민적 자유주의를 지향하면서 사상의 폭이 개방적이고 역사에 대해서도 전진적인 자세를 지니고 있었다.

프랑스 시민혁명은 국민주권론을 주창함으로써 민족 구성원의 동질성과 평등성이 국민주권의 행사로 확보될 수 있음을 보여주었다. 민족을 공통의 법률체제 아래 결합된 평등한 개인들의 총화로 규정한 시이에스(Sieyès)의 생각은 국가를 소유하고 있는 국가 시민 그 자체가 민족이었다. 혈통·신앙·사회경제적 신분을 떠나 법적 동등권을 획득한 시민공동체의 인민주권 사상은 시민이 중심이 된 국가권력의 뿌리였다.

근대적 의미의 민족은 단순히 종족적 귀속감의 문제로 접근하여 파악할 수 없다. 선택으로서의 민족은 자유와 평등이 보장되지 않은 상태에서는 형성될 수 없기 때문에 민족주의는 출발에서부터 민주주의와 함께 갈 수밖에 없다. 개인은 민족을 자유롭게 선택할 수 있는 의지와 주관적 신념을 가진다는 마이네케의 국가민족(staatsnation) 관념도 '매일매일 투표하는 존재'로서의 르낭의 자유민주주의적 민족 개념과 맥을 함께했다. 국민은 곧 민족을 일컫는다. 민족주의가 단순히 종족이나 문화적 동질성의 문제가 아니라 신분제가 철폐되고 자유롭고 평등한 모든 인간의 자유의지에 의한 시민적 선택과 동의가 중요하다는 점을 강조한 것이다.

민족이란 개인의 자유와 평등에 대한 가치 이념이 사회적으로 결합된 시민공동체라고 볼 때 문화·종족적 관념을 넘어 근대적 의미의 시민 민족이어야 하고 그것은 시민적 민족주의를 지향한다. 이러한 시민적 민족주의가 정치적인 합리성을 가지고 있다고 보는 것은 첫째, 루소의 민족 개념에 부합하는 정치적 자유주의와 평등의 가치를 실현할 수 있다는 것이다. 우리나라의 경우, 다원화되어 가는 사회적 상황에 적절하게 대응할 수 있는 이념으로서 다문화 사회를 넘어 2030년 즈음 이민국가로 변화되어야 하는 현실적 요구에도 부응할 수 있다. 민족 구성원 모두가 평등한 인간가치를 실현하려는 시민적 민족주의 민족공동체, 즉 시민적 민족주의는 자유주의적 가치를 실현할 수 있는 유일한 대안이기 때문이다. 다원성에 대한 확신과 관용에 의한 정치적인 덕으로 새로운 민족주의가 필요로 하는 정당성의 근거를 이루게 할 수 있는 것이다.

둘째, 통일된 민족국가 시대에 문화 민족주의의 이데올로기적 허상을 실천적으로 극복할 수 있는 시민 민족공동체 이념으로서 종족·문화적 관념을 넘어 규범화된 사회로의 정착에 매우 유용한 개념이 될 것이라는 점이다.

셋째, 시민적 민족주의는 사회적 정의와 개인의 의지가 평등의 원칙 아래 움직여지는 사회 즉, 사회적 갈등을 법과 규범에 의해 합리적으로 해결해 나갈 수 있으며 그것을 민족적 귀속감에 결합할 수 있는 시민적 융합의 지혜를 통해서 보다 건전한 사회 발전을 기약할 수 있는 전진적 민족주의라는 점이다.

한편 낭만적 민족주의는 비정치적·비합리적인 사상을 기반으로 헤르더적 낭만 민족주의의 언어·민족전통 등 언어적·종족적 '민족정신'을 기준으로 삼는다. 개인은 법적 보장보다는 '민족적 공동체'에 통합되는 부분으로서만 의미를 갖는다. 국제주의가 있을 수 없으며 특수성에 입각한 폐쇄주의가 강한 중심을 차지한다. 문화민족(kulturnation) 개념은 혈통과 언어 등의 객관적 공통성을 자연과 역사적 운명에 맡김으로써 민족의식이라는 낭만적이면서 비민주적·비합리적인 경향을 나타냈다.

낭만적 민족주의는 20세기 인류 최대의 비극을 낳았던 파시즘과 민족주의와의 결합이라는 뼈아픈 역사를 남겼다. 합리적인 민주주의의 원칙에서 벗어나 낭만적 민족주의의 관념적 '민족정신(volksgeist)'에 대한 호소가 큰 줄기를 형성했던 것이다. 매일매일 투표하는 존재로서의 르낭의 자유민주주의적 민족 개념은 집단에 대한 종족적 귀속감을 강조하는 민족이데올로기를 비판한다. 민족주의가 합리적인 자유주의적 가치를 수용하지 못하고 낭만적 이데올로기에 머물러 있게 된 연유이다.

2. 낭만적 민족주의의 정치적 전개: 집단주의와 독재

르낭이나 앤더슨 역시 인종·종족 개념은 민족의 본질적인 요소가 아니라고 보았다. 그러나 한국 민족주의는 단일민족에 대한 믿음을 바탕으로 하는 혈연 중심적 성격이 강했기 때문에 자유주의적 민족주의와는 양립하기 어려운 측면을 배태하고 있었다.[164] 저항 민족주의로서 다른 이데올로기와 결합하는 집단 이데올로기라는 특징을 함께 지니고 있었다.[165] 개인과 민족집단 또는 국민국가 사이의 관계는 시민적 결합이나 집단적인 구속관계로 전화되었다. 국가와 사회의 시스템 부재 속에 민족공동체로 개인의 특수성과 권리가 용해되어 버린 것이다. 낭만적 민족주의의 유기체적 집단성이다.

낭만적 민족주의의 집단성은 동원적 혹은 국가적 민족주의로 나타나 정치적 목적에 이용된다. atom적 존재인 인간의 자유와 주권적 독자성은 시민이라는 이름으로 존재하지 못하고 집합적 주체인 민족적 대중(national popular)[166]의 집단의지에 복속된다. 낭만적 민족주의의 유기체적인 집단성은 개인의 자유의지와 평등 이념을 간과하면서 민중적 이데올로기로 갈등의 전면에 나타나 자유주의적 가치와 부딪친다.

한국 민족주의는 일제강점기 저항 민족주의로부터 해방 후 이승만의 일민주의나 박정희의 민족적 민주주의 등 국가중심 민족주의로서 합리적인 개체의 자유보다는 공동체 집단에 대한 의식의 결집을 위해, 즉 국가적 힘의 결집을 위해 의도된 동원적 민족주의로 전개되었다. 그것은 곧 합리적이지도 체계적이지도 않은 헤르더(Herder)식 낭만적 민족주의의 모습이었다.

역사적인 공동운명체로서 받아들여졌던 민족주의는 일제강점기 민족의 정치적 자결, 또는 민족국가의 자주독립을 위해 주창되는 것으로 이해되었다. 그것은 신채호가 제국주의에 대한 저항의식의 결집을 위해 민족주의를 분휘(奮揮)하자고 주창할 때 사용하던 개념과 같았다. 민족의 자주와 민족의 정치적 자결을 위해 내세운 신채호의 집단적 저항의식은 종족적 결집이라는 민족문화의 특수성을 발견할 수 있는 기회를 가져다주었다. 한반도 민중의 정치적 자결에 대한 주창은 한편 유기체적인 낭만적 문화 민족주의의 정치적 출발이었다.

그것은 '우리(We)'와 '그들(They)'을 편 가르는 문화적 요소, 즉 혈통·언어·종교·관습·역사적인 공유 등을 기초로 한 '낭만적 민족주의'의 성향을 가지게 되었다.[167]

물론 헤르더(Herder)의 낭만적 민족주의도 프랑스 시민혁명의 자유이념에 기초한 민족문화의 개별성과 휴머니티 개체성 실현이라는 민족주의 이념이었다. 헤르더의 휴머니티 이념은 비정치적이었고 정치체제에 부정적이었다. 헤르더의 문화 민족주의는 비폭력, 비정치적인 휴머니즘으로서 보편과 개체와의 조화를 시도한다. 그러나 루소와 자유·평등이라는 이념적 가치를 공유했던 헤르더의 문화 민족주의는 나치즘에 오도되어 비합리적인 반개혁, 보수반동화 되어버린 낭만적 위험성을 지니고 있었다.[168] 극단적인 민족지상주의가 민족 우월성을 바탕으로 타민족을 학살하고 문화적 탄압을 자행한 커다란 역사적 오류들을 남기게 된다. 낭만적 민족주의가 왜곡된 모습으로 전개된 것이다.

독일의 낙후된 사회문화적 상황을 계몽하기 위해 출발한 헤르더의 의도처럼 초기 한국 민족주의에서도 개화와 근대화를 위한 계몽을 중요시했다. 하지만 일제 강점에 대한 해방이라는 현실적 과제 앞에 한국 민족주의는 독립과 해방이라는 정치적 목표 실현을 위해 민중적 저항 운동으로 철저히 몰입되었다. 그리고 그것은 낭만적 민족주의의 한계로 남을 수밖에 없었다. 박은식의 진취적인 민족정신·민족혼으로부터 신채호의 창조적 신념 등이 개체의 자유의지보다는 집단적 결합력으로 대중적인 힘을 발휘했던 민중 이념으로 자리 잡았다. 여기서 낭만적 민족주의가 집단 중심의 전체주의적 사상으로 때로는 영웅 독재의 정통성 확보 이념으로 이용되고 변용될 수 있었던 이데올로기적인 측면이 어떻게 형성되고 활성화되었는지 냉철하게 볼 수 있는 눈을 가져야 한다.

즉 문화 민족주의가 합리적인 자유주의적 가치를 수용하지 못하고 낭만적 집단 이데올로기에 침잠된 연원이 무엇이었는지를 알아내고 자유주의적 가치를 실현 할 수 있는 유일한 대안이 무엇인지 각성할 수 있어야 한다.

3. 한국의 낭만적 민족주의에 대한 비판의 필요성

민족주의는 개인의 자유와 행복을 증진시키는 이념이었다. 문화 민족주의가 단순히 언어, 습관, 역사적 전통 등 좁은 의미에서 문화적 수단을 매개로 한 민족주의는 아니었다. 헤르더의 민족주의 이념에서는 보편주의적인 평준화나 제국주의적 억압이 나올 수 없었다. 그것은 프랑스 시민혁명의 자유·평등·박애정신의 루소와 같은 이념에 토대를 두고 있었기 때문이다. 민족이 전체가 되어 개인의 자유와 행복보다 앞선다면 개체성과 자율성, 다양성과 보편성이라는 문화의 생명이[169) 파괴되고 개체의 자유와 평등이라는 인류 보편적인 자유민주주의 체제의 이념적 가치도 훼손될 수밖에 없을 것이다.

사회적 관계의 민주화라는 정치적 자유주의를 바탕으로 한 시민 민족주의는 낭만적 문화와의 합리적인 결합을 통한 내면화가 필요해졌다. 시민 민족주의의 발전도 언어, 관습, 역사적 동일 의식이나 귀속감 등 문화적 공감대를 매개로 할 수 있기 때문이다. 시민적 민족주의의 건전한 내면화를 위해서는 낭만적 민족주의에 대한 정확한 실체를 파악하고 냉철한 평가와 효과적인 대안을 모색할 수 있어야 한다. 거기에는 낭만적(문화적) 민족주의가 가지고 있는 이데올로기적인 속성이 시민 민족주의와의 내재된 갈등을 야기하고 있는 부분이 있기 때문이다. 따라서 제3장에서 남한의 낭만적(문화적) 민족주의 부분에 대한 유기체적인 집단성이나 제4장에서 북한의 낭만적 민족주의 즉 주체민족관이 가지고 있는 전체주의적 왜곡과 민족주의의 변용에 대한 냉정한 평가를 통해 갈등을 야기한 그 오류와 비합리성을 비판할 수 있어야 한다.

제3장

한국의

낭만적 민족주의 부분에 대한 평가

제1절 한국 민족주의의 이념적 유형

1. 저항 민족주의

1) 3·1 운동과 저항 민족주의

(1) 3·1 운동, 민족의 태동

"3·1 독립선언문에는 '민족'이라는 용어가 무려 11군데 들어있다. 그야말로 '한민족의 민족선언'이라 할 정도로 '민족'을 강조한 역사상 가장 특징 있는 문서다." 3·1운동의 기본 이념은 '만민평등주의'라고 할 수 있다. 이 선언서에 민족자결이라는 말은 단 한마디도 없지만 '인류평등의 대의'를 강조하면서 조선인의 독립선언이 전 인류의 공존동생권(共存同生權)의 정당한 발동임을 강조했다. 이는 만민평등 사상에 입각한 '민족평등 이념'과 '민족자결주의'였다고 이해할 수 있다.[1]

3·1 운동은 한국 민족주의에 고도의 역사성을 부여했다. 주체성을 갖춘 민족주의가 평등사상을 기초로 국민주권을 지향했다. 나아가 민족 개별성을 기초로 민족자결주의와 결부되면서 얻은 귀중한 역사적인 수확이었다. 한국 민족주의는 오랜 역사 속에 살아 있는 유교, 실학사

상, 대원군의 정책, 동학농민운동 등 고도의 자발성과 애국계몽사상에 나타나 있는 것처럼 3·1 운동의 능동적인 결과물로서 그 역사적 의의가 뚜렷하다.[2]

왕정복고파 이상설, 신규식, 박은식, 유동열, 성낙형 등이 참여하여 1915년 3월 중국 상해에서 결성되어 북경에 본부를 둔 신한혁명당은 고종을 수반으로 하는 왕정 복귀를 내세웠다. 그러나 신규식 등은 고종의 탈출과 망명정부의 수립 계획이 실패하면서 1917년 7월 '대동단결선언' 채택을 주도했다. 대동단결선언은 후일 임시정부 탄생의 기틀을 마련함과 동시에 한국 민주주의의 기초가 된 '공화주의' 이념을 명백히 하고 이를 이론화하였다.

이들은 1910년 경술년 융희 황제의 주권 포기에 대해서도 일제에 대한 주권의 양여가 아니라 국민에 대한 주권의 양여로 보아야 한다고 주장했다. 당연히 주권의 양여가 외국에 대해서는 이루어질 수 없는 불법적인 것으로 보기 때문이다.[3] 이것은 대한제국의 주권을 황제로부터 국민이 계승했다는 "국민주권론"의 이론화로 봐야 한다. 이로써 신규식, 이상설, 박은식 등이 신한혁명당을 결성하면서 주장하던 보황주의(保皇主義)는 막을 내렸다.

당시 국권상실이라는 민족적 위기 앞에 무기력한 황실은 그 위상이 급격히 약화되었다. 황실의 위상이 이미 추락한 상태에서 충성과 애국의 대상은 무기력한 황제에게서 민족으로 바뀌게 되었다. 1905년 이후 활발했던 계몽운동과 공화정 등 정치체제에 대한 논의는 바로 황제권이 약화되면서 나타난 현상이었다. 지식인층과 일반인들은 황제의 신민(臣民)에서 벗어나 국가의 주인인 국민(國民)으로 다시 태어나 자기 정체성을 확립하고 주권 회복을 위한 적극적인 행동을 모색하게 되었다. "드디어 '민족'이 탄생하기 시작한 것이다."[4]

이로 인하여 조선은 조선인 모두에게 황제의 신민에서 벗어날 수 있는 역사적인 의미를 안겨 주었으며, 국가의 주인이 왕에서 국민으로 자기 정체성을 확립할 수 있는 계기를 만들어 주었다.[5]

nation이 일본에선 국가, 민족, 국민이라는 3지 범주로 번역되었는데 우리에겐 민족이라는 용어로 우선 개념화되면서 그 의미를 매우 축소하여 사용할 수밖에 없었다. 국민적 주체 형성의 틀을 갖추지 못함으로써 근대성 형성에 있어서 두 가지 취약성을 가지게 되었던 것이다. 하나는 개인적 자율성 측면에서 매우 취약한 개인주의만 형성되었다. 또 하나는 근대 민족주의의 헤게모니를 둘러싼 투쟁 과정을 통해서 민족주의가 점차 확산되어 가지만 개인주의를 결여한 집합체 중심의 민중적 민족주의로 민족주의의 헤게모니가 전환되어 갔다는 점이다.

국가를 상실한 상태에서의 민족주의라고 하더라도 민족의 구성원인 근대적 개인은 개인으로서 가져야 할 자유와 평등에 대한 주권의식이나 의지 등에 대해 무관심함으로써 장차 근대국가를 구성할 원동력으로서의 민족주의에 하나의 커다란 결손 요소로 남게 된다.

한국에서는 유독 민족주의에만 개인주의가 결여된 것은 아니다. 계몽주의든, 사회주의든, 자유주의든 간에 모든 근현대 사상사에서 개인주의 결여 문제는 일반적으로 나타난 것이었다. 즉, "한국 민족주의에 문제가 있어서 개인주의가 결여된 것이 아니라 한국에서의 개인주의의 미발달이 '한국 민족주의에도' 영향을 미쳤다고 해야 할 것이다."[6]

백낙청 교수는 "무릇 어떤 낱말을 쓰려고 하면 내가 원하지 않았던 온갖 때가 함께 묻어 딸려 오듯이, 때 묻은 낱말을 버릴 때는 내게 긴요한 알맹이마저 잃게 되어버리는 것 또한 얼마나 흔한 일인가"라고 하였다. 민족 개념의 다의성 때문에 관점에 따라 달라질 수 있는 해석의 나열성이 어쩔 수 없음을 지적한 말로 이해된다. 어쨌든 민족 개념은 수많은 민족주의와 불가분의 관계를 맺는다. 여기서 우리의 일상적인 인권이 형성되었기 때문이다.[7]

(2) 저항 민족주의[8]

한일합방 이후 량치차오의 『폴란드, 베트남 망국사』가 망국 조선의 지식인들에게 널리 알려지면서 민족의식이 급격하게 각성되었고 이를 기초로 한 3·1운동은 근대적 민족주의 이념이 정치화되는 발원적 사건이 되었다. 왕조가 아니라, 민족이 국가의 주인이라는 점이 천명되었고, 이를 계기로 임시정부가 출범하게 되었다. 따라서 한국의 민족주의는 그 시원에서부터 저항적 성격을 가지게 되었고 사회주의, 공산주의, 무정부주의 등 각종 급진사조의 저류에는 일제 강점에 대한 저항 민족주의가 공통적으로 흐르게 되었다. 일제강점기 조선의 저항 민족주의가 유기적 '민중'에 치중할 수밖에 없었던 것은 어쩔 수 없는 시대상황의 영향이 컸다고 하겠다. 단재 신채호의 '아(我)와 비아(非我)의 투쟁'의 '저항 민족주의'도 실제로는 낭만적 민중의 자발성을 강조한 크로포트킨(P. A. Kropotkin)의 '상호부조론' 등과 같이 무정부주의적 사조의 영향을 받아 형성되었다.[9]

식민지적 상황에서 등장한 저항 민족주의가 민중적 관념에 치중해 있었다고 하더라도 민족 해방에는 개인의 해방이 당연히 포함된 것이었다. 대가족 혹은 가문을 중심으로 한 전통적인 유대관계가 이완되면서 한편으론 '민족'으로 한편으론 '개인'으로 가는 것 자체는 지극히 정상적인 과정이었다고 볼 수 있다. 그렇지만 망국의 상황에서 '민족적 일체성'과 '저항의 집단성'은 최우선적 과제일 수밖에 없었다. 민족적 저항 과정에서 힘을 결집시키기 위해서 무장투쟁에서의 영웅주의, 조선민족의 태동과 그 우수성에 대한 신화적 우상화 등이 필요했을 것이다. 따라서 이것은 저항 민족주의가 가지는 한계에 상징적인 낭만주의적 정서가 필요했다는 맥락에서 이해될 수 있을 것이다.

결국 한국 민족주의가 수용한 민족주의는 개인의 권리를 토대로 한 자유주의적 민족주의가 아니라, 내면적 자율성을 추구하는 측면이 강한 독일식 문화 민족주의였다. 피히테의 '독일국민에게 고함'에서처럼 내면세계를 중시하는 낭만적 민족주의는 자신의 내면적 주체성을 내세움으로써 외부적으로는 어떤 권력체계와도 연결될 수 있는 심각한 문제를 안고 있었다. 이것은 나치즘같이 제도적·합리적이지 않은 문화적·유기체적 민족주의로 변화, 발전해 갈 수 있음을 우려한 말로 이해할 수 있다. 이것은 서구 민족주의가 자유민주주의 체제를 바탕으로 발전해 온 것에 비해 한국 민족주의는 저항 민족주의로부터 출발하면서 민족주의가 안정적 토대 위에 발전하지 못한 역사적 한계를 배태하고 있는 것으로 본 것이다.[10] 그것은 곧 끊임없이 이어져온 한국민족사의 이념적 갈등의 근원이 될 수 있었던 것으로 생각할 수 있다.

우리 민족의 경우는 남북한이 공통의 유전자를 가진 단일민족으로 본다. 남북한 간 이질화 현상이 나타나기는 하지만 아직까지 전통문화적 공통성이 매우 높기 때문에 민족을 그러한 원초적 관점에서 보는 것이 자연스럽게 느껴질 것이다. 우리 민족은 종족적·문화적 특성이 매우 뚜렷하며 그 역사적 연원도 장구하다. 또 통일신라 이후 대부분의 시기를 하나의 정치체로 살아왔다. 여기에 일제 침략을 받아 국권을 상실한 역사적 뼈저린 체험을 겪었고, 애당초 외세에 의해 분단된 국가로서의 민족적 가치는 더욱 절실할 수밖에 없었다. 문제는 그러한 절실했던 시기의 저항 민족의식이 오늘날에도 자유민주체제의 보편적 가치를 뛰어넘을 수 있다고 착각하는 부작용을 낳고 있다는 점이다.

2) 임시정부, 민주공화제

3·1 운동이 한국민족사에 끼친 혁명적인 영향의 하나는 민주공화제에 기초한 대한민국 임시정부를 수립할 수 있는 토대를 마련해 줬다는 것이다. 임시정부에서 선포한 '대한민국 임시헌장'은 500년 이상 이어온

왕조체제를 완전히 극복하는 혁명적인 내용을 담고 있었다. 3·1 운동으로부터 촉발된 공화제의 이념은 대한민국 임시정부 수립에서 한국정치사의 혁명적 결과물로 남겨졌던 것이다.[11] 3·1 운동 이후에 수립된 대한민국 임시정부의 특징은 국체를 민주공화국으로 하고 정부 형태는 대통령중심제와 내각책임제를 절충한 방식이었다.[12]

　대한제국에서 대한민국으로 바뀐 국호의 변화는 정치체제가 전제왕정체제에서 민주공화정으로 바뀌었다는 것을 상징적으로 잘 보여주는 것이다. 이것은 통치와 국가 운영의 주체가 왕과 황제에서 주권재민의 원리에 기초하여 '국민'으로 바뀌었다는 것을 의미한다. 1919년 4월 11일 제정된 임시정부의 '대한민국임시헌장' 제3조는 "대한민국의 인민은 남녀 귀천 및 빈부의 계급이 무(無)하고 일체 평등임"이라고 명시하고 있다. 이처럼 자유롭고 평등한 상태에서 대한민국은 민주공화국으로서 모든 국민이 인간으로서 누려야 할 기본권을 지니고 있다는 것을 천명하였다. 이것은 3·1 독립선언서 '조선인은 자주민'임을, 즉 자유롭고 평등한 인간이라는 주장을 그대로 반영한 것이다.

　민주주의에 대한 의식 없이 민족주의에 관해 말할 수 없다. 그 시대에는 외세의 침략 시기에 나타났던 '민족의식' 또는 '민족감정'과 유사한 것이 간헐적으로 출현했다고 한다면, 대한민국 임시헌장에 있는 민주주의에 대한 이념은 단지 식물적이고 맹목적인 성격의 것이었을 수 있다. 홉스봄의 표현을 빌린다면 그것은 "원형민족적(proto-national)" 결속이라 부를 수도 있을 것이다.[13]

　근대적 의미의 '민족', 즉 '국민'은 사람들 사이의 평등의식을 전제로 한다. 이것은 신분제가 존재했던 조선시대와 달리 사농공상의 신분적 차별을 철폐하고 위계질서가 해체되어 모든 사람이 자유롭고 평등한 개인들이 국민으로 등장할 때 비로소 민족주의가 국가 형성의 원리로 작동할 수 있는 것이다. 일본의 계몽사상가 후쿠자와 유키치는 막부 말기 강력한 신분제를 가지고 있던 일본에 대해서 "일본에는 정부가 있을 뿐 아직 국민(=민족)은 없다"[14]는 얘기를 했다. 신분제가 철폐되지 않은 일본에서 근대적 민족, 즉 국민이 존재한다고 얘기한다는 것은 어불성설이라는 것이다.

조선시대의 유교적 동포관은 국왕과 관인 유생들로 구성되는 지배층에게 은택이 골고루 행해지도록 하기 위한 것이었지만 독립협회 시기부터 만들어진 동포관은 문명의 혜택이 자국 국민에게 골고루 행해지도록 하기 위한 것이었다. 동포애의 실현 주체가 지배층에서 인민에게로 확대된 것이다.

계몽운동기 동포관은 민족으로 확대되어 신채호는 나라의 주인이 되는 종족을 기본으로 역사가 기록되어야 하며, 국가의 역사는 종족의 흥망성쇠의 역사와 같이 하는 것이라고 주장한다. 즉 종족을 기본으로 민족주의를 세우고 국가정신을 발휘해야 한다고 보았다. 동족이나 동포는 민족의 다른 이름에 불과했다.[15] 종족적 민족 관념을 벗어나지 못했다.

신채호에게도 민족은 국민과 동일한 수준의 개념이었다. 국민도 동포의 수준에서만 이해되고 있었다. 여기에 nation을 민족이라는 용어로 번역된 것을 일본에서 들여와 사용하게 된 것은 동포 또는 동족을 민족과 동일시하게끔 하였다. 이런 용어를 사용하는 흐름은 이후 한국 민족주의에 있어서 국민주권적인 성격보다는 종족주의적인 색채를 더 분명하게 하는 데 기여했다. 한말 계몽운동 계열은 사회진화론을 수용하면서 국가유기체론 역시 수용하게 된다. 량치차오의 영향을 받은 신채호도 국가를 민족정신으로 구성된 유기체적 집단으로 인식하고 있었다.

유기체적 민족주의 관념은 한국 근대 민족주의자들이 대체적으로 공유하고 있는 개념이다. 사회진화론을 극복하지 못할 때 민족주의가 유기체론적 성격을 강하게 가지게 되는 것은 당연한 일이다. 그러나 민족주의의 이러한 유기체적 성격은 필연적으로 개인주의의 성장을 가로막

게 된다.[16)]

1920년대 이후 대부분의 민족주의자들에게 혈연적 동포관은 공통적으로 인식되어 있었고 민족사 전개 과정에서 더욱 고착화되었다. 그러나 혈통의 동일성을 강조하는 종족적 민족주의가 얼마나 취약하고 위험한 논리적 구조를 가지고 있는지 또는 종족주의나 민족주의가 얼마나 강력한 정서적 구조에만 의존하고 있는지 알 수 있다.

해방 후 한국 민족주의는 국가적 성격을 강화해 가게 된다. 국가적 민족주의는 민족주의가 가진 원초적 성격이었다. 외부 위협에 대응하여 동원과 통합의 기능을 적절히 발휘하면서 반공주의에 따라 민족주의가 가지게 된 국가성의 결손 요소를 보완해 간다. 이처럼 관주도 국가 민족주의(offical nationalism)[17)]는 반공주의와 표리 관계를 가지면서 냉전 상황 속에서 정착해가게 된다. 남한에서는 이승만의 일민주의와 반일 민족주의, 박정희식 민족적 민주주의, 북한의 주체 민족주의는 국가적 민족주의의 성격을 강하게 포섭하면서 일면 체제 강화의 최전선에 서게 된다.

3) 반일 / 반제 저항 민족주의

일제강점기의 한국인은 일본제국의 신민으로 간주됨으로써 제국주의 근대국가의 '국민'과 국가 없는 민족 또는 민족주의로서 양립하는 경험을 가지고 있다. '내선일체(內鮮一體)', '오족협화(五族協和)[18)]'의 종족 이데올로기는 제국주의 체제 속에서 민족의 위계화에 기초한 제국신민으로서의 지위로 부여받고 있었다. 이것은 특히 인종주의의 탈을 쓰고 '내선일체'와 '대동아공영권' 등의 논리로 합리화 하게 되어 친일이라는 것은 '인종주의'에 바탕을 둔 민족주의로서 종족주의적 민족주의의 외연을 확대한 것에 지나지 않는다.[19)]

베스트팔렌 체제가 형성된 이래 인류는 대략 세 번의 거대한 역사적 민족주의 운동에 대한 물결을 경험했다. 첫 번째 물결은 미국, 영국, 프랑스 등 선발 자본주의 체제의 근대국가 형성 운동이다. 두 번째 물결은 선발 자본주의 국가가 산업혁명을 통해 세계경제를 주도하자 이에 자극받은 이태리, 독일, 러시아, 일본 등이 강력한 국가권력을 지렛대 삼아 민족국가 형성과 부국강병의 산업화를 이룩한 사례이다. 세 번째 물결은 한국 등과 같이 식민지 신생 독립국가에서 발생한 전후의 국민국가 형성 운동이다.

이들 민족주의는 대부분 제국주의적 양상을 띠기 시작했으며 제국주의와 민족주의는 별개의 이념은 아니었다. 제국주의에 착종한 사회진화론과 그것의 정치적 결정인 인종주의, 백인 우월주의나 호전주의 등은 그 자체로 민족주의의 부정적인 모습을 그대로 보여준 것으로 볼 수 있다. 제국주의는 철저한 자민족 중심주의였지만, 식민지에서의 민족주의 운동에 대해서는 수단과 방법을 가리지 않고 억압했다.[20] 이것은 초기 서구 민족주의 운동에 내장되어 있던 이중성이라 할 수 있다. 이와 같은 자민족 중심주의적 제국주의의 식민지 억압에 맞서 식민지 국가들은 저항적 민족주의를 갖추게 된다.

여기서 한반도의 민중은 3·1 운동의 주체가 되었으며 3·1 운동을 계기로 민족주의자들에게는 민중이 절대적인 존재가 되었다. 민중은 절대적인 주체성을 가지고 민족해방의 이상을 향해 돌진하는 존재로 형상화되었다.[21] 이제 정치의 주체는 민중이 되었다. 민중은 주권의 담지자로서 민족을 구성하는 핵심으로 인식되었다. 민중은 주권적 인민으로서 3·1 운동이 왕정복고적 조선왕조의 힘이 아닌 순수한 인민(민족)에 의해 이뤄진 민족해방운동이었음을 말해준다.

그러나 일제 강점하에서도 집단의식으로서의 민족주의가 언제나 긍정적이었던 것은 아니다. 민족주의만으로는 또 다른 민족주의, 일본 제국주의를 넘어설 수가 없다는 신채호의 명제를 바탕으로 신채호가『조선상고사 총론』에서 '역사를 我와 非我의 투쟁'이라고 한 것은 아나키즘적 절대적인 적에 대한 민중의 직접 혁명을 주창한 것으로 이미 이것은 민족주의를 넘어서 있다고 해야 할 것이다. 민족주의로서 또 다른 민족주의 즉 제국주의를 넘어설 수가 없는 것이 되었다.[22]

그러나 한국 민족주의는 다른 여느 신생제국의 경우와 마찬가지로 구미 열강의 본격적인 제국주의적 침탈을 통해 각성되고 자극받는다. 한국 민족주의는 민족 보전(保全) 및 근대화 성취라는 역사적 사명을 띠고 출발하였으나 곧이어 일본에 병탄당하면서 민족의 독립을 쟁취하기 위한 민족해방 투쟁에 격렬히 몸을 내던지는 고난의 행군을 계속하게 된다.[23] 그것은 아나키즘적 민중의 저항이었다. 독립 쟁취를 위한 민족해방 투쟁에 개인보다는 민중이 절대적인 주체로서 유기적인 집단성의 힘을 발휘하면서 한국 민족주의의 방향이 굴절되어버렸다.

2. 국가적 민족주의

1) 대한민국 건국과 헌정적 민주주의

(1) 대한민국 건국의 의의

1948년 대한민국은 유엔에 의해 한반도의 유일한 합법정부로 외교적 승인을 받음으로써 '근대 국제정치체제[24]'(modern international system)의 일원으로 등장하게 되었다. 1905년 일제에 의해 외교권을 빼앗긴 지 40여 년 만에, 1648년 '베스트팔렌 조약'(Treaty of Westphalia)이 체결되어 '근대 국제정치체제'가 등장한 이후 300여 년 만에 '근대국가' 혹은 '근대 국민국가'(modern nation-state)로서의 독자적인 주권을 행사할 수 있게 된 것이다. 근대국가는 자신의 영토에 대해서 최고의 권력인 '주권'을 행사하기 때문에 대한민국이 베스트팔렌 조약에 의한 주권 개념에 입각해 '주권국가'로서 근대 국제정치체제에 등장하게 된 것으로 매우 역사적인 일이었다.

특히 3·1 운동은 1948년 대한민국의 건국[25]에 가장 큰 영향을 끼친 역사적인 사건이었다. 1948년 7월 제정된 제헌헌법은 그 전문에서 "우리들 대한민국은 기미 삼일독립운동으로 대한민국을 건립하여 세계만방에 선포한 독립정신을 계승하여 이제 민주적 독립국가를 재건한다"고 규정하고 있다. 현행 헌법 전문에 "우리 대한국민은 3·1 운동으로 건립된 대한민국 임시정부의 법통"을 계승하고 그 직후 수립된 임시정부의 법통을 잇고 있다고 명시한 점에서 3·1 운동이 대한민국의 건국에 끼친 영향은 실로 크다고 할 것이다.[26]

독립운동의 정신을 이어받은 대한민국의 건국은 근대 국제정치체제의 일원으로 당당히 참여할 수 있는 출발점이 되었다. 식민지 시대를 거쳐 3·1 운동의 민족정신을 바탕으로 자유로운 선거를 통하여 이룩한 근대국가 대한민국의 건국으로 우리는 완전한 독립국가로서의 위상을 가지게 된 것이다.

건국(建國)이란 사전적으로 나라를 세운다는 뜻이지만 나라라고 하는 말은 '공동체'와 '국가'라는 두 가지 의미를 가지고 있다. 흔히 말하는 사회 혹은 공동체로서의 '공동체'란 "어떤 가치와 관심, 이데올로기와 신화 및 그 상징과 종교의식 등을 포함하는 이념이나 관념을 공유하는 사람들의 집합체로서 창조될 수 없는 자연발생적이고 인류학적인 의미가 있는 실체이다"라고 하였다. 여기서 창조될 수 없는 실체인 사회적 공동체는 '국가' 건설의 기초가 된다.[27] 즉 '국가'란 영토·국민·주권의 3요소를 갖춘, 외부의 지배로부터 독립해 있는 창조될 수 없는 실체로서 인위적인 선택의 과정을 통해서만이 탄생할 수 있는 것이다. 따라서 건국이라는 역사적인 선택에 대한 정치적 행위의 중요성을 간과해서는 안 된다.

한국의 민족주의는 일제라는 외세에 대한 저항으로부터 출발했기 때문에 프랑스 혁명에서 출발한 프랑스 민족주의 같이 대내적 차원에서 자유와 평등을 동시에 실현할 수는 없었다. 게다가 일제에 의해서 한민족은 정치적 권리를 완전히 박탈당한 상태였다. 부분적 자치권이 인정되어 의회 운영의 경험을 가질 수 있었던 미국과 인도 같은 대영제국의 식민지와 달리 일제강점기 식민지 조선은 억압적 총독체제하에 기본적인 자치권조차 행사하는 것이 허용되지 않았다. 또한 한국인은 근대적 의미의 민주 사회적 자유와 평등을 누릴 수 없었고 제국의 신민으로서만 존재했다. 이처럼 출발부터 대내적 자유를 유보당한 상태에서 저항적 성격의 민족주의를 바탕으로 새로운 국가가 건설된다는 것은 쉽지 않은 일이었다. 더욱이 자유와 평등을 기본 이념으로 자유민주주의 체제에 입각한 국가를 건설한다는 것은 더더욱 어려운 과제였다.

그럼에도 불구하고 이러한 저항적 성격의 민족의식을 바탕으로 광복 이후 자유민주주의 체제를 바탕으로 한 대한민국을 세운 이승만과 건국 주체세력의 노력은 평가받아야 할 것이다. 자유민주주의 체제와 전체주의 체제 중에 어느 한쪽을 선택해야 하는 상황에서 1946년 제1차 미소공동위원회가 아무런 성과 없이 끝났을 때 남한만이라도 단독 정부 수립을 해야 한다는 이승만의 '정읍 발언'은 대한민국의 건국 역사에 있어서 이승만에 의한 '체제 선택의 혁명'이었다고 볼 수 있다.

이승만은 권위주의 지도자였지만, 북한의 전체주의 지도자와는 분명히 구별되어야 한다. 그 암울하던 시기에 근대적 소양을 갖추고 자유민주주의에 대한 확고한 신념이 있었기에 공화정에 입각한 근대적 독립 국가를 만들 수 있었던 것이다.[28]

대한민국 건국은 한국인의 민족 정체성에 있어서 일대 변혁을 가져왔다. 조선시대의 '백성'이나 일제강점기의 '신민'이 아니라 자유와 권리를 가진 개인과 국민으로 다시 태어나게 한 것이다. 그것은 곧 3·1 운동으로부터 비롯된 개인에 대한 '자결권'에 기초한 것이었다. 칸트가 『영구평화론』에서 제기한 '자결권'은 인간이 자유로운 존재로서 "정치체제를 자율적으로 선택할 수 있다"는 개념으로 근대국가와 정치체제의 정당성(legitimacy)을 가늠하는 중요한 기준이 되었다. 3·1 운동이 대한민국 건국에 있어 역사적인 분기점이 되었다는 사실을 다시금 상기한다. 3·1 운동 이후 한국인은 이미 근대 국민국가의 근대적 개인과 국민으로 바뀌었지만 일본 제국주의의 강압에 의해 그 뜻을 제대로 펼쳐보질 못했다. 그래도 대한민국의 건국이 3·1 운동으로부터 촉발한 근대적 의미의 한국 민족주의를 한 단계 격상시키는 계기가 되었음은 두말할 필요가 없다.[29]

자유민주주의 체제를 선택한 대한민국의 건국은 개인의 자유와 평등이 보장되는 '민주사회(democratic society)'로 발전하는 고속도로를 열었다. 대한민국 건국 혁명의 역사는 "이승만의 비르투(virtue)"[30]에서 출발했다. 해방 후 건국에 이르는 3년의 시간은 세계적 냉전체제와 국내 정치세력들 간의 권력투쟁으로 혼란이 극에 달했던 시기였다. 이 혼란한 상황을 뚫고 국제 정치현실에 능동적이고 선제적으로 대처할 필요성을 역설하고 자유민주주의 체제를 수립하고자 했던 이승만의 건국노선은 그 어떤 공과를 떠나서 역사적 평가를 받아야 마땅하다. 국가를 운영하는 데 필요한 권력을 행사할 때는 국민적 동의요소와 제도적 강제력의 행사가 함께할 수밖에 없다. 더구나 국가적 난맥상황에서 두 요소의 조율 과정은 불가피하게 강제적 요소가 더 부각될 수밖에 없을 것이다.[31]

토크빌은 "평등한 인간들로 구성된 '민주사회'에서 활동하는 역사가들은 '행위의 주체'보다는 '행위' 그 자체에 더 많은 관심을 기울인다[32]"라고 주장하였다. 어쨌든 자유민주주의 체제를 구가하면서 지낼 수 있는 대한민국이라는 토대를 세웠다. 마키아벨리는 군주론에서 "국가를 세운 군주라면 사람들이 선이라고 생각하는 것들을 모두 행할 수는 없으며, 종종 자신의 나라를 지키기 위해서 인정과 자비, 믿음에 반대되는 행동도 해야만 한다"[33]라고 하였다.

3·1 운동 이후 건국 노선은 보황주의의 왕정복고를 지향하진 않았지만 그 이념을 정립하는 과정에는 자유민주주의와 사회주의를 선택할 것인지를 두고 크게 양분된 바 있었다. 이런 분열은 1917년 볼셰비키 혁명을 통하여 소련 공산주의 정권이 등장하여 민족해방운동을 지원하면서 촉발되었다. 이러한 이념적 분열은 독립운동뿐만 아니라 소련이 북한 지역을 점령하면서 광복 후 대한민국 건국과 발전 과정을 거친 오늘에까지도 커다란 영향을 미치며 이어져 오고 있다.[34]

어쨌든 대한민국의 탄생에는 두 가지의 큰 혁명적 함의가 있다. 하나는 일제 강점의 시대 제국주의로부터의 해방과 독립이고 하나는 왕정복고 체제에 종지부를 찍고 국민이 권리자가 되는 '주권재민'의 자유민주주의 원칙을 바탕으로 민주공화국이라는 정치체제를 선택했다는 것이다.

(2) 헌정적 민주주의

사회계약론은 건국 과정을 설명하기 위해 제시되었다. 사회계약론을 대표하는 로크(John Locke)는 영국 명예혁명의 정치사상적 근거를 제공했다. 사회계약론은 인간이 태어날 때부터 양도할 수 없는 권리들을 가지고 있고, 국가는 이러한 인간의 권리들을 지키기 위해 세워진다는 점을 강조함으로써 건국 과정을 설명하는 데 있어서 "최초의 코페르니쿠스적 혁명"을 가져왔다. 사회계약론은 권리를 가진 개인의 존재로부터 출발해서 이들 사이의 자발적인 동의인 사회계약을 통한 건국의 과정을 설명한다. 자연상태의 인간은 개인으로서 한 사람도 빠짐없이 자유, 생명, 재산권 등과 같은 어느 누구에게도 양도할 수 없는 기본적 권리들을 가지고 태어났다. 즉, 모든 인간은 자연상태 아래 평등하고 독립적인 존재인 것이다.

인간은 '사회계약(social control)'의 체결을 통해서 자연상태로부터 벗어나 사회와 국가를 만든다. 따라서 모든 국가의 정통성(legitimacy)은 구성원 개인들의 동의에 기초해야 한다. 이러한 개인의 자유와 권리의 불가침성에 대한 사회계약론 사상은 대한민국 건국 사상에도 그대로 이어지고 있다. 로크 이후에 등장하는 근대국가 형성의 원동력이 되는 '민족주의'는 로크의 권리를 가진 자유로운 개인의 평등을 전제로 하고 있다.[35] 로크의 사회계약론을 통해서 분명히 알 수 있는 것은 나라를 세우는 건국은 자연발생적 현상이 아니라 개인들 사이의 인위적 합의의 결과라는 사실이다. 대한민국의 건국은 자유롭고 평등한 개인들 사이에 이루어진 사회적 합의의 하나인 민주적 절차에 의한 선거를 통해서 이루어졌다는 점에서 사회계약론의 논리와 전통을 그대로 잇고 있다.

민족 혹은 민족주의의 다양한 얼굴은 그 자체만으로 파악하기가 쉽지 않은 개념이다. 사람들은 민족은 하나의 정치공동체라는 관념에 대단히 익숙해 있다. 우리나라 국민들 대다수는 자신을 기꺼이 민족주의자로 규정하고 싶어 한다. 세계사적으로도 민족주의는 민주주의보다 국가주의에 보다 큰 친화성을 지녀왔다. 한국도 예외가 아니어서 해방 이후 한국 민족주의는 국가주의를 끌어안았다고 할 수 있다.[36]

한국인은 조선시대까지 권리가 없는 '백성'으로 살았고 일제강점기에는 정치적 권리를 강압적으로 박탈당한 제국의 '신민'으로 억압당하다가 대한민국 건국과 더불어 비로소 자율적인 '근대적 개인'으로의 삶을 영위할 수 있게 되었다. 대한민국 건국은 헌정적 자유민주주의 안에서 로크가 사회계약론에서 제시했던 자유롭고 평등한 개인의 존재가 역사적인 현실로 구체화 되었다는 것을 의미하는 것이다.

2) 전쟁 / 반공, 경제 민족주의

(1) 분단, 국가적 민족주의

제2차 세계대전의 종전과 더불어 한반도는 냉전의 한파 속에 국제적 냉전체제의 가장 첨예한 각축장으로 변모하였다. 냉전체제의 등장과 함께 남북분단은 기정사실화 되었고 해방된 한반도에 통일 민족국가 실현은 좌절되었다. 이승만의 북진통일론과 반공 제일주의가 중심을 이뤘고 미국 일변도의 정치문화는 미국의 대한정책에 대한 비판을 반미로, 나아가 그러한 반미를 용공으로 등식화시켜버리는 저급한 분열 과정을 겪게 되었다.

이승만은 저항의 대상으로 일본과 더불어 북한까지 외부의 적으로 설정함으로써 저항 민족주의의 전통적 정신을 이어가는 식민시대로부터의 건널목 구실을 담당하였다.[37] 박정희는 그의 가장 뛰어난 후계자였다.

8·15 해방 이후 한반도의 민족사적 과제는 통일된 민족국가의 수립과 자주적인 근대화의 추진이었다. 민주주의가 그 이념적 기초가 되어야 한다는 것은 너무도 당연하였다. 그러나 새로운 권력집단은 제국주의적 일제강점기 지배세력이 향유했던 지위를 새롭게 독점하였던 것이다.

이승만의 권위주의 정권 유지는 물리적·제도적인 폭력에 의존하여 권력에 대한 정통성과 정당성의 결함을 은폐하려 했고 반정부 세력에 대한 탄압을 합리화했다. 이승만 정권은 민족주의와 반공주의에 기초한 상징전략으로 1945년 9월부터 제창된 '일민주의(一民主義)'를 이용하였다. 일민주의는 국가적 통합과 민족적 단일성을 지향한 혈통적·종족적 민족주의이다. 그것은 체제 안정을 위협하는 요소를 근본적으로 제거하기 위한 것으로서 모든 사회적 분열과 개인주의 및 자유주의 원리를 부정하는 논리다. 이승만 정권의 민족주의 담론은 6·25 전쟁을 거쳐 반공주의 담론과 결합하면서 더 한층 강화되었다.[38]

혹자는 전쟁을 계기로 통치의 이념적 기반이 일민주의에서 반공주의로 대체되었다고 주장하지만[39] 반공주의는 일민주의가 표방하였던 혈통적·종족적 민족주의 논리 아래에서 작동하고 있었다. 북한 공산주의에 적대감이 형성된 것도 공산주의 이념 자체보다는 그들을 반민족적 세력(적)으로 규정했기 때문이다. 결국 6·25 전쟁의 경험 속에서 민족적 적이 구체적인 모습을 갖추게 된 것이다. 북한 동포와 북한 정권에서 북한 정권은 민족의 적으로 규정되었다.

그러나 정당성과 도덕성의 치명적인 결함을 상징하는 3·15 부정선거는 시민세력의 민족주의 담론과 민주주의 담론에 의해 공격받았다. 이후 박정희 정권은 "반공이데올로기를 민족주의와 견고하게 결합함으로써 그 효율을 극대화 할 수 있었다."[40] 한국은 분단 극복의 역사를 위해 민족주의를 필요로 했던 사회였다. 그러나 민족주의는 세계화 시대에 장애가 되는 폐쇄적이고 편협적인 것으로 취급되어 온 측면도 있다. 그러면서 민족주의 논의는 끊임없었으나 이론적 뒷받침이 되지 않은 상태에서 혼란만 야기했던 부분이 있다.[41] 분단 이전이나 분단 이후나 한국은 그 역사의 진행 과정에 민족주의와 함께 살아왔다. 함께 거쳐 온 한국의 민족주의는 그 행위 또한 발전 과정 속에서 역사적 의의가 뚜렷이 나타남을 찾아볼 수 있다. 오랜 역사 속에 나와 있는 유교, 실학사상, 대원군의 정책, 동학농민운동 등 고도의 자발성과 애국계몽사상, 3·1운동 등 주체성을 갖춘 민족주의가 평등사상을 기초로 국민주권을 지향하며, 나아가 민족 개별성을 기초로 한 민족자결주의와 결부되어 얻어낸 귀중한 역사의 수확인 것이다.[42]

한국의 민족주의는 국가적 위기를 극복할 수 있는 한민족 공동체의 담론으로 만들어져 전파되었다. 한민족 공동체 민족주의 담론은 서구처럼 합리성, 자유주의적 개방성, 다원적 요소가 형성된 후에 대내적 불평등을 해결할 수 있는 완성된 민족주의가 아니었다. 일본 제국주의에 대한 줄기찬 저항을 목표로 급조되어 있었다. 이로 인해 그 이면에는 집단주의, 권위주의, 국가주의적 요소가 내재되었고 이는 국민을 통합하고 문제를 해결하는 데 있어서 일면 효율적인 부분도 있었지만 이후 국가적 이데올로기로 오남용 될 수 있는 위험성을 안고 있었다.

해방 후 남북한 역사를 통해 보면 남북 양 정권은 민족주의 담론을 확산시키면서 실제로는 국가주의적 입장에서 민족주의를 억제하거나 이용하는 정책을 취해 왔다고 할 수 있다. 여기에서 민족주의는 어디까지나 최종적으로 한반도 통일국가 실현의 기반이 되는 사상이다. 그럼에도 불구하고 정권의 정통성을 보완하고 국민의 참여를 끌어내기 위해 정권의 취향에 맞는 민족주의를 동원하고자 하였다.[43) 국민의 힘을 결집하기 위해, 체제의 유지와 정통성을 확보하기 위해 분단민족주의는 민족 없는 명분에 이끌려 다녀야 했다.

한국정치의 주요 특징으로 식민지 해방공간에서 남북한 국가 수립과정에 민족주의가 핵심 이데올로기로 동원된 사실을 명확히 확인할 수 있다. 그러나 앞에서 밝힌 것처럼 민족주의는 독자적인 형태를 지닌 개념이 아니다. 민족 혹은 민족주의가 최상의 정치적 가치로 존재했지만 북한 정치세력에게는 인정되지 않았다. 사회주의 종주국 소련의 후견 하에 수립된 북한은 민족주의를 부정하던 마르크스주의적 입장에 서 있다가 계급투쟁 이념을 가진 공산주의와 결합하였다. 38선 이북에서는 별도의 큰 정치적 저항 없이 대부분 지주계급이었던 친일파 청산과 함께 경자유전 원칙에 따라 농민들에겐 오랜 숙원이었던 토지개혁이 신속하게 진행되었다. 북한의 토지개혁이 무상몰수, 무상분배라는 세계

역사에도 그 유래를 찾기 힘든 급진적 형태로 이루어 진 것이다. 이에 비해서 대한민국은 친일파 척결과 식민지 잔재에 대한 인적, 정치적 청산 및 토지개혁 등의 사회경제적 개혁 속도와 폭이 북한에 비해 훨씬 뒤쳐졌고 그 한계를 노정하고 있었다.[44]

그럼에도 불구하고 당시 남한 정권에 대한 성격을 반민족주의적인 것으로 일방적 규정화 하는 것은 올바르지 않다. 해방 후 이뤄진 대한민국의 국가 수립 과정이 북한에 비해서 덜 급진적이고 반민중적 요소가 있었던 것은 사실이지만 이것은 어디까지나 북한과 비교했을 때 그렇다는 것이지, 비슷한 시기 독립했던 제3세계 국가들과 비교해 본다면 대한민국의 국가 수립 과정은 사회 내부에 강력한 지지기반을 가지고 있었고 미국과 UN의 도움으로 자유민주주의 정치체제를 기반으로 한 정부를 수립하는 등 구 왕정체제와 완전히 단절하는 정치적 변혁을 경험했다고 할 수 있다.[45]

이승만 등 우익세력이 단정을 선택하게 된 것에는 무엇보다 남한에 대한 미국의 경제·군사 원조가 중요한 물적 토대로 작용했음은 분명하다.[46] 하지만 남한의 우익 정치세력도 북한의 사회경제 개혁을 의식할 수밖에 없었을 것이고 뿐만 아니라 지주·소작 관계 폐지 등에 대한 시대적 개혁 요구를 완전히 무시할 수는 없었을 것이다.[47] 그 결과로 대한민국의 당시 제헌헌법 기본권 조항이나 토지개혁 시안에 1인 1표제를 그 주된 원리로 하는 민주적 보통선거의 즉각 시행 등 조숙한 민주주의 제도를 채택하고 동시에 지주제 청산을 골자로 하는 사회·경제적 개혁조치를 통해 독자적인 국민국가를 형성하게 된다.[48] 이와 같이 '진정한(true) 민족주의'와 '사이비(pseudo) 민족주의'라는 이분법적 관점은 정치적으로 준별하기도 힘들 수 있다[49]고 보이지만 실질적인 민족주의의 전개 과정을 면밀히 살펴보면 쉽게 준별할 수 있을 것이다.

이념에 우선하는 최상위의 가치로서, 민족주의를 국가 건립 과정에 적극적으로 활용하고 정치적으로 동원한 국가중심주의는 북한이 아니라 오히려 이승만 정권이 아니었을까? 당시 북한은 민족주의 자체를 수용하지 않고 있었음은 이승만을 위시한 남한의 우익세력이 일관되게 내세운 정치논리에 북한은 민족보다 계급을 더 앞세우고 있다는 것이었기 때문이다.[50]

우익 민족주의 세력은 민족주의에 미국식 자유민주주의 제도와 유럽식 사회민주주의를 혼합한 민주공화제를 헌법에 채택함으로써 정치적인 정당성을 확보할 수 있었다. 주권재민 원칙을 기반으로 한 국민과 상비군인 국군의 창설 등 국가제도의 구축이 바로 그것이다.[51] 1948년 남한에 독자적인 형태의 국가가 수립되면서 미군정이 폐지된 이후에도 남한을 특정 강대국의 식민지로 혹은 전후 베트남처럼 제국주의 대리정권의 하수인으로 간주하는 것은 적어도 국가 창설에 동의한 대중들에게 설득력을 갖기 힘들었다고 판단된다. 곧 미국 식민지에 대한 민족해방운동을 벌여나가야 한다는 북한 측 주장에 쉽게 동의할 수 없었을 것이다. 해방 후 한국 좌익의 민족주의 세력이 제대로 보지 못한 점이 바로 이러한 사실이다. 요컨대 한국의 국가 수립 과정에서의 민족주의는 통일된 체제의 관점이 아니라 분단된 민족주의 관점에서 작용했다. 이런 견지에서 순수한 민족주의 그 자체가 분단된 두 개의 체제를 넘어 한반도 통일을 결정할 수는 없는 것이다.

한국 민족주의는 일찍이 경제발전을 통해 선진조국을 창조하겠다는 결합적 경제 민족주의와 공산주의로부터 조국을 수호하고 자유민주주의를 발전시키겠다는 자유주의적 민족주의에 바탕을 두고 국민의 의지와 노력을 결집하고자 하였던 것이다. 목적 달성을 위해서 때로는 과도하게 안보의식을 강조하기도 하고 국민의 자유와 권익이 희생되는 행동까지도 종종 자행되었다. 자유민주주의를 표방하면서도 개인보다 집단에 충성을 요구하고 단결을 우선시하는 이율배반적 이데올로기가 국민에게 강요되었다.[52] '개인의 자유와 평등이 보장되고 개인의 자유의 사가 반영된 공동체'를 민족이라고 하였는데 개인이 결여된 집단 이데올로기로서의 민족주의가 동원되고 있었던 것이다.

국가 번영과 정권의 정통성 유지를 위한 위로부터의 군부독재 경제 민족주의와 군부독재에 저항하기 위한 국민들의 의지가 반영된 아래로부터의 민족주의로 분열이 일어났다. 이는 새로이 형성된 지배세력이 올바른 민족 개념과 민족주의 이념에 기반하거나 국민 다수의 의지에 따른 것이 아니었다. 당시 냉전시대 분단구조에 편승한 국가 건설 과정에서 민족주의에 대한 이념의 기반이 상대적으로 부족했던 것이다. 즉, 남한 사회는 국제 냉전의 소용돌이 속에서 대한민국을 건국하는 등 모든 분야에서 형식적인 모습만 갖추었을 뿐 권위주의적인 자유민주주의는 민족주의보다 우위에 있었던 것이다.

즉 국가적 민족주의[53]는 생성하게 될 갈등의 뿌리를 처음부터 끊어 내지 못하고 민족주의 개념에 '국가성'으로 배태하게 되었다. 물론 한국에서 국가주의적 민족주의가 정당화될 수 있었던 중요한 이유 중 하나는 바로 북한의 정치적 실존이었다. 해방 이후 반세기 이상 국민들은 북한의 수많은 도발과 위협에 대응하기 위해서 반공주의를 받아들여야 했다. 적어도 남한에서는 국가주의적 민족주의와 반공, 반북주의는 동음이어였다 할 정도의 중요한 이슈였다고 해도 과언이 아니다.[54]

남한 민족주의의 형성은 권위주의적인 국가 민족주의에서부터 시작이 되었다. 당시 이승만 정부로부터 군사정부에 이르기까지 국가가 우위를 점하는 권위주의 형태를 띠고 제반 정책들이 수행됐던 것이다.[55] 남한 민족주의의 분열은 다른 어느 분야보다도 심각했다. 원래 통합과 결속의 상징인 민족주의가 시대적 한계 때문에 통합하는 모습을 보여주지 못하고 어느 일방이 주도하는 성향을 보여주었기 때문이다. 그렇지만 점차적으로 사회의 민주화가 진행되면서 남한의 민족주의는 위로

부터의 민족주의와 아래로부터의 민족주의 간의 길항관계 및 보완관계를 거치면서 형성되었다.[56]

국가안보와 경제발전을 최우선시 하였던 군사정부의 위로부터의 개발독재 경제 민족주의는 민족국가 건설을 위한 물질적 기반을 마련했고, 시민계층이 형성되면서 시민사회를 성장시키는 데 기여하였다. 이와 대립되었던 아래로부터의 민족주의 활약은 민주주의의 실현, 대외적 자율성 확보와 통일 문제 등에 대한 관심을 제고시키는 역할을 하였다. 이처럼 한국 민족주의는 비록 구성원 전체의 통합과 결속, 동질성 형성은 완전히 못했지만 근대 국민국가가 지향해야 하는 주권의 확립과 경제적 자립성을 구현할 수 있는 산업화 기반은 구축할 수 있었다. 이러한 민족주의의 성격은 국가가 주도하는 산업화, 근대화가 전개되면서 더욱 국가주의적[57]인 성향을 보여 왔다.

원래 '민족주의'는 물론이거니와 '민족의식'이나 '민족사관'같은 어휘는 명확한 이론적 · 개념적 실체를 가진 것이라기보다 오히려 선험적이고 감정적인 측면을 강하게 띠고 있다. 때문에 지금까지의 민족주의 연구는 단순히 조용하게 연구하는 학문적 행위가 아니라 강한 신념을 기반으로 한 사회적 실천을 동반하는 것이었다. 실제 한국에서 민족주의가 때로는 '반일'과 '반미', '반공'의 사회적 운동과 결합하고 또 때로는 정치권력이나 언론에 이용됨으로써 학문으로서 냉정함을 잃어간 부분이 없지 않았다.

어떻든 민족주의에 대한 하나의 확고한 이론적 개념은 역사적으로 형성된 실체라는 것뿐이다. 민족이 그러한 것처럼 민족주의도 '현실'의 추이와 함께 변해 가는 것이다. 그것은 "의식적이든 무의식적이든 사회적 관계들 속에서 만들어지고 이용되고 서로 영향을 주고받는 일종의 이데올로기일 수 있다." 격동하는 역사를 살아온 한국에서 민족주의는 민중이 정서적으로 가장 받아들이기 쉬운 이데올로기이다. 따라서 민족주의가 사회 진보에 건전한 역할을 수행하지 못하는 관념주의로 빠질 때 그것은 보수반동, 국수주의로 후퇴할 위험성이 항상 상존해 있다고 보여지는 것이다.[58]

국민경제가 선진국 수준에 다다르게 되고 민주화된 사회의 정치적 안정을 어느 정도 찾아가면서도 우리나라의 민족주의는 전통적인 논리 체계에 머물렀다. 즉 민족을 언어·혈연에 의한 문화나 역사적 경험의 공유성 정도로만 안일하게 파악하는 경향을 보여주고 있다. 이렇게 민족을 전통적인 인식단계에 머물게 함으로써 국민국가로서의 통합성을 외면하는 속성을 내재하게 된다. 한국 민족주의는 민족을 역사적 실체로 파악하면서도 그것을 자유민주주의 체제 발전의 당위적 지향에는 연결시키지 못했던 것이다.

민족을 "지속적인 사회경제적 공통성의 토대 위에 문화적으로 고유한 접착제에 의해 결합된 인간집단이라고 할 수 있다"라고 본 것은 낭만적 문화민족 관념을 벗어나지 못한 것으로 산업화 이후 성숙된 자유민주주의 체제와 함께하는 한국 민족주의의 발전된 모습을 담아내지 못한 민족 개념화라 하겠다. 산업화에 따른 생산력의 증가와 그에 따른 세계적 교류의 확산은 내부에 국한되었던 경제·사회적 공통성의 보편화를 촉진시킨 반면, 언어·관습·전통 등의 문화적 요소는 경제·사회적으로 공유하는 생활의 보편화에 영향을 받기는 하지만 그 변화 과정은 지극히 완만할 수밖에 없다. 경제·사회적 토대의 변화에도 불구하고 문화적 고유성은 오랜 기간 동안 그 강인한 생명력을 유지한다. 생산관계와 사회체제의 적대적 이질성에도 불구하고 남·북한의 문화적 공통성은 아직도 많은 전통적 유대감을 공유하고 있지만 '민족'을 변화하는 경제·사회적 요소와 고유한 문화적 요소의 복합체라고 파악하여 그것을 '민족'이 가지고 있는 "양면적 속성"이라고 본 것은 낭만적 문화민족 관념에서 벗어나지 못한 것이다.[59]

한 국가 내부의 경제적 생산양식과 제반 사회구조 및 제도의 공통성은 대내적인 지배관계로 요약될 수 있으며, 대외적으로 국가 상호 간의 교류와 유대관계를 원활히 규정짓는 국제관계로 존재하게 된다. 반면에 민족의 문화적 요소는 대내적으로 민족 내부의 결합적 요소로 작용하며, 대외적으로는 민족 상호간의 교류와 협력을 포함한 국제관계의 배타적인 요소로 작용한다. 이것 또한 민족이 가지고 있는 '양면성'이다

국가도 민족처럼 양면적인 측면을 가지고 있다. 국가는 민족 내부의 사회경제적 역학관계의 계급적 표현이라 할 수 있다. 민족 내부의 문화적 동질성을 활용하여 국가 자체의 계급적 특수성을 보편성으로 용해·미화시키는 기능을 가지고 있다. 문화적 동질성이라는 낭만적인 '보편성'은 사회계급 간의 사회경제적 역학관계 즉 계급적 지배관계라는 특수성을 중화시키는 작용을 한다.

국가는 국가체제를 전 민족적, 초계급적으로 분식시키고 승화시킬 수 있는 권능을 동시에 지니고 있다. 이것은 국가가 가지고 있는 양면성이다. 즉, 국가는 모순투성이인 국가의 존립을 조장하는 이데올로기적 수단으로 민족을 악용할 수 있는 숙명을 지니고 있다고 파악된다. 특히 국가의 정치적 목적이 위기에 봉착할 때 민족의 이데올로기적 동원은 더욱 강화되는 경향을 보여준다. '민족 총동원령'을 선포한 독일의 나치즘 등이 그 전형적인 예다. '모두는 하나를 위하여'라는 프로파간다로 국가와 민족을 위한 개인의 희생을 당연시하고 강요하였다. 일본은 군부가, 독일은 히틀러의 나치당이, 이탈리아는 무솔리니의 파시스트당이 국가의 이름으로 자유를 억압하였다.[60]

(2) 박정희의 민족적 민족주의

한국 현대사에서 그 어느 때보다 사회세력이 활성화되기 시작했던

장면 정부의 '사회의 시대'가 막을 내리고 1961년 5월 16일 군부가 권력을 잡게 되면서 '국가의 시대'가 개막되었다.[61) 먼저 지구상에서 가장 가난한 나라의 굴레를 벗어나고자 국가와 민족의 번영을 앞세우며 경제발전을 최우선적으로 강조하는 지도자의 음성을 들을 수 있었다. 박정희의 성장 지상주의 경제 민족주의를 반민족적이라고 몰아붙이면서 통일이 우선되어야 한다고 외치는 소리와 경제적 종속 탈피를 위한 민족경제의 수립을 주장하는 목소리도 들을 수 있었다.

한국은 최빈국의 후발 산업화 국가이면서 분단국가였다. 따라서 민족주의가 안고 있는 과제는 근대화의 달성과 통일을 통한 민족국가의 완성, 탈 종속을 통한 자립경제 달성 및 대미 의존 탈피 등 다양하게 나타날 수 있다. 이들 중 어느 한 부분의 목소리가 민족주의 개념을 배타적으로 독점할 수 있을 것이라고 주장하는 것은 물론 잘못이다. 박정희의 '선성장·후분배'론과 '선건설·후통일'론도 민족주의 차원에서 이해될 수 있음을 알 수 있다. 60-70년대 한국의 민족주의는 방어적 근대화 민족주의, 통일 지향적 민족주의, 민족경제 지향적 민족주의, 그리고 반미 민족주의로 특징지어진다. 박정희는 "민족이념을 바탕으로 한 자유민주주의", "민족적 민주주의"를 내세웠다. 그러니까 민주주의 그 자체보다는 그것의 실현을 위한 전제조건으로서 민족적인 것에 더 강조점을 두었다.[62)

시간이 지나면서 박정희의 강조점은 '민족적 민주주의'에서 민주주의를 실현하기 위한 전제조건인 경제적 자립으로 점차 옮겨갔다. 민주보다 민족이 우선하고 민족에 선행하는 것이 경제발전이었다.[63)

이른바 '조국의 근대화'를 추진해나가기 위해서 박정희 정권은 국민적 동원과 통합의 이데올로기로서 민족주의가 지니고 있는 폭발적인 역동성을 결코 포기할 수 없다는 사실을 잘 알고 있었다. 그것은 지극히 효율적인 통치수단으로서 민족주의가 한국사회에서 민족통일과 민주주의를 추구할 수 있는 이념적 동력이 된다는 사실은 결코 무시할 수 없는 일이었다. 톰 네언(Tom Nairn)의 말처럼 한국 민족주의는 "야누스의 얼굴"을 지니고 있었다.[64]

박정희는 통일에 대한 국민적 갈증을 전통적 민족의식으로 적절히 유도하기 위해, 또한 민족 구성원 간의 민주주의적 자유와 평등권을 전제하는 민족주의적 요청을 봉건 지향적으로 환치시키고, 나름대로 권력 유지를 위해 정통성에 대한 방벽을 쌓으려고 이러한 수구적인 민족주의 노선으로 들어간 것이다. 우선 효율적 통치를 보장할 수 있는 국민 통합 및 동원 이념으로서의 민족주의가 절실했고, 쉽게 이뤄질 수 없는 통일의 달성과 민주체제 구축이라는 한국 민족주의의 당연한 요구 사이의 딜레마를 해결하기 위한 절묘한 책략이었던 것이다. 이처럼 박정희가 '복고적 문화 민족주의'와 '회고적 저항 민족주의'에 매료될 수 있었던 것도 우리 국민이 그러한 문화적·저항적 민족 관념에 전통적으로 포박되어 있었기 때문이다.

해방 후 남북한의 역사를 보면, 양 정권은 민족주의의 담론을 내어놓으면서 실제로는 국가주의적 원칙에 서서 민족주의를 억압하는 정책을 취해 왔다고 볼 수 있다. 여기에서 '민족주의'란 어쨌든 최종적으로 한반도 통일국가 실현의 기반이 되는 이념인데, 박정희 정권은 집약적으로 민족주의를 제창한 정권이었다. 박정희 정권은 정권의 정통성을 확보하기 위해서도 경제발전을 추진하면서 동시에 국민의 참여를 끌어내기 위해 민족주의를 동원하고자 했다. 이에 따라 민족적 주체성 확립을 무엇보다도 우선시 하였고 이를 위해 민족적 자부심이 필요하다는 판단 아래 식민지사관을 극복할 주체적 한국사관의 정립, 유형·무형 문화재의 발굴 및 복원·재건축, 역사상 위인의 신격화, 태권도의 세계 보급 운동 등이 제창되었다.[65]

60년대 이후의 박정희 체제는 '반공 병영사회'라고 해야 할 정도로 독특한 조건 아래서 국가주의를 동원하고 권위주의적 통합을 본질로 하는 것이었다.[66] 박정희 정권의 '국가 민족주의'는 북한의 위협에 따른 생존권 사수를 위해 불가피한 측면도 있었지만 반공질서의 구축에 이용되는 경우가 많았다. 따라서 민족주의가 자신에 대한 비판의식을 상실할 때, 그것은 종종 자민족 중심주의, 배타주의, 일종의 나르시즘에 빠질 수 있다는 점은 분명 간과해서는 안 될 사항이다.[67]

박정희에게 '국가안보'는 민주주의와 통일을 먼 과제로 뒤로 하고 '경제발전'과 같은 반열에 설수 있는 과제로서 장차 그 바탕 위에서 민주와 통일이 이룩될 수 있을 것이라고 생각했다. "발전 없는 안보는 공허한 것이고, 안보 없는 발전은 맹목적"이었다. "싸우면서 건설하자"는 슬로건을 내걸었으며, "민족과 국가라는 것은 영생하는 것이다. 특히 하나의 민족이라는 것은 영원한 생명체이다. 따라서 민족의 안태와 번영을 위해서 그 민족의 후견인으로서 국가가 반드시 있어야 한다. 국가는 민족의 후견인이다. 국가 없는 민족의 번영과 발전은 있을 수 없는 것이다." 이때의 민족주의는 국가와 민족과 나를 하나로 통합시키면서 나를 국가와 민족 속에 용해시켜버리고 있었다는 점에서 "유기체적 성격"을 띠었다.[68] 유기체적 민족주의는 "싸우면서 건설하자"는 방어적 근대화 논리와 만나 결합하여 박정희 식 "방어적 근대화 민족주의"가 탄생한 것이다.[69]

박정희의 '방어적 근대화 민족주의'는 통일을 한국 민족주의 최우선 과제로 생각하는 집단으로부터 반발에 부딪친다. 이 집단은 민족통일의 문제가 민족 삶의 전체와 밀접하게 연관되어 있다고 생각했다. 따라서 통일을 이루지 못한 데서 오는 정치적 비민주성을 문제 삼았다. 한반도의 분단 상황이 국가주의 정권의 '원시적 매카시즘(McCarthyism)'을 합리화시키는 근거가 되고 있다는 것이다. 이들은 통일 민족국가가 완성될 때 이 문제가 궁극적으로 해결될 것이란 관점에서 '통일지향적 민족주의자'라고 할 수 있다.

통일지향적 민족주의자들이 박정희의 민족주의를 인정하지 않는 첫 번째 이유는 박정희의 '선건설·후통일'론 때문이다. 2단계 통일론은 통일 회피론으로 비쳐져 박정희를 반민족주의자로 규정하였다. 물론 후발산업화 국가에서 경제개발이 후진국 민족주의의 주요 과제임은 통일지향적 민족주의자들도 시인하고 있다.[70][71] 하지만 통일만을 우선시하여 민족주의를 규정하는 생각 또한 또 다른 도그마를 낳을 수 있는 것이다.

두 번째 이유는 박정희가 민족주의를 목적이 아니라 국민을 동원하기 위한 수단으로 이용했으며 집권 연장과 경제개발을 위한 수단으로 사용함으로써 국가가 민족에 앞서 개별 구성원에 선행한다는 점에서 전체주의적이라고 보는 입장이다.[72] 즉 전체주의적 집단성 민족주의는 진정한 민족주의가 아니라는 것이다.

세 번째는 박정희의 민족주의가 반공을 너무 앞세워 반대파를 탄압하는 등의 과도함은 반민족주의적이라는 것이다. 그러나 반공의 남용을 비판하는 것과 반공을 강조하는 자체를 반민족주의적이라고 비판하는 것은 사안이 다른 문제이다. 냉전체제하 강대국 안보논리에 편승하면서 동시에 북한의 위협이 실재한 상황에서 안보 확립을 통한 주권 수호라는 국가적 책임과 의무라는 양면성을 이해하여야 한다. 통일지향적 민족주의의 관점은 통일을 지상과제로 보았다는 점에서 박정희 정부와 대립했지만, 통일은 어디까지나 반공이나 국가안보를 전제로 해야 하는 것이었다.[73]

1960년대 박정희 정권의 관주도 민족주의는 조국 근대화론과 민족의 정서적·문화적 유대관계 및 그 우수성을 강조하는 민족주의 요소와의 결합이라는 특징을 갖는다. 민족주의라는 측면에서는 국민 주권 국가의 확립(민주주의)이나 통합된 국가의 수립(근대 민족국가) 같은 현실적인 문제보다는 민족정신, 민족문화의 우수성을 강조하는 속성을 기본적으로 갖고 있다. 박정희 정권은 본인이 주도한 민족주의 담론을 위압적인 정치 환경 속에서 관철시켜 나갔으며, 이와 반대되는 민족주의 담론은 체제 밖으로 배제시켜 나갔다. 이 때문에 민족주의는 저항 세력과 결합되어 저항적 민족주의 담론을 형성해나갔다. 박 정권의 '한국적 민족주의'라는 구호는 민주주의의 보편적인 요구를 억누르는 도구로도 사용되었다.74)

(3) 민족경제 지향적 민족주의

"진정한 민주주의는 무엇보다도 먼저 경제의 건전한 토대 위에 확립될 수 있다."75) "먹여 놓고 살려 놓고 난 다음에야 정치가 있고 사회가 보일 것이며 문화생활에 대한 여유도 있을 것. 경제재건 없이는 적을 이길 수 없고 자주독립도 기약할 수 없는 것이다."76) "경제개발 5개년 계획은 곧 조국의 통일운동이요, 전쟁을 막는 길이고 북한 동포를 구출하여 우리 한민족의 평화와 복지를 약속하는 길이다."77)

박정희의 이러한 언급에서 알 수 있듯이, 분단국가 지도자로서 통일은 피할 수 없는 최종 목표였지만 중간단계를 거쳐 미래에 성취되어야 할 이차적 관심사일 수밖에 없었다. 통일보다는 우선 먹고살아야 하는 경제발전이 급선무였다. 그에게 통일보다 앞서는 것은 경제발전이었다. 발전을 통해 남한 내부의 단결을 우선 이루고 다른 한편으로는 북한을 넘어선 상태에서의 통일만이 그에게는 의미가 있었다. 이 점에서 박정희의 통일론은 "'선 건설·후 통일' 또는 '경제개발을 통한 승공통일'이라는 '2단계 통일론'"이었다.78)

1960년대 말부터 민족통일을 중시하면서 상대적 강조점으로 경제적 예속 탈피를 통한 자립적인 민족경제 수립에 두는 흐름이 점차 생겨났다. 수출지향적 경제개발 방식을 반민족적이라고 비판한 주요 논거 중 하나가 경제의 대외 종속성과 대내적 불평등의 심화였기 때문이다. 통일지향적 민족주의가 통일이라는 민족국가 완성에 주목한 반면 민족경제 지향적 민족주의는 경제적 자주성 확보에 착안하여 근대화를 우선시하는 박정희의 방어적 근대화 민족주의와 맞섰다. 낭만적 통일 민족주의에 비해 민족경제 지향적[79) 민족주의는 좀 더 체계적이면서 과학적인 면모를 보여주었다. 하지만 자본과 자원이 부족하고 시장이 협소한 한국에서 민족경제론이 보여준 내부지향적 성격이 과연 현실의 벽을 넘을 수 있었을까 하는 문제는 여전히 의문이다.

그러나 '민족경제론'을 통해서 종속성에 대한 인식의 심화가 일어났다. 반외세 반미 문제를 노골적으로 제기한 사람들은 4·19혁명 시인 신동엽이나, 남정현, 김남주[80) 등 문인이었다. 이 논리들은 1980년대를 거치면서 점차 시민권과 가까워졌고 마침내 권력의 핵심부까지 진출했다.[81)

박정희 식 발전모델에 입각한 한국의 놀라운 경제적 성과는 이미 공인된 지 오래다. 민족경제론과 유사한 국가자본주의적 길을 걸었던 인도나 중국도 개방노선으로 돌아선 후 경제적 활력을 갖기 시작했었다. 그러나 '주체의 나라' 북한은 여전히 고립과 폐쇄의 틀 속에 갇혀 자주성을 추구하던 방향이 오히려 자주성의 기반을 훼손하는 역설적인 결과를 내고 있다는 측면을 감안할 때, 민족경제를 지향했던 민족주의 방향에 대한 유효성에 대해 다시 한 번 생각하게 된다. 이러한 박정희 민족주의는 한마디로 시튼-왓슨(Seaton-Watson)이나 베네딕트 앤더슨이 말한 "관주도 민족주의(official nationalism)"[82)와 유사한 것이다. 특히 앤더슨은 "민족으로 상상된 공동체의 출현 과정에서 주변화 되거나 배제될 위협을 느낀 지배계층이 채택한 예상된 전략"이 바로 관주도 민족주의며, 그것은 국가가 통제하는 교육과 조직하는 선전, 역사의 공식적재 편찬, 진짜라기보다는 과시를 위한 군국주의 등의 정책을 정략적으로 활용하고 있음을 약소국가의 사례를 들어 설명하고 있다.[83]

동유럽 민족주의의 가장 탁월한 연구자 중 한 사람인 미로슬라브 흐로흐(Miroslav Hroch)는 민족주의를 "해체를 겪는 사회에서 사회통합의 대체물"이라고 밝히면서, "사회가 붕괴할 때 민족은 궁극적 담보"가 된다고 강조하였다. 박정희의 '민족중흥 정책'은 흐로흐가 말하는 일종의 "되찾은 환상"[84]으로서, 급격한 산업화에 따른 사회적 분열 및 사회적 가치체계의 혼란, 권력 정통성의 결핍, 국민적 기반의 동요 등을 호도하기 위한 '사회통합의 대체물'이자 담보물이었던 것이다. 박정희의 민족은 민족중흥의 필요에 의해 만들어진 그의 포로였다. 그리고 그에 의해 민족은 또 다른 "발명품"이 되기도 했다.[85]

독일 및 슬라브 계통의 민족주의는 민족 내부의 역사적 발전에 의해 이루어진 이데올로기적 표현이 아니었다. 오히려 외부의 사회로부터 제기된 도전에 대한 이데올로기적 저항이었다. 이 저항적 유형의 민족주의는 자유롭고 민주적인 제도의 창출이나 확립이 아니라, 이민족 지배 상태의 축출과 민족의 독립 쟁취에 일차적인 관심과 노력을 집중시키는 것이 최우선적 과제일 수밖에 없었다. 즉 안에서의 자유보다는 밖으로부터의 자유에 대해 더욱 강렬하게 매달렸던 것이다. 독일 민족주의가 바로 나폴레옹의 정복전쟁에 대항하는 투쟁 속에서 점화되었다는 점이 바로 그것이다. 1813년 프랑스로부터의 해방은 불가피하게 1789년 이념에 대한 저항으로 변질되었다. 독일 역사는 결과적으로 '민족'이 '자유'를 급습하고 '통일'이 '민주'를 밟아버리는 인색한 통로만을 허용했을 따름이다. 그리하여 민주주의가 복고적 민족주의에 의해 압살당한 꼴이 되었다. 이러한 저항 민족주의적 성향은 특히 제국주의로부터 이민족 지배를 경험한 제3세계의 민족주의와 형식적으로 유사한 정신적 체계를 지니고 있었다고 할 수 있다.

한국 민족주의는 태생적 형성 과정을 볼 때, 외부로부터 오는 제국주의 침략에 대한 응전의 과정에서 출현하였다. 전통적으로 주위 강대 제국주의 민족의 끊임없는 침탈에 맞선 불굴의 저항적 의지로 단련되어 왔다. 한마디로 한국 민족주의는 '저항 민족주의'로 점철되고 있다. 이러한 저항 민족주의는 자유·평등·인류애 등과 같은 무언가 귀중한 정치적 가치를 진취적으로 추구하는 대신에, 무엇 무엇에 대한 반대와 저항으로 일관한다. 그러므로 새로운 사회의 건설에 힘을 쏟기 보다는 오히려 외부에 대한 저항의 필요성이 없던 평화로운 '과거'의 복원에 더욱 집착하게 된다. 그리고 문화적이고 복고적인 민족 관념에 대한 강한 애착을 가지게 된다. 문화적 민족관념에 호소하여 민족적 일체감을 강력히 형성시켜 나가고자 하면서 그것을 수단으로 한 내부의 사회적 혁신보다는 이미 설정되어 있는 외부에 대한 저항을 의도적으로 고취시키고자 하게 되는 것이다. 그로 인해 자연스럽게 민족 내부의 적에 대한 각성을 정략적으로 희석시키고 현실에 대한 비판적 시선을 과거를 향한 향수로 전환시킬 수도 있다. 지배 집단의 정치적 필요에 따라 이러한 의도된 집단적 국가 민족주의를 체계적으로 실행할 수 있다. 이러한 민족주의에서 개체의 존재는 무의미해지며 오직 집단만이 존재하는 낭만적 민족주의의 전형이 된다.

박정희 정권이 가졌던 민족주의의 두 가지 모순에 대한 관점이[86] 있다. 첫째, 급진적 산업화를 추구하였던 근대화 정책과 봉건화·복고화를 지향하는 통치전략 사이의 모순이다. 이것은 동시에 지배 세력 내부의 문화 양식적 '국제화'와 피지배 계층에게 강요하는 '민족화' 간의 모순을 뜻하기도 한다. 복고적 민족주의는 사실상 압력적 지배질서를 정당화하고자 하는 통치전략의 일환일 수 있다. 이것은 지배 계급의 '근대적' 특권 향유와 피지배 계급에 대한 '봉건적' 수탈을 동시에 가능케 하고 합리화하려는 통치술의 주요한 근간으로 작용한다고 보는 것이다.

둘째는 피지배 집단에 대한 '봉건적' 억압은 당연히 지배 세력과 국민 사이의 유대를 파괴할 수밖에 없다. 그러나 지배 계급은 이 파괴된 유대를 복원하기 위해 또 하나의 다른 파괴를 감행한다. 말하자면 지배 계급은 사회집단 사이의 충돌과 갈등을 조장함으로써 그들 사이의 단합이나 저항세력 형성의 기반을 배제시키고, 나아가서는 집단 간의 반목과 불화를 적절하게 이용함으로써 이른바 '분리를 통한 지배'라는 내국인에 의한 내국인에 대한 제국주의적 통치 질서의 구축을 도모한다고 보는 관점이다.

박정희 시대의 민족주의는 복고적이며 회고주의적인 민족주의 노선에서 크게 벗어나지 않았다. 현충사 복원이나 이순신 장군 동상 건립, 전통문화재의 발굴 등 국민의 전통적인 민족의식을 적절히 분출시키기 위해 유도하였다. 근대적 의미의 민족주의는 국제적인 정치적 변혁이 시작되던 18세기 후반에야 비로소 출현한[87] 프랑스 혁명 이래 민족주의는 민족으로서의 결속을 최고의 사회적 결속이라고 믿었다. 근대적 민족주의는 민족국가 내부에서 민주적인 자결(自決)을 폭넓게 추구하는 인민대중의 정치적 운동으로 나타났던 것으로서 박정희는 그것을 너무나 잘 알고 있었다. 박정희의 '민족경제 지향적 민족주의'는 '조국 근대화'라는 국가적 과제를 역동적으로 추진해 나가기 위해서 국민 동원의 통합 이데올로기로서 필요했던 국가적 민족주의였다.

제2절 한국 민족주의 패러다임의 양면성

1. 양가적 관점

1) 태생적 기반 종족적 정체성

한국 민족주의는 자유민주주의를 바탕으로 출발하지 못했다. 태생적 기반이 약한 자유민주적 취약성과 목표 지향적인 성장 과정의 경직성으로 인해 그 이중적이고 양가적인 속성을 극복하지 못했다. 일제 강점 시대 저항 민족주의에서부터 해방 후 분단민족주의에서의 개발독재 경제 민족주의에 이르기까지 집합체 혹은 국가적 중심의 민족주의에서는 개인의 자유와 평등의 이념이 자리 잡을 수 있는 토양을 형성할 기회가 주어지지 않았다.

민족주의는 다양한 정의와 해석을 가진 유기체적(organic) 개념이다. 민족주의는 특정 목표만을 가졌을 뿐, 그 목표를 달성하는 데는 정해진 프로그램이 없다. 따라서 민족주의는 스스로 지향하는 목표를 달성하기 위해 여러 이데올로기들과 결합하면서 행동을 취할 수 있다.[88] 복수의 민족주의 담론이 존재할 수 있다. 특정 목표와 결합된 담론만을 민족주의라고 정의하는 것은 민족주의의 복수성을 간과하는 잘못된 인식이다.

마이네케(Friedrich Meinecke)는 민족을 국가민족(staatnationen)과 문화민족(kulturnationen)으로 구분했다. 그래서 민족주의 연구자들은 일반적으로 민족을 시민적(civic) 혹은 정치적(political) 민족과 종족적(ethnic) 혹은 문화적(culture) 민족으로 구분한다.[89]

대한민국에서도 민족주의가 등장하던 시기에 종족적·문화적 요소가 중요한 역할을 했지만 분단 이후엔 정치적인 요소가 매우 중요한 역할을 했다.[90] 민족주의가 양가적 혹은 다면적인 얼굴을 가질 수밖에 없었던 것이다. 한국 민족주의는 20세기 초 한글이 '민족어'로 자리 잡으면서 종족적 민족 개념의 핵심 요소인 언어와 역사·영토뿐 아니라 조상과 혈통의 동질성에 대한 인식이 확산되었고 단군을 민족의 시조로 하는 혈통적 순수성에 기초해서 '단일민족(ethnic homogeneity)' 의식이 확립되었다. 특히 일제강점기의 압제하에서 민족적 차별은 조선인들로 하여금 자연스럽게 '조선민족'에 대한 자주의식을 갖게 되었고 종족적 민족 개념이 정립되게 하였다.

한국 민족주의에서 종족적 정체성은 민족과 민족주의의 전통적인 밑바탕으로 생각되었다. 해방 이후 한민족의 정체성은 분단과 함께 두 개의 국가가 수립되면서 종족적 정체성이 토대가 되는 민족 개념에도 균열이 발생한다. "국가와 민족의 경계가 일치"되었을 때와는 다르게, 하나의 민족은 분단되면서 두 개의 새로운 정치적 민족 개념이 나타나게 된다. 하나의 종족적 정체성과는 무관하게 두 개의 국가로 분단 이후 대두된 한국 민족주의의 '균열'이 모든 갈등의 원인이 되었다.

남북 모두가 종족적 정체성을 대표한다고 주장했지만 자기들만의 이데올로기에 바탕을 둔 새로운 정치적 민족 개념이 강조되었다. 그 정치적 민족 개념은 루소의 합리적 민족주의 개념이기보다는 집합체가 중

심이 되는 국가적 민족주의 개념이었다. 한국의 분단민족주의는 통일
이라는 새로운 과제를 안게 되었다. 거기에 6·25 전쟁은 돌이킬 수 없
는 민족의 상처만 남겼고 우리 민족에게 아(我)와 타(他)를 구분하는 기
준을 민족이 아니라 이데올로기가 되도록 하였다. 분단체제가 지속되
면서 국가적 민족 개념은 하나로 출발한 종족적 민족 개념을 통일시키
지 못했다.[91]

　6·25 전쟁 이후 한국 민족주의는 독자적인 국가 건설과 국민 형성과
정의 길로 들어섰다. 박정희 정부는 '조국근대화'와 '민족중흥'이라는 민
족주의 담론을 앞세우면서 독자적인 경제발전에 박차를 가했다. '잘살
아보세', '하면 된다'라는 긍정적인 슬로건은 국가에 대한 충성심 곧 정
치적 정체성을 강화시켜 나갔다. 이것은 '滅共統一', '勝共統一'이라는 반
공이념에 토대를 둔 배타적 민족주의 담론으로 정당화되었다.

　그런데 1987년의 민주화와 1980년대 말 냉전체제의 붕괴는 한국 민족
주의에서 종족적 민족 개념의 담론을 부활시켰다. 김대중·노무현 정부
에서의 대북 화해정책으로 민간 교류가 활성화되면서 종족적 정체성은
안보논리에 근거한 정치적 민족 개념과 대치되었다. 결국 김대중 국민
의 정부 이후 한국사회에는 '민족 공조' 세력과 '반공보수' 세력 간 '남남
갈등'이 진행되고 있다.[92] 이것은 한국 민족주의가 정치적 정체성과 종
족적 정체성의 공존 과정에서 양가적인 갈등을 겪고 있음을 보여주는
것이다. 한국 근·현대사 교과서를 둘러싼 역사논쟁도 한국 민족주의의
균열을 보여주는 단면이기도 하다.

　'단일민족' 의식은 한국 민족주의의 독특한 특징으로 인식되어 왔다.
홉스봄(Eric Hobsbawm)이 한국을 중국 및 일본과 같이 "종족적으로 거
의 또는 전적으로 동질적인 인간으로 구성된 역사적인 국가의 아주 드
문 사례"에 속한다고 언급한 것처럼[93] 서구 민족주의 연구자들은 종족
동질성 의식에 토대를 둔 독특한 사례로 한국 민족주의를 들고 있다.

면면히 이어져온 단일민족의 역사적인 실재성은 말할 것도 없이 민족주의는 모든 정치의 공통분모 같은 이념이었다. 동시에 모든 정치세력에게 정통성과 정당성을 뒷받침하는 원천이었다. 대한민국에서 민족주의는 예외적으로 다루어지거나 신성화될 수밖에 없었다. 그러나 정작 민족주의에 대한 인텔리겐챠(intelligentsia)들의 정교하고 냉철한 학문적 탐구와 이념화 노력은 간과되었다.

우상처럼 신성화되던 민족주의도 민족주의의 이데올로기적 인식으로 보수와 진보의 대립적 중심에 서면서 보수 지식인들에 의해 "그동안 민족지상주의와 현대사에 대한 좌파적 해석이 우리 지식계를 압도해 왔다"는 비판이 제기되면서 비로소 민족주의를 둘러싼 논쟁에 불이 붙었다. 이는 이전까지 민족주의를 둘러싸고 있던 민족주의 헤게모니 진지전에 대한 신선한 대응처럼 여겨졌다. 하지만 민족주의는 정치적 입장을 식별해 주는 리트머스 시험지 정도로 여겨졌고 여전히 학문적 탐구의 대상에서는 멀리 있었다. 갈등과 대립 속에서도 이처럼 종족 정체성과 정치적 정체성의 양가적 관점은 종족 동질성에 대한 공유감이나 민족 정체성의 원초론적 귀속감에 비춰서도 치밀한 학술적 관심을 가지지 못했다. 이것은 민족사회 갈등의 중심에 한국 민족주의가 서 있을 수밖에 없는 토양을 배태해 왔다고 볼 수밖에 없다.[94]

2) 종족적 민족주의, 정치적 민족주의

식민지 종족주의와 국제사회주의가 한국 민족의 정체성에 가한 위협적인 억압으로 종족 민족주의의 기치 아래 타협적인 민족주의자들과 비타협적인 민족주의자들이 함께 뭉쳐 공감대를 형성할 수 있었다. 안재홍과 같은 비타협적인 민족주의자들이 이광수와 같은 타협적인 민족주의자들과도 긴밀히 협력하게 된다. 사회주의가 민족을 부정하는 국제사회주의로 극단화되고 종족적 민족주의로 세력이 결집되면서 1930년대 중반 이후부터는 종족적 민족주의와 국제사회주의에 의한 대결구도가 완전히 정착되었다. 이 시기 공산주의자들이 민족주의자들과 멀어지게 된 이유는 자본주의의 산물인 부르주아 민족주의가 머잖아 사라질 것이라고 믿었고 계급이 민족에 대신해서 사회의 주된 원리로 되는 것은 필연적이라고 믿었기 때문이다. 한국 공산주의자들은 '위기는 곧 혁명'이라는 인식하에 계급을 토대로 한 보편주의에 극단적으로 몰입하였다.

한국 민족주의는 종족적 민족주의가 민족 정체성을 강력하게 이끌어왔다는 점을 회피할 수 없다. 한국 민족주의는 형성될 때부터 대외적 타자의 절대적인 위협에 직면하면서 종족적 정체성은 강화되었지만 영토 분단에 의해 강요된 민족에 대한 종족적 정체성의 분할―누가 대한민국의 국민으로 구성되며, 누가 조선민주주의인민공화국의 인민으로 구성될 것인가―은 한국 민족주의의 끊이지 않는 갈등과 혼란에 불가피하게 연결되어 있다. 여느 사회에 생성된 민족주의와 마찬가지로 한국 민족주의의 역시 그 형성과 발전은 대내·외적인 정치적 조건과 불가분하게 엮여 있다. 다른 이데올로기와 결합할 때에 그 에너지가 치솟아 상승효과를 발휘하는 이차 이데올로기의 성격을 가지고 있음도 간과할 수 없다.

한국 민족주의는 일제 강점하의 식민지 시기와 남북분단을 거치면서 민족과 정치적 공동체의 경계가 일치하지 않는 역사적 조건에서 형성되고 성장했다. 이 괴리와 불일치는 저항의식 뿐만이 아니라 일탈·순응 등 다양한 형태의 행위에 대해 스스로 정당성의 근거를 만들 수 있거나 정당성 간의 경쟁을 유발시키는 합리화의 조건을 의미한다. 이런 역사적 조건에서 모든 대안적 정체성이나 민족에 대한 경쟁적 개념들이 동등하게 착종될 기회를 가지고 있었던 것은 아니다. 인식이 중요한 만큼 이런 유동성은 그것이 해소되지 않는 한 민족주의 개념에 대한 헤게모니적 지배를 근본적으로 위협하고 갈등을 일으키는 요인이 된다는 인식이 중요하다.[95] 이것은 종족적 민족주의의 위험성을 강조하는 한 가지 이유이기도 하다.

이런 관점에서 종족적 민족주의와 시민적 민족주의를 대당으로 보더라도 종족적 민족주의에서 시민적 민족주의로의 대체 가능성을 찾기란 매우 어려울 것이다. 하지만 종족적 민족주의와 정치적민 족주의의 절충은 종족적 민족주의에게 부정적인 가치를 주고 반대로 시민적 민족주의에게 긍정적인 가치를 주는 식의 대당구조는 아니다. 즉 종족적 민족주의가 포용의 논리로 작용될 때에 그 억압성이나 반민주성을 노정시키는 것은 정치적 민족주의에 책임이 있다는 것을 함의한다. 정치적 민족주의의 민족에 대한 정치적 관념은 그 정치적 조건과 상황에 따라 열려 있는 것이다. 그러니까 개방성은 그 민족주의가 처한 상황적 제약에 따라 정도를 달리할 것이다. 만약 긍정적인 측면에서 시민적 민족주의가 되는 것이라고 해도 그것은 종족적 민족주의의 대립 개념으로 곧바로 도출되는 것이 아니라 종족적 민족주의가 정치적 민족주의와 절충된 하나의 결과물로서 도출될 것이다.[96]

하지만 종족적 민족주의와 정치적 민족주의의 절충이라는 관점은 단지 하나의 가능성에 불과할 수 있다. 한국 민족주의에 있어서 종족적이냐 정치적이냐에 관한 논쟁은 무의미한 것이다. 민족 개념 자체가 근대 서구에 기원을 두고 있으며 주로 민족국가들로 이뤄진 국제체제의 출현과 관계가 있다는 점을 염두에 둬야 하기 때문이다.

우리 사회에서는 아직도 민족과 민족주 개념을 둘러싸고 오해와 논란이 계속되고 있을 뿐만 아니라 심지어 '민족'을 특정의 정치적 목적을 위해 이용하려는 '민족 이데올로기'의 부정적인 영향마저 나타나고 있다. 세계화가 지구적 흐름인 열린 21세기에 '우리민족끼리'라는 민족 이데올로기를 내세우면서 시대착오적 세습체제의 모순을 은폐하고 체제

유지 이념을 정당화하려는 북한의 '민족 공조론'이 그 대표적인 예이다.

그러나 '민족'은 생물학적 개념인 '종족'과는 원천적으로 다른 것이다. 민족 개념에 대한 혼란은 종족적 의미의 민족을 국가와 정치체제보다 우위에 두는 우를 범하게 될 수 있다는 위협적 사실이다. '민족'은 단순히 '종족'이 아니라 근대국가 통치의 명분과 인적 구성체로서 정치적 의미를 갖는 '국민'인데 '민족' 개념에 대한 혼란은 우리의 현실 인식에 커다란 문제점을 불러일으킨다. 북한이 세습체제의 모순을 은폐하기 위해 내세우는 '우리민족끼리'라든가 '민족 공조론'과 같은 '민족 이데올로기'가 한국사회에 무비판적으로 받아들여지는 이유도 종족적 민족과 종족 민족주의의 부정적 영향 때문이다.[97]

오늘날 대한민국이 지금까지 한반도상에 등장했던 그 어떤 체제보다도 부강한 나라를 이루었다 하더라도, 이것이 곧 한국인이 종족적으로 뛰어나다는 것을 설명해주는 것은 아니다. 그것은 종족적 차원에서 설명될 것이 아니라 대한민국이라는 정치체제와 제도적인 차원에서 접근되어야하고 설명되어야 한다. 즉, 종족적으로 민족을 생각하는 관념과 사상이 가져오는 국가체제에 대한 일종의 '일식현상'을 항상 경계해야 할 것이다.

어느 종족이 오랜 기간 동안 역사를 쌓아 왔다고 하여 그 종족이 자연적으로 '민족'이 되는 것은 아니다. 지구상에는 민족과 민족국가를 형성해보지도 못하고 사라져버린 종족들이 많다. 종족은 민족 형성의 중요한 인적 기반을 구축하는 것은 분명하지만 민족은 자연발생적인 것이 아니라 1789년 프랑스 혁명을 기점으로 '근대적 국민국가'를 건설하려는 '주권재민' 사상에 입각한 고도의 정치적 행위에 대한 결과라는 점을 인식하는 것이 무엇보다 중요하다.

2. 저항 민족주의의 한계와 과제

1) 투쟁과 비타협주의

한국에서는 제국주의의 침략과 강점이라는 국가적 위기를 극복하기 위해서 민족이 결집하였고 나아가야 할 저항담론으로 민족주의가 생성 확산되었다. 이때 형성된 한국 민족주의 담론은 서구처럼 자유민주주의 체제의 합리성과 자유주의적 개방성 그리고 다원적 요소가 형성된 후에 대내적 불평등을 해결해 갈 수 있는 완성된 민족주의를 토대로 한 것이 아니라, 급박하게 일본 제국주의에 대한 줄기찬 저항을 목표로 한 것이었다. 이런 연유로 인하여 그 이면에는 집단주의와 권위주의, 그리고 국가주의적 요소가 내재될 수밖에 없었다. 이것은 국민을 통합하고 문제를 해결해 나가는 데 있어 일견 효율적인 측면도 있었지만 이후 국가주의적 정치적인 이데올로기로 오용될 위험성을 항상 갖고 있었다.

한스 콘(Hans kohn)은 민족주의를 정의하여 "모든 종류의 인간군을 네이션적인 국가 즉 민족국가(nation-state)를 조직해 내는 추진력"이라고 했다. 이 정의는 혈연적·인종적 공통성의 여부를 따지지 않고 '모든 인간군'을 근대국가라는 집단의 구성 이념으로 묶는 게젤샤프트적 공동체의 형성에 의미를 두었다. 그러나 우리의 역사적 여건은 유럽제국과는 달리 대체로 고려시대 이래로 단일민족으로서의 민족적 유대감을 바탕으로 유기체적 일체감을 견지해 왔고 문화사적 연속성을 가지고 있다. 따라서 한국의 공동체 의식은 남달리 튼튼하여 어떤 의미에서는 정치·경제적 게젤샤프트적인 그것보다 훨씬 견고하다는 특성이 있다. 즉, nation이 게젤샤프트적인 계약에 기초한 정치적, 법적인 결합이었다면, 우리의 민족 개념은 언어·문화의 공통성과 역사적 운명의 공통성에 기초한 자연적 결합이었다는 점에서 루소적인 nation 요소의 결여를

지적하지 않을 수는 없다.[98]

한국 민족주의의 첫 과제는 근대국가의 통치 명분에 상응하는 네이션 형성을 위하여 서구 근대의 '국가' 관념을 수용하는 일이었다. 19세기 청말의 량치차오(梁啓超)의 변법자강사상(變法自强思想)은 중국과 한국에 자강주의적 국가 관념을 부식하는 역사적 역할을 담당했다. 당시 량치차오는 중국에 국가사상이 결여되어 있음을 한탄하였다. 그는 중국인들이 '천하 있음은 알면서도 국가 있음은 모르고, 일기(一己) 있음은 알면서 국가 있음을 모른다'(論國家思想)라고 지적했다. 중국민족에게 자강책으로 부국강병형의 새로운 사회적 집단의식인 '국가사상'을 고취하려고 했다.

그러나 한국의 민족주의가 Gemeinschaft적 국혼(國魂)주의에서 탈피하여 계약적 성격을 가진 '주권재민'의 근대국가 상을 정착시키기까지는 해방 후 대한민국 헌법 제정까지 기다려야 했다. 자강파 민족주의의 이념을 제시한 장지연, 박은식, 신채호 등은 량치차오의 신민설(新民設)을 따라서 근대적 국가 개념을 가진 '신민'의 형성을 위해 조국애 즉 '내 나라 의식'을 계몽하는 등 이른바 국혼(國魂) 형성을 위한 정신적 측면의 민족주의에 힘쓴 것이다.

자강론자들은 당시의 국제적 환경을 량치차오와 주로 엄복(嚴復)의 천연론(天演論)적인 우승열패(優勝劣敗), 약육강식(弱肉强食)의 강권주의적 경쟁의 장이 형성되었다고 인식한다. 일제 강점기에 한국민의 저항적 민족주의는 국혼(國魂)적인 민족정신의 확립과 보존을 통해 국가주권의 회복을 기약하는 정신주의적 성격을 지니게 되었다. 국혼(國魂) 중심의 민족정신 동원형 한국 민족주의는 소수의 민족적 영웅을 숭배하는 영웅사관을 마련하는 한편, 비분강개형의 우국지사형 지도자상을 정립하였다.[99] 곧 실체적 게젤샤프트적인 국가 관념보다는 영웅주의에 입각한 낭만적 민족 관념이 먼저 자리를 잡았던 것이다.

초기 한국 민족주의의 모습이었던 저항 민족주의의 관념에서 첫째, 자강론적 민족주의는 스펜서(H. Spencer)의 사회진화론을 수용한 청 말의 '천연론'에 그 이론적 기초를 두었기 때문에 강자지권(强者之權)을 인정하였다. 이는 진화론의 생존경쟁 원리에 입각해서 일제의 강권적 지배를 인정하게 되는 딜레마에 빠지게 된다. 둘째로, 자강주의적 민족주의는 민족아(民族我), 국가아(國家我)를 단위로 하는 국가 간의 영원한 약육강식의 투쟁이 있을 뿐이다. 이는 자민족 위주에 입각하여 타민족에 대한 멸시를 바탕에 둔 쇼비니즘 경향을 띠게 되고 궁극적으로는 제국주의화의 길을 걷게 된다. 자강론자 신채호가 그의 조선상고사 서론(朝鮮上古史 緖論)에서 제기한 '我와 非我의 투쟁'만이 있게 된다. 무정부적 민중투쟁만이 남게 되는 것이다.

1920년대는 각국의 민족운동이 반제국주의 노선으로 전환되는 시기였고, 한국 민족주의의 저항 이데올로기는 일제에 대한 반제 이데올로기로 새로 무장하지 않을 수 없게 되어 한편으로는 계급주의적 좌익이데올로기가 유입되고 또 한편으로는 일체 권위의 부정, 일체 권력의 부정을 골자로 해서 일제 권력의 절대 부정을 표명하는 아나키즘(anarchism)이 도입되기도 했다. 이때 상해 임시정부 내에서도 창조파와 개조파의 대립이 야기된다. 국내 민족주의도 비타협주의로 이끌고 나갈 제3의 길이 모색되었고 타협파들에 의한 한국 민족주의의 변질에 대항해서 국내 민족운동을 '좌우합작 민족단일당' 운동으로 표방한 것이 신간회 운동이었다.

신간회 민족주의는 반제국주의 노선과 동시에 대내적으로 일제 식민지 강점에 의한 경제적 착취의 철폐 등 경제적 평등의 이념을 표방하였다. 이는 한국 민족주의의 주류에 사회주의 정책이 부분적으로 채용되는 모습이었다고 생각한다. 이것은 한국 민족주의가 계급 이데올로기에 의해 분리될 수 있는 단초를 마련했고 해방 후 국토 분단의 근원도 여기에서 찾아 볼 수 있다. 이러한 좌익적 입장은 민족해방보다 계급투쟁의 선행을 주장한 점에서 일종의 민족주의의 변질을 기도한 것으로 이해된다.[100]

이 전환점에서 한국 민족주의는 게마인샤프트적 '민족' 개념에서 '민중'의 발견으로 변신하게 되는데 이 과정에서 아나키즘(anarchism)적 영향을 소홀히 봐서는 안 될 것이다. 바로 그와 같은 이념적 과제를 담은 것이 신채호의 「조선혁명선언」(일명 의열단 선언문)이었다. 1923년 발표된 이 조선혁명선언은 아나키즘(anarchism)적 논리를 바탕으로 3·1 운동기까지의 낭만적 민족주의로부터 국민주권적인 국민 개념에 대응되는 민중 개념을 정립하고 민중을 주체로 하는 혁명적 민족주의 이념을 표명하고 있다. 이 선언을 계기로 소수의 영웅사관에서 탈피하여 '민중의 직접 혁명' 사상에 의해 국민이 역사의 객체에서 주체로 승격되게 된다. 신채호의 아나키즘(anarchism)은 자유적인 조선민중의 발견으로부터 시작되는데 백낙청 교수의 「분단체제론」에서 '민중통일운동론'[101]의 계급적 이념과도 맥락을 같이 한다고 볼 수 있다. 개인이 주체가 아니라 집단 민중이 주체가 되었다. 개인은 민중의 일부로서만 존재하니 루소의 민족이 설 자리가 없어져 버렸다.

2) 식민지 민족주의의 잔영

(1) 저항 민족주의 대립의식

한국 민족주의는 무엇보다도 외세의 침략에 우선 대항해야 할 현실적인 필요성으로 말미암아 '안에 있어서의 자유'보다는 '밖으로부터의 독립'에 더 치중할 수밖에 없는 저항 민족주의의 전형적인 길을 걸을 수밖에 없었다.

한국 민족주의가 지향했던 목표는 대체로 근대화, 민주화, 통일로 집약될 수 있었다. 이것은 민족주의(nationalism)가 18세기 프랑스 혁명 이후 유럽사에 등장한 산업화, 민주화된 근대국가가 민족국가(nation state)의 정치 이데올로기 형성에 토대가 되었기 때문이다. 국제정치의 틀 속에는 근대국가형의 국가가 포함되어 있었기 때문이다. 따라서 한국 민족주의가 지향하는 근대화, 민주화, 통일의 세 가지 목표는 한국 민족주의의 바탕 자체가 단일민족이라는 특수한 여건 속에서 태동한 것과 같이 매우 특별한 과제를 가지고 있다고 생각된다.

그중 한국 민족주의는 식민지 민족주의 유형의 하나로서 그 성격은 '저항 민족주의'라는 것이다. 식민지 민족주의는 유럽 근대국가들이 제국주의 침략에 저항하는 대응 이데올로기로 형성된 것으로 맥마흔 볼은 그것을 "민족자결과 독립의 쟁취를 위한 정치적 저항과 학대와 빈곤으로부터 해방을 위한 사회경제적 저항, 유럽인 곧 백색인종에 대한 유색인종의 인종적 저항"이라고 풀이했다. 그래도 여타 식민지 민족주의가 지향하는 궁극적인 목표는 근대국가의 건설이 많았지만 일제강점기 한국 민족주의가 지향하던 절대적인 목표 가치는 오직 민족의 독립이었다.

그러므로 한국 민족주의(nationalism) 역시 '독립된 민족국가'라는 뜻이 보다 우선적으로 중요히 여겨졌고, 근대국가형의 '국민국가'라는 뜻은 차선의 개념화에도 미치지 못했던 것이다. 위정척사파와 개화자강파의 사상적 대립은 갈등의 대표적인 예에 불과한 것이고 일제의 식민사관에 대항하기 위한 최남선의 '불함문화론(不咸文化論)'과 독립을 포기하고 일제 지배하에서의 자치를 주장한 이광수의 '민족개조론(民族改造論)'에서도 찾아볼 수 있다.102) 이처럼 3·1 운동 이후 1920년대 중반으로 오면서 국내의 민족운동이 민족주의 진영과 사회주의 진영으로 크게 양분되며 이를 통합하고자 하는 움직임이 1927년 신간회 조직으로 나타났다. 좌우익 이데올로기가 일종의 대립의식을 형성하기 시작하는 초입 단계에서 하나의 쐐기 같은 역할을 한 것이 바로 '민족개조론'이었다. 식민지 민족주의가 남긴 잔영의 하나이다.

근대화는 경제적, 군사적으로 주권국가로서의 주체성을 확립하기 위해 신채호나 박은식의 민족사관이라고 할 부국강병주의에 입각한 것이다. 그러니 나치즘이나 일본 군국주의에 의한 공업화와는 같을 수가 없다. 민족주의를 "내 나라라고 하는 정치, 경제와 문화체제의 형성과 고양을 민족이라는 인적인 면에서 정당화하려는 집단의사"[103]라고 정의할 때 국민 대중이 주인이 되지 않는 근대국가란 있을 수 없는 것이다. 곧 공동체 전체로서의 민족보다는 민족의 구성요소인 개인이 주인이 되는 '주권재민' 사상에 기초한 '내 나라'가 되어야 비로소 근대국가라고 할 수 있다는 뜻이다.[104]

한국 민족주의의 과제 중 또 한 가지 요소는 근대적 형식 속에 깃든 전근대적인 요소를 제거하는 일이었다. 한국의 저항 민족주의는 전통적으로 정권에 대한 불신감이 강했다. 한국 민족주의의 '민족주의적' 저항의식 속에는 '민족적' 저항의 전통이 깊이 배어 있는 것이다. 한국 민족주의의 목표가치인 민주주의가 구체적으로 어떤 제도여야 하는 지는 이론이 있을 수 있다. 대중의 정치 참여가 어떤 방법에 의해서 어느 정도로 이루어지는가가 중요한 문제다. 그 추진력이 곧 민족주의이기 때문에 권위주의적 정치행태로는 한국의 민족주의 역량을 정치과정에 제대로 흡수할 수가 없는 것이다.

저항 민족주의 사상에서 '민족적 저항'과 '민족주의적 저항'은 구별해야 할 개념이다. 한국사에서 민족적 저항은 원초적인 민족이 형성된 이후 외세의 침략이 있을 때마다 있어 온 것이다. 이것을 민족주의적 저항과 혼동하는 것은 대단한 오류가 될 수 있다. 민족주의적 저항은 사상적으로는 통치권의 명분(principle of legitimacy)으로서 민족 또는 국민을 개념의 중심에 두는 것이다. 이것은 사회의 하부구조라고 할 수 있는 사회·경제력의 발달과 그것을 담당하는 계층의 권리 주장이라는 역사적인 과정과 밀접한 관계를 갖는 것이다. 이러한 구별을 소홀히 하는 경우 한국의 민족주의 사상은 그것이 문제되는 역사적 과정을 뛰어넘게 된다. 결국 한국 민족주의는 지극히 감정적인 대응을 함으로써 전시대적인 사회정치구조를 정당화하고 신판 위정척사사상으로 나타나면서 복고주의를 정당화하게 되는 것이다. 여기에 우리의 현대적 저항사상에 보수와 진보가 혼재하게 되면 마치 보수가 곧 진보인 것처럼 인상을 주게 되는 소이도 생기게 된다.

민족적 저항이 강하게 부각되는 경우 민족주의적 저항에서 가지게 되는 지도층과의 합리적인 명분관계가 없어지게 되는 우를 범하게 된다. 즉 통치권의 명분은 없어지고 지극히 비이성적인 감정만이 남게 된다. 왜냐하면 민족적 저항은 민족을 하나의 유기체적·통일적 단위체로 내세우기 때문에 민족은 결국 아나키즘(anarchism)적인 것으로 인식되어 민족사회의 역사적인 구조성이 체계화 되지 않기 때문이다. 따라서 정치적인 측면에서는 국민으로서의 계층이나 계급이란 개념은 없어지고 그 대신 민족적 영웅상(英雄史觀)만 부각되고 마는 것이다.[105]

민족적 저항을 자주사상이라는 관점에서 보면 저항은 지배 계층에 직접적인 위협을 가할 수 있는 세력이거나 저항 세력의 이익을 가장 잘 지켜 줄 것이라고 생각되는 준거 세력의 상을 따르는 자주로 나타난다. 저항 민족주의에 있어서 자주의 상은 서구의 19세기적 국가였다. 자주의 첫 번째 내용이 민족의 해방이었다. 민족해방의 사상적 표현이 민족자결이었고, 그 자결의 지향은 1민족 1국가라는 단일 민족주의였다. 이와 관련하여 민족정신이란 개념에 연계하여 애국주의 표현으로 '민족의 얼'이라든가 '국혼(國魂)' 등의 감성적인 표현들이 외쳐졌다. 그것은 식민지 민족주의에서는 그 나름대로 의식의 결집 등 그 역할이 대단히 컸다고 볼 수 있다. 하지만 그것은 개인은 도외시된 상태에서 집단만이 우선 존재하는 외침들이었다. 이것은 현대의 저항 민족주의에 있어서 인민주권 개념이 민족의 구성요소를 넘어서 '민족적'이라는 곳에만 머문다면 사이비 민주주의를 낳게 될 것이다.

　민족주의의 바탕이 되는 민족의 구성요소로서 '개인'의 기본적 인권은 대단히 중요하다. 근대화의 목표 가치인 사회 정의에 있어서도 '인권'이 가지고 있는 절대적인 개념을 전제하지 않고는 생각할 수 없는 것이다. 비록 이데올로기 종언의 시대라 하더라도 인권 개념은 새로운 이데올로기로서 그 위치와 중요성을 가지고 있다는 사실에 관심을 기울여야 한다.106)

　정치 이데올로기로서의 민족주의에서는 민족이 국가 또는 국민과 동일시된다. 국가를 민족이라는 관점에서 파악하고 민족의 구성요소인 개인의 충성심은 주권자인 국민의 조국인 민족국가에 연결된다. 이것은 영국의 퓨리턴 혁명, 미국의 독립전쟁, 프랑스 혁명을 거치면서 제1차 세계대전에 이르러서는 민족국가가 인류의 보편적인 목표 가치로 채택되었고 제2차 세계대전 이후에는 마침내 지구상의 모든 인류가 그러한 민족국가를 단위로 하는 국제정치의 틀 속에 편입되게 되었다. 민족주의는 그 바탕이 되는 민족의 총체성을 전제로 함으로써 남의 나라와 구별되는 내나라 의식을 촉진시키는데, 그 총체성은 민족의 구성요소인 개인의 주체적인 행동을 수반하게 될 때에만 비로소 의미를 갖게 된다. 민족주의에서 운동의 측면이 중요시되는 것은 그 때문이다.

　그런 점에서 현대 민족주의에서는 운동 담당층의 문제는 반드시 본질적인 문제라고 볼 수 없는 것이다. 더구나 대부분 견해의 일치를 보이고 있는 근대화, 민주화, 통일이라는 한국 민족주의의 목표에 있어서 한국 민족주의의 가장 중요한 과제는 그것을 어떻게 대중운동으로 발전시켜 나가느냐 하는 것이다. 물론 그 효과는 만하임(Mannheim)적 '인텔리겐챠(intelligentsia)의 역할에 따라 크게 좌우되게 마련이지만 밑으로부터의 활기찬 대중운동의 전개야말로 민족주의 운동 측면에서 뿐만 아니라 이념의 보편성을 촉진시키는 측면에서도 높은 기여를 할 수 있을 것이다.[107] 하지만 저항 민족주의가 가지고 있는 '저항성'이 대내적으로 지배 계층에 대한 피지배 계층의 민중적 저항 문제로 단순 집약될 수 있다는 우려는 충분히 포착할 수 있어야 한다.[108]

한국 민족주의가 가진 보편성과 특수성 측면에서 보면 정치적 이데올로기로서 초기 저항 민족주의가 분열되고 약화되어 버렸다는 점에서 통일 문제와 관련하여 분단된 단일 민족주의 상을 어떻게 극복하느냐 하는 것은 참으로 난감한 문제가 아닐 수 없다. 정통성 면에서 공산주의에서는 민족주의가 민족들 사이의 분열을 고취함으로써 민족내부의 계급 대립을 감추려는 부르주아 이데올로기라고 하여 원칙적으로 배격되었다. 그러나 소련의 일국 사회주의에서 보는 바와 같이 현실은 반드시 그렇지 않았다. 60년대 접어들면서 이른바 민족적 민주주의국가(national-democratic state)의 이론을 내세우게 된 것도 그 때문이다. 오늘날 북한 사회에서 고취되고 있는 주체사상 또는 사회주의적 애국주의 등에 대한 프로파간다의 내용에도 쇼비니즘에 가까운 민족주의 요소가 포함되어 있는데, 그것은 한국 민족주의의 정통성과는 거리가 먼 것임은 두말할 나위가 없다.[109]

(2) 한국 민족주의의 태생적 한계 식민지 민족주의

한국의 민족주의는 외세의 충격에 자극받아 일어난 것인데다 역사상 한국이 일본 제국주의의 식민지 통치하에 놓여 있었다는 측면에서 기본적으로 비서구형, 그 중에서도 후진·식민지형에 속한다. 애초부터 시민 즉 중산층 계급이 성장해 있지 못하였고, 반봉건은 근대화라는 문제와 직결된 형태로 나타났다. 외세의 침략 앞에서 국가의 주권을 수호하기 위해서는 내정개혁이 절실히 요구되던 시기였기 때문이다. 그러나 당시의 절박한 시대상황은 한국 민족운동으로 하여금 근대화는 봉건체제의 탈피라는 것 보다는 외세에 대한 반침략에 우선적으로 힘을 더 기울이지 않을 수 없게 했다.

결국 한국 민족주의가 내생적 조건이 미성숙한 채 외생적으로 일어났다는 사실은 한국에서는 애당초 민족주의 의식이 사회적 현실과 유리되어 있었고 그것은 민족적 자신감을 가질 수 없게 하였다. 민족적 자신감 상실은 안으로는 분열을 조장하고 밖으로는 대외 의뢰심을 조성하기 쉽다. 따라서 한국 민족주의는 단지 반봉건투쟁 완수 즉 근대화 추진이라는 과제뿐만 아니라 민족적 자신감의 회복이 곧 민족적 자주성 확립과, 내부적 분열을 지양하고 국민적 통합과 국토 통일이라는 민족사적 과제도 아울러 가지게 되었다.[110] 한국 민족주의가 내생적 조건이 미성숙된 상태에서의 출발은 한국 민족주의가 태생적으로 가지게 되는 하나의 한계일 수 있다.

식민지 민족주의의 문제점이라는 관점에서 보면 단일민족주의에서 말하는 민족의 단일성이 분열되었다면 저항주의에서 벗어나 곧 그 사상은 비평화주의에 이르게 되는 계기를 안을 수도 있다. 또한 통치 명분으로서의 민족주의의 구체적인 정치이념은 '주권재민', '인민주권' 사상으로 나타난다. 오늘날의 저항 민족주의에 있어서 인민주권의 이념은 민족의 구성요소에 대한 고려를 외면하고 권위주의를 정당화하는 결과로 나타난 부분도 있다. 그러므로 민족과 민족의 구성요소라는 개념의 분리는 엄격히 인식되어야 한다.

한편 부국강병주의 사상은 저항 민족주의에 연계된 단일민족주의에 있어서 준거집단 또는 국가의 본연적인 책무인 안보와 발전에 사상적으로 수용된 것이다. 이것은 일국주의적인 투쟁 또는 강력주의가 중심 내용을 이루게 되었다. 중국이나 일본에서처럼 우승열패(優勝劣敗), 약육강식(弱肉强食)의 사회진화론(social-darwinism) 영향 논리에 서는 것으로 부국강병주의는 약자에게 저항주의 이상의 의미를 갖기가 어렵고 강자의 제국주의는 그대로 수용할 수밖에 없는 논리가 된다. 또 다른 저항 민족주의의 문제점으로 전통과 근대라는 문제가 있다, 다른 말로 "토착주의와 코스모폴리탄이즘(사해동포주의, 세계만민주의, 세계시민주의, 무차별 다민족국가)의 끝없는 대립이기도하다." 여기엔 열등의식과 우월의식이 교차한다.111)

앞서 제기된 일제강점기 저항 민족주의가 가지고 있는 문제점 중 전통과 근대의 문제에 대한 관점으로 첫째, 중국 양무의 개화사상인 중체서용(中體西用), 일본의 개화사상인 화혼양재(和魂洋才) 사상 등과 마찬가지로 조선말의 동도서기(東道西器) 사상인데 저항 민족주의사상에 있어서 '민족적 저항'이 주조를 이루었던 것은 초기의 현상이었다. 현대에 있어서는 서양으로부터의 위기라고 생각하는 부분에 대한 반응으로 국수주의적 입장 즉 우리 것이라고 하는 것은 다 미화되는 전통주의에 빠진다면 반근대성으로 흐를 수 있다. 둘째, 서양의 근대성과 우리 전통과의 공유점을 탐색하는 사상적 태도는 실용적인 측면에서 필요할 수도 있지만 절충적 방법은 자칫 역사적 구조성을 완전 무시하는 우를 범할 수도 있다. 셋째, 토착화를 말하면서도 형식과 시류에 따라 사실상 코스모폴리탄이즘을 내세우는 경우가 있다. 내용을 도식적으로 파악해서 근대라는 개념적인 보편성을 내세워 주장하는 것으로 사상적 체계의 전통은 무시하고 형식화 또는 논리화하여 자칫 근대라는 이름 아래 모든 국제정치적 불평등한 조건 수용을 당연시화 시켜주는 결과를 초래함으로써 감정적인 면에서 열등의식을 북돋우게 된다.112)

한국의 저항 민족주의가 지니고 있던 자주, 근대화, 통일이라는 과제 중에서 자주의 문제는 구한말 외세에 대한 민족적 저항을 뒷받침해 준 세 가지 흐름 사상인 위정척사사상, 개화사상, 동학사상에서도 양가적인 모습을 파악할 수 있다. 위정척사사상은 문화 형태를 달리하는 서구

열강(일본 포함)에 대해서는 자주성이 매우 강했으나 중국대륙의 지배 권력에 대해서는 그렇지 못했다. 개화사상의 자주성은 중국 대륙의 지배 권력에 대해서는 강했으나 구미열강(일본 포함)에는 그렇지 못했다. 전통사상을 구성요소로 하는 동학사상은 비교적 균형이 잡혀 있었으나 역시 중국 대륙의 지배 권력에 대한 자주성보다 일본을 포함한 서구 열강에 대한 자주성이 더 강했다. 이러한 자주의식의 양면성과 더불어 구한말 한반도는 개항기 청일전쟁과 러일전쟁에서 을사보호조약 체결까지 상호 대립하는 나라들의 각축장이었다. 이러한 사상 내·외재적 요인으로 의병운동, 애국계몽운동 및 동학운동 간에 조화나 행동통일이 이뤄지지 못했다. 이렇듯 자주의식의 양면성은 민족운동의 통일을 저해하면서 해방 후의 국토 분단과 남북 대치라는 이데올로기에까지 영향이 미쳤음을 부인할 수 없다.[113]

근대화 문제에 있어서도 4·19, 5·16 이후 근대화를 주도한 핵심세력들은 산업화를 통한 경제건설에 주력하였다. 그러나 그들은 근대화가 사회적 생산력의 발전을 제약하고 있는 전근대적 규제로부터 생산력을 해방하는 변혁 과정임을 제대로 깨닫지 못했다. 산업화의 실현이 곧 근대화라는 관념에 사로잡혀 내재적 발전 요소들을 흡수·동원하는 주체적인 발전을 꾀하는 데는 소홀하면서 대기업 위주의 크기 중심의 공업화에 시종일관한 측면이 없지 않았다. 그 결과 한국사회는 사회적 이중구조가 심화되고 밖으로는 경제적인 대외의존도가 높아졌다. 여기서 문제는 사회적 이중구조의 심화와 경제적 대외 의존도의 심화라는 두 현상은 그 연원을 같이 한다는 데 있다.[114]

통일이란 측면에서는 어떻게 하면 한국 민족주의가 현재의 분단 상태 고착화를 막고 국토를 통일하되 그 주체성을 잃지 않을 수 있을까 하는 문제다. 사회적 이중구조를 타파하고 내재적 발전요소들을 동원하며 경제관계에도 더욱 다변화를 꾀하여 특정국에 대한 경제의존도를 줄임으로써 참된 의미에서의 민족적 통일 내지 민족적 일체감을 조성해 나갈 수 있어야 한다. 이렇듯 한국 저항 민족주의의 3대 과제인 자주, 근대화 및 국토통일은 서로 밀접히 관련되고 있음을 확인하였다. 참된 민족적 자주성의 확립 없이 올바른 근대화, 나아가 제대로 된 국민적 통합 내지 민족적 일체감 조성을 기할 수가 없다.115)

한국 민족주의에서 보편성에 대한 통찰이 결여된 민족주의 개념은 국가 간의 관계를 위에서 본 바와 같은 신채호의 我와 非我의 투쟁 상태로 파악하고 "만국 대 만국의 싸움"과 같은 약육강식의 장으로 보게 된다. 한국 민족주의는 그 저항기의 자강론적 민족주의의 극복에서 새 출발을 했다. 따라서 복고적 자폐증을 나타냈던 척사운동형으로 뒷걸음질 치지 않고 시민적 문화와 건전한 국제적 감각을 가진 개방된 인류성 개념을 회복한 국제사회의 일원으로 당당히 참가해야 한다. 우리에게 씌워졌던 양가적·양면적 기로가 새로운 변종으로 다시금 덧씌워지지 말아야 한다.116)

위에서 한국의 정치사상 세계를 지배하고 있었던 제반 개념들을 저항·자주·근대화로 요약하였다. 저항이라고 하지만 보수와 진보의 갈등이 있고, 자주라고 하지만 개방과 폐쇄가 있고 근대화라 하지만 신화와 이성이 야합하고 있어서 생각보다 그것을 가려내기가 쉽진 않다. 이 저항·자주·근대화의 세 가지 기조에 관한 검토는 개별적으로 처리되면 역사적 의미를 상실하고 만다. 그것들을 유기적으로 보면 총체적으로 그 셋은 하나의 혁명사상을 이루고 있는 것이다. 이 혁명사상이란 곧 민족주의란 말로 표현될 수 있다.

이렇게 보면 저항·자주·근대화를 주축으로 하는 한국의 현대 정치사상은 혁명기라 불리어질 수 있고 또 집약이 민족주의로 표현된다는 점에서 우리의 현대사와 비로소 깊은 관련을 갖는 것이다. 이러한 구조에 대한 인식의 불완전성으로 말미암아 개별적인 기조에 해당하는 단면적인 사상을 전개하는 경우 저항 개념이 위정척사사상의 신판으로 나타나며, 자립 개념이 열등의식의 논리로 전개되기도 하며, 근대화 개념이 쇼비니즘의 합리화로 나타난다. 그리하여 민족주의가 동의반복적(同意反復的)인 슬로건의 탈을 쓰고 무차별적으로 정당화 된다. 이 모든 것이 사상적으로 민족주의라는 이념에 집약되는 것이므로, 세 가지 기조에 관한 방법론적 분석과 평가는 결국 민족주의의 기본 개념과 그 내용에 준하여 실천해야 한다.[117]

"한국 민족주의는 고독하다." 동북아시아에서는 우리의 민족주의 고민에 동정하는 이웃도 없으며 동일한 문제를 안고 있는 나라도 없다. 우리만이 스스로의 힘으로 우리의 민족주의를 지켜나가고 발전시켜 나가야 한다. 한국 민족주의가 태생적으로 저항 민족주의의 사상적 바탕에서 출발했지만 한반도의 통일과 한국 민족주의의 미래에 대한 조건들을 극복할 수 있어야 한다. 미래에 극복해야 할 조건들 중 하나는 통일의 외적 요소인 국제환경 조건이고 하나는 우리의 내적 조건이다. 한국 민족주의의 문제는 한반도 안에서 남·북간의 갈등 문제와 더불어서 생각해야 되고, 또 우리의 민족주의 문제는 우리의 주체적 능력이 어느 정도 성숙되어야 한다는 것과 관련해서 생각해야 한다. 동시에 주변 4대 강국의 역동적 헤게모니 관계에서 한국 민족주의의 한계를 극복해야 하는 과제도 안고 있다.[118]

3. 한국 민족주의의 두 얼굴

1) 내재적 이중성

한국 민족주의의 출발은 민족의 위기 극복이 최우선 과제로 채택되면서 비롯된 것이어서 일반적으로 한국 민족주의를 저항적 민족주의라고 평가하였다. 한국 민족주의의 강한 저항성이 단지 외부세력의 압력에 대응했던 반작용에 국한된 것만이 아니었다. 체제 지배세력에 대해 민족주의를 결여한 비민족주의 세력이나 또는 반민족주의 세력의 저항성도 지적하고 싶은 것이다. 한국 민족주의가 그 대외적 저항성만큼 대내적 저항성이 확보되지 못하고 취약해진 이유는 전통과 근대 개념에 대한 평가에서 지식인과 일반대중 간 인식의 괴리 때문일 수 있다. 그것은 전통과 근대가 각축하고 경쟁했던 과정에서 배태되었던 한국 민족주의에 내포된 강렬한 저항성과 보편성으로서의 민주성만큼 이중적이라고 할 수 있다.119)

전통과 근대, 지식인과 대중, 그리고 저항성과 민주성이라는 이항적 대립구도는 외형상 다른 입장과 관계에 따른 결과일 수도 있다. 우리가 선택할 때 이중적인 결과를 낳을 수밖에 없었던 우리 자신의 태도와 관점에 기인한다고 봐야 할 것이다. 즉, 개화파가 수용한 문명개화론이 대내적 민주성은 채택하면서 대외적 저항성을 간과하여 사대주의의 지속성을 남겼고, 반면 위정척사파에 의해 주창된 보수응변이 대외적 저항성과 대내적인 전제(專制)를 택함으로써 시대정신을 결여한 수구주의적 잔재를 남긴 것으로 평가한 이중적인 우리의 모습이었다. 이처럼 한국 민족주의의 양가적 관점은 한국 민족주의에 내재된 이중적 속성인 대외적 저항성과 대내적 민주성이 만들어지는 과정에 기인한 것이다.120)

한국의 근대 민족주의는 외세의 제국주의적 침략이라는 상황에서 형성되었다. 즉, 한국의 저항 민족주의는 제국주의와 그에 대한 저항의 과정에서 발생했다고 할 수 있다. 독립투사들은 민족주의를 담론 차원에서 볼 수 없었다. 행위적 차원에서 민족주의를 실천했다고 할 수 있을 것이다. 민족주의에 대한 개념은 그 외연 설정이 쉽지가 않다. 자신들의 '조국'(민족)에 대한 감정의 편파성을 지니지 않은 사람은 거의 없다는 점에서 그것은 사실 일종의 자연스러운 본능의 형태를 띠었기 때문이다. 대한민국처럼 식민지 상황을 고려해야 하는 경우에는 더욱 그렇다.

일제강점기에 민족주의를 주창하지 않은 사상가·정치가는 거의 없었을 것이다. 식민지 상황이 아니라고 해도 누구나 '우리 민족'을 얘기한다. 이 모두를 '민족주의'라고 본다면, 사실 이 말은 아무런 의미 없는 말이 될 것이다. 그래서 우리는 민족주의 담론들을 액면 그대로 다 받아들이기보다는 늘 민족주의에 결부되어 있는 또 다른 측면들에 주목해야 한다. 민족주의는 그 자체로서 막연하지만 본능적이면서 실체적인 개념이다. 이중적이며 때로는 다의적인 그것이 어떤 다른 개념과 결부되어 있고, 역사적으로 어떤 역할을 구체적으로 했던가 하는 실천적 행위에 주목해서만 그것을 논할 수 있을 것이다.121)

역사의 흐름과 함께 근현대 한국 민족주의의 외연을 다음과 같이 규정한다. 한국에 있어 근대 민족주의는 구한말 외세의 침략이라는 외부 위협을 통해 서서히 형성되었다. 일제강점기를 통해 저항 민족주의는 한국인 일반의 감정으로 자리 잡으며, 제국주의 시대 민족주의는 자유주의 및 사회주의와 더불어 이념적 삼각구도를 형성했다. 해방 후 이승만 정권에서 민족주의는 자유주의와 자본주의 이념 및 국가 이성과 결부되기 시작했고 저항적 민족주의의 정신이 변화되기 시작했다. 민족주의는 개발독재 정권에 의해 빈번히 이용되기도 했다. 1987년 민주화 이후 한국 민족주의는 새로운 국면을 맞이했다.

한국 민족주의는 시대의 상황에 따라 변신을 거듭했다. 그러면 일제강점기 식민지인들의 전반적인 감정을 전부 다 '민족주의'라고 부를 수 있을까? '민족감정'과 '민족주의'는 엄연히 다르다. 민족주의 관련 개념이 얼마나 상대적인가를 분명히 할 필요가 있다. 이 시기에 '민족'을 내세우지 않은 사람은 없었을 것이다. 그들에게서 민족주의의 보다 상위에서 작동하고 있는 이념이 무엇인가를 분명히 해야 한다. 그렇지 않으면, 민족주의라는 이념이 거의 상투적인 이데올로기에 불과한 것이 되기 때문이다. 정적(政敵)은 모두 '반민족적'이라는 수식어로 표현되었다. '민족주의'가 아니라 이 이름으로 표현되는 보다 상위의 이념이 무엇인가를 분명히 하는 것이 중요한 이유이다.

자유주의와 민족주의의 관계는 몹시 애매모호하다. 자유주의가 애매한 까닭은 그것이 자본주의와 결탁해 지배적 현실을 이루고 있기 때문이다. 자유주의 국가들에게서 그것은 하나의 사상인 동시에 모든 사상들의 조건이기도 하다. 자유주의와 달리 사회주의의 경우 민족주의와는 예민한 긴장관계를 가지고 있었다. "반민족주의적 사회주의자들이 계급투쟁에 몰두한 반면 민족주의적 사회주의자들의 민족운동은 자강운동이 아니라 무력항쟁이었다." 일제강점기 민족주의적 사회주의자들의 제국주의와의 투쟁과 민족주의는 동전의 양면을 형성했다. 당시 민중들의 광범위한 지지를 받았던 사회주의는 대부분이 본격적인 자본주의를 체험하기 이전에 등장한 관념적인 사회주의였다.[122]

한국 민족주의는 해방 이후 결정적으로 변모되기 시작한다. 이승만 정권은 '일민주의'를 통해 자신들의 권력을 공고히 하고자 했다. 일제강점기의 저항적 민족주의는 이승만 정권에 의해 크게 훼손되었다. 일민주의는 국가주의적 통치 이데올로기로서 민족주의와는 다른 전 근대적 사상이었다. 일민주의는 한국 민족주의가 일제강점기의 저항적 민족주의 관념에서 해방 이후의 국가주의적 민족주의로 변질되는 과정을 그대로 보여준다는 점에서 역사적으로는 중요하다. 일민주의는 이승만의 통치 도구였으며 "사상이나 국론을 하나로 통일하고, 장애가 되는 부분이 있다면 이를 제거해야 한다는 논리"였다.[123] 해방 정국의 어수선한 상황에서 일반대중들을 국민들로 통합하고, "다양한 정치적 입장과 견해들을 통폐합해 오직 이승만 정권의 동일성과 정당성을 위해서만 임할 수 있는 하나의 사상"으로 만들고자 했다. 그 본질에 있어서는 일종의 전체주의이며, 일종의 동원적 민족주의이다.

일민주의의 핵심은 안으로는 다양성과 불안정성을 배제하여 하나의 통일된 동일성을 수립하고, 밖으로는 그 동일성을 위협하는 타자에 대한 배제를 추진하는 일종의 전체주의인 것이다. 그것은 국가주의와 전체주의의 전형이었다. 일민주의는 남한을 전체주의적으로 통치하려는 일종의 이데올로기일 뿐이며, 진정한 민족주의와는 거리가 멀었다. 자본주의와 공산주의, 자유주의와 사회주의라는 근대적 양대 사상을 민족주의를 통해서 넘어서려 했지만, 결국 일민주의는 국가주의 · 전체주의적 통치 이데올로기였을 뿐 그 이상도 이하도 아닌 민족주의와는 한참 거리가 먼 전근대적 사상이었다.[124]

5 · 16 군사 쿠데타 이후 민족주의는 박정희 정권의 정통성 확보와 민심 결집을 위해 또 다시 국가주의적 민족주의로 동원되었고 민족주의 본질에 대한 왜곡은 반복되었다. 대부분 사람들처럼 일제강점기에서처럼 '민족감정'을 유지하고 있었지만 처음과 같이 그 감정은 국가주의의 길로 빠져 버렸다. "감성적인 민족의식이 거대한 지배권력 앞에서 더 이상 발전하지 못했다."[125] 개발독재 시대 박종홍의 사상을 비판한 것도 개발논리에 매몰되어 민족주의를 '하면 된다'는 방식의 의지를 앞세우는 국가주의에 민족주의를 복속시켰다는 것을 뜻한다. 이승만 정권에 이은 '국가성'의 재발견이었다. 1987년 민주화 이후에 이른바 '포스트모던 시대'에는 한국 민족주의의 성격도 여러 가지 변화를 맞게 된다. 한국 민족주의에 대한 비판적인 관점은 군정 시절 마르크시즘 진영에서 추진하였던 민족주의 연구를 통해 마련되었다.

외세에 대한 저항과 독재에 대한 저항 그리고 민주화에 이르러 한국 민족주의는 그 저항성을 잃으며 최근 월드컵 시기의 '붉은 악마'로부터

문화 민족주의가 등장하는 등 민족주의는 국가주의적으로나 낭만적 문화
민족주의 형태로나 이중적인 성격을 띠게 되었다. 최근 새로운 중화주
의를 꿈꾸는 중국과 서서히 파시즘 체질을 회복하고 있는 군국주의 일
본의 등장을 통해서, 또 한국의 경우 북한의 핵 문제, 경제적위기 등을
통해서 민족주의는 다시금 새로운 국면을 맞고 있다. 오늘날의 민족주
의는 부드러운 문화적 형태로나 강한 국가권력적 형태로나 위험한 이
중적 성격을 띠고 있고 그래서 민족주의에 대한 비판이 주류를 이루고
있다.

한국 민족주의의 내재적 이중성은 우선 종족적 정체성으로서의 객관
적 측면과 시민적 이데올로기로서의 주관적 측면을 동시에 추구하면서
분단체제의 극복을 달성하고 자주적인 근대 시민 민족국가를 완성해야
하는 이중적 과제를 안고 있다.[126]

2) 상황의 이중성

(1) '민족성'원칙, '국가성'원칙

하지만 국가 권력적 형태의 이중적 성격과 한국 민족주의에 내재하
고 있던 전통과 근대, 개화와 수구적 이중적 양면성 등과는 달리 한반
도 통일의 목표 가치로서의 '민족성'의 원칙과 남북 분단에 따라 2체제
로 분립된 국가성의 현실을 고려한 한국 민족주의의 '상황의 이중성[127]'
은 보다 차원이 다른 문제를 가지고 있다.[128] 남북 분단은 2체제라는
국가적인 이중적 구조를 넘어 민족적 동질성을 유지하면서 하나의 민
족을 공유하는 민족성을 유지하고 있다.

즉 국제적인 냉전 종식에도 불구하고 남북한은 분단된 이중의 무정
부적 전쟁 상태와 서로가 너무나 다른 차별적 2체제의 국가성 속에서
국제정치의 일반적 이익(교차) 관계를 넘는 적대적인 구조를 지속하고

있는 것이다. 이질적인 분단국가라는 "국가성"의 구조적인 적대관계에도 불구하고 남북한은 공히 민족의 역사적인 동일성이라는"민족성"의 원칙은 포기할 수가 없었다. 이러한 맥락에서 통일은 남북한 간의 법적, 사실적 전쟁 상태의 제거라는 현실주의적인 함의를 담고 있는 것과 함께 민족적 동일성을 추구하는 이상주의적 명분을 포괄하고 있다.

남북한은 국제적 냉전 분할에 의해 체제 대립이라는 양면적 냉전체제가 구조화되면서 사실상 이질적인 별개의 국가체제로 유지되어왔다. "남북한은 무정부상태인 분단국가로 국제사회의 개별 주체로서 존립할 뿐만 아니라 분단된 두 개의 국가는 각각 한반도 전체 영토와 주민에 대한 최고 권력, 권위의 독점적인 행사를 주장하며 적대적인 상호작용을 지속하는"[129] 전쟁 상태가 계속된 2체제의 적대적인 별개 국가로 유지되어 왔다. 차별적인 국가성과 동질성을 유지하고자 하는 민족성의 이중적인 상황이 지속되고 있는 것이다. 적대적이며 이질적인 국가성과 함께 동일성이라는 민족성이 상호 경쟁과 화합과 갈등을 교차하며 유지되고 있다.

그러나 국가성과 민족성이 상호 경쟁과 화합의 균형을 깨뜨리고 국가성이 민족성에 종속되어 버린다면, 즉 국가라는 독립된 개별체제가 민족성이라는 동일성 속에 함몰되어 버린다면 민족성은 무소불위의 민족지상주의의 교의에 빠져들 수 있는 위험성을 가지고 있다. 따라서 한국 민족주의는 '민족성'과 '국가성'에 대한 전략적 연계와 전술적 혼용을 통해 합리적인 선택의 과정을 가져야하는 것은 불가피한 일이다.

대북정책에 있어서 노태우 정부는 남북기본합의서에 민족성의 원칙과 국가성의 원칙을 실질적으로 양립시키려 했다. 남북기본합의서의 '특수 관계' 규정은 "남북이 당연히 하나의 국가로 통합되어야 하는 관계, 또한 그러한 목표를 위하여 노력해나가야 하는 관계, 그러면서도 당분간 상대방의 내부체제를 존중해 주어야 하는 관계, 그러나 당위의 목표인 통일에 역행하는 상대방의 행위에 대해서는 일정한 주장을 할 수 있는 그러한 관계"로 규정하고 있다. 이는 남북관계에 대해 특수 관계로 규정함으로써 민족성의 원칙을 고려하면서 국가성이 침해되지 않도록 하기 위함이었겠지만 이 또한 낭만적 민족주의 관념에서 벗어나지 못한 결과였다.130)

즉, 남북기본합의서의 '특수 관계' 규정은 남북한 동시 유엔 가입을 통해 남북이 국제적으로 국가성을 인정받은 것을 합의서를 통해 2국가 체제이면서 서로의 내부체제를 존중해 주어야 한다는 것으로 체제에 대해서는 명확히 그 위상과 한계를 설정 해줌으로써 국가성이 여타의 이념에 흔들리지 않도록 하기 위함이었다고 볼 수 있다. 민족성의 원칙과 민족 이익의 관점이 현존하는 국가관계를 넘어 절충점을 찾으면서 조화롭게 민족적 이익을 찾아 헤쳐 나가자는 것이다.

그러나 김영삼 정부의 "어떤 동맹도 민족을 우선할 수 없다"131)라고 선언한 것은 민족 우선주의를 천명한 것이었지만 북한 핵 문제 및 동해안 잠수정 침투사건으로 급기야 국가 우선주의로 선회할 수밖에 없었다. 이와 같은 민족성에서 국가성으로의 민족주의 패러다임의 급선회는 많은 혼선과 갈등을 낳았다.

반면 김대중 정부의 '햇볕정책'은 일관된 민족주의 패러다임으로 역사적인 남북정상회담과 6·15 공동선언이라는 성과를 도출했다. 그러나 김대중 정부의 민족 우선주의는 남북정상회담의 상징적 성과에도 불구하고 대내적 혼란과 갈등의 불씨를 안게 되었다. 민족 우선주의는 엄연한 별개 국가체제를 유지하고 있는 현실을 민족주의라는 이념을 가지고 일시적으로 덮어 버린 상태가 되기 때문이다. 물론 북한은 같은 민족으로서 일면 포용과 공존의 대상이기도 하지만 현실적으로 분명한 우리의 주적(主敵)이고 우리에게는 지구상에서 가장 큰 위협을 가하고 있는 실존적 실체이다. 남북한은 외부 국제세력과의 동맹관계를 맺고 있다. 이와 같은 복합구조를 갖고 있는 현실에서 민족 우선주의만을 내세워 남북한의 국가적 분립을 도외시 하거나 현실을 초월한 국제적 역학관계를 추동하게 되면 관련 이해 당사국들과의 마찰을 피할 수 없게 될 것이다.[132]

국내적으로는 '민족성'과 '국가성' 마찰이라는 상황의 이중성을 자신의 정치적 입맛에 맞춰 이용하는 등 일정 수준 이를 정치적으로 이용해 왔다.[133] 타방의 존재를 자신의 정치적 존립근거로 삼았던 것이다. 6·15 남북정상회담 이후 민족 우선주의는 국가성을 적잖이 훼손했다. 위협의 실체인 북한에 대한 주적(主敵) 개념을 없애려고 시도한 점이나 법적으로 '북한에 국군 포로가 없다'라고 한 점이나 '헌법의 영토 조항을 개정해야 한다'라고 한 발언이나 2002년 월드컵 당시 '서해교전'에 대해 국가안보를 책임진 정부의 무책임한 처사 등 일련의 자세들은 민족성이 우선시 되면서 국가성이 더 많이 손상되었던 결과로 생각한다. 민족성에 입각한 햇볕정책의 구체적인 대북 지원 패턴은 정책 결정 과정의 투명성에 대한 논란과 의혹에도 아랑곳하지 않고 추진되면서 국가 정책이라는 정책 결정과 집행이라는 국가 관리체계에 대한 국가성의 고유 의미가 민족성에 가려지면서 논란과 갈등만을 증폭시키고 국가성에는 심각한 훼손을 가져왔다고 이해된다.

민족성과 자주의 원칙이라는 일방성이 강조되면서 이념갈등은 더욱 증폭되었고 대북 정책기조는 유연전략으로부터 일방주의로 전화되었다.[134] 결국 일방주의적 대북정책은 민족 이데올로기화에 노출되었고 이것은 민족성과 국가성의 상황적 이중성이라는 모순구조와 함께 '정권과 인민의 괴리' 및 '한반도와 국제'라는 두 가지의 중요 모순구조에 대한 선택을 강요하였다. 정권과 인민의 괴리에서 남북한은 정치적으로 자유민주주의와 인민민주주의체제를 사회·경제적으로는 자본주의 시장경제와 사회주의 통제경제라는 체제적으로 대립되는 모순을 안고 있다. 이러한 남북한 체제의 모순적 대립은 정권과 인민의 관계에서 절대적이며 전면적인 구조적 괴리로 나타난다. 즉, 남한은 민주화됨으로써 정권과 인민의 관계가 대부분 상대화되면서 모순관계를 극복한 반면 북한은 "현대판 봉건적 신정체제"[135]로서 레닌주의적 일당독재와 혈족세습의 일인지배체제를 유지하고 있다.

이러한 북한의 정권과 인민에 대한 절대적 모순 구조로 인해 과연 우리의 대북 포용정책의 대상을 누구로 할 것인가에 대한 문제가 심각히 제기된다. 포용의 대상과 협상의 대상을 달리 할 수 있는 방법이 애매해질 수밖에 없다. 현실적으로 북한 정권에 대한 강·온 전략이 대북 포용의 척도가 되어버렸다. 다음으로 한반도와 국제사회라는 모순구조이다. 분단은 민족과는 무관하게 국제 역학관계의 결과였고 6·25 전쟁은 유엔군과 미군, 중공군이 개입된 국제전이었으며, 한·미동맹과 조·중상호원조약을 맺고 있는 국제적인 성격이 내재화되어 있는 것이다.

남북관계의 조정은 이렇듯 미·중만의 문제가 아니고 주변 일본과 러시아도 일정한 이해관계를 가지고 있기 때문에 한반도 문제는 민족자주적인 면과 국제적인 협조 면에서 절충과 조화[136]를 이루어야 하는데 국가성이 간과된 민족 우선주의는 자칫 북한의 반미 자주원칙의 전략에 휘말릴 위험성이 존재한다. 남북 문제는 '자주화'와 '국제화'의 양면 속에서 항상 갈등의 회오리를 생성해 낼 동력을 내재하고 있다.[137] 결과적으로 민족성의 원칙이 남·북한의 자주적이고 국제적인 모순을 관리하고 극복할 수 있는 유일한 해결책은 되지 못하는 것이다.

민족주의 개념을 둘러싼 많은 논쟁이 있듯이 민족에 대한 정의도 다양하다. 근대 이전부터 혈연·언어·종교 등 종족의 정체성을 가진 민족이 오랫동안 존재해왔다는 주장과 근대 자본주의 이후 근대화 과정에서 만들어졌다는 이른바 '상상의 공동체'라는 관점 등이 존재한다. 결국 민족과 민족주의는 실체로서의 관점과 인위적으로 만들어진 '상상의

공동체'라는 측면이 동시에 상존하는 이중성을 가지고 있다.[138]

민족주의는 이중성을 내재하고 있는데 근대화 과정에 국민국가 형성의 필요에 의해 만들어진 서구 민족주의는 이데올로기적 측면이 강했다. 이와는 달리 한국 민족주의는 객관적 정의가 지배적이면서 종족적 정체성을 가진 오래 전부터 유지되어온 존재하는 실체이다. 이러한 한국 민족주의는 일제강점기를 거치면서 저항적 민족주의의 특성을 가지게 되었고, 분단시대에는 통일 민족주의가 강하게 자리 잡기도 했다. 따라서 "한국 민족주의는 근대국가 형성과 함께 '국가민족'(state-nation)으로 이뤄진 서구와 달리 근대 이전부터 혈통과 언어·종교 등으로 형성되어온 '문화민족'(culture-nation)의 성격과 일제강점기의 '저항민족', 분단시대의 '국가민족' 성격 등을 모두 가지고 있다."[139]

한국 민족주의는 종족적 정체성으로서 객관적 측면과 시민적 이데올로기로서 민족주의의 주관적 측면을 동시에 내재하고 있으면서 분단 극복을 달성하고 자주적인 근대 시민 민족국가를 완성해야 하는 이중적 과제를 안고 있다. 여기서 대북정책을 둘러싼 남남갈등이 연유된다. 즉 대북정책에 있어서 '민족'을 강조하는 측면은 민족 화해와 전 민족의 단결, 분단 극복을 통한 자주성의 실현이라는 '민족성' 원칙과 대한민국적 가치의 확장을 통해서 근대 민족국가의 완성을 강조하는 진영의 '국가성' 원칙의 대립과 갈등이라는 이중적 상황이 상존하게 되었다.

(2) 통일 논의의 이중성

민족성의 원칙은 통일 논의의 장을 규범화 시키고 민족지상주의라는 교조적 이념화의 위험을 가지고 있다. 민족성의 원칙은 객관적이고 보편적인 이념체계가 될 수는 없다. 따라서 민족성의 원칙은 남북한 간 분단을 극복할 수 있는 보편적이고 유일한 지도원리가 될 수 없는 것이다. 그것은 비정치적이고 인도적 차원에서 객관화되고 보편화될 수 있는 프로파간다적 가치로 볼 수 있다.

북한에 있어서 민족성의 원칙은 대남혁명과 반미자주의 정치원칙에 대한 이념적 지도원리일 뿐이다. 탈냉전, 민주화 이후 한국 진보 지식인들의 '민족 담론'과 김대중 정부의 햇볕정책에 전제되었던 '민족 우선주의'를 비판적으로 인식함으로써 민족통일론의 한계를 볼 수 있었다. 이는 남북한 공히 주장하는 '민족성의 원칙'이 객관주의적으로 동일화되는 것이 아니라 여전히 전략적 이중성을 내포하고 있다는 점, 따라서 대북 및 통일정책에 있어서도 '민족성'과 '국가성'은 절충·혼합의 문제이지 주종·대체의 문제가 아니라는 점을 간과하는 것은 문제다.[140]

한국의 민주화를 견인한 민주세력은 분단시대의 진보세력이고, 민주화 이후 민주세력의 중심 아젠다는 통일이며, 한반도 통일은 민중이 중심이 되어야 한다[141]는 논리 역시 국가체제성의 개념을 도외시한 집단 중심의 논리로서 '인민주권' 이념을 바탕으로 형성된 근대 국민국가로서의 국가성을 간과한 것이다. 민주화 이후 한국의 진보연합 세력에 의해 통일의 원칙으로 '민족성'의 원칙을 절대시하였다. 이것은 남북한 양 체제 간에 엄연히 존재하는 '국가성'과 '체제성'의 차이를 없애버리고 만 일종의 '민족의 덫'에 빠져버렸다는 관점과 맥락을 같이 한다.

분단의 현실은 남북한 간의 민족적 이질성의 문제가 아니다. 남북한은 분단·대립 과정에서 전체주의와 다원(민주)주의의 체제성의 차이로 있는 것이지 민족성의 차이에 기인하는 것이 아니다. 민족지상주의는 전체주의 혈족독재에 신음하는 북한 동포의 해방을 지향하지 않았다. 북한 동포의 인권은 외면한 채, 북한의 혈족, 세습전제 정권과의 포용과 협력에 주력함으로써 '진보'의 정체성을 상실하게 되었다. 민주화 이후 진보세력은 북한 정권이 표방하는 '민족 공조론'과 '우리민족끼리' 프로파간다에 함몰되어 '친북한 정권' 옹호 입장을 공공연히 드러내었다.

김대중 정부는 '햇볕정책'을 기본 바탕으로 한 민족주의 패러다임의 대북정책을 일관되게 실시하였다. 6·15 남북공동선언에서의 자주의 원칙 천명과 남쪽의 연합제와 북쪽의 낮은 단계 연방제의 공통성 인정은 바로 민족 패러다임의 기본적인 경향을 나타낸다. 김대중 정부의 민족 패러다임은 남북정상회담이라는 상징적 성과와 함께 한편으로 대내적 분열의 씨앗을 배태하였다.

남북한 관계에서 민족성의 동시 혹은 우선 추진은 그 자체에 대내외적인 파장을 내포하며 마찰과 갈등의 소지가 내재한다. 김대중 정부의 대북 통일정책에 대한 양극적 분열은 대북정책의 국내정치화라는 구조적 상호작용을 통하여 심화되었다. 이 구조적 상호작용은 '민족성'과 '국가성'의 우선순위에 대한 명분 경쟁과 함께 햇볕 기조에 의한 대북 지원과 교류 협력의 수준과 방식을 둘러싼 정책 대립으로 구조화되었다. 따라서 대북정책에 있어서 '민족성'과 '국가성'의 문제는 세계적인 냉전 종식에도 불구하고 주종과 선후를 제기하기 힘든 상대적 혼용이나 전술적 변용 차원에서 운용될 수밖에 없는 구조를 가진다. 즉, 민족성의 원칙으로 북한의 국가성을 포용한다면, 그 북한 내부 포용의 대상과 수준의 설정에 문제가 생긴다.

김대중 대통령은 남북 정상회담을 마치고 돌아와 "한반도에서 전쟁은 없다"라고 회담 성과를 선언적으로 평가했다. 정상회담 이후 남북관계의 국내정치화는 '민족성'의 원칙에 입각한 대북 포용론에 대해 흑백논리적 시비를 일상화시켰다. '법적으론 북한에 국군 포로가 없다'는 통일부 장관의 발언, 주적(主敵)개념을 바꿔야 한다거나 헌법의 영토 조항을 없애야 한다는 등의 발언, 2002년 연평해전에 대한 정부의 우유부단한 입장 등은 일련의 대북 자세에 대한 흑백 공방을 가열시켰다.[142]

또 햇볕정책의 정책적 결과인 '대북지원' 패턴과 정책 결정의 투명성에 대한 일방적 방어와 무조건적 공세가 양극화되었다. 정부와 진보세력은 '탄력적 상호주의', 혹은 선공후득(先供後得)의 입장[143]에서 북한은 '동포'이기 때문에 상호주의적 이해타산을 떠나 북한을 적극 지원해야 한다고 주장한다. 보수세력은 정부의 대북지원이 비등가성이나 비대칭적 지원이 아니고 전적으로 일방적 시혜이라는 점과 시점을 달리 주고받는 비동시성 지원도 아닌데 '일방적인 퍼주기 식' 지원이라고 비판한다.

햇볕정책은 대북 포용의 정책수단으로 한반도 평화의 진전을 목표로 한 정책이라는 의도에도 불구하고 이데올로기적 양극화라는 의도하지 않은 결과를 낳았다. "우리 사회는 진보 성향을 '빨갱이', '주사파', '종북세력'으로, 보수 성향을 '수구', '반통일', '냉전세력'으로 상대방을 매도하는 이데올로기적 투쟁이 증폭되었다."[144] '민족성'과 '국가성'의 마찰로 인한 상황의 이중성 속에서 남북한의 정치권력(지배 엘리트)은 타방의 존재를 자신의 정치적 존립의 근거로 삼았을 뿐만 아니라 일정수준 이를 국내정치적으로 이용해 왔다.[145] 김대중 정부는 분단구조를 해체하기 위한 전제인 화해와 협력정책을 국내의 개혁과 변화를 유도하는 데 연계시켰다. "민족 우선주의"가 시험되었고 동시에 민족화해 정책은 한국내부의 냉전구조 재편의 매개로 삼았다. 하지만 외부적 상황은 세계적 차원의 냉전종식에도 불구하고 한반도 주변 질서에는 냉전구조가 여전하다.[146]

한반도 주변 정세는 냉전과 탈냉전 상황이 동시에 존재하며 주변 열강은 경쟁질서 속에 새로운 세력균형을 추구하며 힘을 겨루고 있다. 이런 점에서 소위 한반도 문제에 대한 한반도화가 어려우며 남북관계에 대한 해법은 바로 '자주화'와 '국제화'의 절충과 조화에 있음을 인식 할 수밖에 없다. 따라서 민족 우선주의는 북한이 추구하고 있는 반외세 반미 자주원칙의 전략전술에 빠져버릴 위험성을 갖는다.

특히 '민족성'의 원칙은 통일 문제를 규범화시키고 통일 지상주의라는 교조적 이념화의 위험을 내포한다. 이것은 남북한이 국가 이익의 마찰에도 불구하고 민족성이 일원적이고 보편적이며 민족 이익은 동일적이라는 허위적 전제에서 출발한다. 남북한이 주장하는 민족성의 원칙과 민족 이익 추구는 개념과 정책적인 이질성을 내포하고 있다.[147]

북한은 1970년대 초 계급주의적 체제 원칙에다 민족성의 원칙 및 민족주의를 통치이념으로 설정했다. 이는 안으로 주체 이데올로기를 강화하고 중·소분쟁의 틈새에서 '우리식 사회주의'의 통치강령으로, 밖으로 대남 통일전술전략에 의거한 반외세(반미)·자주의 이데올로기로 전략화 되었다. 따라서 북한의 민족 관념은 대남 혁명주의와 반미 자주주의의 정치원칙에 대한 이념적 지도 원리인 것이다.[148]

이에 비해 남한의 민족주의는 개발독재 시기 위로부터의 동원적 민족주의의 과거를 극복하고 언어·문화·혈연과 역사의 객관적인 민족 통합과 발전원리라는 객관적이고 보편적 의미로 관념화되었고 민주화와 더불어 다원적 자유주의 방식으로 내면화되었다. 따라서 현 단계에서 남북관계의 "민족성 원칙"은 정치적 차원에서는 객관적이고 보편적인 이념체계가 아니다. 단지 비정치적이고 인도적 차원에서 객관화되고 보편화되는 선언적 가치에 해당할 뿐이다. 결과적으로 "민족성의 원칙"은 남북한 간에 체제 분단의 극복과 통일을 지향하는 보편적이고 유일한 최선의 지도원리가 아닌 것이다. "민족성의 원칙"이 남북한의 보편적 가치로 설정되기 위해서는 이질적 체제의 '국가성'이 상호 수렴되거나 전쟁을 통한 정복이든 북에 의한 남조선 혁명이든 남의 북에 대한 흡수통일이든 무언가 대체행위가 선행되어야 한다.

따라서 우리 사회에 무의식적으로 도식되고 있는 민족주의가 곧 통일주의라는 등식은 현실을 도외시한 허위의식에 불과한 전략적 구호인 것이다. 대북 통일정책에 있어서 남북관계의 모순구조에 대한 현실적 인식이 간과된 상태다. 남북분단에 따른 관계들을 보면 민족과 국가(체제), 인민과 정권의 관계, 한반도와 국제사회라고 하는 간격이 큰 괴리관계가 존재함을 볼 수 있다. 이러한 현실인식 과정에서 가장 우려스러운 것이 보편주의화, 규범화되어버린 민족주의이다.

규범화된 민족주의는 여타의 모순을 무시하고 일방적으로 나아가려는 전체주의적 결과를 노정할 수 있다. "우리사회가 민족주의=통일주의라든가 국가주의(자유주의)=반통일주의, 민족주의=자주주의, 국제주의=외세주의의 등식으로 이념화할 경우 단기적으로 통일 지상주의의 환상과 더불어 통일 기피주의에 대한 냉소가 마주하는 국론 분열을 야기하고 장기적으로는 우리의 통일 역량만 소진하는 결과를 남길 뿐이다. 이러한 맥락에서 대북 포용정책의 일방적 추진에 따라 야기된 남남갈등의 심화 현상은 중요한 반면교사가 될 수 있다."149)

제3절 민주화와 민중민족주의

1. 민주화와 민족주의 운동

1980년대 후반 학생운동 민족주의에 대한 담론은 민족통일이 담론의 핵심어로 제시되며 민중 중심의 민족주의 형태를 띤다. 여기서 민족통일의 당위성은 유기체로서 민족에게 주어진다. 민족주의 담론은 미국과 일본에 대한 경제 예속에 대한 비판과 반미 자주화, 북한에 대한 재인식 및 유기체로서의 민족통일을 강조하는 방향으로 변화하였다.[150]

민족은 바라보는 관점에 따라 객관적 요소들을 공유하는 구성원들의 객관적인 실체로 보는 입장과 근대국가의 형성 과정에 만들어진 정치적이고 관념적 결과물로 보는 입장으로 구분될 수 있다. 전자에 따르면 민족이란 "동일한 혈통적 기원을 가진 사람들의 집합체로 혈통적 유대에 근거하여 구성원의 충성심을 강제할 수 있는 가장 큰 집단으로서 민족은 최대로 확장된 가족공동체"이다.[151] 반면 후자의 입장에서 민족은 "제한된 주권을 가졌다고 상상되는 정치공동체"[152]이고 국가가 민족을 만드는 것이며 민족이 국가를 만드는 것이 아니다.[153]

이렇게 서로 다른 민족 개념 중에 한국사회의 민족 개념은 거의 전자의 맥락을 사용한다. "같은 어머니에게서 태어난 형제자매"인 동포의 개념과 "한 조상의 핏줄을 이어받은 자손들"인 겨레 개념이 혼용되어도 무방비한 것으로 이해되는 것이다. 이것은 지배 담론이나 저항 담론에서 나타나는 민족 모두에게 공통된 것으로 한국적 의미의 민족은 혈연과 같은 영토 및 역사와 전통을 보유한 사람들의 원초적 공동체로 파악된다.[154] 따라서 혈연적·언어적·유기적인 공동체로 파악되는 한민족 공동체는 "상상된 공동체"가 아니라 "실제적 공동체"이다.[155]

1980년대 민족주의는 체계화된 지배 담론이 없는 상황에서 주로 저항세력들에 의한 저항 담론으로 초반의 민족주의는 반미·반제국주의였고 80년대 중반에 들어와 본격적인 반제 민족주의 담론이 등징하였다. 반제 민족주의 담론은 80년대 후반 민주화운동을 흡수하면서 독자적인 통일운동으로 표출되었다.[156]

87년 6월 민주화 항쟁 이후 민족주의 담론에서 "민족통일"은 일차적인 담론의 목표가 된다. 민족통일은 80년대 중반까지 민족주의 담론에 강하게 표출되었던 민중의 권익 증진이나 민주주의의 발전을 위한 것이 아니고 혈연 공동체의 유기체적 민족의 당위적인 필요로서 주장된다. '민족'이라는 동포, 공통의 언어, 공통의 역사에 기초한 문화적 유기체로서의 민족에게 당위적으로 필요한 것이기에 통일이 요구되는 것이다.

유기체적 민족주의는 민중을 민족으로 바꿔놓고 민중을 민족 속에 용해시켜 민중보다 더 고귀한 가치가 되어버린다. 전대협은 선언문에서 "6천만 민중의 힘으로 내외 민족 분열주의자와 반 통일론자들을 한반도 전역에서 모두 날려 보내고 맙시다[157]"라고 하였다. 민중이 바라는 것은 조국의 통일이었다. 조국통일을 바라는 이 선언문에서 민중은 곧 민족이 되어 버리고 조국통일은 민중보다 우위에 서게 된다. 합리적이고 체계적인 접근보다 낭만적이고 집단적인 접근이다. 개인의 가치와 의지가 유기체적인 집단의 프로파간다에 매몰되어 버린 낭만적 문화 민족주의의 전형적 모습이다.

남한과 북한은 미·소 양극체제에서 두 제국의 첨병이었고 한반도에서 '국가성'은 '민족성'에 우선하였다. 이러한 지배 담론에 맞선 학생운동세력이 제기한 저항 담론으로서 민족주의 담론은 분단국가의 논리를 균열시키면서 '국가'보다는 '민족'을 우선하는 민족주의를 복원시켰다. 이것은 반미 담론과 통일 담론으로 나타났다. 반미 민족주의 담론은 북한에 대한 재인식과 통일 주체로서의 전체 민족적 관점을 제시하는 통일 민족주의 담론으로 이어졌다. 통일 민족주의 담론은 북한을 하나의 동포로 간주하여 민족적 동질성의 회복을 촉구하며 북한을 새로이 인식하게 되는 계기가 되었다.

그러나 북한 현실에 대한 구체적인 정보도 없이 운동권 이념으로만 수용하게 된 반미·반제국주의 이념은 또 다른 관념적 왜곡을 낳았다. 그것은 미국=절대선, 북한=절대 악이라는 기존의 지배적 관념이 무너지면서 북한은 일제강점기에 민족해방운동의 전통을 계승한 자주적인 정권으로서 이상화된 민족적 국가로 왜곡된다. 결과적으로 미국에 대한 환상이 깨짐은 북한에 대한 환상으로 대체되면서 북한 실체에 대한 정보와 지식이 없는 상태에서 북한의 논리를 답습하는 우를 범하게 된 것이다.158)

80년대 후반 90년대 초반 시기에 전개된 민족주의 담론이 유기체적인 민족의식에 기초함으로써 개인의 자유와 평등이라는 범주를 인정하지 않고 국가주의와 통합되어 개인을 도외시하게 됨으로써 자유민주주의의 발전에 장애가 될 수 있었다. 물론 그 시기 학생운동의 민족주의 담론은 민족이 민중을 압도하며 체제 이데올로기로서의 국가주의와 연결된 부분도 있지만, 한편으로 민족의 '하나 됨'이 인류평화에 기여할 수 있기를 기원하는 양면성을 드러내고 있다. 따라서 집합적 주체로서의 민족 관념이 전통적 주체로서 억압적이며 폐쇄적인 주체로 귀결되지 않도록 자신의 정체성을 확립해 나가야 하는 과제를 안게 되었다.

민족주의를 둘러싼 주요 쟁점들은 각각 자신들만이 곧 진정한 민족주의요 다른 것은 거짓이라고 주장하는 부분이다. 특히 통일 지향적 민족주의와 민족경제 지향적 민족주의, 그리고 반미 민족주의 입장에서는 박정희의 조국근대화론이 가진 방어적 근대화 민족주의를 인정할 수 없었을 것이다. 그러나 후발 산업화 국가에서의 민족주의 과제는 근대화의 달성과 통일을 통한 근대 민족국가의 완성과 자립경제 달성을 통한 탈 종속이나 대미 의존 탈피 등 다양하게 나타날 수 있다. 이런 점을 생각한다면 그들 중 어느 한 편이 민족주의 개념을 배타적으로 독점하겠다고 나서는 것은 또 다른 오류가 될 수 있다.[159]

이 네 가지 쟁점들 사이의 차별성 못지않게 공통성 역시 적지 않았다. 그들은 모두 민족과 국가, 민주, 통일, 자주 등 거대 담론에는 집착하면서 그 속에 '개인'이 지닌 의미에 대해선 별로 관심을 기울이지 않았다. 오늘날 조국근대화 세력에 반대하던 민주화 세력이 집권해 봤지만 여전히 개인에게 허용될 수 있는 자유의 공간이 문제시 되었던 이유는 무엇일까? 전자 못지않게 후자도 국가적 목표 추구를 우선시 하면서 그 속에 '개인'이 가지는 의미에 대해서 심각하게 고민한 적이 없었기 때문이다. 통합되어버린 개인이 간과되기 쉬운 집합체 중심의 민중적 민족주의 관념이 가지는 한계일 수밖에 없다.

그동안 우리에게 민족주의와 민주주의는 만병통치약이었다. 탈냉전 이후에도 1987년 민주화 이후에도 민족주의와 민주주의는 여전히 현실 정치 담론 세계에서 끊임없이 헤게모니를 행사하고자 하고 있다. 민주주의의 진전 속에서도 특정 문제에 대한 주장과 행태에서 아직까지 국가주의 내지 집단주의의 행태를 벗어나지 못했다는 것을 알 수 있다. 이 모든 현상의 중요한 원인 중의 하나는 우리가 그동안 민족주의와 민주주의만으로 문제를 인식하고 그 속에서 개인의 자유(주의)에 대한 문제를 고민하지 않았기 때문이다. 민족주의의 논리적 구조 측면에서 보면 지금까지 한국 민족주의는 진보성을 견지해 왔다고 볼 수 있다. 특히 1980년~90년대 민주화 운동은 민족주의와 민주주의를 동시에 추구해 왔기 때문에 민족주의를 민주주의와 대립 개념으로 설정하여 비판하는 것은 민족주의가 민주주의의 토대위에 있음을 간과한 것이다.

그래서 우리 사회에서 개인의 자유는 민족이나 민주보다 후순위를 차지하는 문제였다. 민주화된 이후에도 우리는 우리 몸에 체화된 채 남아있는 국가주의나 민족주의와 집단주의의 깊은 상흔을 쉽게 발견할 수 있다. 이 점은 진보진영도 예외는 아니다. 한 외국인 연구자는 운동권 학생들 스스로가 '애국애족의 전사'라고 칭하는 것에서 한국사회 곳곳에 스며들어 있는 국가주의와 민족주의 잔영이 진보진영이라고 해서 비껴가지 않았음을 찾아내고 있다.160) 월드컵에서의 "붉은 악마는 그들 핏속에 여전히 국가와 민족이라는 유전적 인자가 자리 잡고 있음을 보여주었다."161) 이처럼 그것이 집단주의나 국가주의의 흔적이라 하더라도 개인의 자유의지에 의해 결집된 것이라면 바람직한 결과일 것이다.

이제 개인의 '자유' 문제를 성찰해야 한다. 단순히 남한만이 아니라 한반도 차원에서 고민해야 할 문제다. 우리는 남한의 민족주의와 민주주의가 올바른 방향으로 심화될 수 있도록 하기 위해 시민적 자유의 문제를 성찰해야 한다. 하지만 북한을 개혁과 개방사회로 이끌기 위해서도 같은 문제를 더 깊이 숙고해야 한다.162) 한국 민족주의에 있어서 남한의 낭만적 민족주의적 속성과 북한의 낭만적 민족주의에 대한 비판적 평가를 통해 민족주의의 가치를 재조명해 보아야 할 필요성이 여기에 있다.

민주화 이후 탄생한 민주정부의 김영삼 대통령은 문민 민주주의의 시대를 열면서 신한국은 풍요롭게 사는 민족공동체요 평화롭게 사는 통일조국이라고 선언하고 있다. 감상적인 통일 지상주의가 아니라 통일에 대한 국민적 합의를 강조하였다. 북한 김일성에게 "어느 동맹국이 가까이 도와준다고 해도 민족보다 더 나을 수는 없다"라고 강조하면서 "어떤 이념이나 사상도 '민족'보다 더 큰 행복을 가져다주진 못 한다"며 화해와 통일을 위해 만날 것을 제의했다. 물론 민족의 중요성을 얘기한 것이지만 자칫 민족 제일주의에 버금가는, 국가를 뛰어넘는 낭만적 민족주의가 될 우려는 북한의 여섯 차례에 걸친 핵실험과 핵보유국 선언이라는 위협적 현실로 돌아왔다.

2. 민족주의 이념의 정치

민주화 과정에는 수많은 변수들이 작용했다. 해방 이후 근대국가 수립 과정에 초래된 구조적 모순성과 이념적 고유성들이 한국 민주화 과정에 스며들며 다양한 모습으로 나타났다. 해방 이후 근대국가 건설 과정에서의 상이한 이념적 노력들에 의해 한국의 근대국가 건설은 "미완의 민족국가" 혹은 "실패한 국민국가"로 치부될 수 있는 소지를 안고 출발했다. 이승만의 제1공화국으로부터 시작된 근대국가의 이러한 이중적 모순은 군부 권위주의 정권을 거치면서 더 한층 악화되었다. 모순의 이중성은 필시 통일 민족국가의 수립과 자유민주주의 제도의 실질적인 구현을 위한 '이중운동'을 배태하게 된다.163)

한국의 민주화 운동은 분단국가의 청산 과제인 민족국가의 완성과 자유민주주의 체제 정착을 위한 국민국가의 완성을 궁극적 목표로 삼고 이를 위한 당면 과제로 권위주의 정권 타도를 목표로 수립한 것이었다. 왜냐하면 한국 근대국가의 이중모순을 온존시키고 강화시키는 주체가 바로 권위주의 정권이라는 인식 때문이었다. 민주화운동 과정에는 권위주의 세력이든 저항 세력이든 다양한 이념과 언어들이 구사된다. 한국 민주화 운동 과정의 경우 민족주의가 민주화 과정에 상당한 이념적 규범력을 행사했다는 점에 주목해야 한다. 한국 정치에서 반민족적이라는 규정은 반민주적이라는 규정만큼 강한 정치적 영향력을 행사하는 언어였다는 점을 간과할 수 없다.

민족이란 "동일한 혈통적 기원을 갖는다고 생각하는 사람들의 집합체로서 그 혈통적 유대에 근거하여 구성원들의 충성심을 강제할 수 있는 가장 큰 집단이다. 따라서 민족은 최대로 확장된 가족공동체인 것이다"[164]라고 종족 민족주의의 저자 코너(Walker Corner)는 정의한다. 이는 종족적(ethnic) 기원의 객관적인 요소들을 공유하는 사람들의 집합을 의미한다. 하지만 겔너와 앤더슨은 민족을 "종족적 실체로서의 민족이 아닌 근대의 정치적 구성물로서 국민을 의미하는 민족"이라고 하였다. 여기서는 민족성과 종족성 간의 관계가 해체된다. 민족은 문화적·종족적 개념이 아니라 정치적·이념적 개념이라는 것이다.

하지만 한국적 의미의 민족은 정치적 구성원으로서의 국민이 아니라 혈연과 같은 영토, 역사, 문화, 언어, 조상 등을 공유하는 원초적이며 영속적 실체로 이해되고 있다. 한국적 민족 개념은 지배 세력이나 저항 세력이나 '반만년 유구한 역사를 영위하면서 이어져온 생명력과 창조력을 견지해온 전통적인 문화민족임'을 공유하고 있기 때문이다. 따라서 혈연적·언어적·유기체적 공동체로 이해되는 한민족 공동체는 "상상된 공동체"(imagined community)라고 하기보다는 "실체적인 공동체"(real community)인 것이다.[165] 한국사회에서 민족은 절대적인 규범성과 가치를 지닌 언어로 등장했다. 어느 특정 세력의 정치적 전유물이 아닌 자신들의 정당성과 정치적 정통성의 기반을 강화함과 동시에 상대 세력의 정치적 입지를 약화시키기 위해 사용되는 모든 세력들이 공유하는 언어였다.

역사적으로 볼 때 민족과 민족주의는 상이한 경로와 이념적 성격을 보이면서 생성되었다고 할 수 있다. 프랑스 시민혁명에서 민족주의는 자유주의 이념과 밀접하게 결합하여 절대왕정의 구체제를 해체하고 새로운 체제로 공화제 수립의 동력으로 작용한 이념이자 원동력이었다. 민족주의 운동의 핵심 주체인 민족은 1789년 시민혁명에서 공표된 '인간과 시민의 권리선언'이 공표한 주권과 인권, 시민권의 담지자들이다. 이 점에서 민족주의는 문화적 개념과 대비되는 민주주의적 지향성을 가진 '정치적', '시민적' 개념인 것이다.166)

해방 이후 한국 근대정치는 민족적 차원과 민주주의 차원 모든 것에서 채 완성되지 못한 근대국가 주위를 배회했다. 이승만 정권에서 전두환 정권까지 전개된 이른바 탈권위주의 민주화 투쟁 과정은 민족적 완결성과 민주주의적 내용성을 충족시키기 위해 근대국가 수립을 위한 노력으로 압축되었다고 하겠다. 한국의 민주화 과정은 이러한 역사적이고 정치적인 특수성 위에서 전개되었고 다양한 이념적 갈등과 분기 속에서 수많은 전진과 후퇴를 거듭한 산고의 결과물이라고 할 수 있다.

이러한 이념적 갈등지에서 주목할 수 있는 것은 민족주의 담론의 정치적인 규범력이라고 할 수 있다. 한국의 역사와 전통적 기반위에 성립된 민족의식과 민족주의는 특정 세력의 전유물로서의 이념이 아니라 지배 세력이나 저항 세력에게나 모든 세력이 공감하는 정통성과 정당성의 원천적 이념이었다. 언제나 그들은 '민족'과 '민주'의 이름하에 민주화 투쟁을 이끌었다. 지배 세력에게 민족주의가 체제 유지의 지배 이데올로기였다면 저항 세력에게 민족주의는 "기존 질서의 붕괴를 위한 무기였다."167) 이것은 신채호의 "역사는 我와 非我의 투쟁"이라고 한 유기체적 저항 민족주의의 이념이 그대로 전수된 모습이다.

1987년 민주화 이후 한국 정치의 과제가 민주주의의 내실화에 있었다면 한국 민족주의는 정치적 민주주의 차원을 넘어 경제와 사회, 문화적 차원의 민주적 발전을 위한 이념적 구심 역할을 해야 한다고 생각한다.

이는 민족주의의 민주적 잠재력을 구현하는 길이라고도 할 수 있다.

윤해동은 '내파하는 민족주의'에서 "해방 후 한국 민족주의가 식민 제국주의에 대항하던 민족주의를 본받은 것이라면 반체제적 민족주의는 싸우면서도 지배 민족주의의 모습을 닮아가고 있었던 것은 아닐까?"[168] 라는 의문을 표시했다. 일제의 침략 제국주의에 저항하며 내세웠던 애국·애족의 민족주의가 다시 국가주의로, 진보적 민족주의로 전환되어 온 한국의 근대 민족주의는 정립된 국민국가의 지위와 아울러 근대 민족주의의 공공성에 대한 의미를 되새겨봐야 한다. 한국 민족주의가 국가주의나 진보 민족주의로 변화되어온 결과에 대한 평가와 반성의 기회가 없다면 한국 민족주의가 가진 낭만적 민족주의에 대한 비판능력도 이미 상실한 것이라고 할 수 있을 것이다.

6월 민주화 항쟁은 민주화운동이 남북통일 노력과 함께 병행되어야 한다는 통일에 대한 민족주의 담론을 활발하게 전개시킨 계기가 되었다고 할 수 있다. 이러한 인식은 학생 운동권과 같은 어느 특정 단체에 국한된 것이 아니라 1987년 민주화 과정을 통해 사회 전체로 확산되었다. 이것은 동시에 그동안 적대시 해왔던 북한에 대한 관심을 고조시켰다. 한편으로는 미국에 대한 새로운 인식 나아가 한미관계에 대한 개념의 재정립을 요구하게 되는 계기가 되었다. 미국을 무조건 우방, 동맹국이라고 인식하던 차원에서 벗어나 분단을 고착화시킨 외세로 민족모순의 주요 모순 등으로 인식하게 되었으며 이것은 동시에 민족자존을 강조하는 요인이 되기도 했다.

6월 항쟁과 함께한 민주운동 세력의 통일 민족주의 담론은 크게 대미 관계의 재정립과 평화적 통일의식 고취 등으로 전개되어 민족 문제 및 민족 현실을 돌아보는 계기가 된 것은 사실이다. 이 시기 전개되었던 통일 민족주의 담론은 지배층에게도 합법적인 공간에서의 통일 논의가 활발히 이뤄질 수 있도록 용인되며 진행되었다.

이후 월드컵은 금기의 색깔이었던 붉은 색에 대한 관념을 바꿔놓았다. 빨갱이로 통하던 레드콤플렉스는 '붉은악마'의 열정과 역동성으로 변화되었고 색깔론 등 반공 이데올로기의 경직성에서 벗어날 수 있도록 하였다. 월드컵은 한국사회 시민의식의 성장과 문화적 패러다임을 긍정적으로 변화시켰으며, 민족주의 담론의 변화는 남북관계와 통일 문제에도 유연하면서도 개방적인 성격으로 열린 민족주의의 가능성을 보여주었다.[169] 하지만 민주화 이후 지배 세력에 의해 주도된 대표적인 민족주의 내용은 '아래로부터' 주도되어온 통일 민족주의를 수렴하는 형태를 띠면서 이 부분에 있어서는 정부가 통일운동에 대한 주도권을 장악하게 되었다고 할 수 있다.[170]

대내외적 평등의 문제를 소홀히 다루고 통일 문제가 남북정상회담이나 노벨평화상 등 통치자의 영광과 권력을 위해 희생되었다고 의심되면 한국 민족주의의 평가는 달라질 수밖에 없다. 애국심은 아가페적인 사랑이 아니다. 국가가 시민의 생명과 안전, 자유 등을 보장하지 않으면 국가는 시민으로부터 사랑의 대상이 될 수 없기 때문이다. 즉, 국가 혹은 공동체에 있어서 어떤 도덕적 인격성이 존재하지 않으면 안 된다. 이 점에서 루소의 일반의지는 모든 특수한 개별의사와 구별되는 주권자의 의지이고 국가의 일체성 형성의 핵심적 기반이라는 개념상 특성뿐만 아니라 사회 구성원들에게 공통적인 일련의 이해관계와 지향성이 존재한다는 것을 말한다. 이 점에서 21세기 한국 민족주의에 있어서 운동권 중심의 민중 민족주의에 대한 반성을 요구하는 것이다.[171] 하지만 21세기 초 한국 정부의 민족주의 정책을 추진하는 주체의 특징은 운동권 중심의 대중과 함께, 시민운동의 참여였다는 점은 부인할 수 없다.[172] 주권자의 의지, 개별성의 중요성을 깊이 들여다보지 않은 채 국가주의적 민족주의가 민중 민족주의로 전화되는 모습만 보인 것이다.

3. 한국 민족주의의 근대성 비판

1) 한국 민족주의의 종족성 비판

세계화 시대에 국민국가(nation-state)의 역할에 대한 의문이 제기되며 방어적이고 폐쇄적인 자민족 중심주의(ethno-centrism)적 성향을 강하게 지니고 있는 한국 민족주의의 탈민족주의화와 전진적이고 개방적인 열린 민족주의로의 변화 필요성에 대한 주장이 탄력을 받고 있다.173) 한편으로 종족적 혹은 인종적 민족주의의 병폐를 극복하기 위해 공공적 또는 시민적 민족주의로 옮겨가야 한다는 의견도 제기되고 있다.174) 한국 민족주의의 변화와 발전을 꾀하기 위해 전자는 한국 민족주의의 성격을 개방적인 것으로 변화시켜 나가야 한다는 것으로 민족주의의 대외적인 측면을 비판한 것이고 후자는 한국 민족주의의 원초적인 속성이 가진 비민주적이면서 억압적인 성격을 강조한 것으로서 민족주의의 내적 측면에 대한 비판이라고 볼 수 있다.175)

근대사 형성의 가장 중요한 위치를 점했던 한국 민족주의의 근대성 형성과 전개 패러다임의 연관성을 통해 민족주의를 비판해 볼 수 있다. 한국 근대 민족주의는 민족(nation)의 민족적=종족적=문화적 특성으로부터 출발했다고 해도 과언이 아니다. 여기에는 근대 이전에 형성된 집단으로서의 특성이 잘 반영된다. 근대국가 형성의 주체는 민족집단이 되어야 하는데 민족집단의 정체성 형성을 위한 기반 중의 하나는 종족적 요소이고 하나는 국가적 결집 요소였다. 따라서 근대성의 주요 요소인 nation 즉 민족은 국민이 주체적 형성의 틀을 갖추지 못함으로써 근대성 형성에서 두 가지 취약성을 내포하게 된다.

하나는 계몽적 측면으로 개인의 자율성이 매우 취약한 개인주의가 형성되었는데 산업화가 진행되면서 노동시장에서의 개인화, 즉 노동시장에서의 개인주의만 지속적으로 진행되었다는 점이다. 다른 측면에서는 근대 민족주의가 헤게모니를 둘러싼 투쟁에 복속되어 민족주의의 확산과 연계되어 갔지만 개인주의를 결여한 민중적 민족주의로 민족주의의 헤게모니가 옮겨갔다는 점이다. 결국 개인주의가 결여된 민중적 민족주의의 확산은 민주화를 이룩한 명예도 다 버리고 아나키즘적 현상으로 나타나 사회 갈등의 중심에 선 한국 민족주의의 한 모습으로 자리 잡아간 것이다.176)

이렇듯 한국 민족주의의 종족적 특성은 개인주의가 결여된 민중적 민족주의로 자리 잡아갔지만 19세기 말 초기 민족주의자들은 근대적 개념인 시민권, 개인의 자유와 법적 평등, 대중 주권 등과 같은 시민적 토대에 대해서도 관심을 표명했다고 보았다. 하지만, 이후 전개된 1905년 을사조약, 일제의 식민지 인종주의 강요나 국제사회주의의 도전 등 역사적 사실들과 맞서면서 "민족의 종족적, 집단주의적, 유기적인 본질을 강조함으로써 한국인들은 외부의 위협에 맞서 한민족의 내부적 연대화 집단의식을 고취할 수 있었다"고 보았다.177) 또 해방 이후에도 공산주의와 제국주의가 각각 남북한을 위협하는 것으로 인식되면서 민족의식은 그만큼 더 강화되었다고 보았다. 즉 외부로부터의 위협에 대한 위기의식이 한국 민족주의가 타자의 압력에 대한 응전의 힘을 키우게 만들었다고 본 것이다. 응전의 힘 곧 저항정신은 한민족의 내적인 연대화 집단의식의 결과로서 한국 민족주의가 견지하고 있는 종족적 유대의식의 산물이라고 할 수 있다.

이러한 한국 민족주의의 가장 큰 특징을 다시 본다면 '혈통'에 바탕을 둔 종족적 민족주의였다는 점이다. 한국인은 여론조사에서 약 70% 이상이 '핏줄'을 한민족의 가장 중요한 기준으로 생각하고 있고, 한국인들은 거주지와 이념에 무관하게 형제자매라고 답한 사실, 그리고 93%가 우리 민족은 단일혈통을 지닌 민족이라고 답한 사실을 보더라도 한국

민족주의의 가장 큰 특징을 '혈통'에 바탕을 둔 종족적 민족주의라고 해도 전혀 과언이 아니다.[178]

한국 민족주의는 시민적 성격을 띤 것이라기보다는 종족적 성격을 띠고 있다고 보았다. 앞서 언급한 대로 종족적 민족주의는 외부로부터의 위협에 대항한 집단의식과 내부 결속을 고취하는 것이 절박했던 시기에 나온 것으로, 종족적 민족주의는 분열이 아니라 통합의 기능을 수행했다. 이 같은 종족적 민족주의는 긍정적인 측면과 더불어 부정적인 측면을 더 많이 가지고 있다. 강한 단일민족주의는 통일 과정 초기 단계에서 두 체제간의 부드러운 통합을 촉진하는 데 힘이 될 수 있지만 보다 올바른 민주시민적인 민족 정체성을 형성해야만 통일 후 배타적인 민족주의가 출현되는 것을 막을 수 있을 것이기 때문이다. 또한 그것은 종족적이고 전체적, 유기적인 민족주의로서 자칫하면 파시즘으로 이어질 수도 있음을 간과해선 안 된다는 얘기다.[179]

근대 시기에는 공통의 혈통, 언어, 역사 등을 토대로 시작된 '종족적' 민족 개념은 식민지 시기를 거치면서 '종족적 정체성'으로 귀착되었다. 해방 이후 남북분단은 기존의 종족적 정체성과는 별개로 두 개의 적대적인 국가가 수립되어 남북이 '반공·반소'와 '반제·반미'라는 적대적 이데올로기에 기초한 '정치적' 민족 개념이 새롭게 등장했다. 또한 정치적 민족 개념은 6·25 전쟁과 국가 건설 과정을 거치면서 '정치적 정체성'으로 발전했다. 결국 한국의 근·현대사를 둘러싼 역사인식의 갈등은 종족적 정체성과 정치적 정체성이라는 한국 민족주의의 균열을 반영한 것이라고 할 수 있다.[180]

이처럼 민족이란 민족주의의 특성에 의해 규정되어지게 마련이므로 민족이 형성되고 민족주의가 영위될 수 있는 것이 아니고 민족주의의 성격 여하에 따라 민족의 성격과 구성이 좌우되는 것이다. 국가가 민족을 창출하는 것이다.[181] 한국 민족주의가 형성되고 전개되어 온 역사 속에서 국가의 존립과 변화에 따라 민족이 얼마나 많은 변화와 곡절을 경험했는지를 생각하면 그것은 곧 국가가 민족을 창출하는 것이나 다름없는 결과였다고 볼 수 있을 것이다.

민족주의의 민족 개념은 크게 두 가지로 나누어 볼 수 있다. 하나는 인종적 공동체의 영속성을 강조하는 원초론 혹은 객관주의적 민족이론이고 다른 하나는 이데올로기라고 보는 도구론 혹은 주관주의적 민족이론이다.[182] 민족주의는 정치적 단위와 민족적 단위가 일치되는 것이 정치적 원칙이라고 정의한 겔너의 논리[183]를 고려하더라도 이제 한국 민족주의는 1국가체제가 되어야 한다. 그것은 한국 민족주의가 통일된 민족국가를 수립할 때 완성된다. 2개 체제를 가진 민족으로서 2개 체제 간 적대적 관계를 불식하고 한반도에서의 냉전을 해체하는 것이 절대적인 지상과제이다. 이것은 한국 민족주의가 가지고 있는 최종 목표이기도 하다.

과연 1민족 1국가론에 기반을 둔 유기체적인 국가주의적 발상과 원초론적 종족적 민족주의로 우리 사회에 새로운 문제로 야기되고 있는 외국인 혐오증과 배타주의, 사회 전반의 공격적 팽창주의, 사회적 강자와 약자로 구분되는 양극화 현상을 치유할 수 있을까? 종족적, 유기체적 민족주의로는 다양하고 다극화되어가는 세계화의 흐름을 수용하기도 어려울 수 있다. 폐쇄적이고 국수적인 민족주의로는 큰 흐름을 다 담을 수 없다. 극단적인 반일 감정이나 반미주의가 더 이상 민족주의로 행세하게 되어서도 안 된다.[184]

2) 한국 민족주의의 정체성

민족주의는 근대화의 산물임과 동시에 피지배 민중을 당당한 사회 구성원이자 정치 참여의 주체로 인식하게 했다. 민족국가의 성립은 일정한 울타리 속의 모든 시민들에게 동등한 정체성을 부여함으로써 자유민주주의의 근간이 된 것이다.[185] 다시 말해 개인의 보편적인 평등한 권리의식에서 출발했던 것이며, 이는 민족주의의 기원이 자유민주주의와 밀접하게 연관되어 있음을 뜻한다.[186]

자유주의적 민족국가의 성립에 민족주의가 기여한 가장 큰 역할은 타민족 또는 외세에 대응하여 일정 경계 안에서 민족자결권을 확보 했다는 것이다. 이와 같은 민족적 자유는 집단의 자유가 확보되었다는 것을 의미하는 것으로서 시민들이 국가 안에서 향유하는 개인의 정치적 자유와 그대로 연결되는 것은 아니다. 즉 민주적 시민권이 민족적 정체성에 반드시 기반 해야 하는 것은 아니다.[187] 민주적 시민권은 정치적 개인의 자유의지 그 자체여야 한다.

급격하게 진행된 세계화 추세는 민족국가의 기본적인 과세 능력까지 위협하고 있다. 무엇보다도 공통된 민족 정체성의 공유를 통해 국민을 하나로 결합시켜 왔던 민족국가가 국경 없는 노동과 이민 물결로 다민족, 다문화 국가로 변화되고 있다. 현실적으로 더 이상 과거와 같은 방식으로는 귀속적 연대감을 유지할 수 없게 된 것이다.[188]

이런 비판을 바탕으로 '자유주의적 민족주의'가 갖는 규범적 의미는 민족주의가 갖는 자유주의적 관련성이 민족주의적 얘기들을 정당화시키는 것이 아니라, 민족주의가 자유주의적인 규범 내에서만 정당하다는 것을 인식하는 논리여야 한다는 것이다. 즉 민족주의는 자유주의적 가치가 실현될 수 있을 경우에만 정당화될 수 있는 것이다. 자유주의적 민족주의는 자유주의 정체성을 바탕으로 민족주의가 중요한 역할을 하고 있는 것이고 자유주의의 한계 내에서만 정당화될 수 있다는 것이다.[189]

민족이라는 단위가 같은 문화를 공유한다는 집단적 상상을 통해 만들어지는 공동체라는 것을 고려한다면, 민족국가는 정의의 원칙을 구현하는 데 합리적이고 적절한 수단이 된다. 다시 말해 자유·평등 이념을 현실적으로 구현하는 문제에서 민족주의가 중요한 역할을 하게 된다는 것이다. 따라서 민족주의는 필연적으로 자유주의적인 요소를 내재해야 하고, 그 자체로 스스로를 규제하는 논리가 갖춰져야 한다. 이러한 자유주의적 민족주의에 대한 발상은 민족의식의 배타성을 극복하고 보다 확대된 상상의 열린 공동체를 재구성할 수 있는 가능성을 갖추고 있어야 함을 말한다.

한국 민족주의의 성격을 볼 때 혈연이 매우 중요하게 여겨졌다. 이러한 혈연 중심의 시각들은 서구의 민족주의 개념과 차이가 있다. 서구 민족주의에서도 혈연은 중요한 요소로 인식되고 있지만, 혈연을 떠난 공통된 사회적 의식을 민족주의의 핵심으로 간주한다. 에르네스트 르낭은 게르만 민족국가로 불리는 독일에서처럼 서구의 민족주의는 종족(ethnic group)과는 큰 관련이 없다고 주장한다. 앤더슨 역시 '상상의 공동체'를 민족주의 형성의 핵심 개념으로 파악했기 때문에 인종이나 종족 개념은 본질적인 것이 아니라고 보았다. 그러나 한국 민족주의는 단일민족에 대한 믿음을 바탕으로 하는 혈연 중심적 성격이 강하기 때문에 개인의 자유와 권리가 중시되는 자유주의적 민족주의와 양립하기 어려운 측면을 지니고 있었다.190)

민족주의의 형성 과정에서 보면 한국 민족주의는 해방 이후 국제사회와의 관계성 속에서 보다 구체화된다. 제국주의 침탈을 겪은 후 지식인들의 인식 속에서 민족주의는 다원주의와 집단의 자기결정권을 강조한 측면에서 민주주의적인 성격이 부각되었다. 이승만 정권에서 자본주의와 반공주의와의 결합, 박정희·전두환 정권에서의 개발독재 정당화와의 결부 등은 한국 민족주의의 성격을 급격히 보수화시켰고 결국 배타적이면서 타자의 존재를 부정하는 독선적 민족주의로 기울어지게 하여 한국 민족주의의 포용성을 약화시키는 결과를 초래했다. 한국 민

족주의의 혈연 중심성은 결국 그 배타성과 깊이 결부되어 있다.[191]

민족주의가 하나의 민족을 단위로 민족 이익 추구를 중요시 한다면 국가적 정체성의 핵심적인 개념은 국경을 경계로 하는 영토상의 주권을 보호하고 유지하는 것이 된다. 그러나 근대국가 세계로의 편입과 더불어 민족국가 개념을 수용한 동북아에서의 국가적 정체성은 곧 민족주의와 동일한 개념으로 이해된다고 보아야 한다. 곧 민족주의가 국가적 정체성이 된다.[192]

일부 감정적 민족정서를 민족주의로 과대평가해서 민족주의를 민주주의와 대립 개념으로 설정하고 부정하게 될 수 있다. 바꿔 말하면, 민족정서를 '과대평가'하거나 현실적인 문제에 '과잉의식' 함으로써 민족주의를 민주주의와의 대립 개념으로 이해하게 된다. 이런 이해방식은 민족주의에 대한 개념의 확대와 혼란으로 이어질 수 있다는 것이다. 이러한 과잉 민족주의는 자기 완결적 논리구조를 갖추지 못한 상태에서 다른 이데올로기와 결합하여 자신의 목표를 구체화시켜 가려는 이차적 이데올로기라는 특징을 함께 지니고 있다. 뿐만 아니라, 저항 민족주의로서 진보성과 아울러 제국주의적이고 침략적주의적 반동성까지 한 몸에 갖춘 양면성 혹은 이중성을 가진 이데올로기적인 측면도 지니고 있다고 하겠다.[193]

민족주의를 비판하는 관점들은 다양할 수 있다. 하지만 최근 한국사회에서 거론되는 대표적인 두 견해, 즉 신자유주의적 민족주의에 대한 비판과 공공적 민족주의를 내세우는 주장 등 민족주의가 혼돈의 양상에 직면해 있음을 확인할 수 있다. 신자유주의적 민족주의 비판은 초국적 자본의 이해를 대변하는 것으로 민족과 민족주의를 해체해가고자 하는 강력한 힘에 바탕하고 있다. 즉, 민족이나 국민국가 등은 이미 세계화 시대 자본의 국제화에 커다란 걸림돌일 뿐이라는 이데올로기적 요소와 급속한 지구화(세계화, globalization)의 현실과 상호작용하면서 거대한 힘이 발휘되고 있는 것이다. 일부는 국민국가의 종말을 얘기하기도 한다. 즉 지역국가(region state)라고 하는 경제적 단위들이 국경 없는 세계에서 중요한 역할을 수행하고 있다는 것이다. 세계화는 민족의 경계를 허물고 새로운 시공간적 결합 속에서 세계를 밀접하게 융합내지 연관시켜가는 과정으로 본다면 세계화의 힘은 국민국가의 성격과 함께 민족적 문화정체성을 강력하게 변화시켜갈 것이 틀림없다.[194]

한편 민족주의에 대한 비판논리 중 주목해야할 부분은 민족주의의 공공성을 제고하고자 하는 것으로서, 민족주의의 비판적 성찰을 주창하는 이른바 공공적 민족주의(civic nationalism)이다. 물론 민족주의에 공공성을 확보하고자 함은 민족주의에 강력한 실천의 힘을 부여하기 위함이다. 그러나 여기엔 중대한 논리적 문제가 내재되어 있다. 근대국가와 시민사회를 분리하려는 헤겔적 사고를 수용한다면 공공성이라는 것은 국가와 시민사회 사이에 심각한 논리적 모순을 낳을 수밖에 없다. 우선 공공성을 국민국가 또는 민족주의에 귀속시키면 공공성은 억압성을 대표할 수밖에 없다. 한국 근대 민족주의가 당면한 딜레마이다. 시민사회에 귀속시키면 민족주의는 바로 존재기반을 잃어버리고 만다. 헤겔처럼 양자의 통일을 이상으로 한다면 우리는 사회적 공공성을 확보할 수 있게 될 것이다. 하지만 민족주의의 설자리는 어디인가? [195] 즉 공공 민족주의 개념은 민족주의 해체를 지향하는 한시적인 개념으로만 이해될 수 있을 뿐이다.

공공적 민족주의는 민족주의를 단지 가족의 외연을 확장한 집단으로만 이해함으로써 사적인 가치나 개체로서의 존엄을 집단논리에 용해시키는 방향으로 이용 되어온 부분이 있다. 한말 신채호를 위시한 계몽론자들의 원초적 유기체론적 민족이론이 집단이론적 개념을 단적으로 설명해 주고 있다. 사회적 공공성이란 공정과 공평의 가치를 바탕으로 한다. 시민사회란 개인의 자유가 공동선과 연결되는 접점에 위치한다.

무릇 모든 개인은 '사회적 개인'을 뜻한다. 로빈슨 크루소 식 개인이란 어디에도 없다. 우리가 사회적 개인을 얘기하는 것은 인간의 기본적 권리와 민주주의적 이념가치를 문제 삼기 때문이다.[196] 근대 국민국가의 발달은 개인과 초개인적인 사회체제의 총체적이고 전인격적인 지배와 결합·구속관계를 해체시켜버렸다.[197] 하지만 한국에서는 개인과 민족 집단 혹은 미래 국민국가 사이의 관계가 민중적 결합·구속관계로 전화되었다. 개인과 민족주의의 결합 관계는 전적으로 개인의 존재론적 책임감을 전제로 하는 것이어서 더욱 공고화한다. 즉 개인의 특수성과 권리가 그 자체로서 인정되지 않고 국가와 사회체계의 부재 속에 민중적 공동체로 개인의 특수성이 용해되어 버린 것이다. 이와 같은 민중적 민족주의와 이를 바탕으로 한 국민국가의 공공적인 억압성 부분은 개인에 대해 서로 다른 범주를 인정하지 않고 배타적인 귀속을 요구하는 데서 발생한다.[198]

이런 특수성으로 인하여 한국사회에서 민족주의에 대한 공공성 문제는 사회적 차원에서 제기되는 긴요한 문제일 수밖에 없다. 특히 민족주의의 저항 담론이 독점되는 상황에서 개인의 존재를 담보하는 것이 결코 쉽지 않은 문제이다. 따라서 한국 민족주의는 국가와 민족이라는 공공성의 논리가 모든 사적인 이해관계를 끌어내어 꿰뚫어버리는 공공성의 억압구조를 해소하고 과도한 공공성이 철회되어야 하는 과제도 아울러 안고 있다.

다만 공공적 민족주의를 강조하는 것은 근대 민족주의에 대한 재귀적 성찰을 의미한다. 한국의 근대 민족주의가 가진 공공성의 참된 의미를 알고 그 역사성 속에서 비판해 봄으로써 민족주의의 공공성을 살려낼 수 있어야겠다는 말이다. 또한 공통된 집합적 주체로서의 '민족'은 타자와의 관계와 경쟁을 통해 자신의 정체성을 확립해 나간다. 그 정체성의 정립 과정이 공공적 영역에서 형성되는 상호 인정하면서 민주적이고 평등한 관계 속에서 이루어져야 한다는 점이 새삼 강조되어야 한다.

국가성의 약화 현상은 근대적 국민국가의 탈 자연화 및 상대화 현상과 맥락을 같이 하는 것이다. 한국 민족주의에서 통일을 민족주의와 대응시키고 분단을 국가주의와 대립시키는 생각은 논리적 혼란을 야기할 것이다. 통일 민족주의를 분단 국가주의와 대립시키고자 하는 생각은 논리적 혼란을 피하기 어렵다.[199] 독일의 통일 과정을 비판하면서 종족 (ethnos)적 개념보다 민주(demos)적 개념을 통일의 기본 원칙으로 삼아야 한다고 강조한 하버마스의 주장이 새삼 눈길을 끄는 이유도 여기에 있다.[200]

해방 후 한반도에는 중도적 이데올로기와 결합되어 통일을 주창했던 통일 민족주의와 남북한에 의해 주도된 두 개의 국가 민족주의, 그리고 남한의 국가 민족주의에 반대하고 자유민주주의의 실현을 목표로 한 시민 민족주의, 민중주의와 결합하여 민중 민주주의를 지향한 민중 민족주의, 사회주의와 결합하여 통일을 지향했던 통일 민족주의 등 다양한 민족 담론이 존재하였다고 분석한다.[201]

민족주의에 대한 이해의 오류는 민족주의에 대한 개념의 확대로 이어지는데 민족주의 내에는 다양한 스펙트럼이 존재한다. 홉스봄은 20세기를 '극단의 시대'라고 명명했다. 20세기의 희망과 절망의 극단을 가장 극명하게 잘 보여준 민족주의 이데올로기는 그 민족 집단이 가진 희망을 가장 잘 결집시키고 있었지만, 인간으로서의 절망감 또한 가장 날카롭게 보여주었다. 한국 근대 민족주의가 안고 있는 과제와 민족주의 연구자들이 풀어가야 할 과제를 예리하게 분리해 낼 수 있어야 한다.

한국의 근대 민족주의는 공공성을 제고하거나 대안적 공공적 실체를 육성해나갈 때 비로소 성찰성을 유지할 수 있을 것이다. 니체는 '괴물과 싸우는 사람이 싸움 과정에 스스로가 괴물로 변화되지 않도록 주의해야 한다'고 했다. 해방 후 한국 민족주의가 식민 제국주의 시대의 민족주의를 본받아 이행해 온 것이 있다고 한다면, 한국 민족주의는 흔들리는 국민국가로서의 지위와 함께 그 공공성의 의미를 되새겨 보아야 할 때이다.

우리의 민족 관념은 어떠한가? 우리의 민족 개념은 북한 및 통일 문제와 직접적인 관련을 맺고 있기 때문에 민족을 어떻게 규정하는가 하는 문제는 대한민국에게 막중하면서도 동시에 복잡 미묘한 과제가 된다. 공식 이데올로기가 국가와 당에 의해 획일적으로 제조되는 북한과 달리 남한에서는 통일적으로 합의되는 하나의 민족 개념을 추출해낸다는 것은 대단히 어려운 일일 수 있기 때문이다.

유구한 역사를 자랑하는 '단일민족', 평화를 사랑하는 '백의민족', '삼천리금수강산' 등의 어법은 우리 민족에 관해 말할 때 남북을 통틀어 흔히 피력되는 일상적인 관념의 수준이다. 이는 우리 민족의 객관적 공통성에 초점을 맞춘 특성에 대한 공동체적 이해 방식이라 할 수 있다. 끊임없는 침략에 맞선 끈질긴 저항, 일제로부터 벗어나려는 불굴의 해방 투지 등에 대한 역설은 운명공동체적 역사 이해라 할 수 있다. 이는 민족 개념 유형론으로 본다면 '문화민족', '저항민족' 개념이 우리 민족에게 어쩔 수 없이 친근한 준거의 틀이 되었다고 하겠다.202)

어쨌든 한국 민족주의의 정체성 운동은 첫째, 강대국에 둘러싸인 약소국 입장에서 일제강점기의 압제를 벗어나고자 자주독립 국가의 위상을 유지 · 획득하는 목적으로 전개되었다. 둘째, 규범적이고 발전된 문명사회를 지향하는 근대 민주시민사회로 발전할 수 있는 토대를 마련하였다. 셋째, 민족 구성원 모두가 평등한 인간 가치를 실현하려는 시민 민족주의의 민족공동체 모습을 확립하고자 한다. 넷째, 민족국가로서 독립을 쟁취하면서 국제사회와의 공존적 국제질서의 회복과 세계평화에 공헌 할 수 있도록 진행되었다.

그러나 한국 민족주의는 이러한 노력에도 불구하고 오늘날까지 끊임없이 이어온 갈등의 저변에서 움직이는 왜곡된 민족주의의 본질적인 문제가 무엇인지 산업화, 민주화가 된 이후에도 북한의 민족주의 헤게모니 전략에 속절없이 이끌려 다니면서 남한 사회 내부적으로 '남남갈등'이라는 용어가 만들어 질 정도로 한국 민족주의의 패러다임은 제대로 된 대응 역량을 갖추지 못하고 있었다. 지금까지 남한의 낭만적 민족주의 부분에 대한 패러다임 분석을 통해 갈등 연원의 일부를 알 수 있었다. 이제 대한민국 사회에 '남남갈등'의 대상이자 근원이 된 북한 문화 민족주의 즉 '주체 민족주의'에 대한 비판적 분석을 통해 실상을 낱낱이 파헤쳐보고 이를 극복할 수 있는 대안을 모색한다.

제4장

북한

주체 민족주의에 대한 비판적 분석

제1절 북한의 김일성 주체사상과
낭만적 민족주의

1. 민족지상주의 / 주체사상

1) 민족지상주의 왕조적 전체주의

한국사회의 제반 문제들 중에 정치적 이념적 갈등의 연원 특히 민주주의와 연계해서 가장 핵심이 되는 쟁점은 민족 혹은 민족주의와 관련되어 있다. 민족·민족주의는 근대국가의 원리이면서 그 토대임은 분명한 사실인데 문제는 북한 민족주의가 근대적 민족 개념이 아닌 헤르더적 낭만주의[1] 개념을 바탕으로 한 '민족지상주의적 사고'를 하고 있다는 것이다.

우리는 자유민주주의 체제에 살고 있다. 그것은 개인의 자유와 평등이 보장되는 국민국가의 내적 구성 및 운영 원리와 관련된 것이다. 국가의 외적 구조에 대한 기준이나 단위를 결정하는 것과는 거리가 멀다고 하겠다. 국민국가의 외적경계 즉 어떠한 기준으로 국가의 단위를 설정할지를 다루는 것은 바로 민족주의이다. 하나의 민족, 하나의 국민을 단위로 민족국가(nation state)를 만들고 그 체제의 내부적인 구성과 운영원리로서 자유민주주의 체제가 작동되는 것이다. 따라서 "민족주의란 자유민주주의를 실천해 내는 철학을 갖춘 자유로운 국민, 즉 시민을 핵심으로 요구하며, 시민들에게는 자유민주주의 체제 즉 국가에 대한 사랑, 다시 말해서 애국심(patriotism)을 요구하게 되는 것이다."[2]

이처럼 민족주의는 경계가 뚜렷하고 영토와 국민주권과 '일반의지'[3]를 가진 민족으로 구성된 국민국가를 형성하는 핵심 개념이다. 루소의 일반의지는 자유와 평등·박애의 공동선에 대한 주춧돌이며 법과 제도의 원천이라고 할 수 있다. 주권은 일반의지의 행사인 것이다. 애국심(patriotism)은 불타오르기 쉬운 열정이다. 그 열정을 지도하여 덕의 바탕이 될 수 있도록 해 주는 것이 바로 '일반의지'로서 루소 근대 민족주의의 이론적 토대가 된다.[4] 여기서 민족주의는 '일반의지'가 행사되는 국민주권 개념을 토대로 자유와 평등이 보장된 자유로운 시민 즉 주체자로서의 민족 혹은 국민(nation)이 있어야 한다.

우리 근·현대사를 보는 관점은 크게 보아 근대성의 문제로 귀결된다고 할 수 있다. 내용적으로는 산업화와 민주화였고, 사상적으로는 자유와 평등이라는 두 가지 이념적 가치가 있다. 산업화에서는 평등주의를 어떻게 적합성 있게 발전시킬 수 있느냐 하는 문제와 더불어, 민주화에서도 평등을 기본으로 동시에 자유라는 요소를 어떻게 확보할 것인가가 핵심이었다. 바로 이러한 과제들을 실현시킨 주체가 바로 민족 혹은 국민이다. 민족 문제의 핵심에는 근대국가, 근대성 그리고 민주주의라는 문제가 자리 잡고 있었다. 오늘날 우리가 말하는 민족 개념은 근대성의 실천적 담지자이거나 국민적 주체와 밀접한 것으로서 정치체제와 직접 관련된 바로 국가성의 문제이다.

북한은 나름대로는 자유와 평등을 얘기한다고 하고 있지만 그것은 결코 루소적 개인주의를 바탕으로 하는 것이 아니라 어디까지나 왕조적 전체주의의 유기체적 집단주의를 토대로 하는 것이다. 북한의 집단주의라고 얘기되는 전체성은 무엇보다 '민족'으로 표방된다. 북한은 전통사회에서 일제강점기를 거쳐 바로 공산주의 사회로 진입함으로써 시민이 바탕이 되는 소위 '자유주의적 근대성'을 미처 경험하지 못했다. 말하자면 왕조적 전통 군주사회에서 전체주의적 독재국가로 바로 전환되어 버린 것이다.

북한은 자유주의를 접해보지도 못했을 뿐만 아니라, 근대적인 마르크스주의나 계급해방 사상 역시 제대로 소화할 틈도 없이 바로 소비에트화 되어버렸다. 그런 점에서 북한은 사상적으로나 체제적으로나 전체주의를 떠나서 얘기할 수가 없다. 북한체제에서는 모든 것이 하나의 틀 속에서만 기능하는 유기체적 요소가 강하게 나타날 수밖에 없기 때문이다. 이러한 체제하에서 개인의 자유와 평등을 제기할 통로라고 할 수 있는 인권은 쳐다볼 수 없는 개념으로 치부된다.

민족주의는 국가의 단위를 설정하는 원리로서 기능하는 것인데 자칫하면 국가의 구성 및 운영원리로서의 민주주의 체제와 혼동하여 잘못된 테제를 유도하게 될 수도 있다. 북한 민족주의의 가장 심각한 문제는 근대적 의미의 민족 개념과는 무관하게 오로지 혈연적 혹은 문화적 공통성만을 기반으로 하는 민족과 낭만적 민족주의라는 것이다. 북한의 민족은 스탈린의 민족 개념인 "언어, 령토와 경제생활, 문화의 공통성에 기초하여 역사적으로 형성된 사회생활 단위로서 사람들의 공고한 집단"으로 규정한 정의를 그대로 계승하다가 경제생활을 빼고 '혈통'을 추가하여 언어의 공통성과 함께 '핏줄'을 강조하고 있다.[5] 특히 핏줄은 주체사상을 위한 집단주의적 생명관을 상징하게 된다. 이렇듯 북한의 민족 개념은 헤르더의 문화민족처럼 혈통과 언어를 중심으로 종족적 개념이 강한 비정치적이며 살아있는 유기체집단 개념으로 지극히 낭만적이고 문화적인 성격이 강하다.

지금까지 북한은 우리 사회에 '민족'을 마치 세뇌하려는 듯이 지속적으로 주입시키려 했다. 은연중 우리 사회에서의 민족은 어떤 면에서 민족이라는 문화적 동질성 때문에 감성적인 마술적 단어로 또는 신성시한 지성적 금기로 우상화 되어버린 부분이 있다. 그것은 다름 아닌 그들만의 유일 신념체계 즉 김일성 주체혁명을 위한 민족지상주의 이데올로기에 영향 받고 있기 때문이다.

2) 지배이데올로기 주체사상

(1) 공산주의적 인간 주체사상화

주체사상은 마르크스-레닌주의나 스탈린주의로부터 벗어나 독자적인 사상체계로 발전시키고자 했던 사상이나 "북한 주체사상의 진수는 전체주의와 봉건주의를 결합시킨 수령 절대주의였다."[6] 주체사상은 1965년 4월 김일성이 반둥회의에서 주체 확립에 연관하여 "사상에서의 주체, 정치에서의 자주, 경제에서의 자립, 국방에서의 자위"라고 설명하면서 개념으로 처음 공식화되었다. 김일성은 자주적 입장과 창조적 입장으로부터 출발하여 4가지 기본노선을 내놓은 것이다. 이것은 한마디로 스탈린주의에 민족주의를 첨가한 것이라고 평가할 수 있다.[7] "주체사상의 대부분은 소련 공산당의 「철학교정」을 차용한 것이다. 주체사상은 철학이라기보다는 인민을 동원하기 위한 '정치종교'라고 할 수 있다."[8]

주체사상은 1973년 김일성대학 강의 '철학강좌'에서 기초가 형성되었고 1985년 김정일 주도하에 만들어진 『위대한 주체사상 총서』(전10권)에서 체계화된 것으로 파악된다. 주체사상의 특징은 마르크스-레닌주의의 유물론을 '사람 중심'의 관념론으로 개조한 것이다. 하지만 북한의 주체 이데올로기는 "국제적 고립의 대명사이고 국내적으로 수령 독재체제 유지를 위한 수단에 불과하다"[9]라고 주장한다. 사상의식의 본성과 인간개조 사상이 교양되고 김일성 이데올로기로 무장된 인간만이 사람이라는 것이다. 주체사상의 로봇이 된 북한 인민들의 처지를 생생하게 표현한 것과 다름 아니다.

주체사상이 기존 유물론적 공산주의 이론과 다른 점은 철학적 원리가 사람 중심에 있다는 것이다. 1972년 김일성은 주체사상을 "혁명과 건설의 주인은 인민대중이고 혁명과 건설을 추진하는 힘도 인민대중에게 있다는 사상이다"라고 혁명의 주체가 인민대중임을 명시하면서 "사람이 모든 것의 주인이고 모든 것을 결정한다"라는 명제를 보충하였다. 세계를 인간 중심의 세계로 개조 발전시켜 나갈 수 있다고 보는 주체의 세계관이다.[10] 이 논리로서 사람이 사회 역사의 중심이 된다. 사람 중심의 새로운 세계관에 입각하여 공산주의 사회를 건설하기 위해서는 무엇보다 공산주의적 인간으로의 개조가 필요하다고 주장한다.[11] 인간 개조란 본질적으로 사상 개조이고 그것은 온 사회의 '주체사상화'를 위한 혁명이라는 것이다. 그러니까 새로운 인간으로의 재탄생은 결과적으로 혁명적 인간 개조를 필요로 한다는 것이고 결국 전 사회의 주체사상화는 공산주의적 인간으로 사상 개조를 해야 한다는 것을 의미한다.[12] 물론 개조된 인간은 주체 수령에 대해 충성과 복종을 다하는 인간이다. 개인은 없다. 오직 집단의 일부로서 주체인간으로 존재하는 주체사상화의 화신만이 남는 것이다. 주체사상은 김일성 개인숭배를 위해 만들어진 하나의 사상, 하나의 조직으로 통합하기 위한 집단 이데올로기였다.[13]

김일성은 중·소 분쟁의 틈새에서 주체사상을 지배 이데올로기로 제도화시키면서 일종의 민족 절대주의를 만들어나가기 시작했다. 북한식 민족주의 안으로 김일성 수령체제를 공고히 하기 위한 통치이념으로 정립하였고, 이것을 기반으로 대남 통일전선전략의 명분을 내세워 나갔다. 소위 '김일성 민족주의'를 만들어 수령제라는 영웅주의적 지배사상과 이에 대한 인민의 '순응주의'를 세뇌시킴으로써 가장 퇴행적인 낭만적 민족주의를 체제화시켜 버렸다.[14] 김일성 민족주의는 넓은 의미에서의 주체사상이었다. '주체 확립'의 과정은 바로 김일성 개인숭배 및 수령 독재체제 구축과 연결되어 있다.

북한의 초기 민족 개념은 이론적으로 체계화하지 못한 채 스탈린의 정의를 그대로 따라 하다가 1973년 '혈통'과 '심리'를 추가하면서 민족을 주장하기 시작하였다. 김일성도 처음에는 민족주의에 부정적인 인식을 가지고 있다가 1980년대 들어서면서 민족주의 구호를 주체사상 체제 강화에 활용하기 시작했다. 주체사상이 프롤레타리아 민족주의관을 초월하는 계기가 된 것이다.

북한은 주체사상의 고양과 더불어 민족 개념의 변형을 꾀하면서 민족주의에 적극적으로 다가가는 자세를 보이게 된다. 따라서 민족 자주성 또는 민족 자결권 이념이 전면에 떠오르는 것은 자연스러운 현상이라 할 수 있다. 주체사상은 드디어 "민족 자결권 문제를 민족의 자주성과 결부시킴으로써 매개 민족은 자기운명의 주인으로서 모든 문제에 대해 자주적인 결정을 하는 정치적 권리에 관한 문제로 전환시켰다. 민족 자결권을 완전히 행사하는 데 있어서 나타나는 모든 문제의 해결 방향에 대하여 전면적으로 밝혀"주는 이념으로 규정되었다. 모든 민족은 "사상에서 주체, 정치에서 자주, 경제에서 자립, 국방에서 자위의 원칙을 확고히 견지하고 부강한 자주독립 국가를 건설"할 의무를 지게 된다. 그리고 '민족자주 의식'은 "민족의 주인으로서의 자각과 민족의 운명을 민족 스스로 개척해나가려는 의지"로 정의한다.[15] 민족 문제의 해결은 민족의 자주성 실현을 위해 꼭 필요한 과업으로 인식하고 있으며, 혁명도 건설도 민족이 있고서야 비로소 이뤄질 수 있음을 강조하면서, 어떠한 사상과 이념도 민족을 떠나서는 모두가 무의미한 것으로 간주하는 등 민족주의를 중심으로 한 프로파간다들이 주체사상 안으로 그대로 다 함몰되어 버렸다.

한편 북한에서 거부해오던 민족주의를 전면적으로 수용하게 된 이유는 '자주성'을 강조하기 위함이었다. 이것은 소련과 중국 및 동구 사회권의 변화 바람을 차단하여 체제를 유지하기 위한 고육지계의 하나였다. '자주성'은 곧 주체사상의 핵심 개념으로서 북한체제의 민족주의적 성격 규정의 핵심 원리로 작용하고 있다.16) 주체사상은 민족의 '자주성'을 민족의 생명이라고 규정하고 있다. 특히 주체사상이 '자주'·'자립'·'자위' 등을 이념적 목표로 설정하고 있기 때문에 주체사상과 북한 민족주의 간의 연관관계는 가장 견고하면서도 포괄적인 민족주의적 사상체계라고 이해할 수 있다.17)

주체사상의 핵심 개념인 '자주성'에는 외부를 향한 권리와 책임이 있음을 강조하면서 주체철학원론에서 "민족이 력사에 존립하고 번영하려면 밖으로부터의 압력 내지 간섭과 지배에 용감하게 응전해야 하며 안으로는 온갖 외세의존을 배격해야 한다"라고 하여 안과 밖으로 외세의 압력에 대한 응전 및 외세 의존에 대한 배격만을 얘기할 뿐이다. 밖의 외세에 대해선 당당한 자결권을 주창하면서 안으로는 책임만이 강조되는 것이다. 그리고 그 책임은 '당'과 '수령'을 지향하고 있다. 민족 운명을 좌우하는 결정적 요인은 민족 위에 있는 수령과 당의 령도이고 그것이 곧 주체사상이기 때문이다.

민족의 생명이라고 일컬어지는 '자주성'은 주체사상의 핵심 테제이다. 북한 사회에서 '자주성'은 당과 국가 활동의 핵심 원칙으로 작용하고 있다. 이러한 자주성 확보 문제는 1960년대 북한 정권에 있어서 핵심 과제였다. 따라서 60년대 이후 북한의 대외정책 기조는 반제국주의 노선일 수밖에 없다. 이와 비슷한 시기에 주체사상의 공식화가 처음으로 이루어지면서 민족주의의 북한식 변형인 사회주의적 애국주의에 대한 교양이 광범위하게 실시되었다. 특히 북한은 중국 인민지원군이 북한 지역에서 완전히 철수했던 1958년을 계기로 하여 외세 배격과 미군 철수를 주창하면서 반외세 자주화의 기치를 끊임없이 고양하고 있다. 이러한 반외세 자주화의 기치를 높이 들고 반제국주의 논리대로 북한은 남한 내 미군의 존재에 대해 미 제국주의에 의한 '식민성'으로 호도하면서 이를 극복하는 것만이 조국통일을 앞당기는 지름길이라고 주장한다.

"우리가 미국만 쫓아내어 통일만 되면 잘 살 수 있다"는 것이다. 핵심은 남한에는 미군이 주둔해 있으니 남한은 반식민지이면서 자주성이 없는 나라라는 것이다. 민족 개념은 북한 통일전선 전술의 중심에 있다. 전술적 침투의 핵심에는 주체사상의 중심 개념인 '자주성'이 있다. 북한은 이것을 토대로 민족과 자주의 이름으로 반미와 반외세를 외치고 있는 것이다. 북한이 민족을 내걸고 자기 체제의 모순을 은폐할 구실을 찾고 있다. 다시 말하면 미국만 없었으면 모든 것이 제대로 되었을 것이라고 하는 자기기만 술책에 불과한 것이다.[18] 여기에 주체 민족의 '자주성'은 반미·반외세 배격의 핵심 테제로서 손색없이 활용되고 있는 것이다. 6·25 남침전쟁, 서울 '불바다' 위협, 최근 미국 본토에 대한 핵 공격 위협 등 무수히 계속된 위협과 도발에 대한 자기변명·합리화에 불과한 이데올로기로서 주체 민족의 '자주성'이 충분히 이용되고 있는 것이다.

북한 민족주의에 대한 균형 잡힌 이해를 위해서는 북한의 공산정권이, 중국이나 베트남의 경우처럼, 민족해방투쟁을 통하여 그리고 그 전담 세력에 의해 수립되었다는 점을 고려할 필요가 있다. 따라서 북한에서의 민족주의는 다소의 우여곡절을 겪긴 했지만, 북한 사회의 태생적 본질에 가깝다고 할 수 있다. 요컨대 북한의 민족주의는 전형적인 저항 민족주의의 속성을 벗어나지 못하고 있다. 다시 말해 북한 민족주의는 '자주성 테제'에서 보듯이 '밖으로부터의 자유'에 본질적으로 매달리는 반면, '수령론' 등에서 보이는 것처럼 '안에서의 자유'는 외면하거나 무시 혹은 왜곡하고 있다는 것이다. 바로 여기서 '안에서의 자유'에 '개인'이 무시된 북한 민족주의의 문제점이 비롯된다.[19]

북한은 민족의 자주성에 두 가지 측면이 있음을 강조하고 있다. 즉 "하나는 독자적인 생활의 공동체로 존재하고 자기 운명의 주인으로서의 권리를 옹호하면서 행사하려는 지향성이며, 또 다른 하나는 자주적인 사회적 집단으로 발전하여 자기 운명의 주인으로서의 책임을 다하려는 지향성"이 그것이다. "따라서 민족이 력사에 존립하고 번영하려면 밖으로부터의 압력 내지 간섭과 지배에 용감하게 응전해야 하며 안으로 온갖 외세 의존을 배격해야 한다"[20]라고 하여 민족의 자주성을 확보하기 위해 안팎으로 온통 외세에 대한 응전과 척결을 외칠 수밖에 없다.

요컨대 '안에서의 자유'에 대해서는 오직 침묵으로만 일관하고 있다. 밖을 향해서는 당당한 '권리'를 부르짖고 있으나, 안에서는 과연 무엇이 보장되는가. 결국 안에서는 인민대중에게 '책임'만 주어진다. 그리고 그 책임이 지향하는 곳은 곧 당이요, 수령이다. 여기에 인민대중은 스스로 설 자리를 찾을 수가 없다. 즉 인민에게 안에서의 자주성은 설 자리가 없는 것이다. 인민에게는 오직 따르고 충성해야 할 '권리'와 '책임'만 주어진다. 그것을 통해야만 비로소 민족적 긍지와 자부심이 민족의 영예와 함께 되살아나고 유지될 수 있다. "그것은 인민대중의 사회적 생명은 수령이 준 생명이기 때문에 오직 수령을 위해 충성과 효성을 바쳐야 한다"는 것처럼 사람들의 자주적 인권은 완전히 무시된 채 오직 수령의 노예로만 일관된 반인민적인 사상이다. 따라서 "북한 통치자들의 수령론은 상식적으로 도저히 이해할 수 없는 미신에 불과하다."[21]

즉 북한 주체사상은 수령 절대주의 사상이며 마르크스주의(스탈린주의)의 계급투쟁과 무산계급 독재론의 가면을 썼으며 황장엽의 인간중심 사상 등 크게 3가지를 내걸고 근로대중을 기만하기 위해 만들어낸 수령 절대주의의 위선적인 사상이다. 황장엽 선생은 이것을 기만적 범

죄행위로 규정하고 다음과 같이 주장한다.[22]

첫째, "북한 통치자들은 주체사상을 혁명사상이라고 하면서 북한 주민들을 노예화하는 정신적 수단으로 만들었다."

둘째, "김정일은 주체사상을 철저한 개인이기주의 사상으로 전환시켰다." 정권, 재정, 문화, 인민까지도 수령 개인의 소유물로 만들어 버린 역사적 범죄 행위를 저질렀다.

셋째, "김정일은 주체사상을 노동 계급의 혁명사상으로 규정하여 폭력을 신성화하는 폭력주의로 전환시켰다." 독재 정당화의 논리이자 법치가 존재하지 않는 봉건적 개인독재 국가로서 법 위에 노동당이 있고 노동당 위에 수령이 있는 것이다.

넷째, "봉건화된 주체사상은 치명적 약점을 가지고 있다." 개인숭배에 기초한 맹목적 통일 지상주의와 막강한 군사력이다. 사상적으로 붕괴되면서 막강한 군사력과 경제적 잠재력을 가졌던 구소련의 붕괴가 이를 잘 입증해주고 있다. 수령 절대주의 미신이 가지고 있는 것은 김일성·김정일의 과장 날조된 혁명 활동 역사와 수령 우상화를 옹호하는 궤변뿐이다. 전체주의의 전형이다.

(2) 민족주의 위의 주체 민족관

결국 북한은 주체사상을 가장 철저한 사회주의적 애국주의로 정의한다. 김일성이 "진정한 민족주의는 애국주의이다"라고 하면서 김일성에게는 계급보다 민족이 우선하고 "민족이 있고서야 계급이 있을 수 있다"라고 분명히 밝히고 있다. 계급적 이해관계를 앞질러 민족적 이해관계를 향한 열망은 바로 '조선민족 제일주의'로 승화한다. 주체사상은 "민족자결권 문제를 민족의 자주성과 결부시켜 매개 민족이 자기 운명의 주인으로 민족자결권을 행사할 수 있도록 해주는" 이념으로 규정하고 형식상 '민족자주의식'을 크게 강조하면서 넓은 의미에서는 민족주의 사상체계에 포함되는 북한식 민족주의였다. 하지만 북한은 주체의 자주의식을 주창하면서 외부의 개혁 압력에 대해서는 '주체 강화'를 기본 전략으로 내세움으로써 김일성 민족주의의 폐쇄성을 공고히 하였다. 주체 강화 전략은 민족적인 독자성을 부각시키는 방식으로 추진되었는데 김정일은 민족적 독자성을 앞세워 주체사상을 '우리식 사회주의'로 제도화 하였다.

'조선민족 제일주의'는 민족주의를 강조하는 것이 아니라 민족이라는 의미를 활용하여 '주체혁명 선전선동 구호'화한 것이다. 김정일은 조선민족 제일주의를 주창해놓고 "우리 공산주의자들은 민족주의자가 될 수는 없습니다"라고 민족주의를 부정하면서도 주체사상으로 무장하여 공산 혁명 활동을 강화할 것을 강조하여 애국과 정권에 대한 충성을 유도했다.23) 주체사상의 궁극적 목표는 당과 주체의 수령 동지에게 애국과 충성을 다하도록 유도하기 위한 것이었다. 북한의 민족주의 개념도 정치 환경의 변화에 따라 빈번히 변화했다. 스탈린 민족주의로부터 김일성 민족주의로까지 변용될 수 있었던 것은 주체사상이 민족주의에 영향을 주었기 때문이다.

즉 북한의 민족관은 '주체의 민족관'에 근거를 두고 있다. 민족주의가 주체사상의 하위개념으로 내면화 되어있는 것이다.24) 개인의 자유와 평등 이념에서 출발한 민족주의의 위대한 가치가 주체사상의 이용물로 전락하고 만 것이다. 착한 민족주의가 주체사상의 마굴로 들어 가버린 형상이다. 이렇듯 주체사상에 의해 북한 민족주의는 정치적 상황에 따라 변화했다. 따라서 북한 민족주의가 주체사상에 의해 자의적이고 폐쇄적인 조작적 민족관을 추종하게 된다면 결과적으로 민족 본연의 속성을 크게 왜곡시키는 결과를 초래하게 된다. 북한의 주체사상은 우리식(북한식) 민족주의라는 특수성의 틀에서 현실적 과제들을 해결해 나가는 데 요구되는 확장과 변형의 이중적 의미를 지닌다고 볼 수 있다. 체제의 논리와 민족의 논리가 결합되어 사회주의 체제의 이데올로기로서 기능하게 될 수 있는 것이다. 결국 북한의 주체 민족주의는 전통적 민족주의가 가지고 있는 자유·평등·박애라는 보편적 가치가 도외시된 채 수령체제의 지배 이데올로기로서만 작용하는 이념적 퇴보성을 벗어나지 못하고 있다.[25] 민주주의 없는 즉 민족 없는 민족주의 이데올로기가 주체민족관으로 변용되어 뒷걸음질을 치고 있는 것이다.

2. 북한판 낭만적 민족주의

1) 북한의 낭만적 민족주의

(1) 북한 민족주의의 기원

역사적으로 민족주의가 사회주의와 결합한 예는 북한을 비롯한 여러 저개발 국가에서 쉽게 찾아볼 수 있다. 북한은 뚜렷한 이념을 가지고 있었던 나라가 아니었다. 그래서 소련에서조차 부정적 관점에서 해석되었던 스탈린식 민족주의를 받아들였던 것이다. 스탈린의 민족에 대한 정의를 보면 "민족은 공통의 문화에 나타나는 언어와 지역, 심리적 성격 및 경제생활의 공통성에 기초하여 이뤄진, 역사적으로 형성된 사람들의 안정적인 공동체"라고 1960년 출간된 「조선말 사전」에 게재되어 있다.[26] 민족주의는 사회주의 민족국가 건설 노선에 직접적인 영향을 미쳤다. 이는 민족 역량을 집결시키기 위한 민족 통합의 민족주의가 사회주의적 민족국가 건설의 자력갱생 노선에도 투영되었음을 말하는 것이다. 이는 한 인간의 권력과 탐욕에 의해 받아들여진 스탈린식 민족주의 개념이다.[27]

1970-80년대의 북한 민족주의 개념은 주체사상에 접합된다. 여기서 민족은 "씨족이나 종족을 이루고 살던 사람들이 자주성 투쟁의 력사적 과정에서 핏줄과 언어, 문화 및 령토의 공통성을 기초로 하여 결합된 공고한 사회적 집단"[28]이라고 정의한다. 이것은 스탈린의 민족 개념에서 벗어나 북한 특유의 독자적인 민족주의 개념으로 정착된 것이다.

(2) 북한의 낭만 민족주의

① 북한의 민족 개념과 카우츠키(Kautsky)

북한 민족주의의 기원은 마르크스주의 또는 마르크스-레닌주의의 깃발 아래 사회주의 사회 건설을 위한 토대를 다지기 시작한 곳에서부터 출발한다. 그러나 마르크스나 엥겔스는 민족 문제가 포괄적인 정치적 이슈로 떠오르던 혁명의 시대임에도 불구하고 체계적인 민족이론 정립에 관심을 가지려 하지 않았다. 마르크스주의자들은 부르주아 혁명에 의해 만들어진 민족주의가 자본주의의 멸망과 함께 사라질 것이라는 것을 굳게 믿고 있었기 때문이다.

따라서 카우츠기나 스탈린 정도를 제외하고 어떤 마르크스주의자도 민족을 체계적으로 규정하지 않았다. 마르크스 · 엥겔스는 "전 역사의 기본"으로 생각했던 '시민사회(burgerliche gesellschft)'를 유물사관의 핵심적 연구 대상으로 파악하였다. 생산양식과 불가분의 관련을 맺고 있으면서 바로 그것에 의해 생성된 교류형태인 시민사회를 내적으로는 국가로 외적으로는 민족으로 파악하여 시민사회가 구체적으로 추구하는 두 개의 측면을 구분하였다.[29]

마르크스나 엥겔스의 민족에서는 언어 · 문화적인 측면을 원칙적으로 부정하고 있다. 민족을 "자연발생적인 것이 아니라 도출된 것"으로 파악하고 있기 때문이다. 엥겔스가 원시공산사회로부터 계급 분화 및 사유재산의 출현이 이루어지고 국가는 그로 인한 제도적 필요에 의해 "발명"되었다고 주장하는 것처럼[30] 민족이란 자본주의적 성장과 필요에 따라 인위적으로 제작된 것이라는 말과 같다. 다른 한편 자본주의 체제의 제거, 프롤레타리아 계급의 국제적 단합과 민족 및 계급의 지양을 궁극적인 목표로 하는 마르크스·엥겔스의 '프롤레타리아 국제주의'는 「공산당 선언」에 명쾌하게 묘사되어 있는 것처럼 "노동자 계급의 무조국성"[31]에 적나라하게 드러난다.

노동자 계급의 무조국성에 대해 첫째, 시민국가 형태로 존재하던 기존의 '조국'은 단순히 부르주아 계급의 특수관계에 의해 이뤄지므로 노동자 계급과는 하등의 이해관계가 부여될 수 없다. 둘째, 자본주의의 세계적 팽창에 따라 노동자 계급의 생존 형태나 착취 상황들이 국제적으로 비슷해지게 되었다. 이것은 부르주아 계급의 이해관계와 일치하게 됨으로써 프롤레타리아트로부터 모든 민족적 특성을 박탈해버려야 된다는 확신을 갖도록 하였다. 자본주의의 국제적 확산은 국제적 차원에서의 프롤레타리아 혁명 수행을 필연적으로 야기시켰다. 이 혁명의 성공을 위해서는 노동자 계급의 국제적 단합이 필수적이라는 확신에 근거를 두고 있다. 결국 마르크스와 엥겔스는 원칙적으로 부르주아 민족주의를 배격할 수밖에 없었던 것이다.

"사회주의 운동을 위해 민족주의를 배제시키는 것이 불가능하거나 사회주의자가 민족주의적 색채를 띠는 것이 불가피하다"는 점도 명확히 하고 있다. 민족은 존재 형식으로서 가변적인 것이지만 그 본질은 생산양식의 변천과 발전에도 불구하고 변하지 않는 것이다. 말하자면 "상부구조"를 형성하고 "역사의 장에서 빠르게 사라질 국제적인 것"과는 반대로 민족이란 언어와 문화처럼 "진정한 하부구조"를 이루고 있기 때문이다. 프랑스의 레지스 드브레(Regis Debray)는 민족 공산주의화에 온 힘을 다하겠다고 스스로 선언한다.[32]

여기서 우리는 프롤레타리아적 이론으로 인해서 마르크스·엥겔스에 의해 원천적으로 거부당하던 민족주의 논리가 현실적 실천의 장에서는 결코 도외시될 수 없는 제휴의 대상으로서 끈질기게 부활하는 의미 있는 모습을 목격할 수 있다. 대체로 제국주의적 억압과 착취를 체험한 지역에서의 사회주의가 민족주의적 정향을 그 본질의 하나로 점하고 있다는 것을 알 수 있다.[33]

② 카우츠키와 스탈린

시민적 관념론자들은 헤겔과 헤르더 등에게서 보듯이 대체로 민족성, 민족정신 또는 언어, 문화, 민족의식 등의 정신적이고 초역사적인 요인들을 민족의 결정적 본질로 파악하고 있다. 반면에 마르크스주의자들은 전통적으로 경제적 하부구조와 직접적으로 관련시켜 그 민족을 보려고 한다.

마르크스주의 정통파인 카우츠키는 민족이론을 최초로 유물론적 관점에서 정립하려고 시도하였다. 카우츠키는 민족이 성립하는 것은 대체로 "생산양식 발전의 직접적인 결과"로서 세 가지 요소가 결정적이라고 밝히고 있다. 즉 "작은 공동체들이 서로 흩어져 있는 상태에서 대적할 수 없는 외부 적이 우세함과 자연의 압도적인 힘", 그리고 세 번째로 가장 중요한 요소로서 "상품 교역과 상품 생산"이 그것이다.[34] 자급자족 경제가 해체되고 물질적인 공통적 이해관계가 존재함으로써 부락공동체와 같은 '소규모 공산주의적 공동체'가 상호 결합하면서 민족이 되기 위한 필수적인 전제조건이 조성된다고 봤다.

민족체(nationallitat)를 민족(nation)의 전(前) 역사적 형태로 보았고 민족을 본질적으로 자본주의의 결과물로 간주한 마르크스·엥겔스와는 다르게 카우츠키는 민족의 성립 시기를 매우 앞당겨 생각하고 있다. 민족을 고대민족과 근대민족으로 분류하기 위해서는 민족이 본질적으로 내재하고 있는 초역사적인 생산양식의 발전으로부터 상대적으로 독립적인 공통성의 존재를 전제해야 한다. 왜냐하면 이 두 유형의 민족 사이에는 물질적 토대의 공감대가 없기 때문이다.

카우츠키의 민족 개념 속에는 처음부터 두 가지 대립적인 요소인 사회경제적이고 문화·민속적인 요소가 숨겨져 있다. 카우츠키에게 "'언어'는 민족의 형성에 가장 중요한 요소"이다. 그는 민족을 "언어공동체"로 파악했다. 언어만이 민족의 유일한 결정요소였던 것이다.[35] 물론 카우츠키는 민족의 본질을 언어에서 찾았지만, 동시에 민족의 역사적 성립과 발전에 필연적인 영향을 끼치는 요소로서 물질적 조건과 토대에 주의를 기울였다. 이러한 그의 입장은 어떠한 의미와 문제를 가지고 있는가?

첫째, 민족 언어가 민족 특성과는 반대로, "애매하지 않고 명확하게, 즉각적으로 모든 사람에게 인식될 수"있다는 카우츠키의 판단은 충분히 공감을 자아낸다. 그렇다고 민족을 언어공동체로 규정하는 것은 너무나 메커니즘적이다. 국가 내에서도 서로 상이한 언어가 사용되는 경우가 적지 않다. 둘째, 카우츠키는 마르크스·엥겔스와는 반대로 민족의 두 가지 본질적인 요소, 즉 사회경제적 요소와 문화·언어적 요소로 이루어져 있음을 얘기하고 있다. 결과적으로 "하나의 언어와 하나의 민족 속에 전체 문화인류가 궁극적으로 통합되는 것", 그래서 사회주의 사회에서 언어가 하나의 '보편언어(universalsprache)'로 단일화 됨으로써 인류가 하나의 민족으로 통합되는 것이 가능해진다는 환상 속으로 빠져 들어간다.[36] 셋째, 카우츠키가 민족을 언어공동체로 파악했다는 것은 그가 민족의 언어·문화적 본질을 절대화시켰다는 것은 아니다. 오히려 이러한 과정 속에서 그는 합목적적인 계급 연대와 비교할 때 낭만적인 민족 감정 및 민족적 유대의식이 더 강력하다는 사실을 결코 무시할 수 없다는 것을 자인한 셈이다.

공산권 민족 이데올로기의 뼈대를 완성시킨 것은 스탈린이었다. 스탈린은 1914년 '마르크스주의와 민족 문제'라는 논문에서 민족을 "언어와 영토, 문화적 공통성에 의해 표현되는 경제생활 및 심리적 상태의 공통성에 기초하여 오랜 역사적 과정을 거쳐 형성된 인간의 견고한 집단"이라 규정했다. 이 특징적 요소들 중에서 어느 하나라도 결여된 경우, 그 민족은 민족이기를 거부한다고 밝혔다.[37]

스탈린은 민족 형성의 핵심적인 요소들을 생산력의 토대 위에 있는 경제생활의 공통성과 거주 지역으로서의 배타적인 영토 그리고 언어와 문화, 관습 및 전통의 유사성 또는 공통성으로 파악하고 있다. 이러한 요소들은 특권적 봉건귀족에 저항한 신흥 부르주아 계급의 투쟁과정에서 민족공동체를 형성시키는 결집력을 형성한다고 주장한다. 그러나 여기서 스탈린 민족 개념의 가장 결정적인 민족 형성의 핵심 요소는 당연히 경제적 요인이다.[38]

③ 스탈린 민족주의의 전화, 북한의 민족 개념

스탈린의 민족주의 이론은 먼저 민족 개념의 본질적 이중구조로서 사회경제적 요소와 언어·문화적 요소 사이에 구체적으로 어떤 상호관계가 존재하는지에 대한 구체적인 해명이 결여되어 있다. 다음으로 민족이 가지고 있는 언어·문화적 측면에 대한 주장은 마르크스주의적 민족 이론의 폐쇄적 획일성을 극복하고자 하는 긍정적인 시도로서 적극적으로 평가할 만하다. 그러나 그것은 동시에 민족주의의 초생산적인 강인한 생명력을 간접적으로 자인하게 되는 역설로 귀결될 수 있다. 이러한 민족주의 개념은 법적 이론의 굴레에서도 용인되지 않던 하나의 이데올로기였다. 구체적인 실천적 차원에서 결코 포기될 수 없는 제휴

대상으로서 끊임없이 등장하는 이론과 실천 사이의 '마르크스주의적' 딜레마를 여지없이 드러내고 있다.

마지막으로 프롤레타리아 국제주의의 이론적 허약성, 즉 그 '정치성'은 민족의 평등권과 주권 등이 프롤레타리아 국제주의에 의해 보장된다고 선언했지만 헝가리와 체코, 폴란드 사태에 대한 소련의 무력 개입 역시 동일한 구호에 의해 정당화 하고자 했던 사실에서도 여실히 드러난다. 일국 사회주의론이나 소비에트 애국주의 등과 같이 소련에 의해 만들어진 이데올로기들은 국제주의 이념으로 합리화하면서 본질적으로 민족주의적 경향을 명백히 내포하고 있음을 애써 감추게 된다. 그리고는 여타 다른 동유럽 여러 민족의 주체적인 움직임들을 소시민적 민족주의의 발로라며 억압하였다는 사실도 그것과 직접 관련된다.[39]

북한도 처음에는 스탈린식 민족 개념을 추종했다. 그러나 1970년대에 들어와 '자주성'을 민족주의의 근본적인 속성으로 인식하게 되는 주체사상이 체계화하면서 변화가 뒤따른다.[40] 1970년에 발간된 '철학사전'에서 민족은 "언어·지역·문화와 심리·경제생활 등에서 공통성을 가진 역사적으로 형성되어 온 사람들의 공고한 집단"이라는 스탈린의 정의를 벗어나지 않았다. 1973년에 발간된 '정치사전'에 민족의 구성 요소로서 '혈통'이 추가되어 민족은 "언어·지역·혈통과 문화·경제생활·심리 등에서 공통성을 가진 역사적인 사람들의 공고한 집단"으로 규정되게 된다.

특히 카우츠키처럼 언어의 공통성을 민족을 특징짓는 중요한 것 중의 하나로 특화시키면서 언어의 공통성이 경제생활 공통성을 준비하는 선결조건으로 간주한 것이다. 1980년대에는 민족 개념이 완전히 수정된다. 1985년 발간된 '철학사전'에서 스탈린의 민족 개념의 핵심인 '경제생활의 공통성'이 삭제되고 그 대신 '핏줄'을 추가한 것이다. 결국 오늘날 북한의 민족 개념은 "핏줄, 언어, 령토, 문화의 공통성에 기초하여 역사

적으로 형성된 사람들의 공고한 집단"으로 규정하고 있다. 언어와 핏줄
의 공통성을 더욱 부각시키면서 "민족을 특징짓는 가장 중요한 징표"로
자리매김 했다.[41]

북한의 민족 개념 변화 과정에서 '73년 정치사전에 민족적 자주의식
을 "민족의식 영역에서의 주체사상의 발현"으로 간주하면서 "민족자결
에 의한 노동 계급의 세계관에 기초한 철저한 민족주체의식으로서 민
족적 해방과 독립, 민족경제와 문화의 융성 발전을 위한 투쟁 분야에서
견지하고 있는 공산주의자들의 주체적 입장을 반영"하는 것으로 높이
평가하고 있다. 89년 발간된 주체철학원론에서 "인간집단으로서의 민족
의 자주성"이야말로 "민족의 생명"이라고까지 규정하고 있다.[42]

북한의 민족 개념 변화의 큰 특징은 혈통과 언어 및 의식 등 문화적
이고 정신적인 요소를 우선시하면서 경제생활 등 물질적인 요소들을
부차적인 것으로 바꿔 놓고 있다는 점이다.

여기서 민족어는 "민족문화를 특징짓는 가장 중요한 표식으로서 훌
륭한 민족문화를 창조하는 필수적 수단이며 민족의 아름다운 풍습과
빛나는 전통을 보존하고 계승 발전시키는 중요한 수단"으로 인식하고
조선민족어는 북한에서 "노동 계급의 민족적 지향을 반영한 사회주의
민족어"로 승격시키고 있다. 민족어는 곧 문화의 본질로서 사회주의 건
설을 위한 필수적인 수단으로 이용되는 것이다. 언어는 특히 민족의 자
주의식과 창조력을 길러주는 기초적인 바탕이 된다.

이런 맥락에서 북한에서의 민족이란 "자주성을 옹호하고 자주적이며
창조적인 생활을 마련해나가는 사회생활의 기본 단위이며 혁명과 건설
의 투쟁 단위"로 이해하는 것이다. 그리고 민족의 생명처럼 여기는 "민
족의 자주성을 보장하기 위해 광범위한 인민대중의 이익을 대표하는
자주적인 정권을 수립해야 하며 자립적 민족경제를 건설하고, 자기의
민족문화와 민족군대를 가져야한다"[43]고 주장한다.

북한의 민족 관념은 궁극적으로 민족 자체가 극복될 것이라는 마르크스·엥겔스의 기본적인 입장에서 벗어나고 있다. 마르크스·엥겔스와는 다르게 프롤레타리아 혁명으로 사회주의 사회가 건설되면 민족이 소멸되기보다는 오히려 더욱 번창할 것이라는 확신을 가지고 있었다. 사회주의 사회에서 자본주의의 제거와 더불어 민족이 극복되는 것이 아니라 오히려 활성화되어진다고 믿었던 것이다. 계급투쟁의 기본노선을 인정하지만 동시에 민족이 지닌 초역사적 생명력을 받아들였던 것이다.

　이렇듯 민족이란 개념은 전통적인 관점에서 이해하기보다는 정책적인 판단이나 이데올로기적 의도성에 따라 조작될 수 있다. 즉, 북한에서의 민족은 민족 성원의 총체성으로 파악하는 것이 아니라 민족 성원 중 특정한 계급과의 관련에 의해서만 파악하고 있다. 이는 마르크스-레닌주의 계급사관과 깊이 결부되어 있음을 말해주고 있다. 민족을 계급의식에 일치시키는 이른바 사회주의적 내용에 지나치게 집착하면서도 의도적이고 조작적인 민족관을 설정함으로써 결과적으로 민족 본연의 속성을 왜곡시키는 결과를 초래하고 있다. 따라서 유일세습체제의 당면과제 해결을 위해 요구되는 내부적인 통합과 이행을 민족주의에 담아낼 수밖에 없었던 것이다.[44]

　2002년 김정일의 문헌에는 오늘날 북한의 민족주의를 크게 4가지로 규정하고 있다. "첫째, 민족주의는 자기 민족을 사랑하고 민족의 리익을 옹호하는 사상이라는 기본적인 규정이다. 둘째, 공산주의와 민족주의는 애국애족의 공통적인 사상 감정을 공유하고 있다. 셋째, 민족과 민족주의를 떠난 국제주의란 있을 수 없다. 넷째, 김일성은 공산주의자이며, 민족주의자였으며, 공산주의는 진정한 민족주의자가 되어야 한다"는 것이다.[45]

　이러한 민족주의는 구소련의 붕괴와 세계화에 대한 대응 그리고 자신들이 주장하는 민족을 기반으로 한 김일성 민족주의를 체계화하여 사회주의 건설을 추진하려는 의도인 동시에 강성대국 건설의 정당성을 확보하고 주체 민족관을 확고히 하고자 한 것으로 보인다.[46]

2) 문화적 집단성

북한의 민족 개념은 비이성적이고 비합리적이면서 지극히 낭만적인 문화적 민족 개념이다. 1989년 김정일은 민족 개념을 "한 핏줄을 이어 하나의 언어와 하나의 문화로 한 강토에서 살아온 단일민족"[47]이라고 못 박고 있다. 정치적·체계적이지 못한 원초적이며 낭만적인 관념에 머물러 있다. 민족은 요컨대 역사적이고 실천적인 존재라고 했다. 따라서 민족 개념은 인민의 의지에 의해 역사적으로 축적되어 온 해당 민족의 공통적인 체험을 반영하면서 실천적으로 지향하게 될 민족적 목표까지 압축해서 담아낼 수 있다.

북한의 경우처럼 국가나 당에 의해 의도적이고 계획적으로 민족 개념이 만들어질 때, 그것은 내면의 의지와 열정을 쏟아내게 하는 낭만주의적 동기부여처럼 목표 지향적 실천의지를 공식적으로 천명하고 다짐하는 발판으로 사용될 수밖에 없게 된다. 북한의 민족 개념은 한마디로 통일 지향의 낭만적인 이념이다.

북한은 또 다른 측면에서 민족을 "부모가 한 것처럼 선택의 자유가 허용될 수도 없고 선택이 있을 수 없는 사회적 집단"이라고 단정 짓고 있다. 조선민족 제일주의 등 북한의 민족지상주의는 낭만적·문화적 민족주의와 이러한 민족주의를 이끌어가는 사회주의와의 결합으로 나타난다. 그러므로 북한이 민족 제일주의를 내세우는 목적은 단순히 민족적 긍지와 자부심 때문이 아니라 "자체의 힘으로 사회주의 건설을 더욱 더 잘 하여서 민족의 존엄과 영예를 더 높이 떨치도록 하기 위해서" 라고 밝히고 있다.[48] 오직 민족 존엄의 영예를 더 높이 떨치도록 하기 위해 인민의 열정과 내면의 의지에 불을 붙여야 한다는 낭만주의적 전형이다. 민족은 없고 존엄의 영예만 남아 있는 문화적 집단성이 북한판 낭만적 민족주의의 모습인 것이다.

한편 내면세계를 중시하는 독일식 낭만적 민족주의는 자신의 내면적 주체성만을 내세움으로써 외부적으로는 어떤 권력체제와도 연결될 수 있다는 심각한 문제를 안고 있었다. 독일 낭만주의는 계몽주의의 기계적 합리성을 극복하고 관용적인 태도를 가져왔으며, 또한 인간의 의지를 강조했다고 할 수 있다. 그러나 낭만주의가 극단으로 치달으면 매사를 미화하게 된다. 도산 안창호에서 춘원 이광수로 이어지는 인격도야의 개념은 전형적으로 이러한 범주에 속하는 것이다. 여기에 내면적 측면을 강조하는 조선조 성리학의 전통도 적지 않은 영향을 미쳤다고 볼 수 있지만, 독일 낭만주의자 피히테가 인간 내면의 의지를 강조한 것처럼 성리학의 이 전통은 박종홍의 '성(誠)의 사상'에서처럼 20세기 후반까지 많은 영향을 미쳤다.[49]

이처럼 한국에서의 낭만적 민족주의는 식민지를 거치면서 일본의 영향도 강하게 받았다. 일본식 낭만주의는 전통사회의 비합리적인 요소를 이상화하는가 하면 그 원형 탐구라는 지적 샤머니즘으로 나타났다. 우리에게 문제가 된 것은 국가가 없는 상태, 즉 정치가 상실된 상황에서 이러한 낭만주의가 민족과 연결되어 '저항적 민족주의'로 발전하였다는 사실이다. 국권을 상실하여 정치가 거세된 상황에서 이성보다 감성에 호소하는 낭만주의는 20~30년대 젊은 동경 유학생들을 통해서 탐미주의 내지는 허무주의적 특성을 강하게 띄게 되었고, 그것이 문학 작가들에게서까지 강하게 나타났던 것이다.[50]

결국 민족주의 선발국과 후발국의 차이는 바로 민족주의가 개인의 권리에 기초한 민주주의 원칙이 내면화되어 발현한 것이냐, 아니면 외세의 침략 등 국가의 위기 속에서 '정치적 개인성'보다는 '문화적 집단성'이 우선하느냐의 문제로 정리될 수 있다. 일본의 침략에 직면했던 조선의 민족주의는 시작부터 집단적 저항주의가 불가피했다. 침략상황에서 개체적 권리가 아니라 '집단적 결집'이 우선하게 된 것은 피할 수 없는 현실이었을 것이다. 완전히 민주화되고 '개인의 권리'가 확고하게 된 지금까지도 우리 사회에서 민족은 거역할 수 없는 일종의 '낭만적 신화'처럼 여겨지는 것이 현실이다. 유기체적 전체로서의 민족이라는 감성적인 관념, 이를 근거로 한 이데올로기가 거침없이 양산되어 주창되고 있는 것이다.[51]

북한에서의 민족주의는 전형적인 낭만적 민족주의의 흐름을 나타내고 있다. 개인은 도외시된 채 민족과 국가가 중심이 되면서 "민족은 하나다"라는 구호를 필두로 하여 다양한 이해관계들이 부정되면서 생각은 오로지 하나라는 인식이 강하게 부각되고 있는 것이다. 문제는 이러한 '하나의 이해'가 대중과 한 치의 간격도 있을 수 없는 대표자에 의해서만 표출되어야 한다는 사고방식이다. 여기에서 바로 낭만적 영웅(romantic hero)이 등장하게 되는 것이다. 한마디로 북한 민족주의는 낭만적 정치 이데올로기이다.

이데올로기는 낡은 제도를 타파하고 새로운 사회질서를 구축하고자 하는 관념이었기 때문에 진보적이고 긍정적인 개념으로 사용되었지만 민족 이데올로기는 민족의 가면을 쓴 '민족'과 '민족주의'의 구호만 있을 뿐 오직 지배자에게 충성을 요구하는 국가주의적 이데올로기일 뿐이다. 중국의 량치차오(梁啓超)도 한 때는 그러한 경향을 보이기도 하였고, 단채 신채호 역시 영웅이 사회를 이끄는 모습을 상정한 바 있지만, 익히 아는 바대로 홍명희가 '임꺽정'이라는 영웅의 상을 제시했던 것도 바로 이런 맥락에서 볼 수 있는 것이다. 나아가 북한식 영웅 숭배는 혈족 민족주의와 연결되면서 영웅의 족보까지 등장하게 되었다.[52] 이것은 오직 최고 존엄의 영예를 위해 충성하고 절대 복종해야 하는 유기체적 문화 낭만 민족주의의 전형이라 하겠다.

"북한은 내가 연구했던 인류 역사의 다양한 체제들과 비교할 수 없는 기묘한 체제이다"라고 한 헨리 키신저(Henry Kissinger)의 말에 공감한다. 북한 민족주의의 본질은 민족주의로 위장한 애국주의로서 민족적 감성을 이용하여 지도자에 대한 개인숭배를 강화할 수 있는 도구로 이용되는 일종의 가면 민족주의인 것이다.

북한의 민족지상주의는 3대 세습에서 보듯이 절대적 '혈족 지배'로 견고히 고착되어 버렸다. 북한의 김일성 민족주의로부터의 혈족 지배 체제는 서양의 절대주의 체제나 조선의 관료제적 왕조 체제보다도 훨씬 퇴행적인 체제로 볼 수 있다. 절대 폭압과 극단적 빈곤 사회에서 '탈출은 일어나고 있지만 반란이 결코 일어날 수 없는 나라라는 그런 기이한 국가이다. '조선민주주의인민공화국'은 민주주의도 없고, 인민도 없으며 공화국은 더군다나 있을 수 없는 왕조시대 조선만 있는 나라라는 표현이 썩 어울리는 '왕조적 전체주의' 체제로서 유기체적인 문화집단이라 하겠다. 왕조적 전체주의라는 개념이 북한 현실에 더 어울리는 것은 근대성 즉 자유주의를 전제로 성립된 전체주의 개념과는 전혀 거리가 먼 3대에 걸친 세습적 집권체제이기 때문에 단순한 전체주의로만 보기는 어려운 것이다.

민족의 개념에는 기본적으로 평등이라는 요소가 포함되며 따라서 당연히 자유를 핵심적 내용으로 내포한다. 근대 민족국가(nation-state)에는 자유민주주의 개념 자체가 포함되어 있는 것이다. 민족이란 신분을 폐지한 동일한 국민, 즉 평등을 전제로 하며 따라서 자치정부를 통해서 자유를 실현하는 것이라는 점에서 민주적이며 동시에 자유주의적인 원리를 핵심적으로 가지고 있다.

또한 민족(국민)은 산업사회의 노동 분화에 따른 원심력을 막기 위한 공통의 기반을 확보해 주는 기능을 한다. 르낭(Renan)은 '피와 출생에 의한 민족' 개념의 낭만성에 대해 맹공격을 가하면서 '동의에 의한 민족(국민)'의 중요성을 강조했던 것이다.

이렇게 자유민주주의적 형태와 다른 유형의 체제는 정상에서 이탈된 체제이며, 그 극단적 사례가 전체주의(totalitarianism)이다. 바로 이러한 전근대적 민족주의에 바탕을 두고 있는 것이 바로 북한판 낭만주의다. 낭만적 민족주의의 가장 큰 특징은 기계적 계몽주의에 대항하여 민족(nation)의 정신(geist)을 발견하고 이것을 인간 '내면의 의지', '열정'을 강조하는 낭만주의로 철학화 했다는 것이다. 특히 서구의 문명(civilization)에 대립되는 '문화'가 중시되면서, '집단의 내면적 독자성'이 강조되었다. 정치적 낭만주의의 진수라 할 수 있겠다.

요컨대 북한의 '조선민족 제일주의'는 민족주의를 이끌어가는 사회주의와의 결합으로 나타난 북한판 낭만 민족주의의 정수라 하겠다. 그것은 자체의 독자적인 힘으로 사회주의 건설을 잘함으로써 민족의 존엄과 영예를 더 높이 떨치도록 하기 위함이라고 주장하고 있다. 즉 민족제일주의는 북한 주민들로 하여금 위대한 수령체제에 대한 긍지와 자부심을 만드는 이념적 동력의 산실이요 낭만적 민족문화의 기초가 된다.[53] 여기서 문제는 '개인' 혹은 자신이라는 것이 전체의 기계적인 반영에 불과한 것이라는 데 있다. 이렇게 근대적 개인의 자유가 결여될 때 보상심리가 강하게 나타나는 결과가 바로 극단적 민족주의이다. 결국 개인이 결여된 상태에서 전체로서의 민족 집단과 연계된 낭만적 민족주의는 자유민주주의 체제에 커다란 위협 요인으로 나타났던 것이다.

3) 민족 없는 민족주의 이데올로기

북한판 민족주의에 루소의 민족은 없었다. 개인의 자유와 평등, 주권적 토대가 없는 민족주의가 사회주의 건설을 위해 오직 수령에 대한 충성을 위한 집단 이데올로기로 이용되고 있다.

민족주의는 사회주의와 함께 20세기 초반을 결정적으로 각인시킨 본질적 현상이었다. 외세를 배격하고 민족의 자주독립과 국민국가의 발전을 지향하는 민족주의와 노동자라는 계급의식에 기초한 집단을 대상으로 권리를 추구하는 사회주의 사이에는 항상 극복할 수 없는 괴리가 있었다. 양측은 이데올로기적 출발점이나 토대에 관한 문제에서 서로 갈등을 일으킬 소지를 충분히 안고 있었기 때문이다.

하지만 이것이 단절을 의미하는 것은 아니었다. 산업화되지 않은 사회에서 사회주의는 제국주의 국가들이 채택한 자본주의에 저항하는 이념이었기 때문에 식민 지배를 받던 국가들의 민족주의 저항운동에 많은 영향을 주었던 것이다. 사회주의는 마르크스·엥겔스의 이념 및 기대와는 정반대로 출발부터 노동 계급의 민족적 자결권에 대한 이해를 바탕으로 민족주의와 강하게 결합하였다. 아시아 지역 사회주의는 민족주의를 중요한 배경으로 수용되고 확산되었다.

사회주의의 민족주의적 경향은 프롤레타리아 국제주의를 지향하는 화려한 구호에도 불구하고 과거 소련과 동구권 공산권에서조차 자주 발견되었다. 현실 정치적인 관점에서 볼 때 스탈린의 '일국 사회주의'론과 '소비에트 애국주의' 이념 등은 부인할 수 없는 반증이 된다.[54] 곧 프롤레타리아 국제주의가 결과적으로 소비에트 민족주의로 귀착되고 말았다는 확신에 찬 비판은 당연한 귀결이었다고 이해된다.

오늘날 많은 사회주의 국가에서 민족주의가 여전히 건재하고 있음을 볼 수 있다. 사회주의 국가라고 하지만 경제구조가 국민경제로 조직되어 있기 때문에, 이것을 기반으로 한 민족주의가 필연적으로 발생하게 된다. 중·소 대립을 비롯한, 소련의 침공을 받은 아프가니스탄 민족주의자들의 반소(反蘇) 게릴라전, 유고의 티토이즘, 그리고 폴란드 민족주의자들의 자유노조운동 등 사회주의 국가 사이에서 일어난 각종 이해

대립은 이를 잘 입증한다.[55]

처음 북한에서의 민족주의에 대한 부정적인 시각은 1957년 김일성에 의해서였다. '사회주의 진영의 통일과 국제공산주의 운동의 새로운 단계'라는 자신의 교시문 속에 이렇게 천명하고 있다.

"우리는 모든 부르주아 민족주의와 배타주의를 배격합니다. 민족주의는 인민들의 상호 친선관계를 파괴할 뿐만 아니라 자기 나라의 민족적 리익과 근로자들의 계급적 리익에도 배치됩니다. 따라서 부르주아 민족주의와 배타주의는 프로레탈리아 국제주의와 사회주의적 애국주의에 배치되며 대중들 사이에서 진정한 애국주의의 발현을 방해합니다"[56] 라고 민족주의를 배격했다.

그렇지만 시간이 흐름에 따라 북한 민족주의에 대한 관점은 점차 폭 넓어지고 구체화되어 간다. 김일성은 국제공산주의 관점에서 민족주의를 부정하였다. 70년대 발간된 '철학사전'에서 민족주의를 "전통적인 마르크스주의적 입장을 따라 계급적 리익을 전 민족적 리익으로 변장하여 내세우는 자본가 계급의 사상"으로 단호히 규정된다고 하면서 민족주의가 부르주아적 사상체계라는 부정적 확신을 지속적으로 표시하였다. 1985년 발간된 '철학사전'에서도 민족주의가 "노동 계급을 비롯한 광범한 근로대중이 자신의 진정한 계급적 이익과 민족적 이익을 자각할 수 없게 한다"라고 비판하면서, "민족주의적 경향을 비난하며 투쟁하여야 한다"는 것을 주창하고 있다.[57]

북한은 부르주아적 이데올로기로 보았던 민족주의를 배척하면서 '사회주의적 애국주의'를 프롤레타리아 국제주의와 같은 반열에 놓았다. 1957년에 발표된 김일성 교시에 '사회주의적 애국주의'는 "형제국가 인민들과 국제주의적 친선단결을 강화하면서 노동자·농민을 비롯한 근로인민이 주인이 되어 번영하는 자기의 조국을 사랑"하는 자세로 규정하고 있다.

'사회주의적 애국주의'는 카우츠키의 프롤레타리아 애국주의와 같은 것이다. 북한의 '사회주의적 애국주의'는 중·소 분쟁이 심화된 상태에서 조·중 갈등이 시작되던 1966년경부터 본격적으로 도입하여 이념화하였다. 주체사상을 본격적으로 정립해가던 시기에 맞추어졌음은 의심의 여지가 없는데 주체사상은 "가장 철저한 사회주의적 애국주의"라고 정의하고 있다.[58]

1991년 김일성은 담화문에서 "단일 민족국가인 우리나라"에서 "진정한 민족주의는" 곧 "애국주의"라고 단언한다. 김일성은 스스로를 "공산주의자인 동시에 민족주의자이고 국제주의자"라고 함으로써 자신이 민족주의자임을 선언하고 있다. 민족주의가 국제주의 및 공산주의와 함께 하나의 통일체를 형성하고 있는 것 같지만 김일성에게는 계급보다 민족이 우선한다. 그는 "민족이 있고서야 계급이 있을 수 있으며 민족의 리익이 보장되어야 계급의 리익도 보장될 수 있다"라고 밝히고 있다.[59]

민족적 이해관계가 계급적 이해관계를 앞지르면서 민족주의를 향한 절박한 열망은 주저 없이 '조선민족 제일주의'로 승화한다. "조선민족 제일주의 정신은 조선민족의 위대성에 대한 긍지와 자부심이요, 조선민족의 위대성을 더욱 빛내 나가려는 높은 자각과 의지로 발현되는 숭고한 사상 감정"을 일컫는다라고 하였다. 1986년 7월 김정일은 '조선민족 제일주의'를 주창하면서부터 북한 지도부의 민족주의에 대한 인식이 일대 전환을 이루게 된다.

북한은 북한 인민이 "남다른 민족적 긍지와 자부심"을 가질 수 있는 바탕으로서, 특히 "훌륭한 민족문화"를 꼽고 있다. 또한 인민을 "예로부터 한 핏줄을 잇고 하나의 언어와 문화를 가지고 한 강토에서 살아온 단일 민족이며 반만년의 유구한 력사와 우수한 문화와 전통을 가지고 있는 슬기로운 민족"으로 규정하고 있다. 말하자면 북한 인민이 곧 민족인 것이다. '조선민족 제일주의'는 낭만적 · 문화적 민족주의와 이러한 민족주의를 이끌어가는 사회주의와의 결합으로 나타난다. 그러므로 북한이 조선민족 제일주의를 내세우는 목적이 단순히 민족적 긍지와 자부심 때문이 아니라 "자체의 힘으로 사회주의 건설을 더욱 잘 하여 민족의 존엄과 영예를 더 높이 떨치도록"하기 위해서라고 밝히고 있다.[60]

조선민족 제일주의는 "위대한 수령과 당의 령도 아래 위대한 주체사상을 지도사상으로 삼아 가장 우월한 사회주의 제도 아래서 사는 긍지와 자부심"인 것이다. 그것은 스탈린이 '일국 사회주의론'을 소련 인민의 민족적 자존심 고취에 충분히 활용하였던 것과 유사하다. 따라서 조선민족 제일주의 이념은 곧 '애국적 민족주의'로서 북한 주민들로 하여금 북한식 사회주의에 대한 자부심을 고양시키고 더불어 존엄에 대한 충성을 다하는 이념적 동력 구실의 수단이라고 말할 수 있다.[61]

김일성 · 김정일의 '진정한 민족주의', '참다운 민족주의'는 김정은 시대에 와서 '김정일 애국주의'로 표현이 바뀌었다. 여기에서는 개인이 기초가 된 민족은 없고 보통사람들이 가지고 있는 낭만적 민족주의 감성을 김일성 혁명역량의 결집과 왕조 세습정권에 대한 충성을 강요하기 위한 국가주의적 이념으로 발전시킨다.

제2절 우리 민족끼리 / 민족 공조론의 허상

1. 민족 제일주의

1) 주체사관적 민족 제일주의

'조선민족 제일주의'는 사회주의적 애국주의가 계급적 이해관계를 앞질러 민족적 이해관계를 향한 절박한 열망의 결과 만들어진 것이다. 주체사상은 "가장 철저한 사회주의적 애국주의이다"라고 정의하고 있다. 또한 사회주의적 애국주의는 주체사상의 대두와 함께 맞춰진 것이다. 즉 '조선민족 제일주의'는 북한 민족주의 개념에 일대 전환이 발생하는 시기에 만들어졌으며, 1980년대 후반 체제 위기 속에서 주체사상의 변용 과정을 거쳐 '우리식 사회주의'와 함께 주체의 지배 담론으로 등장한 것이다.

1982년 3월 김정일이 발표한 '주체사상에 대하여'에서 당시까지 거론되어 오던 주체사상을 하나의 사상체계로 권위 있게 정립하였고, 1985년 당 창건 40주년과 관련하여 발간된 『주체사상총서』는 주체사상을 사회주의 혁명과 건설에 대한 모든 부분까지 결부시켜 풀이하였다. 이

총서에서는 민족 개념을 주체사관적 시각에서 더욱 완벽하게 정의하였다.[62] 여기서는 유물사관적 해석에 따라 자본주의 형성과 연관시켜 민족의 형성 과정을 설명하지 않고 경제, 정치생활, 문화의 통일성에서 찾고 있는 것이 특징이다. 다시 말해 민족의 형성을 자본주의와의 특정한 시대적 배경과 연결시키지 않고 있다. 즉, 민족을 구별하는 표징은 핏줄과 언어, 문화 및 영토의 공통성이 된다는 개념이다. 또한 총서에서 민족은 자주성을 본질적 속성이며 민족의 생명으로 주장하고 있다. 민족의 생명은 자주성이 된다는 것이다.[63] 이 자주성은 주체사상의 핵심 테제가 된다.

이러한 주체사관적 민족 개념의 형성은 80년대 후반 들어서면서 민족 제일주의로 연결된다. 김정일은 1986년 7월 5일 「주체사상 교양에서 제기되는 몇 가지 문제에 대하여」라고 하는 논문에서 '민족 제일주의'를 주장한다. 김정일이 제시한 민족 제일주의는 언뜻 보면 민족주의와 비슷한 것으로 볼 수 있다. 그러나 북한은 민족 제일주의를 주장하면서도 민족주의에 대해서는 상황에 따라서 긍정적 혹은 부정적인 입장을 취하고 있다.

그리고 이것은 자본주의 사회에서도 민족주의가 두 가지 측면에서 보여 질 수 있다는 데 바탕을 두고 있다. 그 중 하나는 "대국 배타주의로 특징지어질 수 있는 지배하는 나라 또는 한 나라 내에 있는 큰 자본가 계급의 민족주의"를 반대한다는 시각이며 또 다른 한편으로 "지배받는 나라의 자본가 계급 민족주의"는 긍정적인 측면에서 보아야 한다는 것이다. 결국 민족주의는 부르주아 계급 사상으로서 이것은 원칙적으로 부정적인 관점에서 보아야 하지만 식민지 민족주의는 반외세 투쟁과 연결될 수밖에 없기 때문에 그것은 긍정적인 역할을 한다는 입장이다.[64]

따라서 민족 제일주의는 원래의 민족주의와 전혀 다른 관념이라고 볼 수 있다. 민족 제일주의는 집단주의 체제인 사회주의 제도에서 민족 집단의 입장을 표현한 것이다. 또한 이는 주체사상의 사회역사관에서 비롯된 논리 전개로 보아야 할 것이다. 주체사상의 사회관은 민족을 사회적 집단의 범주 내에 넣고 있는데 그 내용은 사람의 집단을 의미하는 것이다. 즉 민족 제일주의는 사람 중심의 주체 세계관에서 비롯된 것이며, 인민대중이 역사의 창조자이자 사회운동의 주체라는 원리에서 출발한 민족의 관점과 입장의 표현이라고 보아야 할 것이다.

주체사관적 민족관의 가장 핵심적인 특징은 민족을 하나의 사회적 생명체로 보았고 그 생명체는 자주성으로 표현된다는 점이다.[65] 다시 말해 여기서 자주성은 민족의 사회적 생명체라는 것이다. 이러한 민족의 생명체론은 민족통일 이론에도 그대로 적용하고 있다. 민족분단에 대해서 이를 민족이라고 하는 생명체의 분단이라고 하였으며 민족적 생명의 전체성이 파괴된 것으로 보고 있는 것이다. 주체민족관으로 들어간 민족 제일주의에서 개체의 존재는 의미 없어지고 집단 생명체로 묶여져 나타나게 되었고 개인은 집단의 범주 내에서 인간 사상 개조의 과정을 거쳐야 사람으로서 구실을 할 수 있을 것으로 이해된다.

민족 제일주의는 자기 민족에 대한 사랑과 자부심이며 민족사 발전의 주체인 민족은 사람 집단의 한 단위로서 민족의 자주적 사상의식이 무엇보다도 중요하다는 것을 강조하고 있다. 민족 제일주의는 자기 민족에 대한 긍지와 자부심을 가져야 하며 사회적 집단 발전의 주체가 되는 민족은 자주의식이 무엇보다 중요함을 강조하고 있다. 따라서 민족 제일주의는 개념과 그 내용에서 민족주의와는 차원을 달리하고 있음을 파악할 수 있다. 요컨대 북한의 민족 개념과 거기에서 시작한 민족 제일주의는 기존의 마르크스-레닌주의에서 벗어난 전혀 다른 개념이다.[66] 즉, 민족 제일주의는 새롭게 정립된 독자적인 개념으로써 '민족 생명체론'과 더불어 민족주의의 유기체적인 변용 이데올로기에 불과하다고 할 것이다.

2) 지배 이데올로기 '조선민족 제일주의'

김정일은 "조선민족 제일주의 정신을 한마디로 조선민족의 위대성에 대한 긍지와 자부심, 그리고 조선민족의 위대성을 더욱 빛내려는 높은 자각과 의지로 드러나는 숭고한 사상 감정[67]"이라고 설명한다. 북한은 조선민족 제일주의를 "민족 자주의식의 높은 표현[68]"이라고 하면서 북한 인민이 "민족 제일주의 영예"를 지닐 수 있게 된 것은 "사회주의 건설의 위대한 성과와 훌륭한 민족문화 탓"이라고 한다. '인민'을 "예로부터 한 핏줄로 잇고 하나의 언어와 문화를 가지고 하나의 강토에서 살아온 단일민족이며 반만년 유구한 력사와 우수한 문화 전통을 가지고 있는 슬기로운 민족"이라고 하여 마침내 '인민'을 '민족'으로 규정한다. "조선인민" 대신에 "조선민족"이 된 것이다.[69]

이것은 체제의 논리가 민족의 논리와 결합되어 있다는 것이다. 북한 민족주의의 이중적인 의미를 볼 수 있다. 즉, 민족주의를 사회주의와 결합시켜 사회주의에서 인민과 민족은 동일시된다. 결국 민족주의는 사회주의 체제 발전의 중심 이데올로기로서 기능하게 된다는 것이다.[70] 이는 민족 존재 자체를 부정하던 스탈린식 부정적인 민족주의 개념에서 완전히 탈피하여 '민족'을 강조하면서 주체형 사회주의의 고수와 전통문화의 복원을 통한 불안한 체제의 정통성을 강화하면서 사회주의를 민족주의의 하위 개념화한 것이다. 주체의 민족관으로 민족주의를 활용하면서 사회주의의 개념까지 민족주의의 하위로 개념화 하는 것은 수령 독재를 옹위하는 주체사상을 더욱 공고히 하기 위함이다.

조선민족 제일주의도 한마디로 김일성·김정일 지배체제를 정당화하는 논리에서 벗어나지 않는 것이다. 조선민족 제일주의가 말하는 민족이란 한민족 전체를 의미하는 것이 아니다. 그것은 북한 인민으로 국한된 주체형의 사회주의적인 민족임을 내포하고 있다. 1980년대 후반 사회주의 체제의 몰락과 일부 자본주의 체제로의 전환 과정에서 북한식 사회주의 체제가 공고함을 과시해야 하는 논리가 필요했던 것이다.[71]

1980년대 민족 개념을 수정하면서 사회주의와 자본주의의 체제를 넘어선 초체제적인 민족을 상정한 바 있다. 그러나 조선민족 제일주의에는 초체제적인 민족과 실천적 "주체형 사회주의 민족"이 구분되었다. 여기서 제일은 당연히 김일성과 주체사상, 북한식 사회주의이다. 그것은 "우리 민족 제일주의에서 근본 핵을 이루는 것이 가장 위대한 수령과 지도자를 모신 민족의 긍지와 자부심"이기 때문이다. 결국 북한의 '민족'은 주체사상 속에서 김일성, 김정일, 김정은 지배체제를 정당화하는 논리에 또 다시 다른 얼굴로 동원되는 과정을 거치게 된 것이다. 한마디로 말해 민족 제일주의는 "위대한 수령을 모시고 위대한 당의 령도를 받으며 위대한 주체사상을 지도사상으로 삼고 가장 우월한 사회주의 제도에서 사는 긍지와 자부심"을 가지고 살아야 한다는 것을 강요하는 것이다.[72]

2. '우리민족끼리'

1) 김정일의 치밀한 계산

'우리민족끼리'는 6 · 15 남북정상회담 공동선언문 제1항에서 "남과 북은 나라의 통일 문제에서 그 주인인 우리민족끼리 힘을 합쳐 자주적으로 해결해 나가기로 했다"는 문구가 들어가면서 등장하였다. '우리민족끼리'는 '같은 민족끼리 하자는데'라는 감성적 함정에 빠지게 하여 남북관계에 있어서 이성적 판단의 냉정함을 잃게 하였던 말이다. 그것은 곧 대북정책에 있어서 많은 갈등과 불협화음을 노정시켰으며 남한 내 '남 남갈등'이라는 적전 분열적 사회 혼란을 일으키게 한 연원이 되었다.

'우리민족끼리'라는 용어는 김대중 정부의 방조[73]와 김정일의 치밀한 판단과 계산 하에 이뤄진 것이다. 김정일이 대한민국 국민의 민족정서 를 전략적으로 이용하면서 김대중 정부의 '햇볕정책'을 역이용하는 전 략 구사의 결과물이라고 볼 수 있다. 김정일은 '김일성 민족주의'를 공 고히 하는 과정에서 김대중 정부의 남북관계 개선 및 정상회담 추진 의 지를 역이용하는 전략을 구사함으로써 대한민국 국민의 민족의식을 친 북·반미활동에 이용하려는 전략적 의도에서 '우리민족끼리'라는 용어 를 공동선언에 반영시켰던 것이다.[74]

북한은 남한 정부의 경제력과 대북 지원을 이용하여 경제적 위기를 극복하고 체제 붕괴의 위기를 모면하면서 미국의 대북 강경정책에 대 한 견제를 위해 '우리민족끼리'라는 민족공조 이념을 부각시켰던 것이 다. 주체민족관의 조선민족 제일주의가 수령독재 체제의 지배 이데올 로기 역할을 한 것처럼 북한의 '민족' 개념은 남한 정부의 무신경과 북 한 김정일의 치밀한 계산속에 '우리민족끼리'의 반미·친북활동 전선에 또 한 번 변용되어 이용당하는 처지가 되었다. '우리민족끼리'는 북한이 대한민국 내 동조세력의 활동공간을 넓히고 반미자주의 민족 공조를 선동하기 위한 투쟁도구로 활용하는 개념일 뿐이다. 이것은 주체민족 관의 핵심 테제인 자주성 확보를 위해 반외세 배격 전선의 훌륭한 쓰임 새가 될 것임은 분명하다 하겠다.

결국 '우리민족끼리'는 주체사상의 실천 수단으로서 김일성 세습왕조 의 최고 이념인 '김일성 민족주의'와 그에 '동조하는 사람들끼리'라고 보 는 것이 타당하다. 6·15 공동선언에서 발표한 '우리민족끼리'의 개념은 관점과 적용에 있어서 남북한 사이에 현격한 차이를 가지고 있는 것으로 파악된다. 북한이 원하는 '우리민족끼리'는 김일성 민족을 중심에 두고 그것을 기반으로 '우리민족끼리만' 대화와 협력을 잘 해나가자는 것이고, 반면 대한민국은 그저 같은 동포끼리 원만히 대화하고 잘 협력해 보자는 것이다.

6·15 공동선언 이후 북한은 민족 공조와 외세 공조는 양립할 수 없다고 반복해서 언급해 온 것을 보면 같은 민족끼리만 손을 잡고 다른 민족과는 공조해서는 안 된다는 속셈을 그대로 드러낸 것이다. '우리민족끼리' 손잡지 않으면 반민족적이고 매국이 되는 것이니 결국 김일성 민족주의와 손잡지 않으면 매국이 되는 것이나 다름이 없다. 북한은 '우리민족끼리'를 혁명을 위한 결합적 수단으로 보았다. 혁명을 같이 하면 동지요 동포인데 그 외에는 적으로 보아 투쟁의 대상이 되는 것이다. 그것은 김정일의 치밀한 계산과 고도의 전략적 판단의 결과물로써 남한 내 통일전선 형성의 구호로 활용하면서 김대중 정부의 햇볕정책을 역이용하여 경제적 실리를 동시에 추구하고자 한 것이다.

김대중 정부는 3단계 통일 방안을 제시했지만 남북한 통일 의지를 잠시 유예하면서까지 적극적인 대북 경협 등 대북 지원사업을 통해 김정일 스스로 기존 대남 전략을 포기하고 개혁과 개방의 길로 나설 것이라는 기대와 함께 남북관계는 자동적으로 안정적인 관리가 될 것으로 생각하여 '햇볕정책'이라는 대북 포용정책[75]을 주도했던 것인데 정상회담 결과 김대중 정부에게는 남북관계의 획기적인 개선에 대한 일시적인 성공을 담보한 반면 '남남갈등'의 유발 원인이라는 심각한 후유증을 우리 사회에 남겼고, 김정일에게는 일명 '퍼주기'라는 일방적인 대북 지원과 경제적 지원으로 많은 실리를 챙기게 했으며 더불어 남한 내 갈등의 유발은 대남 '통일전선 형성'이라는 커다란 전리품을 안겨준 것이었다고 평가할 수 있다.

2) 전략전술적인 이용

'우리민족끼리'는 민족 공조 동조화를 통해 김일성 민족주의를 대한민국에 확산시켜 한반도의 김일성 민족화 통일을 목표로 하는 이데올로기적 창구로서의 기능을 한다고 볼 수 있다. 우리 국민은 '우리민족끼리'를 동일한 언어, 단군의 자손, 단일민족 등 동질감을 공유하는 '같은 민족끼리'라는 의미로 감성적으로 이해하고 받아들이는 반면 북한은 '김일성 민족'을 중심으로 내부적 단결을 꾀하면서 남한 내에까지 김일성 민족주의의 확산을 위해 '우리민족끼리'를 그 도구로 이용하고 있다. 그러니까 대남 전략전술적 혁명 투쟁의 도구로 규정하고 있는 것이다. 이것은 북한의 민족 개념이 스탈린식 민족주의에서 조선민족 제일주의를 거쳐 김일성 민족주의로 변용되어 나타났다가 '우리민족끼리'로 발전하는 과정에 있고, 그 변화와 발전의 근저에는 주체사상에 따른 주체의 민족관이 자리 잡고 있는 것이라 볼 수 있다. 주체사상을 토대로 한 수령 독재 왕조세습 체제를 공고히 하기 위한 선동 구호인 것이다.

북한은 2010년 9월 제3차 노동당대표자회의에서 개정된 당 규약의 대남전략에 있어서 조선노동당은 조선의 애국적 민주역량과의 통일전선을 강화한다고 하였다. 조선노동당은 남조선에서 미제 침략세력을 몰아냄으로써 외세의 지배와 간섭에 종지부를 찍고 일본 군국주의의 재침 책동을 단호히 거부하며 사회의 민주화와 생존권의 지속을 위한 남조선 인민들의 투쟁에 적극적인 지지와 성원을 보내어 '우리민족끼리' 힘을 합쳐 평화통일과 자주, 민족대단결 원칙하에 조국의 통일과 나라와 민족의 통합된 발전을 이룩하기 위하여 투쟁한다는 것을 강조하고 있다. 반외세·반미 자주화 투쟁을 위해 '우리민족끼리' 힘을 합쳐 투쟁해야 한다고 하는 통일전선전술적 역량을 강화하자고 역설하고 있다.

이것은 '우리민족끼리'가 통일전선전술의 중요한 테제임을 공개적으로 선언한 것이다. 남한 내 혁명역량 강화를 위해 '반미자주화', '반정부 민주화' 투쟁을 위한 통일전선을 광범위하게 형성함으로써 남남갈등을 조장하고, 김일성 민족주의에 대한 동조 역량을 확보하는 데 유용한 전략으로 이용되고 있음을 알 수 있다. 즉, 북한은 '우리민족끼리'를 앞세워 '민족 공조와 외세 배격'을 주창하는 가운데 남한 내 일부 세력들이 북한의 핵실험이나 장거리 미사일 개발이 자위용이라거나 대미 협상용이라고 북한 정권을 옹호해 주는 등 국제사회로부터의 각종 제제와 압박을 완화시키는 활동을 함으로써 세습왕조 정권의 동조세력화 내지 외부세력에 대한 방패막이 역할을 하도록 유도하고 있다.

국제사회가 관심을 가지고 있는 북한 인권 탄압에 대한 개선 요구와 국내의 북한인권법 제정 추진에 관련해서도 북한 정권에 대한 압박이 오히려 주민들에게 피해를 입힌다거나 인권법 제정 행위는 북한에 대한 내정 간섭이며 외교적 결례라는 등의 비합리적인 주장으로 북한인권법 제정을 무산시키고 국제사회의 압박을 저지하고 있는 일부 북한 정권 동조세력들의 행태는 바로 왕조세습 정권의 안위를 위해 '우리민족끼리' 잘 공조된 결과임을 증명하는 것이다.

2000년 6월 16일 국무회의에서 김대중 전 대통령은 "우리가 마음만 먹으면 한반도에서 다시 전쟁이 일어나 우리 민족이 동족끼리 피를 흘리는 일이 없을 것이다. 그 쪽도 원치 않고 있다"고 하여 우리가 북한의 비위를 건드리지만 않으면 남북한 사이엔 다시는 전쟁이 없을 것이라는 말을 했다. 이 말은 6·15 남북정상회담 뒤 "더 이상 한반도엔 전쟁은 없다"라고 한 말과 함께 "북한을 자극해선 안 된다", "무슨 일이 있어도 전쟁만은 안 된다" 등의 얘기는 구호로 난무하는 '우리민족끼리'와 유사한 프로파간다들로서 남남갈등을 고조시키는 원인 중의 하나가 되었다.

또한 노무현 전 대통령은 2004년 11월 LA 세계문제위원회 주최 행사에서 "북한의 핵과 미사일 개발을 외부 위협으로부터 자신을 지키기 위한 억제수단이라는 주장은 일리 있는 측면이 있다"고 하여 북한의 대량살상무기 개발을 옹호하는 발언을 한 바 있다. 북한의 핵은 대한민국의 안전보장에 직접적인 생존의 위협임이 당면 현실일진데 그 위협의 존재 입장을 대변해 준 것이나 다름없다. 거기다가 덧붙여서 "북한이 핵무기를 포기하지 않는 것은 자신들의 체제 안전을 보장하려는 것이니 북한체제 보전을 위한 미국의 새로운 조치가 필요하다"고 북한 체제 보장의 방패 역할까지 자임한 것이다.[76] 그 후 결과는 북한의 핵실험과 핵무기 보유로 귀결되었고 대한민국의 안보는 핵위협 앞에 풍전등화격이 되었다.

이렇듯 6·15 남북공동선언에 김정일이 반영시킨 '우리민족끼리' 이데올로기는 남한 내 통일전선전술적 토대를 만들 수 있었다. 동조세력의 옹호와 함께 국제사회의 각종 제재와 압력 속에서도 2차, 3차…5차, 6차 핵실험과 장거리 탄도미사일을 발사하였다. 대한민국으로부터의 각종 지원 사업을 통해 아사 붕괴 직전의 경제적 위기상황을 모면해 가면서 끊임없는 위협 행위를 지속하였던 것이다.

3) 대남 통일전선전술의 수단화

(1) 통일전선 형성

"김정일 정권은 대한민국의 좌파정부가 자신들과 같은 편이라고 여기고 '우리민족끼리'를 핵문제의 해결과 남북 화해협력의 대전제로 보고 있는 듯한 행태를 보여 왔다"[77]는 시각처럼 '우리민족끼리'는 6·15 공동선언에 반영된 후 북한의 대남 통일전선전략 수단으로 공식화해서 사용하고 있다. 핵 개발을 저지하려는 미국에 대한 반미투쟁과 남한 내 반정부 투쟁을 위한 통일전선을 형성하여 소위 남남갈등이라고 하는 우리 사회 내부 갈등을 조장하였다.

2003년 1월 1일 북한의 신년 공동사설에서 조국통일의 성패가 공동선언의 기본정신인 '우리민족끼리'의 이념 구현에 달렸다고 주장한다. 외세와의 공조 추구는 반민족적 책동이기 때문에 배격해야 한다는 것이고 공동선언을 지지한다면 북한을 고립·압살하려는 미국에 대해 남북한이 함께 맞서는 것이 당연하다는 것이다. 한마디로 한·미동맹추구는 반민족적 책동이라는 것이다. 6·15 공동선언에 따라 북한 편을 들어서 함께 맞설 것을 노골적으로 촉구하며 6·15 선언을 반대하면 매국이라고 주장하였다. 북한의 '우리민족끼리'는 반미·민족 공조 전략에 이용되는 수단임을 분명히 한 것이다.

북한은 노무현 대통령과의 2차 남북정상회담 '10·4 정상선언'[78]에도 6·15 공동선언과 우리민족끼리 정신을 포함시켜 우리민족끼리 전략전술의 맥을 이어가게 했다. 또한 2010년 9월 28일에 발표된 북한 노동당 규약에 '우리민족끼리'를 추가하면서 남조선의 애국적 민주역량과의 통일전선을 강화해야한다는 것을 명시함으로써 '우리민족끼리'가 통일전선 강화의 핵심 테제임을 천명하며 구체적인 실천의지를 다진 것이다.

(2) 동조세력 확산과 종북주의의 확산

6·15 공동선언 이후 '우리민족끼리'를 이용한 통일전선의 확장은 공개 인터넷 매체를 제작해 우리 국민과 해외동포들까지 대상으로 삼았고 '6·15 공동실천을 위한 남북해외 공동행사 준비위원회'(6·15 민족공동위원회)[79] 등과 같은 단체들을 활용하여 우리민족끼리 이념 확산에 주력했다. 이 중에서 통일연대의 출범과 활동은 북한 통일전선의 백미였다고 하겠다. "통일연대[80]는 북한의 노골적인 성원 아래 2001년 3월 15일 결성되었고 북한 측의 노골적인 개입에 의해 대북 대화창구의 일원이 된 다음에는 공개적이면서 지속적인 비호 아래 급진적 활동을

벌였다."81)

북한은 대남 민간 부문 접촉 창구인 민족화해협의회(민화협)를 통해 "통일연대가 결성되면 나라의 통일을 앞당기는 실천적 문제들을 함께 협의해 갈 것"이라는 내용을 전하면서 통일연대의 굳건한 후원자임을 숨기지 않았다. 통일연대는 출범 초부터 맹렬한 반미 시위를 벌였다. "미국은 내정간섭과 미사일 방어계획을 중단하라"고 외쳤다.82) 한마디로 대한민국 내에서 '우리민족끼리', '자주적'으로를 강조하면서 북한 정권을 옹호하고 외세 배격과 민족 공조를 앞세운 북한의 주장과 구호가 난무하게 되었다.

6·15 남북공동선언으로 열려진 '우리민족끼리'의 틈새가 자신들의 입장에 동조하면 민족적이 되고, 그렇지 않으면 반민족적이거나 역적 등 타도의 대상으로 매도하면서 주체민족주의 체제 동조세력 확산에 주력해 왔다. 대한민국 내에 북한 쪽 우호세력과 반대세력을 구분하여 상호 투쟁하도록 분열을 부추기면서 '우리민족끼리' 이념을 내세워 동조세력을 확산시켜 감으로써 자유민주주의 체제에 대한 분열적 도전이 계속되고 있다.

이와 같이 동조세력 확산의 중심 이념이 된' 우리민족끼리'는 대한민국 내에 반미자주화와 반보수대연합 통일전선을 형성하고 '종북주의83)' 확산의 토대가 되었다. 결과적으로 북한의 통일전선전략 차원에서 종북주의는 대한민국 내에 그람시적 헤게모니 쟁탈전의 진지84)로 구축되어진 것과 다름이 없다 하겠다. 그 진지는 북한 통일전선의 대남혁명 전초진지가 되어 대한민국 체제 존립 자체를 위협하고 내부 분열을 야기하는 교두보적 역할을 하고 있다 하겠다.

그것은 북한 독재정권에 대해 맹목적인 동조를 부르짖는 종북주의의 확산은 대한민국 자유민주주의 체제 안정에 절대적인 위협요소가 된다. 종북 문제는 민주화와 탈냉전 시대의 대한민국 사회에 이념적·정치적 분열을 격화시키는 뜨거운 감자가 되었다. 다원화사회에서의 일탈 현상이나 절차적 민주주의의 경미한 혼란쯤으로 도외시해 버릴 수 없는 자유민주주의 체제에 대한 본질적인 면에서 중대한 도전에 해당한다. 반독재·민주화 투쟁 과정에서 결집되어 나타나기 시작한 NL(민족해방)파가 친북·반미주의의 급진 정치운동을 지속하면서 그람시적 진지를 구축하게 되었다. 종북세력은 북한의 반미·자주 이데올로기로 무장하여 우리민족끼리 통일전선전략에 동조하고 대한민국 건국의 정당성을 부인하면서 국가보안법 폐지와 주한미군 철수를 주장하고 자유민주주의의 체제성에 도전하는 반(反) 대한민국 정치세력이다.[85]

김대중 정권의 햇볕정책은 북한정권과 주민을 구분하지 않고 전 세계 모든 동포들을 포함하여 그들도 우리와 같은 민족이니 화해하고 협력해야 한다는 뜻에서 '우리민족끼리'라는 용어를 사용한 '열린 민족주의' 개념이라고 할 수도 있다. 하지만 그것은 북한 주체민족관의 핵심 테제인 자주성으로 주장되는 반미자주화 민족 공조 와 한반도의 김일성 민족주의화 적화통일이라는 대남 전략목표 추진에 있어서 북한 왕조세습정권의 자주적 '민족 공조와 외세 배격' 논리의 주도적인 선동에 역이용 당하고 있는 것이라 하겠다. 결국 우리는 6·15 남북공동선언문에 '우리민족끼리'라는 용어를 반영하고자 하였던 김정일의 치밀한 계산이 맞아떨어지는 결과를 보고 있었던 것이다.

3. 민족 공조론의 허상

1) 통일전선의 기초 민족대단결론

북한은 통일 문제의 본질을 민족자주권의 실현과 민족대단결 도모의 두 측면에서 생각하면서 1970년대까지는 민족자주권 실현이라는 외적 측면에 집중하였다. 그러나 1972년 7 · 4 남북공동성명에 민족대단결 증진이라는 내적 측면을 강화하면서 1990년대 이후 오히려 내적 측면이 외적 측면을 촉진시키게 된다는 주장을 내세움으로써 민족적 단합을 더욱 중시해 간다는 통일전선전략을 공식화하였다.[86]

민족 공조론 또한 이 통일전선전략의 연장선상에 있었고 이를 더욱 강화하기 위하여 제기한 것이었다.[87] 북한은 2002년 10월 제2차 북핵 위기 상황에서 6 · 15 공동선언 제1항 "남과 북은 통일 문제를 그 주인인 우리민족끼리 자주적으로 해결해 나가기로 하였다"를 근거로 하여 북핵 문제에 대한 국제적 압박을 돌파하기 위한 민족 공조론을 들고 나왔다.

앞에서 언급한 것처럼 6 · 15 남북공동선언에 포함시키는 데 성공한 '우리민족끼리' 개념이 북한의 왕조세습 정권 대남 전략전술의 핵심 수단으로 이용되어 김일성 민족주의 동조세력의 확장을 꾀하는 데 이용되었음을 파악한 바 있다. 또한 우리민족끼리가 한반도를 중심으로 한 모든 민족의 공동 번영을 주창한 것이 아니라 실질적 내용이 김일성 민족과 그에 동조하는 세력끼리였음도 분명히 인식할 수 있었다.

북한은 그러한 '우리민족끼리'를 내세우면서 외세 배격과 반미자주의 '민족 공조'를 역설하였다. 북한에서 민족 공조의 개념은 7 · 4 남북공동성명의 '민족대단결론'으로부터 유래된다. 이후 민족대단결론은 김정일이 1989년 12월 28일 조국통일을 염원하는 해내외 조선민족의 단결[88]을 처음 제안한 적이 있었고, 본격적으로 1992년 1월과 2월부터 조국통일의 민족대단결론을 주장[89]하기 시작하였으며 1998년 4월 18일 김정일의 민족대단결 5대 방침[90]을 통해 이론화 · 체계화하였다.

민족대단결론은 1980년대 후반 이후부터 강조되었는데, 북한에서는 민족대단결론이 "민족 전체가 당파와 소속, 정견과 신앙 차이를 초월하여 하나로 굳게 단결함으로써 조국의 통일과 통일된 조국 번영"에 기여하기 위한 것으로 주장되었다가 김일성 사망 후 1993년 1차 핵 위기로부터 시작된 '통미봉남'(通美封南) 전략으로 그 의미가 퇴색되었다. 진정한 남북 단결이 없는 '민족대단결' 구호는 2000년 제1차 남북정상회담을 통해 새로운 변화를 맞는다. 북한은 6·15 남북공동선언을 "민족자주통일선언으로 같은 민족끼리 힘을 합쳐 자주적인 조국통일을 이룩하자는 것을 온 세상에 천명한 것"이라고 민족대단결을 통한 조국통일 지향을 선언한 것이라고 주장한다.[91]

2003년 노동신문 신년 공동사설에서 "조국통일 운동의 성패는 남북공동선언의 기본정신인 '우리민족끼리'의 이념을 고수하고 구현하는 데 달려있다. 민족 공조를 실현하는 것이 통일로의 지름길이다. 핏줄도 하나, 언어도 하나, 문화도 하나, 역사도 하나인 우리민족에게 있어서 민족 공조는 당연한 이치이며 생존방식이다"라고 주장한 이래 북한의 모든 공식매체에서는 남북관계에 있어 민족 공조를 강조하였다. 김정일은 민족대단결론을 "민족의 자주성을 옹호하고 실현하기 위하여 사상과 이념, 정견과 신앙의 차이, 재산의 유무와 사회적 지위에 관계없이 모든 계급, 계층이 민족공동의 요구와 이익을 첫 자리에 놓고 하나로 굳게 단합하는 사상"[92]이라고 정의하였다. 이것은 사람 중심의 철학적 세계관이라는 주체사상적 역사관에 기초를 두고 있다.[93] 이것은 한반도 공산화 통일혁명이라는 전략적 목표가 변함없음을 말해주는 것으로 김정일이 주체사상의 높은 기치로 자주통일을 이룩하기 위한 투쟁을 강화함으로써 '주체혁명의 위업을 앞당겨 나가야' 한다고 주장[94]하는 것과 맥을 같이한다.

민족대단결 5대 방침은 1993년 4월 6일 김일성이 제시한 「전민족대단결 10대강령」을 바탕으로 이 내용을 압축해서 재정리한 것이다. 그 핵심 내용인 민족대단결론은 북한 정권이 역사적 정통성을 가졌고 통일의 중심체가 되어야 한다는 점을 제시하면서 민족이라는 혈연적 동질성을 내세워 폭넓은 통일전선을 형성하고자 하는 데 목적이 있다. 탈냉전적 급격한 정세 변화에 편승하여 북한 주민의 충격을 완화시키면서 내부 정비의 시간을 확보하기 위한 전략의 일환으로 제시된 것이다. 민족대단결 5대 방침이 제시된 시기는 김정일이 유훈통치를 끝내면서 본격적인 김정일 시대를 여는 준비 과정이었다. 김정일은 1997년 「조국통일 3대 헌장」을 통하여 대남·통일정책과 관련한 기본노선을 그대로 유지할 것임을 밝혔지만, 이는 김정일 이름으로 다시 확인시키면서 통일지도자 상을 과시하려 한 것이다.[95)]

한편 민족대단결론에서 남북관계를 불신과 대결로부터 신뢰와 화해의 관계로 전환하여 남·북한 간 서로 다른 사상과 제도를 인정하는 기초 위에 화합과 공존·공영·공리의 도모를 주장한 것은 전술적 차원의 대남 접근에 대한 변화라고 평가될 수도 있다. 이 때문에 민족대단결론은 분단사상 최초로 2000년 6월 김정일이 남북정상회담에 나오면서 6·15 남북공동선언을 합의·발표하게 된 이론적 배경이 되었다고 평가할 수 있다.[96)]

2) 북한의 위기탈출 민족 공조론

북한은 3대 혁명역량 약화의 위기대응 담론으로 '민족 공조'와 '김일성 민족'을 강조했다. 2000년 이후 고립과 경제위기, 미국의 대북 압박 정책에 대한 대응책으로 민족 공조전략을 추진하였다. 또한 주체사상을 기반으로 '우리식 사회주의', '조선민족 제일주의'를 강화함으로써 붕괴된 국가사회주의로부터 북한의 특수성을 도출해 내기 위해 노력했다.

1993~94년 북핵 위기 시 북한은 소위 '통미봉남' 정책 하에 미국과의 교섭에 전념하면서 남한을 철저히 배제하는 태도를 취함으로써 남북관계는 경색국면을 벗어나지 못했다. 1990년대 중반부터 북한은 극심한

경제난으로 외국의 원조를 요청하였고 1998년 김정일 공식 승계 이후 서방과의 관계 정상화에 적극 나서기 시작했다. 2000년 남북정상회담 개최와 부시 행정부 등장 후 미국의 대북 적대시 정책에 대응해 남북관계를 경색시켰으나 부시 행정부의 '악의 축' 발언 등 대북 인식이 오히려 악화되는 가운데서 남북관계를 복원시키려 하는 등 상반된 모습을 보였다. 2002년 2차 핵 위기 와중에는 '민족 공조론'을 들고 나옴으로써 적극적인 대남 공조정책을 전개했다.

1980년대까지 북한의 '민족'은 스탈린의 민족 개념에 대한 정의에서 크게 벗어나지 않았는데 80년대 중반까지도 김정일은 "우리 공산주의자가 민족주의자로 될 수는 없다. 공산주의자들은 참다운 애국주의자인 동시에 참다운 국제주의자이다"라고 함으로써 민족주의자로 인식되기를 거부하였다.[97]

북한의 본격적인 '민족주의' 출범이 1990년대 들어서부터였다고 살펴보았듯이 90년대에 와서 김정일은 민족의 기본 징표로 핏줄과 언어, 지역의 공통성을 제시하면서 이 가운데 언어와 핏줄이 가장 중요함을 강조한다. 1994년 김일성 사망 후 김정일 공식 승계의 1998년까지 북한의 '민족'은 1980년대 후반부터 강조되어온 '민족대단결론'을 크게 벗어나지 못했다. 1997년 김정일은 계급 문제의 해결보다 민족성을 부각시키면서 민족주의가 체제의 중요한 이념적 좌표임을 강조하게 된다. "민족은 영원하지만 계급은 영원하지 않다"고 인식함으로써 사회가 발전하고 공산주의 사회를 이루면 민족 자체가 소멸될 것이라는 스탈린의 주장에 반대한 것이다. 민족이 있고서야 계급이 있고 민족의 이익이 보장되어야 계급의 이익도 보장된다는 것이다. 계급과 계층은 변할 수 있어도 사람의 공동운명체인 민족은 영원하다는 것이다.[98]

북한은 2000년 남북정상회담으로 채택된 6·15 공동선언을 '민족끼리' 힘을 합쳐 자주적인 조국통일을 이루자고 온 세상에 천명한 것이라고 주장하면서 남북관계의 진전을 강조하였다. 2001년 부시 행정부 등장으로 북·미관계가 긴장되면서 북한은 보다 적극적인 '민족 공조'를 주장한다. 이후 북한은 2002년 신년 공동사설에서 '민족 공조'란 용어를 처음 사용한다. 2002년 핵 위기 이후 북한의 '민족 공조론'은 보다 적극성을 띠기 시작했다.

이전의 민족 공조가 남북통일 맥락과 남한으로부터 경제적 지원 확대를 위한 것이었다면 핵 위기 이후엔 보다 적극적으로 반미 민족 공조를 주장하였다. 북 핵 위기를 미국과 북한과의 갈등이 아닌, 미국과 '조선민족' 간의 갈등으로 규정하고 반미·반전을 위한 민족 공조를 주장하기 시작한다. 2003년 1월 1일 노동신문 사설에서는 선군정치와 우리 민족 제일주의가 북한뿐만 아니라 남한까지 대상으로 확대하였다. 더불어 남한 당국과 정치인에게도 '민족 공조의 길'에 동참할 것을 촉구하는 등 남한 정부를 포함시키고 나아가 노골적으로 반미를 요구하면서 과거 통일전선전술과는 차별화를 시켰다. 외세 식민지 지배하에 있는 남한은 계급투쟁보다 반미자주화 투쟁을 우선시하여야 하고 남북은 같은 민족끼리 이를 위하여 함께 투쟁하여야 한다고 주장한다.

김정일의 민족관에서 무엇보다도 중요한 것은 수령에 의한 민족 영도를 절대화하는 것이다. 결국 수령의 무오류성과 절대성 하에 민족의 생명 중 가장 중요한 것은 자주성이 아니요 수령 김정일의 영도가 되는 셈이다.[99] 북한 민족주의에서 민족은 사라지고 수령만 남은 것이다.

3) 변함없는 통일전선 민족 공조론의 허상

'민족 공조론'의 토대가 된 것은 우리민족끼리이며 기존의 '민족대단결' 개념을 변형시킨 다소 추상적인 원칙들을 제시하고 있다.[100] 북한은 민족 공조를 통일 문제에 대한 외세 간섭을 철저히 배격하고 모든 문제를 같은 민족끼리 서로 힘을 합쳐 민족의 의사와 이익에 맞게 자주적으로 해결해 나가자는 주장으로서 이는 통일전선전술의 일환으로 볼 수 있다.

6·15 남북공동선언의 '우리민족끼리' 용어는 2001년 북한의 신년 공동사설[101]에서 '동족공조'의 용어와 함께 처음 사용되었으며 이후 '조선민족끼리', '민족 공조론' 등과 혼용되어 사용되었다. 2002년도부터 신년공동사설[102] 등에 민족 공조 개념이 규정되다가 2005년 신년공동사설을 통해 우리민족끼리론의 '3대 민족 공조' 실현 과업을 제시함으로써 이론적 체계를 갖추기 시작했다.[103]

김정일의 '민족 공조론'은 우선 민족대단결론과 거의 같은 내용으로 구성되어있다. 민족 공조론이 "김일성의 민족대단결론 → 김정일의 민족대단결론 → 김정일의 우리민족끼리론의 과정을 거쳐 그 내용 체계가 이루어졌다고 볼 수 있다." 특히 민족 공조론의 3대 원칙은 민족자주의 원칙, 민족공동 이익의 원칙과 공존·공영·공리 도모의 원칙으로 제시되고 있는데 여기서 민족자주의 이념은 '조선민족이 미국민족과 민족적으로 대립'하고 있다[104]는 논리적 구도는 민족 공조론에서 남과 북의 대립구도를 '조선민족 대 미국'으로 설정한 것으로 남북이 전 민족적 이익을 위해 단합해야 하고 제국주의 핵전쟁광으로 몰아붙이는 미국의 대북 적대시 정책을 분쇄해야 한다고 주장[105]하는 접근 논리라고 할 수 있다.

이러한 민족 공조론은 구체적으로 세 가지 방향성을 가지고 있다. 그러니까 민족 공조론의 목표는 우선적으로 한미 공조의 배격이다. 북한의 민족 공조에 대한 정의에서 민족 공조는 민족 구성원들끼리 서로 도와주는 것을 의미하는 것으로 단순하다. 이처럼 민족 공조는 같은 민족으로서 자기 운명의 주인이라는 자각으로 외세와 손을 잡거나 그 어떤 외세에 의존하는 것이 아니라 같은 민족끼리 서로 도우면서 자체 스스

로의 힘과 지혜를 합쳐 같이 행동해나가는 단결과 협력의 원칙이라고 한다.106)

두 번째로 민족 공조는 남한 내 '민족주의 세력'과의 연대를 강화하고자 하는 것이다. 북한은 남한 정부가 민족 공조를 외면하면 사대와의 굴욕에 빠지고 민족의 운명을 위태롭게 하는 결과를 초래하게 되어 민족의 규탄을 받을 것이라고 남한을 압박한다. 대내외 각계 통일운동 단체들과 인사들을 통하여 남북공동선언을 이행하고 민족적 화해와 통일, 평화를 위한 투쟁을 벌여나가기 위한 강력한 연대와 연합을 모색한다. 로동신문을 통해 민족 공조를 반대하고 남북 대결을 조장하는 반통일 보수세력을 철저히 고립시켜야 한다고 주장한다.107)

셋째, 민족 공조는 선군정치의 정당성을 확보하여 체제 유지를 강화하기 위함이다. 미국의 대조선 압박정책은 남한까지 위태롭게 할 것인데 남한도 안전하게 하기 위해서는 선군정치에 의한 핵 억지력 보유가 불가피함을 공조 과정을 통해 강변하기 위함이다.108)

결국 민족 공조론은 김정일 체제를 강화하고, 민족주의 정서에 호소하여 남한 정부·정당·시민단체 등으로 하여금 미국 및 반통일 세력과의 대립구도를 형성하여 북미 간 혹은 남북 간 협상력을 높이겠다는 목표를 가지고 있는 것이다.109)

민족의 생존권과 자주권을 담보하는 민족 공조는 외세와 손잡는 것이 아니라 민족끼리 힘을 합쳐 외세에 대응해 나가는 것이라고 하는데서 잘 나타나 있다. 이것은 '우리민족끼리' 힘을 합쳐 주 투쟁 대상인 주한 미군을 철수시켜야 한다는 통일전선전술의 일환이라고 볼 수 있으며, 이 또한 김정일의 주체사상관에 기초한 민족관의 핵심 테제인 자주성과 직결되는 이념이다. 민족대단결론과 마찬가지로 민족 공조론도 주체사상에 그 사상적 기반을 두고 있는 것이다.110)

북한은 1990년대 소련을 비롯한 동구 사회주의권의 붕괴에 따른 국제적 고립 상황에서 민족주의의 긍정성을 인정해오다가 2000년 6·15 남북공동선언 이후 변화된 위기상황의 대응 과정에서 '통미봉남' 전략을 후퇴시키고 민족 공조론을 외세에 대한 대항논리로 적극 활용하고자 하였지만 2000년대 지속되었던 민족 공조론은 2010년경 발생한 북한의 군사적 도발에 대응한 우리 정부의 5·24 대북조치로 급격히 후퇴하게 되었고 남북 경제협력은 물론 인적·물적 대부분의 교류가 차단되었다.[111]

이러한 민족 공조를 통해 그들의 목표를 달성하기 위한 술책으로 남한이 진정한 민족 공조의 길로 나서야 함을 지속적으로 강조한다. 남북관계 개선 방향으로 군사적 긴장상태 완화, 남북 교류협력 차단장치 제거, 제반 법률 수정 및 폐기 등을 우선적으로 취해야 한다고 주장한다. 먼저 상대방의 체제를 부정하고 존재를 인정하지 않는 법률을 그대로 두고서는 남·북간에 화해협력이란 빈말밖에 되지 않으니 상대방의 존재를 부정하는 법률을 수정하거나 폐기하라는 것이다. 북한을 흡수통일 하겠다는 의지의 표현이라고 주장하는 우리 헌법 영토 조항(3항)과 북한을 반국가단체로 규정한 국가보안법 역시 없애라는 것이다. 또한 남북 교류협력의 발전을 가로막는 차단장치를 제거하라고 요구한다. 우리의 정보·사법기관의 체질 개선을 주장하면서 동족을 주적으로 규정한 것은 명백한 대결론이며 반민족적 세력의 징표라며 주적론의 폐기를 제기하였다. 하지만 주적론은 2004년 노무현 정부에서 폐기되었다가 천안함 폭침 후 2010년 6년 만에 다시 부활한다.

마지막으로 군사적 대결 상태를 해소하고 긴장 상태를 완화하자고 주장한다. 북한은 남한이 미국의 한반도 전쟁전략에 끌려 다니지 말고 전쟁정책을 폐기하고 긴장을 완화해야 하며, 진정한 민족 공조를 위해서는 남한의 무력 증강과 외부로부터의 무기 수입 중지, 외국 군대와의 연합훈련의 중지 등 사전조치를 취하라고 요구하였다. 연평해전과 서

해교전, 천안함 폭침, DMZ 지뢰 도발 등 군사적 도발행위의 명백한 주체로서 적반하장도 유분수이다. 북한은 1990년대 이후 내적 측면이 외적 측면을 촉진시킨다는 개념으로 민족적 단합을 더욱 중시해 나간다고 공식화했지만[112] 그것은 그들의 대남전략인 통일전선전략을 더욱 강화해 나가겠다는 의지의 레토릭일 뿐이다.

민족 공조론은 이러한 통일전선전략의 연장선상에 있을 뿐 이를 더욱 강화하려고 제기한 것이다. 국제사회의 대북 압박에 의해 궁색한 처지에 놓였던 북한은 당시 남한 내에 크게 성장한 민주세력과 통일세력을 적극 견인하여 대미 공동전선을 구축하려 했던 것이다. 어쨌든 북한은 민족 공조론 공세를 강화하였다.[113]

결과적으로 2000년 '6·15 남북공동선언'을 통해 등장한 민족 공조론에 대한 함의적 평가를 하자면, 한 마디로 김정일의 민족 공조론은 '민족' 개념을 내세우고 한편으로는 북한의 전략적·궁극적 목표인 한반도의 공산화 통일노선을 변함없이 추구하는 적화통일론이다. 다른 한편으로 시대의 변화에 따라 전술적·실리적 목표인 적극적인 남북관계 개선을 위한 접근전략을 담고 있다고 할 수 있다. 결론적으로, 북한 정권의 민족 공조론에 담긴 함의에 근거해 분석해 보면, 북한의 민족과 민족주의 개념은 대내적인 체제 통합의 논리와 대남 관계의 접근 논리 차원에서 통일전선전략과 결합되어 있다고 하겠다. '같은 민족끼리' 힘을 합쳐 잘 해보자는 '민족 공조론'은 통치이념화 된 정치·이념적 기재로서 오직 '김일성 민족'과 '김일성 민족주의'를 실현하기 위한 실천적 개념임을 직시한다. 과연 2018년 1월 1일 김정은 신년사에 다시 등장한 '우리민족끼리'는 민족공조론의 이념적 기재를 넘어설 수 있을까?

제3절 민족주의 개념과 민족 정체성의 왜곡

1. 민족주의의 북한화

1) 북한 민족주의 개념의 변신

(1) 김일성 민족을 위한 늦깎이 수용, 거듭된 변신

"민족은 언어, 혈통, 사회적·경제적 신분 등으로부터 독립된 법적 동등권을 획득한 시민의 공동체로 생성된 것이다", 그래서 "국가권력이 인민주권에 뿌리내릴 수 있게 되었다."[114] "민족의 존재는 매일매일의 국민적 결의다." 민족은 개인의 자유의지가 반영되는 국가의 구성원 즉 국민이다. 선택으로서의 민족은 자유와 평등이 보장되지 않는 상태에서는 형성될 수 없기 때문에 민족주의는 그 출발부터 민주주의와 동일성일 수밖에 없다. 루소의 민족주의는 자유와 평등 이념을 기초로 모든 주권이 인민으로부터 비롯된다는 '주권재민' 사상을 명확히 천명하였다. 민족주의는 '주권재민' 사상과 함께 능동적이며 적극적인 주체성을 요구하고 있다.[115] 루소는 민족 개별성을 바탕으로 민족자결주의에 의한 민족적 주체성을 다시 한 번 각인시켰다.

그러나 1970년대까지 민족주의에 대해 북한은 민족주의 자체를 부르주아 민족주의로 폄하했고 부르주아의 계급적 이익을 전 민족적 이익으로 포장하면서 다른 민족을 멸시하는 배타주의로 간주하여 배격하였다.116) 그러나 1980년대에 들어서서 1986년 김정일이 우리민족 제일주의를 제창하면서 사회주의와 민족주의를 등치시켰다.117) 민족주의의 때늦은 변용이었다. 1990년대에 북한은 민족주의를 긍정적으로 재평가하면서 위기에 대한 대응 담론으로 민족주의를 수용하면서 체제 정당화 강화에 주력하였다. 북한은 동구 사회주의 체제가 붕괴되는 상황에 내적 통합의 이데올로기로서 늦깎이로 민족주의를 인정하였다. 1991년에야 김일성은 '참다운 민족주의'에 대한 긍정성과 자신도 '공산주의자인 동시에 민족주의자'라고 선언한다.

북한이 민족주의에 대해 발전적 의미를 부여하는 이유는 사회주의 위업을 민족의 위업으로 확장함으로써 그 정당성을 부여받고 싶었기 때문이다. 곧 사회주의 과업은 바로 민족의 발전을 위한 과업이고 사회주의에서 '민족은 인민'이며 동시에 '인민은 민족'이 되었던 것이다.118)

2000년대에는 공세적 위기 대응 수단으로 6·15 공동선언 이후 민족 공조 노선으로 전환하였다. 북한은 그 동안 '통미봉남' 전략으로 남한 정부를 비판하다가 북미관계가 긴장으로 치닫자 북한은 '우리민족 제일주의'를 남한으로까지 확대하면서 민족 공조를 주창하였고 이 과정에서 한반도 대립구도를 조선민족 대 미국으로 설정하면서 반미 자주의 기치로써 민족 공조론을 이론적으로 뒷받침하였다.119)

주로 북한의 대내적 구호였던 '우리민족 제일주의'120)는 통일정책의 핵심 구호가 되었고 2004년 신년사설에서 다시 강조되면서 전한반도 차원으로 확대되었다. 따라서 '우리민족 제일주의'에 대한 정의도 "오랜 력사와 자랑스러운 민족성을 가진 우리 민족이 제일이라는 민족적 긍지와 자부심, 우리 민족끼리 힘을 합쳐 민족 문제, 통일 문제를 해결할 수 있다는 자신심, 나아가서 민족의 통일적 발전과 번영을 이룩해 나갈 수 있다는 확신"으로 바뀌면서 '우리 민족'의 범주 안에 남한까지 포함시켜 통일 구호화하였다.121)

1986년 7월 김정일이 처음 제시한 '조선민족 제일주의'는 "위대한 수령을 모시고 위대한 당의 령도를 받으며 위대한 주체사상을 지도사상으로 삼고 가장 우월한 사회주의 제도에서 사는 긍지와 자부심122)"이라고 한다. 우리 민족이 제일이라는 긍지 가운데서도 '수령'과 '당'에 대한 대중의 단결 실현을 가장 큰 긍지로 규정한 것이다. 이처럼 '조선민족 제일주의'는 '혈연적 유대'를 과대하게 강조하면서 '민족 제일'의 근거도 대단히 주관적으로 제시하고 있다. '북한인민'으로 국한된 김일성 민족만의 '민족 제일주의'임을 알 수 있다.123) 애당초 '조선민족 제일주의'는 남한의 민족주의와 공유하고자 하는 개념을 갖고 있지 않았다.

첨예화한 한반도 상황에 대비하여 남한의 민족의식을 촉발시켜 민족공조를 강화하고 한미동맹을 약화시키려는 의도로 '우리민족 제일주의'를 '통일구호화'하였다. 결국 민족적 자부심과 긍지를 끌어들여 한미 공조를 약화시키고 민족 공조를 강화하고자 한 것이다.124) 이것은 '우리민족 제일주의'를 전 한반도 차원으로 끌고 가면서 우리민족끼리와 민족공조의 이념적 지표가 되었다. 즉, '우리민족끼리'는 우리민족 제일주의에 기초한 이념이고 '민족 공조'는 한반도의 평화와 통일을 위한 힘의 바탕이 되는 우리민족 제일주의를 구현하기 위한 기본 수단이라고 봤다. 따라서 자기 민족이 제일이라는 관점에서 그동안 외세에 의존해 왔던 낡은 관념을 버리고 동족과 공조하고 힘을 합쳐야 한다고 주장한다.125)

북한은 6·15 공동선언과 2002년 북핵 위기 이후 남한 정부 및 민간 부문에 대해 '조선민족 대 미국'의 대립구도를 설정하여 '민족 공조'로써 반미 자주화투쟁을 하고자 하였다. 북한이 민족 공조를 통해 얻고자 하는 것은 민족의식을 유발시켜 오직 대외 협상력을 높여보자는 의도였다. 이렇게 북한 민족주의는 인민의 자유와 평등 이념적 가치에는 아랑 곳하지 않고 오직 김일성 왕조체제의 안정과 결속을 위해서만 민족을 변용해 왔다. 민족주의가 북한판으로 바뀌어 이용되면서 '우리민족끼리' 는 2018. 1. 1 김정은 신년사에도 변함없이 이어졌다.

결과적으로 북한 민족주의 개념의 거듭된 변신은 최초 사회주의와 결합한 스탈린식 민족주의인 '사회주의적 애국주의'에서 1986년 김정일 이 주창한 '조선민족 제일주의'를 거쳐 1994년 '김일성 민족주의'로 나타 났다가 2000년 6·15 공동선언을 통해 '우리민족끼리'로 변화된 것처럼 보이지만, 여기 민족주의는 모두가 주체사상을 기본으로 한 김일성 세 습왕조 체제의 군주국 실현을 위한 선동구호의 맥을 이어왔을 뿐이다. 특히 최근 등장한 '우리민족끼리'와 '민족 공조론'은 북한이 김일성 민족 주의와 주체사상을 바탕으로 남한 내에 반외세 민족 동조세력을 확장 하기 위한 선전선동 구호로서 통일전선전략의 투쟁도구화로 활용되고 있다. 즉, 민족주의란 개인의 자유와 평등, 인권, 법치 등의 민주주의 원 칙들에 대한 동의를 전제로 한 집단의식인데 그 루소적인 민족주의가 북한을 변화시키지 못하고 북한에 있는 민족주의는 오히려 '자기들끼리' 북한식대로 북한화되고 말았다. 루소의 '인민주권'은 어디에도 없었다.

(2) 북한 민족 개념의 이중성

북한의 국가 건설은 소련의 영향을 적잖이 받았다. 1960년대까지 초 기 민족 개념 역시 언어와 영토, 경제생활 및 심리상태의 공통성을 중 요시한 스탈린식 정의를 그대로 쓰고 있었고 자본주의 민족과 사회주 의 민족을 구분하는 동독의 민족 논리를 따르면서 민족은 근대로부터 형성되었고 전 세계 공산주의 실현과 함께 소멸될 것으로 생각했다.

1970년대에는 수령 중심 유일 지도체제하에 민족 개념에 혈통과 언 어의 공통성을 추가 강조하였다. 1980년대 북한은 마르크스주의 민족 개념을 비판하면서 혈통과 언어를 중요시하여 경제생활과 심리상태를 제외시킨 북한식 개념[126]을 통일 문제, 한반도 문제로 확장하였다. 이는 계급보다 민족이 우선이라는 논리로 연결되었다.

1990년대 민족 개념은 1980년대 개념의 연장선에서 연방제 통일방안과 연관시켜 주체사상의 자주성 원칙을 민족 단위까지 확장하면서 민족 자주성을 전면에 내세웠다.[127] 1990년대 중반 직간접적인 형식으로 '김일성 민족'을 사용하였다. 이는 우리민족 제일주의에서 주장하는 수령의 지도를 받는 민족인 북한 '민족'을 우월한 지위로 올려놓은 것이다.[128]

북한의 민족에 대한 이론은 다음과 같은 두 가지 상이한 민족관이 결합되어 있다. 즉, 발생론적 민족관과 발전론적 민족관이 그것이다. 발생론적 민족관이 민족 형성에 대한 역사성과 공고성을 강조한 것이라면, 발전론적 민족관은 민족의 미래 지향적인 전망과 관련된다. '공동운명체'로서의 민족은 곧 공동 발전을 공유한다. 집단주의적이고 사회주의적인 발전 단위로서 민족을 상정하고 있음을 의미한다. 이것은 북한의 혁명과 건설에 대한 기본 입장과도 일치하는 것으로 운명공동체의 규정은 혁명과 건설의 기본 단위이다. '민족'과 민족의 공동 과업을 강조함으로써 결국 집단주의적 결합체로서의 민족을 모든 것의 중심에 놓는 것이 가능해진다.[129]

북한의 민족 형성 이론은 유럽 중심의 민족 · 민족주의 이론으로부터의 이탈을 의미한다. 유럽에서는 봉건 전제가 극복된 자본주의 발생기를 민족 형성의 시기로 볼 수 있지만 일찍부터 중앙집권적 왕조군주가 지배했던 우리나라 같은 곳에서는 오래전부터 전통적인 '민족성'을 지닌 민족이 형성되었음을 주장하고 있다.[130]

북한은 민족성과 민족의식 등이 이미 민족의 형성과 더불어 형성, 발전해왔다고 주장하면서도 이데올로기적인 측면에서 민족주의를 근대적인 현상으로 해석하고 있다.[131] 이러한 이론적 구성은 '민족 형성'의 전근대주의적 해석과 '민족주의 형성'의 근대주의적 해석이라는 이중적 모순된 결과를 안고 있다.

북한의 민족·민족주의 논리의 이중성은 '민족'이 오랜 실체임을 강조함으로써 민족적 결합에 대한 정당성을 주장한다. 이러한 민족을 단위로 미래를 개척해야 하는 현실적 필요성이 결국 '민족주의의 진보성'을 강조하면서 사회주의적 미래 지향성과 결합시키고 있다.

또 다른 측면에서의 이중성은 체제의 논리가 민족의 논리와 결합되어 있다는 점이다. '민족주의'를 '사회주의'와 결합시키고, 사회주의에서 민족을 인민과 동일시함으로써, 결국 사회주의 체제의 이데올로기로서 기능하게 된다. 이러한 이중적 논리는 '체제'의 지향점과 '민족'의 지향점을 결국 사회주의적 가치에 일치시킴으로써 이 둘을 결합시키게 된다. 즉, 북한의 민족, 민족주의는 김일성 민족 개념이나 선군정치의 이념과 결합된 상태로 변형되어 있다.

이러한 현상은 남북의 민족·민족주의에 대한 인식의 오해와 갈등을 불러일으킬 가능성을 높였다. 결과적으로 북한이 주장하는 '우리민족끼리'와 '민족 공조론'은 그 이면이 가진 이중적인 개념들을 제대로 볼 수 있어야 한다.[132]

결국 북한의 민족주의는 민족 이익을 옹호하는 사상으로 규정해놓고 민족의 전근대적 발생을 주장하면서 민족주의의 발생은 근대 시기로 보는 것은 민족주의를 근대적 이데올로기라는 관점에서 해석하고 있음을 의미한다. 한편으로는 자본주의 시기에 와서 민족 문제가 발생했다는 마르크스주의적 틀은 그대로 유지하고 있음을 알 수 있다. 이것은 '민족성'은 형성되었음에도 민족주의가 근대에 와서야 탄생했다는 것은 결국 '민족주의 없는 민족'의 존재를 얘기한 것이다.[133] 북한의 민족관이 '주체의 민족관'으로 발전되어왔지만 여전히 마르크스주의적 틀에서

벗어나지 못했으며, '주체의 민족관' 역시 '민족주의의 특수성'으로 이해할 수 있는 것이다.[134]

2) 주체사상의 외피 북한 민족주의

주체사상 형성의 국제적 배경은 앞에서 보았듯 사회주의권에 대한 급격한 변화의 소용돌이가 침습한 것과 때를 같이 한다. 즉 소련의 수정주의와 동구 사회주의권의 격변에 대한 북한의 대응 결과였다. 후르시쵸프의 수정주의와 1956년 6월 폴란드의 포즈난 노동자 시위 사건, 1956년 헝가리의 전국적 혁명운동 등 소련과 동구권의 반소 민족주의 시민봉기들은 북한 김일성 정권에겐 대단히 위협적인 사건이었다. 김일성은 이 사건들을 제국주의의 사주와 반 혁명분자들에 의한 소행으로 규정하고 외부와의 단절과 폐쇄의 전략을 채택하였다. 외부 사조 차단과 사상무장 강화가 모색되면서 곧 차단과 단절의 이데올로기로서 '주체사상'을 구체화 하였다.[135] 아울러 주체사상이 형성된 국내적 배경의 하나로는 김일성이 자신들의 정적 제거를 주요 명분으로 주체의 확립을 강조했고 주체의 이름으로 자신을 정당화하고자 한 점이다.

북한은 사회주의에 급격한 변화가 시작된 1980년대 중반부터 주체사상을 여러 형태의 내용으로 변용시키고 있다. 우리식 사회주의와 조선민족 제일주의 등 배타적인 내용을 강조하는 여러 가지 새로운 개념을 도입하여 모든 대중매체에서 선전을 강화하였다. 가치 지향에 따라 우리식 민족주의라는 특수성의 틀에 놓여 있다. 북한 입장의 민족주의는 현실적 과제를 해결해 나가는 데 요구되는 기능적 확장과 변형이라고 애써 이해해 본다. 이러한 민족주의는 또 다른 측면에서 체제의 논리와 민족의 논리가 결합된 이중적 의미를 지니고 있다. 즉 민족주의를 사회주의와 결합시켜 결국 사회주의 체제의 이데올로기로서 기능하게 되는 것이다. 그런데 북한의 민족주의는 김일성 민족주의 개념에 선군정치와 결합하여 변형된 형태로 나타나고 있는 게 현실이다. 북한이 민족을 바탕으로 한 사회주의 건설을 추진하려는 의도와 함께 민족주의를 강조함으로써 자신들이 주장하는 강성대국 건설이 정당함을 획득하고자 하는 것으로 보인다.

소련과 중국 및 동구 사회주의 국가의 급격한 변화로부터 단절시키고자 하는 전략에는 쉽게 항일 혁명투쟁의 외세 저항과 주체의 논리가 결합하였다. 김일성이 얘기한 '주체사상'은 1970년 제5차 당대회를 통해 사용된다. "마르크스-레닌주의적 지도사상이며 공화국 정부의 모든 정책과 활동의 확고부동한 지침"이라고 규정하면서 앞서 언급된 4대 기본노선으로 확고히 천명한다.

주체사상은 단순히 선언적 의미에 머무르지 않고 철저한 통치이념으로 발전되었다. 즉 주체사상은 보편적 민족 개념이라기보다는 전형적인 정권 이데올로기였다. 중국이 시장사회주의 체제로 이행하고 소련이 페레스트로이카를 하더라도 북한은 '자주성'을 견지하여 외부 세계와의 단절을 통해 정권을 수호하겠다는 이념적 도구였다. 이러한 주체사상은 80년대 후반 사회주의권의 변화에 대한 대응으로 '우리식 사회주의'와 '조선민족 제일주의'라는 이름의 민족주의로 변용되어 나타났다.

앞서 언급한대로 북한은 민족주의를 부르주아 민족주의로 규정하여 "민족주의는 인민들 간의 친선관계를 파괴하고 자체의 민족적 리익과 근로대중의 계급적 리익에도 배치된다"[136]고 주장하며 민족주의를 거부했었다. 그런데 민족주의 개념에 계급론적 해석이 삭제되고 민족 개념을 핏줄과 언어의 공통성으로 정의하면서 민족주의를 들고 나왔던 이유는 '자주성'을 강조하여 몰락하는 사회주의권에 대한 변화의 바람을 차단하여 북한식 사회주의 체제를 유지하자는 뜻이다.

조선민족 제일주의도 우리식 사회주의를 더욱 구체화하여 북한이 소

련과 동구, 중국 등과는 핏줄과 언어가 다른 민족임을 주장하면서 변화
와 바람을 차단하기 위한 노력의 일환이었음은 아는 사실이다. 결국 조
선민족 제일주의론도 주체사상과 마찬가지로 김일성, 김정일의 우상화
논리로 연결된다.[137]

북한은 '조선민족 제일주의'를 강화하면서 조선민족은 곧 수령이고,
조선민족이 곧 '김일성 수령민족'이며 '김일성 민족'이라고 결론을 도출
하였다. 김일성 민족에 대한 강조는 결국 김일성의 대를 이은 김정일과
김정은 체제의 정통성을 구성하는 민족주의 담론으로 확장된다. 김일성
민족의 민족성 구성의 핵심은 수령에 대한 무조건적 충성이다.[138][139]

결국 전 사회의 주체사상화란 공산주의적 인간으로의 사상개조를 의
미한다. 이렇게 개조된 인간은 주체사상에 대해, 수령에 대해 절대적이
고 맹목적인 복종과 헌신을 다하는 인간을 말한다. 그리고 개인성을 포
기하고 집단의 일부로 존재하는 인간이 주체사상화 된 자주적 인간이
다. 그러므로 김일성 개인숭배를 위하여 주민들을 하나의 사상, 하나의
조직으로 통합하기 위한 이데올로기가 주체사상이었다. 그리고 이러한
김일성 주의를 포장하는 외피가 바로 민족주의였다.[140]

2. 민족 정체성에 대한 귀속감

근대적 민족은 개인의 자유와 평등이 보장된 공동체여야 한다. 민족
주의는 그러한 공동운명체적 집단의식의 정향성이다. 북한의 민족주의
는 근대국가를 형성시켰던 정상적인 민족주의가 아니다. 그야말로 종
족적 민족의 북한판 민족주의일 뿐이다. 북한의 민족주의가 '민족 없는
민족주의'나 '접두사 민족주의'라고 명명되는 것처럼 온전한 민족주의는
사라지고 정권의 입맛에 따라 의도적으로 변양(變樣)되고 조작되어 동

원된 이데올로기의 돌연변이로서만 존재케 된 것이다.

그 돌연변이가 변화무쌍하게 변신을 거듭하면서 남북한 사이에 갈등을 조장하고 남한 사회 내에 갈등의 동조세력을 키워 나가기 위해 끊임없이 움직인다. 거기에 자유민주주의 체제를 구가하면서도 민족 정체성에의 귀속감이 부족한 일부 낭만세력이 민족의 진정한 의미도 제대로 모른 채 민족이란 이름 하나에 동조하면서 갈등의 골을 깊게 하고 있다. 우리사회 내 건전한 인텔리겐챠 그룹의 성장과 사회 발전을 위한 적극적인 종합화 활동이 아쉬운 부분이다. 귀속감의 혼란과 귀속감의 부족이다. 그것은 우리사회가 남남갈등을 예비하지 못한 중대한 결함이기도 하다.

자유주의적 민족주의자들은 시민들이 서로 '귀속감'(a sense of belonging together)을 느껴야 한다고 주장한다. '귀속감'은 자유주의자들이 이룩한 다양한 가치인 개인의 권리에 대한 존중, 민주주의, 사회 정의들을 현실화 하는 데 있어 중요한 요소로 보았다. '귀속감'은 자유주의적 가치를 실현하는 데 필수적인 조건이다. 귀속감은 '공통된 민족 정체성'의 공유에서 느낄 수 있다. '공통된 민족 정체성'은 형성된 '귀속감'을 통해 자유주의 국가의 안정성이 화합과 공공의 이익에 대한 추구를 가능하게 한다.141) 다시 말해 '공통된 민족 정체성'의 공유를 통해 시민들의 '귀속감'이 형성되면 국가의 안정성이 향상되고 논란의 화합과 공공의 이익에 대한 새로운 활력을 만들어 갈 수 있다. 그것은 귀속감을 통해 "단지 우연히 같은 정치집단 속에서 살고 있는 것이 아니라, 어떤 특별한 이유로 인해 서로 연관되어 살고 있다고 믿기 때문이다."142) '귀속감'은 같은 정치집단에 대한 특별한 감정을 가지면서 민족 구성원의 공동 운명체적 집단의식으로 승화될 수 있을 것으로 이해된다. 우리 사회에는 '공통된 민족 정체성'의 정립과 '귀속감'의 고취를 이룰 수 있는 방안이 없는가? 다양한 사회적 논란과 갈등을 해소하고 공공의 이익에 대한 활력을 만들어 가는 데 집중할 수 있도록 '귀속감'고취를 위한 지식사회학적 접근에 있어서 인텔리겐챠에 의한 종합화 시도가 부족했다.

민주화 이후 한국 민족주의는 진영마다 어느 한 측면만 지나치게 부각되는 부작용을 겪었다. 보수적 민족주의는 대북정책과 관련해 대북압박에만 올인하고 흡수통일에만 집착하는 반민족적 세력으로 오해받았다. 진보적 민족주의 역시 민족화해의 필요성을 넘어 자주적 통일 담론에 갇힘으로써 민족지상주의로 비판받았다. 결국 진보와 보수는 한국 민족주의의 두 측면을 균형 있게 채우지 못함으로써, 좌파 민족주의는 민족주의의 근대성을 경시했고 우파 민족주의는 화해와 통일의 민족주의를 무시하고 만 것이다.

진보와 보수의 남남갈등도 치유되지 않았다. 김대중 정부와 노무현 정부 시기 민족화해가 증진되고 남북관계가 개선되는 것과는 반대로 항상 한미관계는 삐거덕거리고 불안정한 모습을 보이기도 했다. 이명박 정부 들어서면서 한미관계가 복원되는 듯만큼 남북관계는 천안함 폭침 등으로 퇴행의 상황을 맞아야 했다. 이 후 '민족 공조'와 '한미 공조'는 양립하지 않았고 남북관계 개선과 한미관계 발전이 병행하는 '선순환' 구조도 역시 구축되기 어려웠다. '공통의 민족 정체성'에 의한 '귀속감'이 형성되지 않는 한 남남갈등이 상존할 수밖에 없다.[143]

따라서 귀속감은 갈등의 화합을 가능케 하는 '공통의 민족 정체성'이 부족할 경우 소위 극 보수주의나, 독일에서의 인종주의 그리고 프랑스에서의 프랑스 행동주의처럼 민족주의가 가지고 있는 민주적 요소에 대한 비판을 하면서 사회가 어려워질 경우 쉽게 쿠데타의 유혹에 젖어들거나 현대적 관념의 전체주의를 충동질할 위험성도 적지 않다. 오늘날 우리가 겪고 있는 파행적 민주정치에는 바로 근대성을 결여한 민족·민족주의 개념이 핵심적 요인으로 작동하고 있다. 갈등의 유혹에 쉽게 빠져들면서 폭발적으로 갈등을 유발하기도 한다.

제5장

한국 민족주의 발전의 이념적 정향

제1절 민족 이데올로기와 남남갈등

1. 민족 담론의 대립

1) 대북정책에 대한 인식과 이념의 대립

김대중 정부의 적극적인 대북 포용정책은 국민의 60~65% 정도의 지지를 받았음에도 지역적, 계층적으로 폭넓은 지지를 받진 못하였다.[1] 여론조사에서 비교적 높은 지지율에 안주하면서 반대의 목소리에 귀기울여 설득하는 노력을 간과함으로써 대북정책을 둘러싼 우리사회의 이른바 '남남갈등'은 햇볕정책과 함께 전면으로 표출되었다. 반대의 목소리는 정치적 논쟁 속에서 실종되었고 우려의 목소리는 '반 통일세력'으로 몰리면서 갈등은 확대되어 갔다. 햇볕정책은 비교적 높은 지지를 받았지만 4·13 총선 직전인 4월 10일에 남북정상회담 사실을 발표함으로써 통일 문제의 정치적 이용이라는 비난을 받았다. 총선결과는 '여소야대'로 나타났다. "민족의 화해와 협력을 최대의 목표로 추진했던 대북정책이 남한 내 민족의 불화를 초래했다는 아이러니가 아닐 수 없다."[2]

김대중 정부의 햇볕정책으로 발단된 우리사회의 '남남갈등'이 노무현 정부의 출범과 함께 연화되기보다는 햇볕정책의 계승과 대미외교에서의 '자주론'이 강조되어 보수세력의 '동맹론'과 대립하면서 전면적 구조화의 과정을 가고 말았다. 진보적 성향을 가진 두 정부의 대북정책은 이후 이명박 정부의 '비핵 · 개방 · 3000'과 대립되면서 보수 · 진보의 이념적 갈등으로부터 '민족 공조'와 '한미 공조' 간의 양극적 선택이라는 전도(顚倒)된 쟁점의 부각으로 전개되었다.

"김대중 정부와 진보진영의 민족 이데올로기 구축 전략은 국가(체제) 성 분립의 현실적 상황의 기본모순에 대한 인식의 전도를 낳았다. 정부와 시민사회 세력 간의 기묘한 동거로 남북관계의 기본 성격을 국가성 원칙이라는 현실적 측면에서 민족성 원칙으로 대체하려는 정책과 홍보, 이데올로기 투쟁의 결과 '민족 공조'라는 보다 실천적인 전략원칙을 정치화할 수 있었다. '민족 공조'와 '한미 공조'라는 쟁점의 선택을 위한 이데올로기 세력 간의 힘겨루기는 이데올로기적 헤게모니 구축을 위한 논전에서 직접 투쟁의 이슈까지 비화된 통일 논의의 양극화된 갈등으로 나타났다. 이 이데올로기적 갈등 과정은 국가 기반의 약화와 통일역량의 분산이라는 중대한 정치적 우를 낳았다."[3]

남남갈등이란 한국사회에서만 볼 수 있는 유별한 갈등 유형이다. 이는 북한을 보는 인식과 통일에 이르는 방법, 즉 대북관, 통일관의 차이에서 기인한다. 그러므로 남남갈등은 이념이나 세계관 등과 같이 추상적이고 가치지향적인 특성에 기초해 있는 개념으로 볼 수 있다. 이데올로기 대립으로 특징지어지는 '남남갈등'은 보수와 진보의 갈등, 우파와 좌파의 갈등 양상이다. 따라서 대북정책을 둘러싼 남남갈등에는 대북정책에 대한 인식의 차이, 한반도 평화와 안보에 대한 입장과 접근방법론의 차이, 정치적 국민적 관점의 차이와 서로 다른 관점을 가진 언론 등 복합적인 요인들이 개입되어 있다.[4] 이처럼 대북정책을 둘러싼 남남갈등은 대내외적 차원에서의 다양한 요인들이 개입되어 상호 연계됨으로써 갈등을 복잡하게 노정시키고 있지만 거기에는 구조화된 이념적 대립점이 그 중심에 서 있다.

"'남남갈등'은 일방적인 햇볕정책 추진 과정의 절차적 흠결, 국내 정치적 이용성과 정부의 지나친 치적주의 등에서 현상적인 원인을 규명할 수 있다. 보다 심층적으로는 건국과 분단, 개발과 민주화의 과정에 구조화된 좌·우, 진보·보수 이데올로기의 양극적 대립에 해당한다. 특히 이 양극적 대립은 안으로 민주화, 밖으로 냉전종식이라는 복합적인 정세 변화 과정에 생성된 지식사회학적 경쟁 패턴의 구조화와 관련되어 있다. 민주화 이후 한국지식인의 이데올로기적 경쟁의 패턴은 그람시적 '헤게모니 구축론'의 양상을 주로 띠게 되었다. 한국의 진보 좌파라는 일부 급진세력은 민주화를 기점으로 성장 제일주의와 동원적 개발독재 시대를 추구하던 국가주의에 대항하기 위한 문화투쟁, 즉 시민사회에서 이데올로기적 헤게모니 구축 전략으로 사회적 이데올로기 경쟁의 주요 패턴을 구조화하였다."5)

이데올로기 경쟁의 구조화 과정은 상호비판을 통해 보다 나은 정책의 수립에 기여할 것이라는 긍정적인 측면도 있지만, 정책 본질에 대한 시시비비 보다는 다분히 감성적이고 허위의식적인 소모적 이념 논쟁으로 일관한 측면이 있다. 이념적 편 가르기가 된 남남갈등은 사회혼란의 해묵은 찌꺼기가 되었다. 북한은 기회 있을 때마다 '우리민족끼리', '민족 공조'를 내세운다. 적절히 남남갈등을 조장하고 이용하는 그들의 전략에 너무나 쉽게 휘둘리고 있다. 그들이 민족을 들고 나올 때 냉철한 판단과 합리적인 대응이 필요한 남한사회에는 민족에 대한 뚜렷한 개념 인식이나 공감대를 형성할 인텔리겐차6)들의 지식사회학적 활동이 부족했다.

마르크스 이후 좌파 이론가들의 관점에 있어서도 주목을 요하는 부분이 있다. 근대적 지식인의 활동을 개별적이고 독립적인 정신의 차원에서 보지 않고 사회와의 상관적 사유라는 측면에서 이해하는 것은 이들의 계급성과 기능성에 대해서 다양한 이론적 관점이 존재하기 때문이다. 마르크스의 고전적 정의로 지식인을 '전도(顛倒)된 계급'으로 인식하여 허위의식이라고 보는 이데올로기적 계급지배를 정당화시킨다는 냉소적 판단을 한다. 그람시는 지식인을 계급과 계급이익에 피동적인 '꼭두각시'가 아니라 '상부구조의 기능 담당자'로서 그렇게 되도록 하고 있다.

"80년대 민중 민주주의론과 90년대 중반 이후 햇볕정책 민족지상주의 패러다임에 대한 진보진영의 이데올로기적 지원, 반전평화운동을 통한 반미 기류의 형성 등은 좌파 진영의 이데올로기적 헤게모니 구축 전략과 연관된다." 이들의 헤게모니 구축 전략은 담론의 주도권 확보와 더불어 전략적으로 다양한 매체에서의 헤게모니 구축을 위한 문화 진지전의 형태로 끈질기게 전개되었다. 그러한 좌파의 이데올로기적 헤게모니 구축 전략에 있어서 북한의 '우리민족끼리'와 '민족 공조'의 통일전선전략에 딱 들어맞는 남한 내에 동조세력화의 대상이 될 수 있다. 그러나 독재정권에 대항하는 우회적 투쟁전략이나 유기적 지식인의 '문화투쟁' 등은 탈냉전, 민주화라는 상황의 전변과 함께 '진보'와 '민족'을 함께 엮어 담론(談論)의 헤게모니를 구축해가는 과정을 밟아 나왔다. 이 과정은 대한민국이 산업화 과정에서 구축된 '냉전적 반공주의'[7]에 대한 해체의 담론, 즉 국내에서의 탈냉전화에 대한 패턴을 가져왔다.

이상의 논의를 통해서 알 수 있듯이 대북정책을 둘러싼 남남갈등에는 대내외적인 많은 요인들이 복합적으로 작용하고 있기 때문에 갈등해소를 위해서는 여론을 주도하는 정치엘리트·언론인·지식인은 물론 절대 다수 국민의 성숙한 시민의식과 민주적 가치관이 요구되고 있다. 이런 점에서 배제와 강요라는 냉전적 문화를 극복하고 대화와 타협이라는 시민사회에 정상적인 문화 정착은 통일을 위한 국민적 합의 기반을 구축한다는 핵심적 전제로서의 의미를 지니게 될 것이다. 무엇보다 남남갈등의 해소는 한국사회에 자기 성찰적인 입장을 통해서 시작되어야 한다. 따라서 보다 미래지향적이면서 발전적인 형태의 사회적 통합을 추구하기 위한 목표를 가지고 다른 의견들과의 조화, 갈등관리의 제도화를 추진하는 것이 무엇보다 필요하다고 할 수 있다.[8] 서로 다른 관점이 있더라도 공존해야 한다는 문제의식이 중요하고 '군자는 서로 달라도 조화와 평화를 이룬다'(君子 和而不同, 小人 同而不和)는 말이 새삼스럽게 다가오는 이유다.

이 갈등 과정에서 진보 지식인들의 민족 패러다임은 북한 세습왕조 정권의 주체사관적 역사성에 대한 판단을 간과하고 북한 인민에 대한 기본적 동포애를 도외시함으로써 자가당착에 빠지는 우를 범하고 있다. 한편 보수 지식인 역시 진보진영의 그람시적 헤게모니 진지론에 포로가 되면서 국가 선진화를 위한 민주적 역량 결집의 이념적 대안의 제시에도, 사상투쟁에도, 정치투쟁에도 모두 실패했다. 결과적으로 "'남남갈등'은 진보에겐 허위의식을 보수에겐 패배주의만을 남겼다."[9] 고 할 수 있다.

2) 남남갈등의 연원

남남갈등의 모습은 1945년 해방과 함께 시작되었다. 해방 이후 한국 현대사 전체가 남남갈등의 역사였다고 할 수 있다. 우리 현대사엔 이미 남남갈등을 빚어낼 요소가 오래 전부터 싹트고 있었던 것이다. 남남갈등의 역사적 기원은 1945년 미·소 양국의 분할 점령에 있다고 하겠다. 그 후는 좌·우 대립으로 날을 지새웠다. 그것은 어떤 국가를 만들 것인가 라고 하는 건국투쟁 노선이고 1948년 남한과 북한에 각각 자유주의 대한민국과 공산주의 조선민주주의인민공화국이 들어섰다. 미래의 국가에 대한 민족적 합의를 이끌어내는 데 실패하고 각각의 이념에 따라 국가가 들어선 것이다. 뒤이어 1948년 남한 단독정부의 수립과 6·25 남침전쟁, 그리고 정전협정을 통해 반영구적 분단으로 이어졌다. 1950년 북한의 공산화통일을 위한 남침전쟁의 결과였다. 수백만 명 동족상잔의 피해로 민족 간의 적대감을 극에 달하게 했다.[10] 이러한 과정을 통하여 남북 사이에 적대적 관계가 형성됨에 따라 민족주의의 왜곡이 이루어졌고 특히 주기적인 북한의 도발은 남한의 반공 이데올로기를 공고히 하는 데 큰 역할을 하였다.

대한민국은 빈곤에서 벗어나서 경제대국이 되었고 북한은 주체 민족주의의 폐쇄성으로 인해 결과적으로는 기아국가, 현대판 왕조세습 국가로 남게 되었다. 대한민국에는 산업화가 진행되었지만 동시에 오랜 군사독재와 권위주의가 지배했고, 그에 반발하는 세력 또한 광범위하게 형성되었다. 반발 세력들은 기존, 기득권이라는 지배체제에 대한 반발 개념을 통해 대한민국 현대사를 이끈 주류를 비판하기 시작했다. 여기에 그치지 않고 민족이라는 단위를 매개로 북한과의 접근을 시도했다. 또한 미국을 한국 주류 기득권 사회에 대한 막후 지원자로 간주하면서 미국에 대한 비판과 외세 배격을 제기한다. 현대사에 대한 이와 같은 인식을 고려할 때 남남갈등의 성격을 보다 깊이 있게 그 연원을 생각해 볼 수 있을 것이다.[11]

1990년대 초 소련을 비롯한 동구 사회주의 체제의 붕괴로 세계가 하나의 자본주의적 시장으로 통합되면서 진영 간 이념대립은 종식되었다. 따라서 지구화의 흐름 속에 각국은 이념이나 체제보다 자국의 이익을 우선하여 경쟁하고 있으나, 한반도는 여전히 "이념의 섬" 또는 "냉전의 섬"[12]으로 남아 있다. 남북관계는 화해협력 분위기를 이어가지 못하고, 여전히 천안함 폭침이다, DMZ 지뢰도발이다 등으로 군사적 충돌마저 서슴지 않는 상황이 반복되고 있다. 남북관계가 적대적 의존관계에서 벗어나 상호적 호혜관계로 나아가지 못하고, 변함없이 대립과 갈등을 빚고 있는 '남남갈등' 상황은 남한 사회 내에 존재하는 정치세력들 사이에 의견 충돌을 빚어냈으며, 마크 리퍼트 주한 미국대사 피습 테러 사건 등과 같은 폭력적 상황에까지 야기하였다.

이념적인 대립으로 나타난 남남갈등은 본질적으로 해방 후 한국사회의 정치적 전개 과정에서 역사적으로 구조화된 이념적인 사상적 대립 구도에 기인하고 있지만 남북한의 특수한 관계 속에 북한을 바라보는 이중적인 관점이 가장 큰 이유가 된다고 할 수 있다.[13] 특히 대북정책 결정 과정에서 관점의 간격을 좁히고자 하는 노력이 무엇보다 부족했다. 아무리 좋은 정책이라고 하더라도 의사결정 과정에 구성원의 의사가 반영되지 못한다면 그것은 갈등을 야기할 수밖에 없을 것이다. 특히 대북정책에 있어서의 민주적인 절차를 통한 '국민적 합의' 그것이 부족했기 때문에 현재의 남남갈등은 엄청난 국력을 불필요한 곳에 소모시킬 수밖에 없도록 하고 있다.

한편 남남갈등이란 용어 자체는 광의의 개혁-진보-좌파연대 세력의 득세와 연결되어 있다. 남남갈등이란 말은 학술적인 용어는 아니고 북한 문제를 둘러싼 우리사회 내부의 골 깊은 대립적 양상을 표현하는 말이 되었다. 다양한 사회구성원들의 사회 참여가 확대되는 과정에서 마땅한 룰이나 규범 혹은 역사적 경험이 부족하거나 전무했기 때문에 비생산적이고 불필요한 논란과 갈등을 빚어야만 했다. 바꿔 말해서 '서로 다른 이념들에 대한 체계화'가 되어있지 못했기 때문에 거리의 충돌로 나타나고 있는 것이다.

진보단체와 보수단체의 각종 행사 등에서 북한을 보는 관점을 둘러싸고 계속적인 충돌을 빚는 것을 보고 언론들은 그때마다 '남남갈등'이라고 표현하고 있다.[14] 이것은 우리 남한 사회에 '서로 다른 이념들에 대한 체계화'를 통해 북한의 주체민족사관적 이념 공세에 대응할 수 있는 이념적 공감대의 확산과 공유가 필요함을 주장한 것이라고 본다. 자유민주주의 체제를 기반으로 한 민족·민족주의 이념으로 무장하고 올바른 대북 인식에 대한 공감대 형성이 필요할 것이라는 주장이다. 대한민국이 북한과의 민족주의 헤게모니 진지전에서 항상 주도권을 북한에 빼앗긴 채 끌려 다닌 결과로 평가된다.

앞서 논의된 대로 남남갈등의 핵심은 대북 포용정책이 지나친 민족 중시 입장에서 일방적 대북 지원과 북한에 끌려 다니기로 일관되면서도 결국 북한의 변화는 구경도 못한 채 '민족지상주의'에 빠졌다는 비판에서 비롯된 것이다. 한편으로는 보수정부의 대북정책이 지나치게 대한민국 중심의 국가주의에 경도된 채 정작 민족의 화해와 단합 그리고 자주성이라는 측면을 소홀히 하고 있다고 비판한다. 결국 대북정책을 둘러 싼 남남갈등의 원인을 "이중적 성격을 가지고 있는 한국 민족주의에 대한 정확한 이해와 균형 잡힌 접근 없이 민족화해를 앞세워 자주적 통일 민족주의에만 올인하는 좌파 민족주의 편향과 대북 압박과 흡수통일만을 강조하는 국가주의적 우파 민족주의 편향에 빠져 있는 데서 비롯된 것이다"[15]라고 비판할 수 있다.

여기서 '국가주의적 우파 민족주의 편향에 빠져'라고 하면서 '흡수통일만을 강조하는 국가주의적 편향'이라고 비판한 것은 지나친 비약으로 여겨진다. 개인의 자유와 평등이 보장되고 개인의 의지가 반영되는 자유민주주의 체제로의 통일을 주장하는 것이 편향이라고 보는 것인지 알 수가 없지만 이렇듯 논리적 괴리가 남남갈등의 출발이 되었다고 본다. 진보진영의 대북정책이 '우리민족끼리'를 내세운 '민족지상주의'로서 북한의 민족 공조 전략에 경도된 측면은 없는지 보수진영의 국가주의적 강박관념이 화해와 협력의 틀을 간과한 부분은 없는지 냉정하게 평가해보고 화이부동(和而不同)적 접점을 찾고자 하는 지식사회학적 노력이 부족했음은 분명하다.

2. 낭만적 민족주의와 동맹 민족주의

1) 민족이라는 환상 감상적 민족주의

낭만적 민족주의는 해방과 건국 이후 오늘날 한국정치에도 지속적인 영향을 미쳤다. 그것은 한국사회의 내부적 맥락에 그치지 않고 '민족해방'을 내세운 북한과 연결되고 있다는 데 문제의 심각성이 있는 것이다. '우리민족끼리', '조선은 하나다'라는 북한의 주체 민족주의에 따른 구호가 한국사회에 너무나 쉽게 먹혀들어가고 있는 것이다. 이 감상적인 낭만적 민족 문제로 인하여 민주화에 편승한 각종 급진운동이 '민주적'이지도 '민족적'이지도 않는 기묘한 상황이 벌어지면서 대한민국의 국내정치를 요동치게 하고 있다. 민주화 이후 대북정책과 통일 문제에 있어서 민족주의 패러다임은 기왕의 북한의 통일혁명전술과는 또 달리 엄청난 부작용을 가져다주었다. 소위 민주정권의 '통일 업적주의'는 민족이라는 낭만적 정념의 불에 기름을 부은 격이 되었다. 김영삼 대통령이 취임사에서 어떠한 동맹보다도 민족이 최우선이라는 선언을 한 후 채한 달도 못 된 상태에서 소위 같은 민족이라는 북한이 한 일은 국제사회와 우리를 궁지에 몰아넣은 핵 비확산조약(NPT) 탈퇴와 국제원자력기구(IAEA)에 대한 사찰 거부였다.

"한반도와 동북아 국제정치는 북한의 핵 모험주의 함정에 빠져 버렸고 6·15 정상회담, 6자회담, 6차에 걸친 북한의 핵실험으로 이어진 30년 가까운 기간에 한국정치는 민족과 반민족, 통일과 반통일, 진보와 보수의 이념적, 정파적 투쟁에 시간을 허비하고 말았다. 북한은 사실상 경량화, 탄두화된 핵무기를 가지게 되었지만 우리는 소위 '남남갈등'이라는 함정에 빠져 여전히 소모적인 이념논쟁에 몰두하고 있다."16) 그동안 민족이라는 환상에 빠져 '햇볕정책'이다 '평화번영정책'이다 하여 일방적인 대북 지원도 모자라 불법 송금까지 했다. 심지어 북방한계선 (NLL)에 대한 통수권자의 상식 밖의 굴종적인 발언까지 나왔지만 그 결과는 천안함 폭침을 당하고, 연평도 포격을 당했으며, 북한의 핵 실험과 핵 위협의 인질로 나타났다.

대한민국 대통령들이 민족의 환상에 빠진 후부터 대한민국은 남북문제와 통일 문제에 대한 입장을 가지고 지루한 소모전에 빠져있는 것이다. 북한이 실천적 개념인 '민족주의'를 주체사상과 연결하여 김일성 민족주의를 토대로 한 '우리민족끼리', '민족 공조'로 이념화하여 통일전선 전략으로 이용하고 있지만 '민족의 환상'에 빠진 우리는 북한의 '민족이념' 공세에 대응할 수 있는 아무런 준비도 되어있지 못했다. 스스로의 '민족 정체성'에 대해서도 제대로 얼마나 잘 정립되어 있는지 돌아볼 수 있는 기회조차 부족했던 것으로 평가하고 싶다. 우리의 것에 대한 분명한 공유가치가 없으니 감상적 낭만주의에 빠져 '남남갈등'이라는 혼란을 야기할 수밖에 없었다. 합리적이고 이성적인 가치관의 정립과 공유가 부족했다.

밀(John Stuart Mill)은 "'대표정부(representative government)'에서 안정성, 통합, 자유주의적 제도의 질서 등을 이룩하기 위해서는 반드시 공통된 민족 정체성이 필요하다"고 주장한다. 한편 '공통된 민족 정체성'의 중요성에 있어서 "사람들이 민족 정체성을 공유할 때 그들 스스로 상호 간에 소속감을 느끼게 된다"[17]라고 한 David Miller의 말을 새겨볼 때 우리에겐 공유할 수 있는 '공통된 민족 정체성'이 채 정립되어 있지 못함으로써 민족 구성원 간의 공통된 가치관에 대한 신뢰와 공동체적 귀속감 등이 약한 연유로 감상적 낭만주의에 쉽게 현혹되고 쉽게 갈등에 휘말리면서 혼란의 원인을 예방하지 못하는 우를 범하고 있는 것이다.

한편 민족 정체성이 정립되지 않은 감상적 낭만주의는 사회정의의 재분배를 위한 권리 주체로서의 '민족' 즉 '국민'을 간과한다. "많은 한국인들은 단일민족 신화, 민족적 순수성, 집단적 열광 등 낭만적 감정으로부터 남북한이 민족적으로 동질성이라는 환상을 버리지 못한다. 민족적 낭만주의는 해방과 건국 이후에도 지속적인 영향을 미쳤다. 그것은 권리의 주체 이전의 존재인 종족적 민족과 권리의 주체로서의 인민주권의 국민이 대립하게 되었다는 점을 지적해주고 싶다. 그 결과 한국판 민족적 낭만주의는 개인의 권리를 중심으로 하는 '전진적 민족주의'로 나아가지 못한 채, 모든 비인간적인 것으로부터의 해방을 우선 추구했던 것이다. 문제의 핵심 요인은 자유주의적 민족주의를 이해하지 못한 채, 오로지 혈통과 전통에 근거한 종족적 민족해방을 지상과제로 설정하였기 때문이다.

2) 건전한 인텔리겐챠의 빈곤

아직도 많은 사람들은 '단일민족', '배달겨레'라는 감성적 공유 인식에서 못 벗어난 낭만적 민족에 머물러 있다. 일부 운동권 인사들의 단군릉 참배 역시 낭만적 민족주의 사고에 접착되어 있음이다. 한국인으로서 같은 언어와 혈통에 바탕을 둔 동질성을 확인하고 마음의 위안을 삼으려는 것에 마음이 쏠려있음은 부정할 수가 없다. 그러나 이러한 낭만적 민족주의의 성격은 국민주권과 관련하여 심각한 문제점을 야기하고 있다. 대한민국이라는 국가정체성보다 '민족'이라는 우상을 신성불가침의 영역에 올려놓아 이념과 체제를 넘어 생각하려는 부분이다.

백낙청은 그의 '분단체제론'에서 "분단의 체제가 대립 항을 이루고 있는데 민중이 주도하는 통일만이 분단체제의 극복이 가능하고 진정한 대안이 된다는 결론이 따라 나옵니다"[18]라고 하여 남과 북의 기득권 세력과 소외되고 고통 받는 남북한의 '다수 민중'이 대립을 이루고 있는데 제대로 된 통일을 하려면 분단으로 이득을 본 남과 북의 기득권 세력이 아닌 민중이 주도해야 한다고 주장한다. 국민이 뽑은 주권적 대표를 기득권 세력으로 치부하면서 그 정통성을 인정하지 않는 것은 민주주의 기본 이념인 주권재민 개념을 간과한 것으로 개인의 자유 선택 의지가 다수의 민중 속에 설자리가 없어져 버리게 하고 마는 것이다.

낭만적 민족주의는 한국사회에 민주적 포퓰리즘으로 나타나고 있다. 그것은 한국사회에서 정치운동으로서의 포퓰리즘과 비포퓰리즘 간의 갈등과 대결 양상으로 나타나고 있다. 역대 정권은 통일이라는 업적주의 욕심 때문에 '민족주의적 환상'이라는 함정을 냉정하게 인식하지 못했다. 그렇지만 한국적 지성인들이 민족이라는 말에 냉철한 이성의 눈을 갖기 어려웠다는 것이 한계라면 대한민국 '인텔리겐챠'들의 활동이 심히 부족했던 것으로 이해해야 한다. 신성한 종교계까지도 '우리민족끼리'라는 구호에 쉽게 현혹되고 말았던 현실에서 민족을 하나의 신성시한 집단체로서 개인의 권리나 국가체제를 넘어선 개념으로 오인하고 남북관계에 비합리적인 주장이나 반체제적인 행위까지 주저하지 않는 상황이 벌어졌었다. 민주화 이후 전도된 의식의 혼돈 상황은 바로 민족이라는 환상 속에서 주체의 왕조세습 정권에 대한 옹호를 진보로 착각하는 오류를 범하고 있다.

우리 사회에 만연된 민족 이데올로기에 대한 환상도 민족주의의 이념과 역사에 대한 건전한 상식을 회복한다면 이를 극복하는 것은 그리 어렵지 않을 것이다. 민주주의의 이념 혁명으로부터 근대 민족국가의 발전은 시작되었다. 민족주의와 민주주의는 결코 나누어질 수 없는 하나의 동일체라고 할 수 있다. 민주적으로 내면화되지 않은 낭만적 집단주의를 민족주의로 보는 것은 결코 현실이 아니라 환상일 수밖에 없다. 환상의 세계에서 현실을 직시할 수 있는 냉철한 관점의 눈이 부족하다.

시민적 민족주의는 통합적이고 발전적이지만, 혈연과 언어·문화적 관념에서 유기체적 일체를 주장하는 낭만적 민족주의는 극단적인 독재

자들의 '지배 이데올로기'에 불과하다. 나치 독일, 파시스트 이탈리아, 천황제 군국주의 일본, 그리고 김일성 민족주의의 북한은 바로 '민족'이라는 집단적 우상을 내세워 개인의 시민적 권리를 무참히 짓밟은 체제였음을 직시할 수 있는 테제의 종합화가 빈곤하다.

3. 진보와 보수의 이념적 편향

1) '갈등의 축' 진보와 보수

북한을 둘러싼 남한 사회 내부의 이념적 갈등을 남남갈등이라고 불러왔다. 김대중 정부가 들어선 이후 보수와 진보세력 간의 충돌이 3·1절, 4·19, 8·15 등 각종 국경절 행사 때마다 일어났다.[19]

이는 김대중·노무현 정부의 대북 화해정책이 기존 정부의 대북정책과 기조가 다르고 보수세력의 입장과 상이하였던 탓으로 볼 수 있다. 그것을 한국인의 정체성이라는 관점에서 볼 때 그 정체성은 유럽의 근대 민족국가와 달리 혈연적 종족적 정체성과 시민적·영토적 정체성 사이에 큰 괴리가 없었다. 그런데 현재 대한민국은 분단 상태로 '한 민족 한 국가'라는 정상적인 근대 민족국가(nation-state)의 과제를 실현하지 못하고 있다. 분단체제를 극복하고 단일 민족국가 건설이라는 근대적 과제와 직접 연관되어 끊임없이 남북공조 내지 남북대화를 추구하는 종족적 민족 정체성과 분단체제의 반영구화로 반공체제하에서 지배적인 통치 이데올로기로서 역할을 하고 있는 독자적인 국가정체성을 동시에 지니고 있다.[20] 문제는 이 두 가지 정체성이 북한에 대한 입장을 나타낼 때 이중성을 구성한다는 데 있다. 전자는 북한을 형제로, 후자는 북한을 적으로 간주하는 것이다.

이처럼 북한 문제를 둘러싸고 남한 내 이념을 달리하는 정치세력 사

이에 빚어진 남남갈등[21]은 남한 사회에서 빚어지는 이념갈등의 하위체
계라고 볼 수 있다. 즉 북한 문제를 둘러싼 양 진영 사이의 이념 갈등에
는 지역 및 세대갈등의 복합요인까지도 작용하고 있다. 북한에 대한 갈
등의 문제는 가치지향적인 좌·우파 개념과 달리 변화에 대한 태도가
진보와 보수의 기준이 된다. 민족 문제는 한국의 진보가 진보적이지 못
하게 하는 걸림돌이다. 즉 분단체제가 한국 진보의 성격을 규정하고 있
는 모양새다. 민족주의가 서구와 달리 보수가 아닌 진보의 독점물로 오
해받는 기이한 현상이 우리 사회의 특징 아닌 특징이 되어버린 것이다.

한국의 민주화 진보세력은 건국 50주년을 '분단국가 50주년'으로 표
명하고 "분단체제를 민족사에 대한 배반의 역사"로 "지도력을 발휘할 주
도적 주체는 남한 내 통일운동세력일 수밖에 없다"[22]라고 선언한다. 이
것은 탈냉전시대 한국 진보세력의 정체성, 즉 민주세력이 통일세력의
주축이 된다는 선언이었다. 진보=민주=통일의 등식 설정은 분단모순을
주요모순으로 인식한 백낙청의 '분단체제론'[23] 주장에 영향을 받은 테
제이다.

탈냉전 시기 한국 진보 지식인들은 주요모순 곧 민족모순에 대한 정
치적 인식에 눈을 들어 한반도에서의 대미 문제에 대한 비판적 접근과
동시에 '내재적 접근론'[24]으로 함축되는 북한 문제에 대한 '민족주의적
패러다임'을 개발하게 된다. 강정구는 민족학문, 민중학문, 비판학문의
입장에서 냉전성역(cold war sanctuary)인 한국전쟁과 주한미군, 미국의
대한반도 정책과 정통성, 연방제 통일방안과 평화협정, 주체사상 등을
허물어 내고 '민족 생명권'에 입각한 '통일 집짓기'를 주장한다.[25]

이들의 민족에 대한 인식은 한반도 민족주의의 내부적 성격, 곧 남·
북한의 체제적 문제보다는 한반도에서의 미국 존재라는 외연적 성격에
대한 비판과 해방적 인식에 초점을 맞추고 있다. 이러한 민족담론은 냉
전 종식 이후 북한체제의 위기를 '현존 사회주의의 역사적 붕괴'라는 객

관적 시야보다는 체제위기에 처해 스스로 개혁·개방의 활로를 개척하는 '주체'의 능력에 좁아진 시선을 던지는 편이다. 결국 민주=통일의 등식성으로부터 진보=민족이라는 등식을 도출할 수 있다. "이러한 지식사회학적 경쟁 패턴의 변화에 정부의 대북 햇볕정책은 급진·좌파의 이데올로기적 헤게모니를 확대시키는 결정적 계기가 되었다."[26]

햇볕정책은 정책의 쟁점과 정책 입안과 수행 과정의 국민적 합의라는 절차의 흠결에 더하여 이데올로기적 분식 즉 이데올로기적 헤게모니의 쟁취 과정을 통해 사회적 혼란의 중심에 서게 된다. 특히 진보진영에서는 정부의 통일 및 대북정책 패러다임 전환 시 국가 패러다임에서 민족 패러다임으로의 변환 기조에 맞춰 민족 이데올로기 공세에 나선다. 민족주의 패러다임은 남북한 관계와 통일 문제에 있어서 진보 이데올로기로서 주도권을 점하게 되었다. 진보진영이 통일=민족의 패러다임을 설정하여 통일 담론의 헤게모니를 선점하면서 보수진영을 반통일=반민족 세력으로 몰아붙임으로써 대북정책이나 통일 문제에 대한 규범적 우위를 선점하게 되었다.

대북정책을 둘러싼 진보 보수 간 갈등으로 정의된 남남갈등은 냉전시대 남북의 적대관계와 한·미 혈맹 관계가 전혀 의심받지 않고 수용되던 것과 달리 냉전 종식 후 특히 남북정상회담 이후 민족화해 증진과 한·미관계의 재조정이라는 새로운 요청이 커지면서 비롯되었다. "북한을 어떻게 볼 것인가", "북한을 어떻게 다룰 것인가"로 맞춰진 남남갈등의 쟁점은 "결국 동포애적 측면에서 화해협력 기조를 정당화하려는 진보진영의 입장과 적대관계임을 강조하고 강경 압박 기조를 정당화하려는 보수진영의 입장으로 크게 대립된다."[27]

대북관과 대북정책을 둘러싼 보수와 진보의 남남갈등 대립구도는 그대로 대미관과 대미정책으로 이어져 실제 정부정책에 따라 한미관계에서도 갈등관계를 노정하고 있다. 두 차례의 남북정상회담을 통해서 다양한 경제협력 및 사회문화적 교류가 증대되면서 한편으로는 주한미군 감축, 미군기지 이전, 전시 작전통제권 환수와 미군의 전략적 유연성, 한반도의 동북아 균형자론 등으로 쟁점이 많아지고 한미관계에도 갈등이 적잖이 촉발되었다. 결과적으로 남북관계 개선 이후에도 민족 화해 협력 무드와 한미동맹은 일정한 길항관계를 맺고 있음을 알 수 있다. 따라서 대북·대미정책에 있어서 진보와 보수 모두에게 병행 가능한 한미관계와 남북관계의 이념적 접점을 찾지 못하면 남남갈등은 상존할 수밖에 없을 것이다. "또한 남북관계와 한미관계의 길항성(拮抗性), 대북정책과 대미정책의 상호성(相互性) 등은 대외전략에 있어 한미 공조와 민족 공조의 이념적 토대로서의 민족주의 담론에 구조적인 갈등을 내재하게 된다."28)

민족주의에 대한 편향적 개념에 따라 보수 진보의 대북정책은 그대로 대미정책과 결합된다. 민족지상주의로 경도된 낭만적 대북정책은 반미 자주, 외세 배격이라는 대미정책과 화합하기 쉽다. 반면 국가주의로 경도된 대한민국 민족주의는 한미동맹 강화의 대미정책과 결합하기 마련이다. 이것은 북한의 다양한 군사적 위협 등으로부터 자유민주주의와 시장경제 체제를 고수하기 위해 한미동맹이 우선이라는 대미정책을 견지하는 것은 국가적 책무로서 정당하고 절실할 수 있지만 낭만적 관점에 대한 동일 민족 정체성에 대한 귀속감의 공유 노력 또한 더욱 필요한 부분이다.

개화기부터 일제강점기를 거치고 침략세력에 대응하면서 경도된 민족주의는 저항적 민족주의의 토양을 만들었고 한국 민족주의의 특성으로 자리매김 했다.

저항 민족주의 이념이 대한민국 국가 정체성을 유지하고 북한의 위협으로부터 시민적 민족주의를 지키기 위한 것이었다면 우리의 공통된 민족 정체성에 대한 귀속감 형성 노력이 부족한 것으로 평가하고 싶다.

따라서 북한의 '우리민족끼리'와 '민족 공조'를 통해서 주장되는 반미 자주, 외세 배격의 저항 민족주의가 한미동맹을 훼손해서는 안 될 것이다. 진보적 입장과 국가 안보를 모두 담보하고 한미동맹에 가치를 둔 보수적 시민 민족주의 입장이 함께 공존하는 민족주의의 이중성(이중적인 관점)을 제대로 평가하고 화이부동할 수 있어야 한다.

한국사회에 있어서 보수와 진보는 서구와 비교하여 역사적 경험의 차이가 존재한다. 근대국가의 형성과 개인과 시민사회의 발전 속에서 성장한 서구의 보수·진보는 공공적이고 민주적인 제도와 토론 분위기 속에서 이루어졌다. 그러한 대립과 갈등, 경쟁은 민주적인 제도와 내용을 오히려 건강한 체질로 전환시키면서 보수와 진보가 서로를 침식시키지 않고 함께 성숙할 수 있는 사회적 기반을 구축했다고 평가할 수 있다. 반면에 한국사회의 보수, 진보의 형성과 발전 과정은 서구의 근대적 역사발전의 과정과 내용이 생략된 채 '체제 이데올로기'와 먼저 접합되면서 정치권력과 사회적 헤게모니 획득에 치중된 면이 강했다.[29]

한국사회에서의 보수와 진보 간 남남갈등 문제는 더 이상 정치적·민족적 문제로만 규정하기에는 사회적 영향력과 미치는 파장이 매우 큰 성격을 지니게 되었다. 우리의 사회적 갈등 비용이 300조 원을 넘나든다고 한다. 친미와 반미, 대북 화해협력과 노선과 반북 노선이 한국 사회의 진보와 보수라는 야누스적인 얼굴로 혼재하고 있기 때문이다.[30] 이것은 민족주의 문제와 연결되면서 대내외적 관계에 다양한 형태로 표출된다.

한국 민족주의는 대외적으로 식민지 해방과 독립된 근대국가 건설이라는 전통적인 민족적 목표를 최상위 과제로 삼고 저항성과 자주성을 강하게 나타내 왔다. 혈통과 언어, 영토에 바탕을 둔 원초적 민족주의와 외세에 대한 저항을 기반으로 한 저항적 민족주의가 한국 민족주의의 근간을 이루어 왔다. 이것은 한국 근대국가 형성 과정에 좌우 대립과 체제 대립이라는 양상에 큰 영향을 주었다. 이 때문에 한국정치사회의 근저에는 집단적 통일성과 유기체적 일체감, 동일성과 배타성이라는 이중적 요소가 함께 숨어있다고 할 수 있다.[31]

진보와 보수의 개념이 어떤 특정 정치적 이념이나 가치 내용을 담지하고 있지 않은 것과 달리, 좌파나 우파의 기준은 바로 이러한 정치적 이념이나 가치지향적인 정치 이데올로기가 된다.[32] 진보는 사회적 불평등을 줄이고 불평등을 덜 고통스럽게 만들려는 평등주의를 추구한다고 하였다.[33] 결국 진보란 자본주의 사회 내부 모순 중 불평등의 극복을 추구하는 가치지향 이념이라고 하겠다. 진보는 자본주의 체제 내에서 그러한 변화와 발전을 추구하는 태도를 말한다. 반면에 보수는 기존의 지배적인 이념체계와 정치체제를 옹호하고 사회변화에 소극적으로 대응하려는 보수적인 태도를 취한다.

하지만 진보세력도 일단 기득권을 가지게 되면 보수주의적 상황이 되어 현상을 유지하고자 하므로 진보-보수는 불변의 개념은 아니라, 한 사회의 역사적 상황과 관계 속에서 규정될 수 있는 상대적인 개념이라고 할 수 있다.[34] 즉 한국사회에서 진보와 보수를 가르는 기준을 북한에 대한 관점의 차이라고 볼 때 북한 문제는 한국의 진보에게 가장 큰 걸림돌이 될 수 있다. 특히 진보=좌파=친북=종북이라는 등식이 깨지지 않는 한 한국의 진보는 발전할 수 없기 때문이다. 좌파는 종북세력이며 종북세력은 범죄라는 부정적 인식이 불식될 수 없다면 한국 진보의 발전은 없다고 본다.

분명 북한은 우리에게 한편으론 적이지만, 다른 한편으론 통일과 대화의 상대인 것은 분명하다. 적이자 형제라는 이중적 존재임엔 틀림없다. 북한은 현실적인 '적'이자 민족적인 '형제·동포'라는 이중적인 입장으로 갈리기 때문이다. 북한에 대해 보수 성향으로 갈수록 '적'의 이미지가, 진보 성향으로 갈수록 동포의 이미지가 강한 것은 어쩌면 자연스

런 결과일 수 있다고 본다.[35]

대내적인 측면에서 한국 민족주의는 근대화와 산업화 과정에서 대중 동원과 체제 정당성을 부정하는 정치 지배질서의 과제를 수용하는 면이 강했다. 국가주도적 민족주의는 서구의 역사적 경험에서 우러나는 자유와 평등, 인권 개념을 민족주의의 틀로 흡수하지 못했다. 오직 개인은 국가 앞에 무력한 존재로 남을 수밖에 없었고 민족주의 논리로 국가 폭력과 억압 속에 개인의 무저항은 용인되었다. 이러한 틀 속에서 민주주의가 성숙될 수 없었다. 한국 민족주의는 이분법적으로 균열되었고 민족주의를 배제와 저항으로 인식하거나 민족주의의 난맥상 속에 민주주의나 자유와 평등 같은 보편적 인권 개념과 철학을 담아낼 그릇을 만들어내지 못했다.

대한민국이라는 국가가 형성되는 과정에서 '민족' 개념은 반공과 친미를 매개로 국가권력에 비판하는 반미세력과 체제가 다른 북한을 반민족세력으로 규정하는 양면적 이데올로기로 작용하였다. 여기에는 동질성과 통합, 단결만이 강조되고 차이와 분열, 이질성 등은 용납되지 않았다. 이러한 위로부터의 한국 민족주의 성격은 대중들의 잠재의식 속에 그대로 남아져 있다. 민족과 민족주의에 대한 철학적이고 윤리적인 성찰과 고민 없이 타자를 통해 자기를 기계적으로 규정하는 형식적 거울로만 민족주의를 수용하였다. 타자는 배제하고 이분법적인 정치논리를 민족주의와 결합시켜 편의주의적이고 획일주의적인 사고방식만 만연하게 되었다. 이 점은 보수·진보세력에게 일반적인 관행이 되었다고 생각된다.[36]

한국사회의 보수주의는 국제냉전 질서 속에서 외부로부터 규정된 정치 흐름을 아무 성찰 없이 수용하고 그것을 권력 획득과 유지를 위해 동원하고 편의주의적으로 이념적 이데올로기화 하는 경향이 있었다. 비판세력이 미미한 가운데 보수세력은 반공과 친미의 구도 속에서 보수주의적 이념을 파악하였고 그것을 벗어난 사고방식과 행동은 반민족적이고 반민주적인 매우 위험한 것으로 취급하였다.

보수세력은 자신들을 성찰하면서 거울 역할을 할 수 있는 비판세력들을 한국의 사회지형에서 제거하려고 함으로써 보수주의적 철학을 발전시킬 수 있었던 기반을 스스로 무너뜨리고 마는 우를 범하였다. 이 때문에 대한민국에서 보수주의 세력이 기본적으로 가져야 할 자유주의의 덕목은 매우 취약하게 되었다. 또한 탈냉전과 다원화체계, 세계화라는 세계사의 거대한 흐름 속에서 보수진영은 자유주의와 보편적인 인간의 가치를 사회원리로서 재구성하지 못하였다. 오직 반공과 친미 등으로 집약되는 경도된 보수이념만 한국사회의 기본적 양식으로 남았다. 민족 문제는 우리사회 보수와 진보 갈등의 근저를 이루고 있다. 그 속에서 보수세력의 민족주의는 민족과 민족주의에 대한 깊은 성찰도 없이 그저 이분법적이고 획일주의적인 모습으로 쳐다보고만 있었다.

초기 민족주의자들은 개인의 자유와 평등, 주권 등과 같은 시민적 토대에 주목했지만 외부 위협에 우선 대항하기 위해 집단주의적 방향의 종족적 민족주의로 기울 수밖에 없었다. 결과적으로 한국에서 자유주의가 성장하기 어려운 토양이 배태되어 있었다고 볼 수 있다. 하지만 한국에서 자유주의가 성장하기 어려웠던 것은 이른바 '국가주의' 때문이다. 신채호는 한국인들에게 "가족주의는 강하지만 개인주의와 국가주의는 약하다"면서 지금은 국가주의를 강화할 때라고 주장하였다. 망국의 상황에서 자연스럽게 국가주의적 민족주의자가 되어간 것이다. 국가주의적 민족주의가 자유주의를 억압해왔다는 점을 강조하면서 민족주의를 비판하고 탈민족주의를 주장하는 것도 자유주의의 성장을 저해하는 것이다. 이렇게 국가주의와의 강한 결합을 가졌던 한국 민족주의도 1980년대 민주화 과정을 거치면서 자유주의와의 결합이 강해지고 국가주의와의 결합력은 유연해지게 된다.[37] 개인의 자유와 평등의 가치가 커지면서 진정한 민족주의의 모습을 찾은 것이다.

국가주의와 함께 유기체적 종족 민족주의도 개인을 추상적이지만 전체의 일부로 간주하고 시민은 전체 사회를 위해 자유와 시민권을 희생하는 방향으로 나아갈 수 있다. 하지만 집단적·유기적·종족적 문화 민족주의는 공적 영역에서 자유주의의 공간을 제한해왔다. 인민주권 사상에 바탕을 둔 개인의 자유가치에 대한 이념이 받아들여지지 않는다면 앞으로도 그럴 가능성은 충분히 있다. 그것은 결과적으로 자유주의에 토대를 둔 보수주의와 진보주의의 빈곤 혹은 왜곡을 가져온다고 볼 수 있을 것이다.

2) 교조주의적 통일 논의

탈냉전, 민주화 이후 한국사회의 통일론은 진보 지식인들의 '민족 담론'과 '햇볕정책'에 전제된 민족 패러다임에 의해 주도되었으나 그 지식사회학적 결과는 통일론의 이데올로기화와 '남남갈등'의 심화로 귀착되었다. 남남갈등이라는 시사어가 함축하듯 한국사회는 대북정책과 통일론을 둘러싸고 진보 대 보수와 통일 대 반통일, 민족 대 반민족(친미) 등 이념적 양극화와 함께 종북과 빨갱이 대 수구와 반동, 평화주의와 전쟁주의 등 매도적 전투의식이 팽배했다. 이런 맥락에서 진보진영의 민족 담론(패러다임)의 헤게모니 구축은 자칫 남북한 분립의 복합모순을 초월하여 단선적 돌파의 전복적 세계관을 일반화시킬 위험성을 내포한다. 민주=통일의 등식 속에서 진보=민족의 규범적 우월성을 독점하려 할 경우 한국사회 통일론은 비판과 관용의 민주적 공론정치를 넘어 교조주의의 함정에 빠질 수 있다.[38]

2013년 5월 한미 정상회담에서 발표된 '한미동맹 60주년 기념 공동선언'에 "한반도 통일을 자유민주주의와 시장경제의 원리에 입각하여 추진한다"는 데 양국 정상이 합의했다. 이것은 통일 문제를 체제 문제의 시각에서 접근하고 있다는 것을 보여 주는 것이다. 그런데 우리의 기존 '민족공동체 통일방안'은 공동선언과 다른 접근 방식이라고 볼 수 있다. 우리의 통일방안을 민족 문제라는 측면에서 접근한 것인데 통일 문제 가 체제 문제라는 확고한 인식을 갖지 못한 데서 비롯된 것이다.

민족통일이라는 용어도 새삼 살펴 볼 일이다. 전통적인 민족은 적어 도 고려시대 이후 지금까지 존재하고 있다. 그런데 그 민족에게 어떤 통치체제(regime)을 부여하느냐의 문제가 통일 문제의 핵심이 되어야 한다. 따라서 '민족통일'이라고 하는 관점은 통치체제의 통합으로서의 문제, 즉 '체제통일'의 문제로 봐야 하는 것이다. 통일을 단순히 감상적 인 '민족통일'로만 본다면 문제가 될 수 있다. 우리 한국 국민과 북한 동 포는 같은 언어, 공유된 역사에 생김새도 비슷하지만 지금 통일은 이런 낭만적 민족주의의 관점에서 접근할 문제가 아니기 때문이다. 남북한 에 존재하는 서로 다른 이질적 체제를 어떻게 하나로 묶을 것인가 하는 '현실적인 체제 선택과 통합의 문제'가 바로 통일 문제의 핵심 사항이기 때문이다.

북한은 지속적으로 '우리민족끼리', '민족 공조론'을 내세우며 민족문 제를 전면에 등장시킨다. 통일은 '국가 형태'를 구성하는 것과 관련되어 있는 문제이다. 민족국가, 도시국가, 제국, 군주국가 등등에서 체제의 형태를 선택해서 구성하는 문제다. 통일은 민족국가를 만드는 과제로 서 완성된 민족국가를 어떻게 통치하고 지배할 것인가 하는 바로 이 '체제(regime)'의 문제를 생각하지 않고는 통일이란 생각할 수 없는 것이 다. 감상적인 낭만적 민족주의 관점에서 통일을 바라봐서는 안 된다.

민족공동체 통일 방안에는 체제 문제가 누락되어있다. 체제 문제는 통일국가를 만들어 가는 과정에서 논의해서 한다는 정도로 되어 있을 뿐이다. 국가 형태와 체제는 분리할 수 없음은 당연한 것인데 체제를 제외하고 공동체라는 용어를 통일 방안에 공식화한 것 자체가 문제였다. 결국 체제 문제를 제외하고 통일 방안이 제시됨으로써 북한의 '우리 민족끼리'와 같은 선전선동 전략에 대응할 논리가 약해져 버린다.

현재 남북한에는 실재하는 두 개의 이질적인 집단이 있다. 문화적, 역사적 차원에서의 민족을 제외하고는 같은 것이 아무것도 없다. 그래서 한반도에는 지금 현실적으로 서로 다른 두 개의 국가, 두 개의 국민이 존재하고 있다. 즉, 엄연히 존재하고 있는 tow nation을 통합해야 된다는 과제를 안고 있는데 이것을 낭만적인 민족 개념을 바탕으로 생각해서는 안 된다.

한반도의 분단과 이질화 발전 과정은 복합적인 모순체계를 내포하고 있다. 우선 남북한은 분단과 전쟁, 이질화 발전과정에서의 경쟁·대립적 관계 속에서도 각자의 체제적 원칙을 고수하는 가운데 민족성의 원칙에 입각한 대화와 제한된 교류를 진행해 왔다. 한반도는 밖으로 국제적 분할 냉전과 안으로 남북한 간 체제 대립이라는 양면적인 냉전체제가 구조화되면서 사실상 별개의 국가체로 발전되어 왔다. 엄연한 2개 국가체제로 실재하고 있다는 점에서 민족 통합의 개념이 아닌 체제의 통합을 위한 방향 모색이 보다 합리적이다.

민주화와 더불어 대한민국에는 최소한 민족의 정치적 생존방식이 시민적 자유와 대의민주주의가 기본이 되었다. 그런데 1990년대 이후 '민족'이 이데올로기로 자리 잡으면서 '민족을 전제로 한다면 어떠한 통일도 용납될 수 있다'라는 민족 이데올로기적 환상에 빠질 수 있는 위험한 생각이 생겼다. 통일은 결코 민족 문제가 아니고 체제 문제이다. 그동안 많은 정치인, 학자와 지식인들도 '민족통일'이라는 허위의식에 매달렸던 부분이 적지 않다. 낭만적 민족 관념이 내재되면서 공산주의적 전체주의에 대한 위험성이 무장해제 된 것이다.[39]

정부와 진보·보수세력, 많은 국민들까지 앤더슨(B. Anderson)이 애기한 '상상된 민족'의 맹목적인 혼돈에 빠져 있다. 민족분단의 역사로 한국인들에게는 민족 이념에 도전하면 안 된다는 일종의 터부가 생성되어 있다. 한반도의 현실은 남북한의 민족 분열이 아니라 국가 간의 대립이요 체제 경쟁이었다. 분단된 상황을 극복하는 과정에서 현실적으로 부딪치는 상황은 민족 분열이 아니라 북한의 왕조세습 정권과의 대결이었다. 따라서 통일은 북한 정권의 핵 모험주의, 세습독재 체제에 맞서는 것을 넘어서 민족 중에 진정한 민족인 북한 동포를 해방하는 것이다.

전쟁 억제와 통일 추구라는 상이한 목표를 복합적으로 관리해야 하는 딜레마적 상황을 헤쳐 나가야 한다. 현실적 의도와 다르게 전혀 반대의 결과가 나타날 수 있다. "악마를 다 없앰으로써 오히려 천사가 악마가 되어버리고 마는 파스칼적 역설(Pascal's Paradox)"이 나타날 수 있다는 점을 간과해선 안 된다. "통일이 천사이지만 분단이라는 '악마적 현실'을 도외시해서는 안 되는 것이다. 통일이라면 모든 것을 희생해도 된다는 생각에서 북한 정권까지도 포용할 수 있다는 생각을 하거나, 아예 그 정권의 하수인이 되어버린 것 아니냐는 것이다. 분단이라는 악마성을 해소하기 위해 우리가 가진 본질적 가치를 스스로 포기해버려도 된다는 환상적 모험주의에 빠져선 안 된다. 나치에 대한 무저항을 주장했던 자크 마리탱(J. Maritain)의 비극을 되새겨야 한다."[40]

1990년대 이후 진보진영의 민족 담론, 햇볕정책에 내포된 민족 패러다임을 비판적으로 접근하여 통일론의 이데올로기화에 대한 위험성을 지식사회학적으로 재평가하고, 이데올로기로서가 아니라 전략적 현실주의의 입장에서 통일 문제를 실용적, 발전적으로 재구성하려는 인식의 지평을 정립해야 한다. 한국의 통일 담론과 대북 정책은 민족 패러다임의 이데올로기적 허위의식을 극복해야 한다. "통일 이슈의 이데올로기적 국내정치화를 매개하는 그람시적 '유기적 지식인'이 아니라 만하임적 '자유부동적 지식인'으로 거듭 태어나 통일에 대한 창조적 상상력을 발휘해야 한다."[41] 칼 만하임(Karl Mannheim)의 '지식사회학적 태도'가 중요하다. 우리의 '지식인'은 자신의 존재, 역사적, 사회적 총체성과 역사사회학적 현실을 직시하는 데 주저하고 있는 것 같다. "어떤 민주국가도 '자유'를 말살하는 자유를 허용하지 않는다."[42] 문화 민족주의의 낭만적 이데올로기를 극복할 수 있는 인텔리겐챠에 의한 현실적 종합화 테제가 더욱 중요하게 여겨지는 이유이다.

제2절 자유민주주의적 내면화

1. 시민 민족주의의 성장과 발전

1) 자유주의와 민족주의 정체성

대한민국은 산업화를 기반으로 1987년 민주화 체제를 구축함으로써 "타협에 의한 민주화"(democratization by transplacement)⁴³⁾를 이끌었다. 이를 바탕으로 탈권위주의적 민주화 이행과 민주적 공고화를 이룩하였다. 영국의 EIU에 2013년 한국의 민주화 성취도를 아시아 1위, 세계20위로 민주주의 본산인 프랑스와 미국보다 상위에 올렸고 대한민국은 '민주화 이행국'이 아닌 "완전한 민주국가"(full democracy)로 자리매김 하였다.⁴⁴⁾

일반적으로 한국 민족주의가 지향했던 목표가 1)통일, 2)근대화, 3)민주화로 통했던 시기가 있었다. 산업화가 진전되면서 근대화를 이룩했고 1987년 민주화가 달성되면서 대한민국은 '완전한 민주국가'로서 중견국을 넘어서는 수준에까지 와 있다. 산업화를 통한 근대화의 관점은 민족주의에 있어서 하나의 수단의 문제이다. 근대화를 자립경제나 자주국방의 이념으로 동도서기(東道西器)론이나 부국강병론 등으로만 결부시킬 사항도 아니다. 본질적으로 경제력과 군사력의 우위는 국제정치에서의 세계 민족주의 방향과 결합하는 데 큰 힘이 되는 것은 사실이지만 궁극적인 문제는 민족의 구성요소인 구체적인 개인의 "내 나라"라는 인식 즉 '사회정의가 구현되는 나라', '국민 대중이 주인이 되는 나라'이다. 이를테면 "기회의 균등과 결핍으로부터의 자유와 이들 두 가지 요소에 현실성을 부여하는 동적인 요인으로서의 완전고용"[45]을 이루는 나라이다. 그것은 근대화를 이룬 우리가 지속적인 목표 가치로 삼을 일이다.

한국 민족주의는 전근대적인 요소들을 제거해 나가면서 1987년 민주화 이후 많은 발전을 이뤄 왔다. 자유민주주의의 원칙이 생활 속에 받아들여지고 있다. 그런데 한국 민족주의는 전통적으로 정권에 대한 불신감이 강했다. '민족적 저항'의 사상이 짙게 깔려 있는 것이다. 이것은 권위주의적이거나 획일적인 행정주의로는 정당화 시킬 수도 없다. 그것을 해결할 수 있는 것은 자유민주주의 체제의 내실화뿐이다. 요컨대 오늘날 민주주의의 핵심적인 문제는 대중의 정치 참여가 어떤 방법에 의해서 어느 수준으로 이루어지는가 하는 것이다. 그 추진력이 바로 '민족주의'이다. 따라서 민족주의의 토대가 되는 민족의 구성원인 개인의 '기본적 인권'을 전제하지 않고는 사회의 정의도 생각할 수 없는 것이다.[46]

"현대 한국 정치사상의 대체적 방향이 민족주의에 있다. 그런데 그 민족주의가 '現代' 민족주의로서의 내실을 가져야 한다는 것이 문제다." 현대 민족주의는 시민을 역사의 주체로 만드는 것에 핵심이 있다. 주권재민 의식으로 다져진 시민은 시민사회의 주역이 된다. 우리의 정치 전통은 권위주의였다. 일제의 강압에 의하여 그 권위주의는 더 한층 온존되어 왔다. 해방 이후 민주화 성취까지 진정한 힘의 균형을 통하여 정치가 민주적으로 제도화될 수 있는 기간은 길었다. 그러므로 한국 민족주의는 이제야 대중의 기준을 높여 새로운 전통을 창조함으로써, 이념형으로서의 시민적(정치적) 민족주의와 낭만적(문화적) 민족주의의 두 가지 민족주의 사상의 전진적 통합을 꾀해야 함을 사상적 과제로 남기고 있다.[47) 전진적 통합은 자유민주주의 체제의 합리적인 바탕을 전제로 한 전진적 민족주의가 되어야 한다. 전통을 논하면서도 근대로의 이행 문제에 있어서 규범적인 제의에만 그친다면 결국 근대화나 민주화의 성숙은 지도자의 호의에 의해서만 가능하게 될 것이다.

민족주의는 '근대국가' 혹은 '민족(국민)국가'라고 하는 이외의 어떤 정치체제와도 관계없는 통치 명분이다. 사회주의 혹은 자유주의 등과도 사실적·논리적으로 범주를 달리하는 개념이다. 따라서 근대국가의 통치 명분으로서 민족주의의 주체가 되는 민족이란 인간의 사회성을 근거로 자연적으로 생성된 집단이거나 또는 어떤 역사적 생성을 통한 객관적 집단에 연원을 갖지 않는 사회적·정치적인 산물이다. 역사적 생성체로서의 민족(volkstum)과 정치 명분으로서의 민족주의에 관련되는 민족(nation)과의 혼돈을 하지 말아야 한다.

민족주의가 문화적으로 또는 인류학적으로 또는 역사학적으로 파악된다면 그것은 민족주의가 아닌 전혀 다른 것이 되어 근대국가의 명분과는 관계없이 초역사적인 어떤 애국심을 뜻하게 되고 그런 경우 그것은 흔히 비분강개적 편협한 애국주의 징고이즘(jingoism)이나 또는 맹목적인 애국적 쇼비니즘(chauvinism) 형태로 나타날 수 있는 우려를 낳을 수 있다.[48)

자유민주주의 국가에서 공통된 주권을 바탕으로 이루어진 정치적 정체성은 '국민(민족)국가'를 의미한다. 국가는 역사적 민족의 정체성을 보호하고, 영토에 대한 권리를 견고히 하기 위해 권리와 기회의 배분을 합리적으로 조정해줘야 한다. 문화(낭만) 민족주의를 반대하는 하버마스(Jürgen Habermas)와 배리(Brian Barry)[49)는 시민적 민족주의(Civic

Nationalism)가 적절한 자유주의의 정치적 정체성이라고 보았다. 그것은 국가가 특정 집단(민족)의 전유물이 아니라고 보았기 때문이다. 시민적 민족주의는 롤즈(John Rawls)[50]가 주장한 배분의 공정성, 즉 자기존중의 최선의 이익은 기초적으로 사회적 제도의 공공성과 행동양식들을 포함한다고 하였다.[51] 이것은 근대화와 민주화를 이룩한 한국 민족주의 정체성에 대한 방향성이 된다.

정체성은 개인의 자유와 함께 민족적 자율이 하나라는 믿음이고 그에 따르는 실천적 행동이다. 정체성은 통합의 결과이기보다 그 원인이면서 결과다. 같은 국토와 주권, 언어와 믿음, 상징체계 등은 민족국가 형성의 근원적 요소들이다. 헤겔 민족정신의 결정은 가장 본질적인 것으로 언어와 종교, 학문을 들고 있다. 같은 언어와 같은 인식체계를 공유하는 것만으로도 문화적·민족적 통합이 가능한 것은 형제애와 민족애, 애국주의를 형성해낼 수 있기 때문이다.[52]

이제 한국 민족주의는 북한의 변용된 민족주의에 현혹되거나 흔들림 없이 남북관계와 한미관계의 길항성(拮抗性)을 극복하고 대북정책과 대미정책의 일관성과 선순환이 가능한 이념으로서의 민족주의로의 발전이 요망된다. 이를 위해서는 민족주의가 가지고 있는 이중적인 의미를 전제하며 경제발전과 산업화에 이은 정치적 민주주의의 확대와 '자유민주주의의 내면화'라는 시민적 민족주의에 대한 인식의 공유가 필요한데 우리에게 이것이 아직은 부족하다.

2) 정치적 자유주의

우리에게 전해진 자유주의는 자유민주주의이다. 이것은 민주주의의 근거를 자유주의에 둔다는 것이다. 즉, 자유주의는 민주주의를 위한 수단이다. 따라서 자유주의란 자유를 통한 평등을 의미하는 것이다. 현재 우리 사회에 통용되고 있는 '민주화'란 용어는 이런 뜻을 가진 것이다. 자유주의를 사회주의에 대비시키고 있는 것이 아니라, 권위주의를 대립 개념으로 인식하고 있고 반권위주의를 통한 민주주의가 목표로 설정되고 있다.

한국의 자유주의는 해방 후 양극체제의 국제정치적인 세력 갈등을 중심으로 한반도 분단이란 상황에서 탄생하였다. 그 결과로 상위개념인 민족주의는 하위개념인 자유주의에 밀려 민족주의와 자유주의는 일종의 현실적 대립관계에 서게 된다. 이것은 민족주의가 민족주의로서 그 역사적 기능을 발휘하지 못하고 자유주의는 자유주의대로 현실적인 정치원리로 작용할 수 있는 장을 상실당하고 말았음을 얘기하는 것이다.

한국에서 자유주의는 이렇듯 대외적 자유와 대내적 자기발전이란 내용의 방향으로 개별화되고 있었다. 이것이 바로 현대적 민족주의의 과제와 결부되는 것은 자명한 것이다. 하나는 궁극적으로 통일 문제로 이어지는 것이고 다른 하나는 근대화에 이어지는 문제였고 이 두 문제의 성공적인 해결은 한국 민족주의의 확립을 뜻하는 것이었다.[53] 두 문제 중 산업화와 더불어 근대화는 성취되었다. 이제 우리에게는 한국 민족주의의 확립을 통해서 근대국가의 완성이라는 통일 문제를 해결해야 하는 과업이 남아 있는 것이다.

주권재민 원칙에서 국민은 바로 민족주의적 민족이다. 따라서 민족주의는 "근대국가 정치체제의 통일성 원리이며 포괄적인 정치 명분이다. 민족주의는 국가 형태와 관련되어 있다." 반면 자유주의란 것은 민족을 명분으로 하는 근대국가의 운영에서 문제되는 사회적인 또는 규범적인 장치나 방법의 하나로 민족주의에 대한 일련의 수단의 범주에 속한다. 즉 자유주의 등은 국가 형태 내에서의 정치 형태나 통치 형태와 관련되는 하위개념인 것이다.

민족주의 발상지인 프랑스의 예를 보면, 민족이란 개인의 자유스런 의사의 결사 또는 동의에 의한 참여로 형성되는 하나의 정신적 공동체였다. 이런 의미에서 민족주의는 정치적 자유와 그리고 인민주권 사상과 일치되는 것이었으며, 민주주의와도 같은 사상적 근원을 갖는 것이었다.[54] 따라서 민족주의의 전체성, 통일성은 자유주의적인 부분성, 다원성과의 표리관계에서 서로 상승작용을 할 수 있도록 자유주의와의 조화로운 결합을 이뤄나가야 한다.

한국정치의 역사적인 흐름에서 볼 때 낭만적 민족주의 관념이 강한 것이 사실이다. 단일민족이라는 문화적 공통성을 가진 것에서부터 일제강점기의 민족주의의 실천적 주류가 낭만적이었다. 일제의 강압적 지배 방식에 저항한 민족주의 운동이 문화 운동의 양식을 취하면서 前 정치적 내면성에 역점이 주어졌던 것 등 낭만적 민족주의는 정치적 민족주의가 태동하기 전에 이미 갈등의 골을 만들고 있었다. 이 중 단일 민족주의는 유기체론적인 독일 낭만 민족주의에 깊은 영향을 받아 저항 이념을 알게 모르게 민족과 개인의 동일성(idendity)으로 주장하게 된다.[55]

이러한 저항 민족주의에 있어서 민족의 구성요소인 개인과 민족이 동일성이라는 유기체적 개념은 민족주의의 활력을 떨어뜨릴 수 있다. 정치적 독립이 이뤄진 후 내면화된 개인의 자유와 평등 이념이 간과된 국가주의적 집합체의 목표 달성은 현실적으로 그 정치적 명분이 상실되었다고 볼 수밖에 없다. 무엇을 위한 독립이었는지 묻는다면 그 답은 '근대화'였고 이것은 민족주의의 내면화라는 '코페르니쿠스적 轉回'[56]가 되었다고 할 수 있다.

국제정치 관계의 흐름 속에 한국에 등장했던 자유민주주의는 국제주의의 세계체제적인 논리를 가졌던 공산주의와 달리 국내형 이데올로기였다. 따라서 자유민주주의는 국제정치에 있어서 프로파간다의 세계와는 무관하며 그것은 다만 새로운 지역에서 '문화적' 가치로서만 받아들여질 것이다. 그래서 공산주의가 프로파간다의 면에서 자유민주주의보다 전파가 쉬웠던 것이지만, 그것이 국가(민족) 단위로 분열되고 국제주의적 논리가 퇴조되면서 심각한 저항에 직면했던 것이다. 반면 자유민주주의란 본래가 국내형 이데올로기였기 때문에 그것이 확산되면서도 국가(민족국가)별로 개별화할 수 있었고 내재적 토착화 과정을 거칠 수 있었던 것이다.

이데올로기는 정치사회의 응집성을 유지하게 하는 중요한 요소이다. 이데올로기는 지배 계층에게는 정당성을 제공하며 피지배 계층에겐 복종을 용이하게 하여 결국 실력적인 강제에 호소하지 않더라도 지배가 효율적으로 행해질 수 있게 하는 세계관이다. 그리고 피지배층에게는 사회에 대한 생각이나 이미지 등 사회적 행동에 대한 방향을 제공하면서, 개개인에게는 공동체 내에서 자신의 위치에 대한 주체성(identity)을 제공해 준다. 개별화된 이데올로기의 자유민주주의적인 특성 때문에 다른 이데올로기와의 연계성 없이도 그 자체의 기동적 내용과 규범 때문에 자기발전적인 저항이 언제나 가능한 것이다.

이러한 성질의 저항적 욕구를 어떻게 지배 계층이 받아들이느냐에 따라 민주적인 권위의 내실화가 결정 지워진다. 즉, "자유와 질서 간의 문제가 아니라 자율과 규율 간의 선택이라 할 수 있을 것이다."[57] 정치 공동체 내 개인의 주체적인 활동이 합리적인 규율 속에서 자율적으로 소화될 수 있는 정치적 자유주의와 민족주의의 적절한 결합이 필요하다.

자유주의적 민족주의의 공통된 '민족 정체성'은 자유민주주의가 이룩한 민주주의의 가치 실현, 개인 권리에 대한 존중, 사회적 정의 등 다양한 가치들을 현실화 시키는 데 중요한 요소가 된다. "민족 정체성은 내부적 자기규정과 외부적 시선에 의한 검토와 아울러 현실 속에서 주어진 공동체가 행하는 정치적 실천 등, 세 요소 사이의 접합에 의해 구성된다."[58]

'민족 정체성'이란 혈통에 초점을 맞춰 바라보는 것이 아니라 '개인의 평등 보장' 차원에서 접근한 일반적인 정치사회의 정체성 문제와 유사한 것이다. 정체성을 느끼는 것은 앞에서 언급한대로 자유주의적 가치를 현실화하는 데 있어서 함께 살고 있는 정치집단에 대한 공동운명체적인 느낌, 즉 시민들이 느끼는 귀속감이 중요한 필수 요소가 된다. 앞에서 언급한 대로 밀(John Stuart Mill)이 "공통된 민족 정체성은 정부의 안정성, 통합성, 자유주의적 제도의 질서 등을 이룩하기 위해 반드시 필요한 것"이라고 역설하였는데 밀은 '귀속감'이 부재한 상태에서는 통합적 정치적 견해가 존재할 수 없다고 보았다.[59] 또한 자유주의적 제도들이 유지되기 위해서는 시민들이 상호 간에 귀속감을 느낄 수 있어야 한다.[60]

귀속감(동료애)은 민족 정체성을 공유할 때 발생한다. '귀속감'(a sense of belonging together)은 자유주의적 가치를 현실화 하는 데 중요한 역할을 하게 된다. 그것은 시민들이 정치적 제도에 의해서 소외되지 않도록 방지하고, 자유주의적 제도들을 안정적으로 견고하게 만들어 주며, 이견과 갈등을 화합이 가능하도록 '신뢰'를 형성하게 해주며 공익정책과 사회 분배정의에 대한 시민의지지 형성에 필수적이기 때문이다.[61] 이것은 정치적 자유주의자들에게 매우 중요한 요소가 된다.

물론 개인의 보편적 권리에 대한 인식에서 민족주의가 출발했던 것이지만 민주적 시민권이 민족 정체성에 반드시 기반 해야 할 이유는 없다.[62] 즉 하버마스는 민족주의가 자유주의적 가치를 실현하는 데 필수적인 요소는 아니라는 얘기다. 사회문화적으로 다원화 되어가는 시대에 민족주의가 사회적 연대감의 중심에 있기에는 다소 감각이 떨어진다고 본 것이다. 민족주의는 자유주의적 정체성에 바탕을 둬야 정당화될 수 있다는 것이다. 이것은 타미르의 '자유주의적 민족주의'(Liberal Nationalism)와 의미를 같이 한다. 민족적 귀속감과 선에 대한 관념은 모두 개인의 자유의지에 의한 선택 문제이기 때문이다.

그렇지만 귀속감의 역할과 조건들은 다양하게 연관되어 상호 상승작용을 할 것이다. "시민들이 '귀속감'을 서로 가질 수만 있다면, 그들은 반드시 함께 정치적으로 참여하는 것에 대한 많은 가치를 부여할 것이다"라고 밀러(David Miller)[63]는 시민들이 소외감을 느끼지 않는 사회를 건설하는 데 함께 동참해야 한다고 주장했다. '귀속감'이 시민사회를 함께 형성해 가는 것에 대한 중요성을 고려한 문화적 다양성이 귀속감을 저해할 우려가 있을 경우 국가는 동조화 정책을 통해 시민들 스스로 귀속감을 느낄 수 있도록 충분한 조건을 제공할 수 있도록 해야 한다.[64] 개인에게 선택할 수 있는 동기를 부여할 수 있어야 한다.

현대 민족주의는 민족을 형성하는 다원적인 요소를 정치라는 메커니즘을 통하여 동일성을 이룬다. 이것은 한국사회에서도 뿌리내리고 있는 정치적 자유주의와의 결합을 통해 달성될 수 있는 것이다. 두 가지의 통합은 현실적으로 쉬운 일은 아니다. 한국사회에는 前정치적인 민족주의 관념이 전통적으로 여전히 강인한 힘을 발휘하고 있기 때문이다. 그러나 오늘날과 같이 다양화된 사회구조와 의식수준 등이 급변하는 상황에서는 자칫 신화적 이상의 의미를 갖기 힘들다. 새로운 상황은 자율적인 참여를 통하여 얻어지는 새로운 개체의 인식과 자각을 바탕으로 근대적 시민사회의 형성을 요구하고 있다.

더욱이 근대국가의 완성이라는 한국 민족주의의 역사적 과제인 통일을 생각하더라도 前정치적인 민족주의에 입각한 통일 문제의 접근은 현실적으로 전쟁밖에 생각할 수 없을 것이다. 전쟁의 비극을 피하기 위해 우리는 접근방식을 '정치'라는 것에서 찾을 수 있다. 정치를 통해서 목표를 추구할 때 비로소 통일에의 합리적인 토대를 쌓아갈 수 있을 것이다. 결국 다원성에 대한 확신과 관용에 의한 정치적 덕은 새로운 민족주의가 필요로 하는 정당성의 근거를 이룰 수 있다. 따라서 정치적

자유주의는 한국 민족주의를 위한 필연이었으며 합리적이고 조화로운 결합을 통한 내면화가 필요하다.[65]

2. 근대 국민국가의 완성

1) 통일, 체제의 통합

민족주의가 가지고 있는 근대 국민국가로서의 정치적 의미를 생각한다면 대북정책의 목표는 통일된 한반도의 근대 국민국가의 완성이다. 북한 지역까지 민주주의의 발전과 시민적 정치적 권리가 보장되고 근대화와 산업화를 통한 경제발전이 보장되어야 진정한 국민국가가 완성된다고 할 것이다. 결국 대북정책은 불필요한 갈등을 극복하고 북한의 경제발전과 민주화 즉 근대화된 민족주의를 목표로 추진되어 나가야 한다.

근대국가의 형태는 국민국가에 이르러 완성되었고 민족주의는 이러한 국민국가의 핵심 명분임은 명백하다. 민족은 나라로 뭉치는 것이 기준이며 또 나라는 그 구성원의 다양성을 떠나 국민으로 일체가 되어야 되며 따라서 나라의 성원은 국민이 라고 하는 점에서 평등하고 균일하다는 논리가 성립된다. 이 말은 개체의 자유와 평등의 논리가 제도화된 민족주의 정체성을 가진 국민국가가 성립되어야 한다는 것이다.[66]

한국 민족주의에 있어서 근대 국민국가의 완성이란 분단된 두 체제의 통합을 의미한다. 통일은 우선 갈라진 영토와 민족의 재통합을 의미한다. 통일은 평화를 전제한다. 민족의 동질성을 회복하고 민족적 단합을 다시 이루어 내며, 상실된 민족적 자주성의 회복을 의미한다. 분단이란 외세의 논리이기 때문이다. 통일이란 결국 자유민주주의 체제를 근간으로 구축되는 국토와 민족의 평화적 재통합을 의미한다. 따라서 자유민주주의와 평화를 동시에 그리고 가장 확실히 보장해줄 수 있는 통일 방안만이 모든 민족 구성원이 동의하고 수용할 수 있는 것임은 자명하다.

민족통일을 최대의 민족사적 과업으로 삼고 있는 우리 민족에게 민족주의는 결코 외면할 수 없는 이념이다. 따라서 통일된 '한반도 민족주의'는 자유민주주의 체제의 확립과 더불어 외세의 극복과 민족의 통일이라는 세계사적 과업임을 인식할 수 있다. 우리의 통일 민족주의는 자본주의와 사회주의라는 적대적 이데올로기를 평화적으로 통일 시킬 수 있는 역사적인 의미를 지니고 있다.[67]

한국 민족주의는 일제의 강점에 대응하면서 저항적 측면을 강하게 가지게 되었다. 저항적 측면이 강조되면서 '민족의 얼', '민족의 혼' 등과 같은 종족적인 면이 강조되고 시민적, 정치적인 면이 제대로 부각되지 못하는 결과를 초래했다. 이러한 부분이 독립운동에 기여한 바도 사실이지만 건국 이후 민족과 민족주의를 먼저 종족적 차원에서 이해하게 만드는 부정적 영향을 가져왔다는 점을 무시할 수 없다. 이렇게 민족주의를 종족적으로만 이해할 경우 그것이 가지고 있는 시민적, 정치적 민족주의의 의미는 상실되고, 근대적 의미의 자유와 권리와 같은 내용은 들어설 여지가 없게 되는 것이다. 여기서 '민족 공조론'이라든가 '우리민족끼리'라는 민족 이데올로기가 쉽게 스며들 수 있었다. 종족적 민족과 민족주의 개념이 사람들의 의식을 지배하고 있는 상황에서 통일 문제도 민족 문제로 쉽게 오해될 수밖에 없는 개연성을 가지고 있다.[68]

한국 민족주의에서 근대 국민국가의 완성이라는 목표인 통일은 민족의 지상과제다. 통일은 어느 누구의 문제도 아니다. 우리 민족에게 있어서 가장 중요한 문제임엔 틀림이 없다. 다만 그 통일을 풀어가는 핵심적인 사안이 남북한 사이에 존재하는 이질적 체제를 극복하고 동질체제로 만들어 내는 '체제통일'의 문제이다. 행여 무비판적으로 받아들여지는 단순한 '종족적 민족 문제'가 아닌 것이다. 서구 민족주의가 수용될 때 nation과 nationalism의 개념이 '민족'과 '민족주의'로 번역되면서 우리에겐 종족적 의미가 강조된 점도 있다. 민족과 민족주의가 가지고 있던 고유의 시민적, 정치적 의미가 다소 희석된 부분도 있지만 프랑스 혁명을 통해서 등장한 '민족'이라는 개념은 근대국가의 통치 주체인 '국민'으로서 개인의 자유와 평등과 민주주의적 요소를 내포하고 있다. 즉, 통일은 민족 문제가 아니라 이질적인 체제 통합의 문제인 것이다.[69]

남·북한을 통틀어 우리 민족 역시 우리 민족 고유의 입장과 과제와 목표를 지니고 있다. 남한과 북한은 낭만적이고 문화적인 민족 개념을 특성적으로 공유하고 있다. 남·북은 공히 기본적으로 저항 민족주의 속성을 함께 지닌다. 그러므로 남·북한 민족주의는 전통적으로 '안에서의 자유'에 대해 지극히 인색한 전통을 지녀왔다. 특히 북한의 민족주의는 '수령관'이나 당에 대한 충성을 일방적이고 획일적으로 요구한다는 면에서 민족 구성원의 내적 자율성 확보에는 남한과 비교할 수 없을 정도로 치명적인 손상을 미치고 있다. 남한 민족주의는 자유민주주의 체제를 바탕으로 민족 구성원 상호간 동질성 확보에는 대단히 등한한 편이다. 민족통일 및 민족자주 지향성 면에서 북한 민족주의는 남한에 비해 월등한 진취성을 과시하고 있다. 이런 측면에서 남·북한의 민족주의는 기존의 체제적 이질성을 극복함으로써 가장 중요한 한반도 통일이라는 중심축을 이뤄 결집해 나가야 한다.[70]

냉전 해체로 인해 자본주의가 전 지구적으로 확산되고 신자유주의적 정치이데올로기가 세계적 대세를 형성하면서, 민족국가 형태에도 중대한 변화가 운위되는 시기가 되었다. 지난 반세기 동안 남북은 전혀 다른 사회, 경제적 발전 경험을 가졌다는 점에서 낭만적 민족주의 관념으로 남북통일을 얘기하는 것은 많은 문제가 야기된다. 민족주의가 언제,

어디서나 통용될 수 있는 시공을 초월하는 단일 이념은 아니다. 따라서 우리에게 민족과 민족주의에 대한 보다 발전된 유형의 정치적 사유와 함께 변화된 상황과 조건에 걸 맞는 새로운 사회체제 통합의 정치논리가 필요한 것이다.

북한은 내부적으로는 우리 민족을 '김일성 민족'으로 왜곡하면서도 한국사회를 북한이 요구하는 대로 끌어들이기 위해서 선전용으로 민족을 자꾸 내세우고 있다. 북한이 말하는 소위 '민족 공조론'이었다. 민족 공조론은 세계화시대에 문을 걸어 잠그는 위정척사파 식의 시대착오적인 '민족 공멸론'에 불과하다. 남북기본합의서의 서문에 나와 있는 '특수관계'는 불분명하지만 분명 국가 대 국가의 관계로 보지 않는다는 것이다.

여기서 북한이 민족을 내세워 한국사회에 통일은 체제 문제가 아니라 민족 문제라는 식으로 밀어붙일 틈을 만들어 주었다. 김일성이 기본합의서를 채택할 때의 상황은 소련과 중국이 한국과의 외교 정상화에 나서고 공산권은 붕괴 일보 직전이었다. 그래서 다급한 나머지 이 기본합의서에 서명을 했지만 이후 북한은 비밀 핵 개발을 하면서 합의서를 헌신짝처럼 버렸다. 합의서 체결로 단지 북한의 핵 개발 시간만 벌어주는 결과를 초래한 것이다. 따라서 북한의 그릇된 민족논리에 현혹되지 않고 자유민주주의 체제와 시장경제 체제에 입각한 통일을 이루기 위해 새로운 방안이 모색되어야 한다.[71]

"북한의 민족 공조론에 대응하기 위해서는 성급하게 통일을 기대하지 말고 남북한이 정상적인 국가 대 국가의 관계에 의해 합리적으로 추진하는 방안이 바람직하다." 북한이 대남전략에서 중요한 무기로 활용하는 '민족'이라는 명분을 약화시킬 수 있는 다양한 방안들이 강구되어야 한다. 현 상태에서의 한미동맹과 대북 억지력을 통해 한반도 평화를 유지하면서 북한의 체제 변화를 유연하게 기다리며 통일이 체제 문제라는 인식의 확산을 위해 더욱 내부 공감대의 폭을 키워야 할 때이

다.72)

햇볕정책의 결과 6·15 공동선언에 명시된 '우리민족끼리'로부터 촉발된 '민족 공조론'과 '남남갈등'은 한국의 통일 역량을 보다 유기적이고 전략적으로 재결집하는 데 필요한 경험적 축적을 가져왔었다. 통일이라는 민족사적 과업은 이데올로기적 담론 투쟁의 수준을 넘어 "역량 배가"와 "환경 조성"이라는 보다 현실적이고 전략적 선택의 기반을 다져 실현가능성을 높일 수 있도록 해야 한다.73)

한국 민족주의는 단순히 통일에 대한 명분뿐만이 아니라 통일을 넘어서 우리 민족의 앞날을 설계하는 명분이 되어야 한다. 대한민국에게 있어서 민족주의는 단순한 현실적 목표 달성에 만족하는 것이 아니라 역사의 뒷바퀴에 그치지 않고 탈민족주의 시대를 내다보면서 스스로를 극복할 줄 아는 민족주의가 되어야 한다.74) 냉전의 해체로부터 자본주의의 지구적 확산과 신자유주의(neoliberalism) 이데올로기의 세계적 트렌드 형성, 그리고 민족국가 형태가 중대한 변화를 맞는 상황에서 우리는 기존의 민족주의적 관점만 가지고 남북통일을 전망할 수가 없다.

2) 통일의 조건

통일한국의 이념은 민족주의가 민주주의와 결합하는 형태가 되어야 한다. 하지만 북한이 내세우고 있는 민족주의는 주체 민족관으로서 개인의 자유와 평등 이념이 반영된 '인민주권' 개념과는 거리가 멀다. 북한의 민족은 단지 수령, 왕조체제에 대한 복종이 필요한 김일성 민족주의일 뿐이다. 주체 세습왕조를 위해 북한판 민족주의는 '우리민족끼리', '민족 공조'를 주창하며 대한민국 내에서도 반미·외세 동조세력을 확장하는 노력을 끊임없이 추구해왔다. 루소가 자유·평등·박애 사상을 근간으로 했던 민족주의가 북한의 왕조세습 지배세력의 체제 유지에 철저히 변용되고 동원되었다.

근대화시대 대부분의 나라들은 민족을 단위로 국가를 형성하고 산업화를 통해 경제발전을 이룩하지 않으면 도태될 수밖에 없었다. 한나라가 산업화가 되면 종래의 전통적인 사회구조를 변모시켜 엄청난 사회·경제적 변혁을 야기한다는 것은 잘 알려진 사실이다.[75] 이러한 구조적인 사회변동을 통해 근대화된 국가에는 정치적 의미를 갖는 시민사회가 성장한다. 민주주의는 시민사회의 성장과 함께 개인의 자유 와 평등이념의 수용을 통해 개인의 권리를 자각하면서 함께 성장한다. 결과적으로 민족주의와 민주주의의 결합력은 민족주의의 진척 정도를 가늠하게 된다.[76]

대한민국 수립 후 한국 민족주의에 대해 이승만, 박정희의 반공안보 논리에 입각한 '국가주의적 민족주의'가 시민사회 일각의 '자유주의적 민족주의'[77]와 대립하는 양상이었다고 보는 시각이 있었다. 민주화 이후부터 현재까지 자유민주주의적 민족주의 진영은 세계화 논리에 편승한 '신자유주의적 민족주의'(국민의 정부 및 참여정부)와 이에 대립하는 '민중민주적 또는 사회민주주의적 민족주의'로 분화했다.

두 입장이 핵심적으로 부딪치는 후자의 경우 '어떤 통일도 선일 수 있다'는 재야 통일운동의 관점을 반대하는 것에 대한 반발은 김일성이 주창한 '민족대단결'의 논리로부터 이어져온 '우리민족끼리', '민족 공조론'의 허구적인 주체민족이념에 매몰된 채 빠져나오지 못하고 있다는 방증이다. '어떤 통일도 선일 수 있다'는 통일 지상주의적 민족통일론은 '파스칼적 역설'을 불러올 수 있음을 자각해야 한다.

민주주의 없는 껍데기 민족주의로는 결코 통일을 논할 수 없는 것이다. 민족주의가 정치적으로 지배체제의 헤게모니 장악과 그것의 합리화를 위한 지배 이데올로기로 동원되어 왔던 역사를 완전히 청산해야 한다. 민족주의를 내세운 정치권력 지배 이데올로기의 관료주의적이고 비민주적인 행태의 합리화는 더 이상 용인되지 않는다.

한반도에서 가장 강력한 민족주의는 무엇일까? 단일민족 이데올로기이다. 같은 혈통을 유지하면서 오랫동안 한반도에 살아왔다는 근거를 제공해 주는 것이다. 하지만 자유민주주의에 근거한 남한 민족주의는 끊임없는 북한의 위협에 대한 적대감으로 그것을 타도의 대상으로 삼아왔다. 이러한 적대감은 기득권층의 의도에 의해 그들만의 민족주의를 만들어 내도록 하였다. 통치 지배 이데올로기를 정당화하는 수단으로 이용함으로써 건전한 민족주의의 이념과 목적이 왜곡된 부분이 있었다. 남한과 북한 양 체제의 민족주의적 변용은 지배체제를 유지시키기 위한 민중동원적 성격이 강했다. "다시 말해 남북한 민족주의는 본질적인 의미에서 민족주의와는 거리가 멀리 떨어져 있었다."[78] 하지만 산업화와 민주화를 이룩한 남한에서는 자유민주주의 체제가 확고히 뿌리를 내리면서 한국 민족주의의 목표를 찾아가고 있지만 북한은 민족도 없고 민주주의도 없는 북한판 민족주의의 변술 속에 건전한 민족주의의 모습을 찾지 못하고 있다.

대한민국은 건국과 함께 분단이 되었고 6 · 25 전쟁으로 그 분단이 더욱 고착화됨으로써 통일된 근대국가의 건설은 여전히 미완의 과제로 남아 있다. 즉, '통일'은 대한민국 건국 혁명과 한국 민족주의의 마지막 남은 역사적인 과제라고 할 수 있다. 대한민국의 건국이 '체제 선택'의 문제였다면, 6 · 25 전쟁은 북한의 체제 도전에 대한 체제 수호의 문제였고, 이제 남은 과제인 '통일'의 조건은 '체제 통일'의 문제라는 점을 인식하는 것이 무엇보다 중요한 일이다.[79]

남북한 두 체제는 변화된 현실 여건에도 불구하고 통일을 당위적 과제로 삼고 있다. 다만 쌍방은 모두 자국 체제원리에 입각하여 통일을 성취하겠다는 정치적 목표를 견지하고 있다. 민족통일은 이중적 레토릭에 불과하다. 레토릭을 넘어 성취를 위한 노력이 아닌 평행선만을 걸어가고 있다. 물론 체제원리에 입각한 통일을 성취하기 위해서는 민족 사회 형성의 바탕이 되는 문화적 동질성의 복원 문제를 도외시할 수는 없다. 하지만 그것은 하나의 보조수단일 뿐 전부가 될 수는 없다. 통일 국가 형성을 위한 체제적 접근을 위해 정치적 과제들을 도출해 내야 한 다. 이는 남과 북이 오랫동안 완전히 단절된 상태에서 서로 다른 방향 에서 체제 건설을 추진해 왔기 때문에 남북한 주민들은 서로 이질적인 개념을 가질 수밖에 없는 상태이며 자국 체제의 원리에 중점을 둘 수밖 에 없는 현실적인 벽을 넘어서야 하는 것이다.

역사적 현실이 지속적으로 바뀌면서 이질화된 문화적 동질성의 복원 문제에 대한 전향적인 접근과 노력도 병행되어야 함은 물론이다. 이를 위해서는 북한의 폐쇄성 민족주의인 주체 민족관이 개방적 민족주의로 전환될 수 있도록 민족현실을 이데올로기적 왜곡으로 증폭시켜 온 정치 적 관점들에 대한 해소를 위해 순차적인 노력이 추진되어야 할 것이다.

남북한 간 체제적 이질화의 과정을 거쳐 사회가 변화 발전해 온 결과 를 놓고 보면 독일에서처럼 서독에 의한 동독의 흡수통일이 아닌 남북 한 합의에 의한 단일국가 형성을 목표로 하는 통일은 쉽지 않을 것이라 는 딜레마가 있을 수 있다. "독일 통일은 '민주적 민중(demos)'에 의한 것이라기보다 '혈연에 기초한 종족(ethonos)' 원리가 우선했기 때문에 사실상 '서독의 마르크 제국주의(D-Mark Internationalismus)'에 의한 서독 의 동독 합병으로 귀결되었다"라고 하버마스는 평가[80]한 바 있다. 하지 만 1990년 독일 통일은 명목상 양 독 정부와 국민이 합의한 사실상의 국가 간 조약에 의한 통합이었다. 물론 합의 통일은 서독 정부와 국민 이 유도한 것이었다. 철저한 상호주의와 검증주의에 입각한 신뢰 구축 과정을 통해 정치적 접근이 아닌 정책적 접근으로 안보 문제와 통일 문 제를 엄격히 구분하여 대처한 결과였다는 점을 철저한 교훈으로 삼아 야 할 것이다.[81]

어쨌든 한국 민족주의가 근대 국민국가의 완성이라는 '통일'을 이루기 위한 절대적인 조건은 민족주의가 민주주의와 결합한 형태의 체제 통일이 되어야 한다. 그것은 단순한 체제의 차원을 넘어 개인의 자유와 평등의 인간존중의 기본적인 권리에 대한 개념 즉 '주권재민' 사상이 살아 있는 진정한 민족주의를 근간으로 해야 하기 때문이다. 체제의 통합도 상부구조의 표피적인 단순한 기계적 통합이 되어서는 안 된다. 민족 동질성 회복 과정을 통한 내면적 통합이 이루어져야 한다. 그리고 여기에서 대한민국이 자유민주주의의 내면화를 통해 남북 간의 신뢰 구축과 민족 정체성에 대한 동일 귀속감의 공감대를 이끌어 나갈 수 있도록 앞장서야 한다. 자유민주주의 곧 시민 민족주의(civic nationalism)의 내면화는 곧 대한민국 정체성의 강화이며 통일바구니를 더욱 크게 만들 수 있는 것이다.

통일이 단순한 열정만으로 이뤄질 수 없음을 냉정하게 관리하면서 남북 간의 공통된 민족 정체성의 귀속감을 크게 향상시켜 나가야 한다. 한편으론 독일식 흡수통일, 예멘식 내전통일, 베트남식 적화통일의 교훈 등을 깊이 새겨야 할 것이며 "양웅은 절대로 양립할 수 없다(兩雄不俱立)"는 경구를 명심해야 할 것이다.[82]

제3절 공화적 애국주의

1. 공화주의와 애국주의

앞에서 살펴본 바와 같이 한국 민족주의의 패러다임은 산업화와 민주화를 거치면서 어느 정도 시민 민족주의로 발전했지만 다분히 종족적이며 폐쇄적이었다. 더구나 북한 민족주의는 주체 민족관에 입각한 민족 없는 변용된 사이비 민족주의를 벗어나지 못했음을 알 수 있었다. 거기에서 민족·민족주의와 관련된 수많은 갈등과 불협화를 양산해 왔음을 인식할 때 분단체제의 특수한 상황을 극복하면서 새로운 통합이념으로서의 민족주의 논리가 필요한 시점이다.

다문화 가정을 함께 받아들이면서 '열린 민족주의'에 대한 논의나 '시민 민족주의'에 대한 담론 역시 새로운 변화에 대한 바람으로 인식한다. 그러나 2013년 5월 워싱턴포스트(WP)의 '세계가치관조사(WVS)'에서 한국인의 인종차별이 중국·일본보다 심한 것으로 파악되었다.[83] 한국인 36.4%가 "다른 인종이 싫다"고 한 것이다. 이처럼 강한 종족적 민족 정체성을 가진 상태에서 갑자기 '열린' 민족으로서의 정체성을 갖기는 쉽지 않을 것이다. 한국 민족주의는 다문화주의를 받아들여 국민통합과 경쟁우위의 수단으로 선진화를 이룬 싱가포르의 경우84)를 타산지석으로 삼아야 할 것이다. 또한 '민족 정체성'은 개인 권리에 대한 존중에서 출발한 자유민주주의의 가치 실현을 위해서 중요한 요소로서 종족적 혈통의 관점이 아니라 개인의 평등을 보장하는 사회정의 차원에서 접근해야 한다.

민족 정체성을 공유함으로써 발생하는 '귀속감'(a sense of belonging)은 자유주의적 가치의 현실화에 가장 중요한 역할을 하게 된다. 밀(John Stuart Mill)은 "민족 정체성은 정부의 안정성, 통합성, 자유주의적 제도의 질서 등을 이룩하기 위해 반드시 필요한 것"이라고 역설한 바 있다.85) 정치적 견해의 통합을 위해서 민족 정체성의 공유를 통한 '귀속감'의 형성이 꼭 필요함을 강조한 것이다.86) 자유주의적 제도들이 유지되기 위해서도 공동체 구성원 상호 간 귀속감(동료애)은 매우 중요하다. 귀속감을 가진 시민들이 그러한 제도들의 시행에 동조(identify)한다면 귀속감은 정치체제에 대한 애정 즉 애국심의 기초를 제공하게 된다.87)

민족주의의 일반적 속성으로 볼 수 있는 '집단에의 소속감'이라는 관점에서 귀속감이나 애국심은 '감정에 대한 호소'라는 공통점을 가지고 있다. 이 '감정적 속성'은 일제강점기의 '애국주의'88)와 대체할 수 있고 임시정부 이후 대한민국의 정체성으로 '공화주의'를 채택했음을 종합하면 애국주의와 공화주의는 한국 민족주의가 지향해야 할 현실적 대안임을 알 수 있다.

애국주의는 근대 민족국가의 통합이념으로 생각되어 왔고 민족주의와도 그 맥락을 같이하는 것으로 이해된다. 애국주의는 "조국에 대한 사랑과 같은 것으로 조국의 안녕과 동포에 대한 특별한 관심을 강조하는 것"으로 정의된다.89) 즉 애국주의는 감정에 대한 호소를 통해서 정치공동체에 속한 시민들의 내적 통합을 이끌어 내는 인위적 감정이라

고 할 수 있다.[90]

프랑스의 고전사회학자 에밀 뒤르켐은 애국주의를 "개인을 특정한 국가에 묶어주는 관념과 느낌의 모든 것이다"[91]라고 하여 개인이 자발적으로 국가에 대한 도덕적 의무감을 갖게 되는 포괄적 이성과 감정체계로 보았다. 즉 뒤르켐의 애국주의는 시민적 애국주의로서 국가의 목적인 공동선의 구현과 개인의 자유의지의 실현을 위한 실천적 이념으로 인식한다. 여기서 시민은 자신들의 국가를 이상적인 공동체로 만들기 위해 노력하게 된다는 것이다.[92]

이러한 공동체에 대한 애국주의는 국가에 대한 귀속감과 일체감 같은 감정적 요소로서 '감정'은 자칫 전체주의나 유기체적 국가주의로 변질될 우려도 있고 자유주의 국가의 이념이 될 수도 있다.[93] 하지만 애국주의 감정은 민족주의와 달리 정치적 실천과 교육을 통해 충성의 감정을 생산해 내는 인위적인 성격을 가지고 있다. 프랑스와 미국 국민의 애국주의는 혁명 경험을 통해 국가의 존재 근거를 인권의 보장과 개인의 자유와 평등이라는 보편적 민주주의 가치 실현에 두었다.

루소는 "국가가 법률에 의해서 통치되기만 하면 그런 국가는 모두 다 공화국이다"[94]라고 하여 공화국의 조건을 법치에 두었다. 공화국은 입헌적 자유와 법치를 기반으로 개인들이 공공선을 실현할 토대를 마련해 주는 진정한 조국이라고 선언한 것이다. 그것은 공화주의가 현실화되는 것이다. 곧 공화주의는 민족이 민족 '됨'을 이루게 하여 민족주의를 전유할 수 있게 된다.[95] 따라서 공화주의의 원리는 개인의 보편적 가치 실현에 기반을 둔 애국주의의 전제 조건으로서 '공화적 애국주의'는 공화주의와 애국주의의 단순한 혼합물이 아니라 민족주의를 전유할 수 있는 실천적 실체이다.

비롤리는 시민 민족주의와 구별하여 공화적 애국주의를 "자신의 역사와 문화를 가진 특정 공화국의 법, 정치체제, 생활방식에 충성하는 것"96)이라고 하였다. 비롤리의 충성을 위한 인위적 노력의 하나는 토크빌이 『미국의 민주주의』에서 언급한 실천적 '자치의 전통'이고 다른 하나는 기념의례, 기념물 등과 같이 시민들 삶의 감정에 '애국적 기억'의 행위를 끊임없이 불어넣는 것이다.

한국 민족주의에서 자치의 경험은 해방 이후 건국으로부터 민주화의 달성과 더불어 추구되었다. 1980년대 민주화운동 과정의 "애국학생"의 논리는 비롤리가 개념화한 공화적 애국주의와 그 개념이 일치하는 것이다. 애국주의는 민족애라는 감정의 속성을 공화국에 대한 인위적인 충성으로 전환시키는 데 필요한 것이고 공화주의는 시민적 덕성과 법치를 지향하는 정치체제로서 민족주의를 전유하는 데 필요하니 비롤리가 개념화한 공화적 애국주의는 기존 민족주의가 수용했던 통합과 진보의 기능을 대체할 수 있을 것이다.

즉 공화적 애국주의는 역사적·현실적 공동체로서 개인의 자유의지를 실현시켜 나가면서 국가적 공공선과 도덕성에 입각하여 제반 사회적 갈등을 해결하는 도덕적 원리와 토론의 기반을 제공하게 된다. 공화주의적 애국은 국가 스스로가 강한 도덕적 권위를 가질 때 생성될 수 있다.97) 그것이 한국 민족주의가 지향해야 할 민족적 정신이자 이념으로 정착화 되어야 한다.

2. 애국적 동조화

귀속감은 정부의 제도와 그 시행에 대한 애정, 즉 애국심에 대한 기초를 제공한다고 하였다. 민족 정체성의 공유를 통해서 생성된 귀속감은 도덕적 권위를 가진 공화국이 공공의 선을 지향하는 정책들을 온 힘을 다해 지지하고 실천하려 할 것이다. 귀속감은 한국 민족주의가 가지고 있는 고유의 대외적 배타성과 종족·문화적 한계를 극복할 수 있는 공화적 애국주의에서도 필수적인 요소이다. 시민 덕성과 법치를 바탕으로 한 공화주의와 민족애라는 자연스런 감정의 속성을 인위적 충성으로 이끄는 애국주의의 통합된 감정이 귀속감(a sense of belonging together)이라고 보기 때문이다.

따라서 귀속감의 형성과 확산은 '애국적 동조화'(patriotic identification)에 기여할 것이다. 애국적 동조화는 자유, 정의, 민주주의와 같은 가치들에 대한 공유의식을 통해 국가체제 제도들에 대한 헌신을 유발한다. 공화주의 이론가들은 자유민주주의 정부들이 '애국적 동조화'에 의해 그 정치공동체가 유지된다는 점을 강조하고 있다.[98] 국가의 근간은 국민이며 국민은 선택적 가치관에 의해 인위적인 감정을 충성으로 전환할 수 있다. 귀속감의 형성과 애국주의로의 동조화는 국가공동체의 발전에 가장 큰 동력이 될 수 있는 것이다.

19세기 초 독일은 철학자 피히테가 "독일이 망한 것은 군대가 약해서가 아니라 국민의 영혼이 썩었기 때문이다. 혼(魂)을 길러야 한다"[99]고 주장하면서 국력을 결집시켰고, 베를린까지 함락당하는 패전의 위기를 최후의 승리로 이끌 수 있었다. 피히테는 자기반성과 교육의 관점에서 인간은 현재보다 미래가 더 좋아지기를 희망하고 바란다고 하였다. 즉, 정신은 진보를 지향한다. 민족 또한 개인과 다를 바 없다. 세계사 속에서 살아남으려면 현재를 통절하게 반성하면서 보다 더 좋은 미래를 찾고 설계하고 교육하고 실천해야 함[100]을 역설하는 것이다.

피히테 및 헤겔과 마찬가지로 칸트도 역사는 자유의지의 진보라고 보았고 진보는 정신의 도야와 교육의 원인이며 결과였다. 헤겔은 역사에 있어서 다루어야 할 정신을 민족정신이라고 했다. 자유와 평등은 개인의 삶을 결정하는 실천적 역사 이성의 클라이맥스다. 사회적 인간으로서 역사 진행 과정에 민족과 민족정신은 그 역사를 이끌어가는 견인 차이는 분명하다. 여기서 민족과 민족정신은 민족주의의 개념적 실체로서 민족과 민족정신은 시대의 본성이며 역사의 주체라는 것을 분명히 하고 있다.[101] "역사에 있어 정신은 보편적 본성을 가진 어떤 개인이지만, 동시에 어떤 규정된 개인, 즉 민족 일반이다. 우리가 다루어야 하는 정신은 민족정신이다."[102] 역사정신 즉 민족정신은 구체적이고 실제적이며 객관화된 정신이다.

오늘날 민족주의의 종족적 정체성과 공동체 구성, 그리고 그 내면적 통일성에 대한 이론적 토대는 헤겔의 민족정신론에 기반한 것이다. 스미스는 민족의 자율성과 민족 통합, 그리고 민족 정체성을 민족의 목표라 규정하여 여기서 민족 이데올로기가 생겨나고, 민족주의가 뿌리를 내린다고 강조하지만[103] 이 셋은 민족의 목표가 아니라 헤겔 민족정신의 개념적 본질이다.

민족정신 중 민족 자율성은 구성원 개개인의 자율적 권리로부터 출발한다. 개인의 권리도 타인들의 사회적 인정을 전제로 하기 때문이다. 개인의 자유가 사회적 자율과 법적·제도적 자율로 고양될 때, 비로소 개인은 민족으로, 민족은 국가로 발전할 수 있다. 자율권이 사라지면 민족도 국가도 세계사에서 모두 사라진다. 자율적 주권을 수호하기 위해서는 거주하는 영토가 있어야 하고 그 사수가 필수적이다. 헤겔은 민족 자율성이라는 대외 주권 수호의 가장 원초적 형태를 국토 수호라고 강조한다. 따라서 헤겔에게 진정한 의미의 민족은 예외 없이 대내·외적 자율성을 가진 법적·정치적 국가이다. 헤겔에서 국가와 민족은 같은 의미이지만 정부는 국가 또는 민족에게 강제적으로 주어지거나 국가나 민족이 스스로 채택한 정치적 통치 형태를 의미한다.[104]

민족은 오랫동안 함께 생활하면서 동일한 집단의식과 공통된 민족 정체성을 형성하고 외부의 자극과 도전에 함께 반응하면서 동일 상징체계를 만들어낼 뿐 아니라 사회적 문제를 함께 공유하며 그 해결 및 결과에 대해 같은 생각을 하게 된다. 이 동일의식과 감정으로 이뤄진 집단정신은 전체를 민족 동일성으로 묶어주는 데 있어서 '귀속감'처럼 동일한 기여를 할 수 있을 것이다. 귀속감은 민족정신의 본질인 민족의 자율성·통합성·정체성을 하나로 엮어 나가는 데도 중요한 역할을 할 수 있을 것이다. 즉 개개인의 자율적 권리로부터 출발한 민족정신은 귀속감과 더불어 '애국적 동조화'(patriotic identification)를 위해 필수적인 요소가 될 것으로 생각한다.

3. 공존적 국제주의와 열린 민족주의

1989년 부시-고르바초프의 냉전종식 선언으로 국민국가와 세계정치의 구조적인 변경이 시작되었다. 세계화와 함께 베스트팔렌 체제, 즉 영토와 국민, 주권을 가진 국가체제의 질적인 변화가 가시화되면서 새로운 '지역주의'가 촉진되었다. 동아시아에서도 영토, 과거사 등으로 엮여지는 민족주의가 새로이 대두되었다. 지역 내의 한·중·일 민족주의는 지역적 차원을 넘어 내적 분출과 외적인 마찰의 패턴을 나타내고 있다. 이들 국가의 "신민족주의 이데올로기"는 신국가주의라는 측면으로 평가되고 민족주의적 정치화의 패턴으로 규명되고 있다.105) 한·중·일 국가성의 변화와 함께 활성화되는 한국의 자주 이데올로기와 중국의 대국중화주의, 일본의 신국가주의적 군사국가화 등의 신민족주의 이데올로기 흐름이 있다. 이들은 국가주의적 근·현대사의 반성을 토대로 공존적 '열린 민족주의'로 나아갈 수 있도록 '지역화' 패러다임의 가능성을 모색한다.

사회적, 정치적, 경제적 활동이 국경을 넘어 확장되면서 세계 어느 한 지역의 사건이나 결정적 활동이 먼 지역의 개인과 공동체까지 심대한 영향을 미치게 되는 세계화는 국경 간 연결이 그저 불규칙적이거나 무작위로 이루어지는 것이 아니라 규칙적으로 이루어짐으로써 사회·국가를 초월한 상호연결성과 상호작용성이 강화되거나 증대하게 된다.[106]

세계화는 국민국가에 대한 해체 압력을 구사하기도 하지만 세계화의 추세에 맞서기 위한 '재국민화', '재민족화'의 노력을 촉발하기도 한다. 특히 동아시아에서는 전 지구적 탈냉전 질서가 민족주의를 완화시키기보다는 더욱 재활성화시키는 작용을 하고 있다. 동아시아에서 고유의 민족주의가 재활성화되는 신민족주의 경향은 세계화 자체에 대한 도전과 방어의 차원보다는 냉전체제 종식이라는 국제질서의 변화에 적응하는 측면이 강하다.[107]

한편 패권을 추구하는 미국, 다극화 전략의 '대국굴기' 중화 민족주의 중국, 국가주의적 군사국가화를 지향하는 일본, 그리고 러시아의 재등장이라는 동북아의 새로운 세력 경쟁 판도는 남·북한과 양안관계 등 역내의 분단 문제, 센카쿠 열도를 비롯한 영토 분쟁, 과거사 문제를 비롯한 역내 국가들 간 민족 감정의 대립과 마찰 등의 새로운 민족 이데올로기 분출로 지속적인 국가주의적 대립을 예고하고 있다.

세계화(globalization)[108] 구호는 특히 경제적이고 과학적인 면에서 세계적 차원의 상호의존성이 증대해가는 현실에 적극적으로 적응해야 가야 한다는 것이다. '세계화' 이데올로기로 인해 민족주의는 국제주의를 방어해야 하는 형국이다. 세계화는 세계 동포주의적 화합과 협력이 아니라 민족적 경쟁력 강화에 토대를 둔 경쟁과 세계제패 의지의 정치적 표현이다. 자본주의로 거의 단일화 되어버린 세계화 시대는 민족주의의 조용한 종언이 아니라 오히려 민족주의의 떠들썩한 경쟁적 부활을 예고하고 있다.

자본주의의 국제적 팽창과 더불어 세계적으로 공유되는 문화가 창출되고 그에 따라 개별 민족의 특수성과 폐쇄성이 점차 용해되어가는 것은 분명하다. 그러나 유럽공동체 등 민족적 한계를 극복하고자 시도하는 여러 운동들이 전개되는 이면에는 자체의 민족국가를 건설하기 위해 저항하고 투쟁하는 소수민족의 분리주의적 민족운동 또한 공존하고 있다.[109)

이 같은 상황에서 한국 민족주의는 오히려 세계화 시대의 요청에 보다 현명하게 대처하기 위해 한발 앞선 체제 정비가 요구된다. 한국 민족주의의 최대 과업인 체제 통합을 통한 근대 국민국가의 완성이라는 문제도 정략적으로 이용당하지 않도록 해야 한다. 한국 민족주의는 통일 노정을 보다 적극적으로 개척해나가기 위해서 민족 구성원 상호간의 동질성 확장에 더욱 주력하면서 다민족 다문화 시대를 열어가야 하는 당면 과제를 동시에 짊어지고 있다. 배타성과 폐쇄성을 넘어서 공통된 민족 정체성의 형성과 확장에 대한 공감대 확산이 필요하다.

한국 민족주의는 국가중심적 성격과 문화종족적 성격으로 세계화 상황에서 국내외적인 시민권 확대라는 도전을 받고 있다.[110) 사회적 양극화와 함께 외국인 주민 176만 명(주민등록 인구의 3.4%, 2017.11.15 행정자치부) 시대의 다양한 국적과 문화적 배경을 가진 구성원들이 등장한 것이다. 세계화는 이러한 다문화를 촉진시키면서 사회적 양극화에도 다양한 이해관계를 만들어 단순한 집단적 정체성만으로 다층적 갈등을 치유하기에는 구조적인 어려움이 생겼다. 다층적이고 다양한 이해관계의 갈등을 해결하기 위해서는 민족주의를 넘어서는 새로운 형태의 시민권과 선거권에 대한 새로운 논의가 필요하다. 개인과 다양한 사회집단들의 비대칭적 갈등 해소를 위한 공론의 장이 필요한 것이다. 이것은 비대칭 관계를 만들어 온 국가 대 개인의 관계를 새롭게 설정할 수 있는 토대를 제공해 줄 수 있기 때문이다.

민족주의 이데올로기는 특정 국가의 존재를 정당화하기 위한 중요한 수단으로 사용되었다. 민족주의는 민족(nation)=국민(people)이라는 민주주의 원칙과 민족자결이라는 주권에 대한 요구, 그리고 정체성을 하나로 묶어 주었다. 최근 세계화 과정에서 세계 정치질서의 기반으로서 민족국가는 새로운 도전에 직면해 있다. 국가주의적 민족주의는 당연히 위기에 빠진 민족국가를 지키기 위해 민족을 동원할 것이다. 민족국가는 국제, 초국적(transnational), 전 세계적 네트워크 속에서 더욱 중요한 제도임은 분명하다. 민족주의는 주권적 민족국가로의 독립이 아니라 권력 이양 또는 문화적 승인 등을 목표로 하는 민족주의로 변화할 수도 있을 것이다. 다양한 사회집단의 비대칭적 갈등 속에서도 세계화는 민족국가의 주권을 파괴하기보다는 이를 변화시킨다. 이런 과정에서 배타적이고 편협한 민족주의는 그 자리를 차지하기 힘들어질 것이다.[111]

"기억의 공동체"가 "민족의식"을 결정하는 요소라고 한 베버[112]의 생각처럼 그렇게 형성된 민족 정체성은 내면의 깊은 정서로 남아 양보할 수 없는 독점과 배타성을 가지게 된다. 이러한 민족의 의식세계는 혈통을 달리하는 종족을 쉽게 포용하고 받아들일 수 없을 것이다. 범세계화 상황에서 그것은 인간의 보편적 존엄성에 어긋난다고 볼 수 있다. 범세계 공동체는 종족 배경과 상관없이 모두 공평하고 정당한 대우를 받아야 하기 때문이다. 동등하게 의사결정에 참여하고 시민 된 권리와 책임을 나눠야 하는 것이다. 다문화사회를 표방하면서 다른 문화와 전통을 수용하고 정치공동체 내의 같은 시민으로서의 권리가 보장되어야 함은 당연한 일이다.

범세계화 상황 앞에 역사적 수난과 함께 지켜온 '민족'은 다민족 다문화의 현실을 받아들이고 '열린 민족주의'의 '공통된 민족 정체성'으로 거듭날 수 있어야 한다. 그것은 벤하비브의 말처럼 "타자의 타자됨"을 인정할 수 있는 능력[113]을 키우는 데서 비롯된다고 하겠다. 살색과 혈통은 달라도 함께 어울려 같은 시민으로서 '공동선'을 구현하기 위해 '공통된 민족 정체성' 안에서 귀속감을 느끼고 공동체에 대한 애국적 동조화가 이뤄질 수 있도록 해야 한다. 곧 '열린 민족주의'의 공통된 민족 정체성으로부터 귀속감을 형성하고 동일한 시민으로서의 자유와 권리가 평등하게 보장되는 공화주의적 애국주의에 귀착될 수 있어야 한다. 공화적 애국주의는 강력하고 효율적으로 기능하는 국가성 회복에 기여한다.

막스 베버는 국가를 "주어진 영토 안에서 합법적이고 독점적으로 물리력을 사용할 수 있도록 권리를 인정하는 인간 공동체"라고 정의하여 국가성의 본질을 강제적인 것으로 보았다. 즉 미국과 같은 나라는 법과 원칙에 따라 국가권력의 행사를 집행하는 능력 면에서 매우 강력한 국가라 할 수 있다. 프랜시스 후쿠야마는 "합법성이 없는 국가는 강한 국가가 될 수 없다"라고 하면서 1990년대 한국의 "예"를 들며 정권의 정통성이 민주주의 그 자체에서 나오기 때문에 합법성의 유일한 원천은 민주주의뿐임을 강조하였다.[114] 공화적 애국주의와 열린 민족주의도 자유민주주의에 뿌리를 두고 있다. 따라서 열린 민족주의는 자유민주주의의 기반 위에 다원화된 사회의 협력적 결집을 통해 국가만 할 수 있고 국가만 해야 하는 것을 국가가 할 수 있도록 힘을 모아 줌으로써 세계화시대 '강한 국가'로서 국제적으로도 세계 질서 유지에 공존적으로 기여할 수 있을 것이다.

제6장

결 론 :

시민적 민족주의의 내실화

마키아벨리는 사회적 갈등을 정치적 행위의 본질로 파악하고 있다. 마키아벨리에게 있어 정치적 행위는 운동, 투쟁, 역동적이고 폭력적인 변화로 특징 지워진다. 여기서 '갈등'은 안정된 정치제도 하에서 이익이 되는 결과를 산출하는 것으로 파악했다. 쉽게 말해서 사회적 마찰과 갈등을 긍정적으로 보았다. 하지만 오늘날 대한민국은 연간 갈등의 사회적 비용을 그냥 지나칠 수 없는 수준이다. 한국 민족주의가 한국 근현대정치사의 중심에서 태동하고 발전해 왔던 것을 생각하면 한국 민족주의가 현대정치사적 발전과 갈등의 본질적인 문제와 가장 깊이 연계되어 있다는 것을 알 수 있다.

한국 민족주의에는 3가지 혁명이 있다. 첫째, 세습왕조 체제에서 시민적 합의로 정치권력을 만들어 낸 자유민주주의 체제 공화정으로의 변화를 이끌어낸 '건국 혁명'이 있었고, 둘째, 지구상 최빈국을 벗어나기 위해 '잘살아 보세'를 외쳤던 '산업화 혁명'을 이룩했으며, 셋째, 이제 통일이라는 미완의 '자유주의통일 혁명'을 통한 근대 민족국가의 완성, 즉 마지막 목표를 남겨두고 있다. 이렇듯 한국 민족주의는 3가지 혁명 과정을 통해 개인(개체)의 자유를 중시하는 서양의 이념적 가치에 대해 인식하면서 세계관이 싹트게 되었다. 또한 우리 사회는 근본적으로 신분적 불평등사회였던 유교사회에서 개인의 자유와 평등에 대한 국제정치적 흐름과 개인적 평등이 제도적·이념적으로 들어오고 농경사회가 산업사회로 변화되었다.

여기서 사회의 다원화와 함께 적자생존 의식이 강해지고 '아(我)와 비아(非我)와의 투쟁(鬪爭)'이라는 논리가 진보의 투쟁논리로 무장하게 되었다. 여기에는 민족이 가진 문화적 세계에서 민족정신(volks geist)을 찾아낸 '정치적 낭만주의'가 함께하고 있었다. 신채호는 외세에 대응하는 개념으로 출발하였지만 모든 적에 대한 비아(非我)의 투쟁의식은 오늘날 지배세력에 대한 투쟁의 중심 사상으로 자리 잡았던 것이다.

한국 민족주의는 해방 후 건국에 이르는 기간 냉전체제와 국내 정치 세력들 간의 권력투쟁으로 혼란이 극에 달했던 시기에 자유민주주의 원칙 아래 국민이 주권자가 된 민주공화국이라는 정치체제를 선택함으로써 근대국가 체제의 기반을 구축할 수 있었다. 황폐화된 나라의 산업화 초기 발전을 위해 '국가 주도'로 이행할 수밖에 없었던 불가피성도 있었다. 건국 초기 인적 자원이 턱없이 부족했던 시기 척박했던 토양 위에 근대화의 길을 걸었다. 이승만 정권부터 전두환 정권에 이르기까지 전개된 이른바 탈권위주의 민주화 과정은 민족적 완결성과 민주주의에 바탕을 둔 근대국가 수립을 위한 노력을 통해 역사적 · 정치적 특수성 위에서 전개되었고 다양한 이념적 갈등의 분기 속에서 전진과 후퇴를 거듭한 한국 민족주의 발전의 결과물이라 할 수 있다. 이승만 대통령으로부터 출발한 '시민사회(civil society)'의 생성은 한국 민족주의가 수많은 반정부 세력의 준동에도 불구하고 정부 전복이 이뤄지지 않고 발전을 거듭해 올 수 있었던 원동력이 되었음은 부인할 수 없다.

한국 민족주의는 제국주의의 침략과 강점이라는 국가적 위기를 극복하기 위해 민족이 결집하는 과정의 저항 담론으로 생성 · 확산되었다. 이때의 한국 민족주의는 서구처럼 자유민주주의 체제의 합리성과 자유주의적 개방성 그리고 다원적 요소가 형성된 완성된 민족주의가 아니었음을 알고 있다. 일본 제국주의에 대한 저항을 목표로 한 집단주의와 권위주의, 그리고 국가주의적 요소가 내재된 저항 민족주의였기 때문에 이것은 이후 국가주의적 정치 이데올로기로 오용될 위험성을 지니고 있었다.

우리의 역사적 여건은 단일민족으로서의 민족적 유대감을 바탕으로 유기체적 일체감을 견지해 왔고 문화사적 연속성을 가지고 있었다. 한국의 공동체 의식은 남달리 튼튼하여 어떤 의미에서는 정치 · 경제적 게젤샤프트적인 그것보다 훨씬 견고하다는 특성이 있다. 우리의 민족 개념은 언어·문화의 공통성과 역사적 운명의 공통성에 기초한 자연적 결합이었다는 점에서 루소적인 민족(nation) 요소의 결여는 다시금 채워야할 목표가 된다. 국혼(國魂) 중심의 동원형 한국 민족주의는 소수의 민족적 영웅사관을 만들고 비분강개형의 우국지사형을 정립하였다. 게젤샤프트적인 국가 관념보다는 영웅주의에 입각한 낭만적 문화민족 관념이 먼저 자리를 잡았던 것이다.

한국 민족주의의 '민족' 개념은 '민중' 개념으로 변신하였다. 그와 같은 이념적 과제는 신채호의 아나키즘(anarchism)적 논리를 바탕으로 민중 개념이 정립되고 민중을 주체로 하는 혁명적 민족주의 이념을 표명한다. '민중의 직접 혁명' 사상에 의해 국민이 역사의 객체에서 주체로 승격하게 된다. 개인이 주체가 아니라 집단 민중이 주체가 됨으로써 한국 민족주의가 유기체적인 집단 이념의 낭만적 민족주의에 의한 갈등과 혼란의 가운데 서게 되었다.

한국 민족주의의 사상세계를 지배하고 있었던 제반 개념들을 저항·자주·근대화로 요약하였다. 저항이라고 하지만 보수와 진보의 갈등이 있고, 자주라고 하지만 개방과 폐쇄가 있고, 근대화라 하지만 신화와 이성이 야합하고 있어서 생각보다 그것을 가려내기가 쉽진 않았다. 저항·자주·근대화를 주축으로 하는 한국의 현대 정치사상은 혁명기라 불릴 수 있고 또 집약된 민족주의로 표현되었다. 그것은 저항적 낭만민족주의의 모습이었다.

한국 민족주의의 양면성은 한국 민족주의에 내포된 이중적 속성, 즉 대외적 저항성과 대내적 민주성에 의한다. 오늘날의 민족주의는 부드러운 문화적 형태로나 강한 국가권력 형태로나 위험한 이중적 성격을 띠고 있다. 한국 민족주의의 내재적 이중성은 분단체제의 극복을 달성하고 자주적인 근대 시민 민족국가를 완성해야 하는 이중적 과제를 안고 있다. 한국 민족주의에 내재하고 있던 전통과 근대, 개화와 수구적인 이중적 양면성과는 달리 한반도 통일의 목표 가치로서의 민족성의 원칙과 남북 분단의 2체제로 분립된 국가성의 현실을 고려한 한국 민족주의의 상황의 이중성은 차원이 다른 문제가 되었다.

6·15 남북정상회담의 민족 우선주의는 국가성을 적잖이 훼손했다. 위협의 실체인 주적(主敵) 개념을 없애려고 한 점이나 연평해전 등에서 정부의 무책임한 처사 등은 민족성을 우선시 하며 국가성을 많이 손상시켰다. 민족성에 입각한 햇볕정책의 정책 결정 과정에 대한 투명성 논란과 의혹 등 국가정책의 결정과 집행이라는 국가 관리체계에 대한 국가성의 고유 의미가 민족성에 가려지면서 국가성에 심각한 훼손을 가져왔고 사회적 논란과 갈등을 증폭시켰다. 일방주의적 대북정책은 민족 이데올로기화에 노출되었고 이것은 민족성과 국가성의 상황적 이중성이라는 모순구조와 함께 대북정책을 둘러싼 남남갈등을 촉발했다.

'민족성'의 원칙은 통일 지상주의라는 교조적 이념화의 위험을 가진다. 이것은 남북한이 국가이익의 마찰에도 불구하고 민족성이 일원적이고 보편적이며 민족이익은 동일적이라는 허위적 전제에서 출발한다. 이질적 체제에 대한 '국가성'의 상호 수렴 없이 남북관계의 모순 구조에 대한 현실적 인식이 간과된 우려스러운 상태였다.

우리에게 민족주의와 민주주의는 만병통치약이었다. 민족주의의 논리적 구조 측면에서 보면 지금까지 한국 민족주의를 민주주의와 대립 개념으로 설정하여 비판하는 것은 민족주의가 민주주의의 토대 위에 있음을 간과한 것이다. 한국 민족주의는 진보성을 견지해 왔다고 볼 수 있다. 민주화된 이후에도 남아있는 국가주의나 집단주의가 남긴 깊은 흔적을 쉽게 발견할 수 있다. 그렇지만 집단주의나 국가주의의 흔적이라 하더라도 개인의 자유의지에 의해 결집된 것이라면 바람직한 결과일 것이다.

이제 개인의 '자유' 문제를 성찰해야 한다. 남한의 민주주의와 민족주의를 심화시키기 위해서도 북한을 개혁과 개방으로 유도하기 위해서도 같은 문제를 숙고해야 한다. 남북한의 낭만적 민족주의에 대한 고찰을 통해 민족주의의 가치를 재조명해 보았다. 근대적 민족은 개인의 자유와 평등이 보장된 사회적 공동체여야 한다. 민족은 '인간과 시민의 권리선언'이 공표한 시민권의 담지자이고 민족주의는 문화적·종족적 개념이 아니라 민주주의적 지향성을 가진 정치적·시민적 개념이어야 했다.

북한의 자유와 평등은 결코 루소적인 개인주의를 바탕으로 하는 것이 아니라 어디까지나 왕조적 전체주의의 유기체적 집단주의를 토대로 한 것이었다. 북한의 집단주의의 전체성은 '주체민족'으로 상정된다. 북한은 시민이 바탕이 되는 소위 '자유주의적 근대성'을 미처 경험하지 못했다. 말하자면 왕조적 전통군주사회에서 전체주의적 독재국가로 바로 전환되어 버린 것이다. 따라서 북한의 민족주의는 근대국가를 형성시켰던 정상적인 민족주의가 아니다. 북한판 낭만적 민족주의일 뿐이다. 북한 민족주의는 온전한 민족주의가 사라지고 이데올로기적 돌연변이로서만 존재케 된 것이다. 그 돌연변이가 남북한 사이에 갈등을 조장하고 남한 사회 내에 갈등의 동조세력을 키워 나가려고 끊임없이 활동한다. 그것은 김일성 개인숭배를 위하여 주민들을 하나의 사상, 하나의 조직으로 통합하기 위한 주체 이데올로기였다. 이러한 김일성 주의를 포장하는 외피가 바로 북한판 낭만적 민족주의였다.

지금까지 북한은 우리 사회에 '민족'을 마치 세뇌하려는 듯이 지속적으로 주입시키려 했다. 은연중 우리 사회에서도 '민족'이란 마술적 단어는 신성시한 지성적 금기가 되어버린 부분이 있다. 그것은 그들만의 신념체계 즉 김일성 주체혁명을 위한 민족지상주의 이데올로기에서 영향받고 있기 때문이다. 북한은 주체사상을 가장 철저한 사회주의적 애국주의로 정의한다. 북한의 민족관은 '주체의 민족관'에 근거를 두고 있다. 국민주권 이념의 민족주의가 주체사상의 하위개념화 된 것이다.

북한의 민족 개념은 비이성적이고 지극히 낭만적인 문화민족 개념이다. 민족은 요컨대 역사적이고 실천적인 존재라고 했다. 민족 개념은 인민의 의지에 의해 민족의 공통적인 체험을 반영하면서 실천적으로 지향하게 될 민족적 목표까지 압축해서 담아낼 수 있어야 한다. 국가나 당에 의해 의도적이고 계획적으로 내면의 의지와 열정을 쏟아내게 하는 낭만주의적 동기부여가 된다면 목표 지향적 실천의지를 집단적으로 천명하고 다짐하는 발판으로 사용될 수밖에 없게 된다. 그것은 민족의 가면을 쓴 채 '민족'과 '민족주의'의 구호만 있을 뿐 오직 지배자에게 충성을 요구하는 체제유지 이데올로기 일 뿐이다.

민족 제일주의는 사회주의 제도에서 민족 집단의 입장을 표현한 것이다. 주체사상의 사회역사관적 논리는 사람 중심의 주체사관적 민족관에서 비롯된 것이다. 주체사관적 민족관은 민족을 하나의 사회적 생명체로 인식하고 그 생명체를 자주성으로 표현한다. 주체 민족관으로 들어간 민족 제일주의에서 개체(개인)에 대한 존재의 의미는 사라진다. 개인은 집단의 범주 내에서 사상 개조의 과정을 거쳐야 사람으로서 구실을 할 수 있게 된다. 민족 제일주의는 새롭게 정립된 민족주의의 유기체적인 변용 이데올로기에 불과하다. 민족주의가 사회주의 체제 발전의 중심 이데올로기로서 기능하게 된다.

북한은 민족 존재 자체를 부정하다가 스탈린식 민족주의 개념에서 탈피하여 '민족'을 강조하면서 사회주의를 민족주의의 하위 개념화했다. 주체 민족관으로 수령독재 주체사상을 더욱 공고히 한다. 조선민족 제일주의는 북한 인민으로 국한된 주체형의 사회주의적인 민족이었다. 1980년대 후반 사회주의 체제의 몰락 과정에 북한식 사회주의 체제가 공고함을 과시해야 하는 논리가 필요했기 때문이다.

'우리민족끼리'는 김정일의 치밀한 계산 하에 김대중 정부의 '햇볕정책'을 역이용한 전략적 구사의 결과물임을 알았다. 남한 내 통일전선 형성의 구호로 활용되면서 대한민국 내 동조세력의 활동 공간을 넓혀 반미 자주의 민족 공조 역량을 확장하기 위한 투쟁도구화 했다. '우리민족끼리'는 동조세력 확산의 중심 이념이 되어 대한민국 안에 반미 자주화 통일전선을 형성하면서 '종북주의' 확산의 기반이 되었다. 결국 '우리민족끼리'는 남북관계의 획기적인 개선에 대한 일시적인 성공을 담보한 반면 '남남갈등'의 유발 원인이라는 우리 사회에 심각한 후유증만을 남겼다. 결과적으로 종북주의는 그람시적 헤게모니 쟁탈전의 진지를 구축, 북한 통일전선의 대남혁명 전초진지가 되어 내부 분열과 갈등을 유발하는 교두보가 되었다.

'우리민족끼리'는 민족 공조론의 기초가 된다. 외세의 간섭을 배격하고 모든 문제를 같은 민족끼리 자주적으로 해결해 나가자는 통일전선 전술적 이념이었음이다. '민족 공조론'은 통치이념화 된 정치·이념적 기재로서 오직 '김일성 민족'과 '김일성 민족주의'를 실현하기 위한 실천적 이념이었다. 계급이 우선이라고 민족주의 자체를 부정하던 김일성 자신도 1991년에야 '공산주의자인 동시에 민족주의자'라고 선언한다. 북한이 민족주의에 의미를 부여하는 것은 사회주의 과업을 민족 발전을 위한 위업으로 포장함으로써 그 정당성을 부여받고 싶었던 것으로 민족주의가 세습왕조 체제의 유지와 정통성에 유기적으로 변용된 낭만적 민족주의의 전형이다.

낭만적 민족주의라는 '민족의 환상'에 빠진 한국사회는 남북문제와 통일 문제에 대한 남남갈등의 늪에 빠졌다. 북한의 낭만적 민족주의가 주체사상과 연결하여 김일성 민족주의를 토대로 '우리민족끼리', '민족 공조'의 이념화 통일전선전략을 펼칠 때 '민족의 환상'에서 채 벗어나지 못한 우리 사회는 북한의 '민족이념' 공세에 대응할 준비가 되어있지 못했다. 스스로의 정체성에 대한 분명한 공유가치가 없으니 낭만적 민족주

의에 빠져 '남남갈등'의 혼란을 벗어날 수 없었던 것이다. 민족 정체성
이 정립되지 않은 낭만적 민족주의는 권리 주체로서의 '민족' 즉 '국민'
을 간과할 수밖에 없다. 그 결과 한국판 낭만적 민족주의는 개인의 권
리를 중심으로 하는 '전진적 민족주의'로 나아가지 못했다.

전진적 민족주의는 민주적 시민권이 담보된 자유주의적 민족주의,
곧 시민 민족주의이다. 민족주의가 자유주의적인 틀 안에서만 정당하다
는 논리이다. 자유민주주의의 실현을 목표로 했던 시민 민족주의(civic
nationalism), 민족 구성원 모두가 평등한 인간가치를 실현하려는 시민
민족주의 민족공동체, 즉 민족주의는 자유주의적 가치를 실현할 수 있
을 경우에 정당화될 수 있다. 거기에는 '자유'와 '평등'의 문제가 따른다.
평등(equal)은 토크빌의 '질적 평등'을 얘기한다. 그것은 최고의 선구자
적인 개념이었다. 그러나 이것은 계약관계에서만 이뤄질 뿐이다. atom
적 존재인 인간은 사회를 구성하는 기본 틀이다. 민족(nation)은 그러한
인간이 공익을 위해 정치(통치)행위를 하는 사회 형태임을 잊지 말아야
한다.

19세기적인 민족에 대한 개념은 민족이 곧 '주권'인 자주성·독립성이
었다. 프랑스는 혁명 당시에는 자유롭고 평등한 개인들의 집합체인 '국
민'과의 동질성 개념이 없었다. 단지 시민이라는 이름으로 국민의 동질
성을 확립하였을 뿐이다. 인간은 개인이며 시민일 필요성을 가지고 있
다. 인간은 빵만으로 살 수 없다. 인간의 권리와 의무는 다르다. 프랑스
권리장전 이후 인간은 자유의 주체가 되어야 하고 자연적 인간의 존재
로 인식하게 되었다. 하지만 '누구도 나에게 간섭할 수 없다'라고 하는
무정부(anarchy)적인 무조건적인 자유는 결코 용납될 수 없다.

따라서 정치적 자유주의를 바탕으로 한 시민 민족주의(civic nationalism)
는 한국 민족주의를 위한 필연이다. 합리적이고 조화로운 결합을 통한
내면화가 필요하다. 다원성에 대한 확신과 관용에 의한 정치적인 덕으

로 새로운 민족주의가 필요로 하는 정당성의 근거를 이루어야 한다. 정치의 본질이 사회적 갈등에 있다면 한국 민족주의도 그 갈등을 민족적 귀속감에 결합할 수 있는 시민적 융합의 지혜(prudence)를 통해서 보다 건전한 사회 발전을 기약해야 한다.

본 연구는 남북한 낭만적 민족주의의 본질과 문제점을 루소의 자유와 평등의 관점에서 인식해 보고자 했다. 이제 낭만적 민족주의의 족쇄에서 벗어나야 한다.

낭만적 민족주의는 이질적 정치체제의 문제점을 제대로 인식하지 못하도록 가로막는다. 남한과 북한은 유사한 근대국가의 모습을 하고는 있지만 국가의 운영원리인 정치체제는 완전히 다른 이질적인 체제다. 대한민국은 자유민주주의 체제이고, 북한은 전체주의 체제이다. 완전히 이질적인 모습이 낭만적 민족주의에 가려서 보이지 않는 일종의 일식현상(日蝕現狀)을 극복해야 한다. 이제 민족지상주의의 비이성적인 현상을 경계해야 한다. 보다 차원 높은 인텔리겐챠의 종합화가 가능한 시민 민족주의의 내면화를 통해 종족적 민족 관념에서 벗어나지 못한 낭만적 민족주의와 완전히 결별할 수 있어야 한다. 그것은 한국민족주의의 마지막 종착지인 근대민족(국민)국가 완성이라는 자유주의적 통일국가 성취를 향한 첫 걸음이 될 것이다.

주 석

1장 서 론

1) Clifford Geertz, "Thick Description: Toward and Interpretive Theory of Culture", in *The Interpretation of Culture*, New York: Basic Books, 1973(케이트 크리언 지음, 김우영 옮김, 『그람시·문화·인류학』, 도서출판 길, 2002, 228쪽에서 재인용).

2) John Baylis, Steve Smith and Patricia Owens 편저, 하영선 외 옮김, 『세계정치론』, 을 유문화사, 2013, 517쪽.

3) Charles Tilly, "Reflection on the History of European State-Making", in C. Tilly, ed., *The Formation of National States in Western Europe*, Princeton, N. J.: Princeton Press, 1974, pp. 51~70(박수헌, 「근대 국제질서의 전개와 '협력적 주권'의 모색」, 『社會科學論叢』 제19집, 2001, 169~171쪽에서 재인용).

4) S. J. Frederick Coplrston, *A History of Philosophy vol 6: The French Enlightenment to kant*, New York: A Division of Doubleday & Company Icc, 1964, p. 76(서정복, 「18세기 프랑스의 국가이념과 루소 『사회계약론』에 제시된 일반의지론: 근대 국가이념에 반 영되고 있는 그의 '주권론'을 중심으로」, 『역사와 담론』 6, 호서사학회, 1978, 76쪽에 서 재인용).

5) 박수헌, 「근대 국제질서의 전개와 '협력적 주권'의 모색」, 2001, 172쪽.

6) "nation은 프랑스 말로 민족, 국민, 국가를 의미한다."(차기벽, 『민족주의 원론』, 한길 사, 1990, 47쪽) "nation은 프랑스 혁명 이후 자유·평등·박애라는 정치적 이념을 공 유하는 사람들에 의한 국민=민족이라는 계약 공동체 혹은 합의 공동체라는 새로운 의미를 갖게 되었다."(진덕규, 『현대 민족주의의 이론구조』, 지식산업사, 1983, 18쪽)

7) Aleasner B. Murphy, "the Sovereign State as Political Territorial Ideal: Historical and Contemporary Consideration", in Thomas J. Bierstecker and Cynthia Weber eds., *State Sovereignty as Social Contruct*, Cambridge: Cambridge University Press, 1996, p. 97.

8) 김영호, 『대한민국의 건국혁명 1』, 성신여자대학교 출판부, 2015, 99~101쪽 참조.

9) 이용희, 「민족주의의 개념」, 노재봉 편, 『한국민족주의와 국제정치』(동주 이용희 선 생 제자 학술심포지움 자료집), 1983, 212쪽.

10) E. Sieyes, *Qu est-ce que le tiers etat*, paris, 1888, p. 39.

11) 남시욱, 『한국 보수세력연구』, 청미디어, 2011a, 123~124쪽. 신채호가 쓴 것으로 보이는『대한매일신보』1909년 5월 28일자 '제국주의와 민족주의'라는 논설에서 민족주의는 '타민족의 간섭을 받지 않는 주의'라고 풀이하고 있다.

12) 노재봉·조성환·김영호·서명구 공저, 『정치학적 대화』, 성신여자대학교 출판부, 2015, 209쪽. "'민족'은 메이지시대 구메 구니타케(久米邦武)가 1878년 펴낸 '미구회람실기(米歐回覽實記)'에 처음 나타난 표현으로 '민족'은 '국가'(nation))와 '종족'(volk)이 결합한 뜻으로 사용되면서, '국민', '민족', '종족' 의미론이 헷갈리기 시작했다."(김정운, 「김정운의 麗水漫漫 民族은 멜랑콜리다!」,『조선일보』2017년 8월 23일)

13) 김현숙, 「한말 '민족'의 탄생과 민족주의 담론의 창출: 민족주의 역사 서술을 중심으로」,『동양정치사상사』제5권 제1집, 2005, 128쪽.

14) 홍석률, 「민족주의 논쟁과 세계체제, 한반도 분단 문제에 대한 대응」,『역사비평』통권 80호, 역사비평사, 2007, 150쪽.

15) 루소에 따르면 '인간은 무엇보다 생존을 추구하며 본성적으로 개별의지를 가지고 사적 이익을 추구한다. 일반의지는 개별의지 안에 존재하며 공동이익만을 고려한다.' 양정훈, 「통일을 향한 한반도 민족주의」,『한국보훈논총』제11권 제4호, 2012, 160쪽에서 재인용.

16) Royal Institute of International Affairs, *Nationalism*, Oxford Univ. Press, London 1963, p. 27.

17) 노재봉·조성환·김영호·서명구 공저, 『정치학적 대화』, 성신여자대학교 출판부, 2015, 212쪽.

18) 노재봉 편, 『한국민족주의와 국제정치』(동주 이용희 선생 제자 학술심포지움 자료집), 1983, 70쪽.

19) 최갑수, 「프랑스 혁명과 국민의 탄생」,『서양에서의 민족과 민족주의』, 까치, 한국서양사학회 편, 1999, 114쪽.

20) 조성환, 「민주화 이후 한국 진보·보수의 이념적·정치적 경쟁의 특성: 진보헤게모니 구축, 진보테제의 형성·전개의 비판적 분석」,『통일전략』제16권 1호, 2015, 13~16쪽.

21) John Stuart Mill, "*Considerations on Representative Government*", p. 309; Barker, "*National Character and the Factors in Its Formation*"(London: Methuen, 1927), pp. 16~17.

22) Andrew Mason, "*Political Community, Liberal-Nationalism, and the Ethics of Assimilation*", *Ethics* Vol. 109, No. 2, University of Chicago Press, 1999, p. 264.

23) Ibid., p. 278.

24) 노재봉·조성환·김영호·서명구 공저, 『정치학적 대화』, 성신여자대학교 출판부, 2015, 210쪽.

2장 민족주의 이념과 낭만적 민족주의

1) 조성환, 「통일론의 비판적 지식사회론: 민족패러다임의 비판적 인식」,『동양정치사

상사』제3권 1호, 2004, 256~257쪽. "김일성이 체계화하여 통치이념화한 주체사상, 김일성, 김정은 사후의 혈족세습의 김정은 체제, 그리고 강성대국 및 선군정치의 슬로건 등은 북한권력의 신정주의적 현실을 증거한다."

2) 이진경, 「민족문제의 계급적 관점 – 민족해방운동론의 비판」, 1989, 210쪽.

3) 양정훈, 「통일을 향한 한반도 민족주의」, 『한국보훈논총』 제11권 4호, 2012, 169쪽.

4) 김민철, 「민족주의 비판론에 대한 몇가지 노트」, 『역사문제연구』 제4호, 2013, 218쪽.

5) 윤해동, 「한국 민족주의의 근대성 비판」, 『역사문제연구』 제4호, 2000, 28~29쪽(김민철, 위의 글, 218쪽 재인용).

6) 이석복・고우성・김명수 공저, 『한국문화의 정체성』, 좋은땅, 2012, 한국문화안보연구원, 8・347쪽.

7) Charles Tilly, "Reflection on the History of European State-Making", in C. Tilly, ed., *The Formation of National States in Western Europe*, Princeton, N. J. Princeton Press, 1974, pp. 51~70(박수헌, 「근대 국제질서의 전개와 '협력적 주권'의 모색」, 2001, 169~171쪽 재인용).

8) Frederick Coplrston S.J., *A History of Philosophy vol 6: The french enlightenment to kant*, New York: A Division of Doubleday & Company Icc. 1964, p. 76(서정복, 「18세기 프랑스의 국가이념과 루소 「사회계약론」에 제시된 일반의지론: 근대 국가이념에 반영되고 있는 그의 '주권론'을 중심으로」, 『역사와 담론』 6, 호서사학회, 1978, 76쪽 재인용).

9) 박수헌, 「근대 국제질서의 전개와 '협력적 주권'의 모색」, 2001, 172쪽.

10) N. Machiavelli, *The prince*, Chicago; London: Encyclopaedia Britanica. inc. 2007, p. 3.

11) 조영갑, 『국가안보론』, 선학사, 2014. 14~15쪽.

12) John Baylis, Steve Smith, Patricia Owens 편저, 하영선 외 옮김, 『세계정치론』, 을유문화사, 2013, 496쪽.

13) 문상석, 「아나키즘과 민족주의의 접촉점」, 금인숙・문상석・전상숙 지음, 『한국 민족주의와 변혁적 이념체계』, 나남, 2010, 26쪽.

14) 미셸 푸코(Foucault, Paul Michel) 저, 정일준 편역, 「통치성」, 『미셸 푸코의 권력이론』, 새물결, 1994, 25~48쪽.

15) 문상석, 「아나키즘과 민족주의의 접촉점」, 금인숙・문상석・전상숙 지음, 『한국 민족주의와 변혁적 이념체계』, 2010, 26쪽.

16) John Baylis・Steve Smith・Patricia Owens 편저, 하영선 외 옮김, 『세계정치론』, 서울: 을유문화사, 2013, 497쪽.

17) 박찬승, 『민족・민족주의』, 소화, 2010, 28~29쪽.

18) 노재봉 편, 『한국민족주의와 국제정치』(동주 이용희 선생 제자 학술심포지움 자료집), 1983, 70쪽.

19) 박찬승, 『민족・민족주의』, 소화, 2010, 33쪽.

20) 장문석, 『민족주의』, 책 세상, 2011, 25~35쪽 재인용: "이것은 국가의 정치적 원리에 입각한 '국가민족'(State-nation)과 종족의 문화적 원리에 입각한 '문화민족'(Kultur-nation)이라는 구분과 유사하다."

21) Eric Hobsbawm, *Nations and Nationalism since 1780: Programme, Myth, Reality*, Cambridge:

Cambridge University Press, 1990(에릭 홉스봄(Hobsbawm, Eric) 저, 강명세 역, 『1780년 이후의 민족과 민족주의』, 창비, 2012(9쇄)). "그러나 '민족'이라는 단어가 오늘날 너무 광범위하게 그리고 너무 부정확하게 사용되기 때문에 민족주의라는 용어 사용이 사실상 아무것도 의미하지 않게 되었다"라고 하였다.

22) 에릭 홉스봄 저, 위의 책, 35쪽.

23) 박호성, 『남북한민족주의 비교연구 – 한반도 민족주의를 위하여』, 당대, 1997, 35~36쪽.

24) E. Sieyes, *Qu'est-ce que le tiers etat*, Paris, 1888(박호성, 위의 책, 39쪽 재인용)).

25) Benedict Anderson, *Imaged Communities: Reflections on the Origin and Spread of Nationalism*, London: Verso, 1983, revised 1991, pp. 5~6. "민족은 그 본질에 있어서 제한된 것으로 그리고 주권적인 것으로 상상되는 상상의 정치 공동체이다…가장 작은 민족의 구성원이라 할지라도 다른 대부분의 구성원들에 대해 알지도 못하고 만나지도 못하고 서로 이야기를 나누지도 못하지만 그럼에도 불구하고 각자의 마음속에서 서로를 동료(communion)의 이미지로 그린다는 점에서 민족은 상상된 것이다…10억 이상 인구의 커다란 민족이라 할지라도 제한적인 경계가 있고 그 경계 밖에 다른 민족이 살고 있다는 점에서 민족은 제한적인 것으로 상상된다…계몽주의와 혁명이 신으로부터 부여받았다고 주장되는 위계적 왕조 질서의 정당성을 파괴하던 시기에 민족 개념이 나타났다는 점에서 민족은 주권적인 것으로 상상된다."

26) 이용희, 「민족주의의 개념」, 노재봉 편, 『한국민족주의와 국제정치』(동주 이용희 선생 제자 학술심포지움 자료집), 1983, 227쪽. '이용희 선생은 1950~60년대부터 한국 민족주의 이론의 선구자적인 분이셨다.'

27) 위의 글, 228쪽.

28) 윤해동, 「한국 민족주의의 근대성 비판」, 『역사문제연구』, 제4호, 2000, 50~59쪽.

29) 박명림, 「분단시대 한국 민족주의의 이해」, 『세계의 문학』 여름호. 1996, 61쪽.

30) 이정우, 「한국 민족주의의 두 얼굴」, 『시대와 철학』 제17권 1호, 2006, 213쪽.

31) 강상중, 임성모 옮김, 『내셔널리즘』, 이산, 2004, 45쪽. 강상중은 민족을 "'우리'를 '그들'과 구별하는 습관적 실천의 총체"로 규정한다. 물론 이 규정은 민족만이 아니라 모든 형태의 사회적 보편자들에게도 적용되는 규정이다. 따라서 '민족'이라는 존재단위에 고유한 "습관적 실천"의 총체를 밝혀야 할 것이다.
민족이란 "제한되고(일정한 테두리를 전제하고 있고) 주권을 가진 것으로 상상되는 정치공동체"라는 앤더슨의 규정은 다소 느슨하다.(베네딕트 앤더슨(Anderson, Benedict) 저, 윤형숙 역, 『상상의 공동체: 민족주의의 기원』, 나남, 2004, 25쪽) 그러나 이 정의는 민족이라는 개념이 이미지 및 상상(이미지 작용)과 연관되어 있다는 것을 지적해 주는 장점을 가진다. 민족 개념이 정의하기 어려운 개념이라는 사실은 그 자체로서 매우 중요하다. 물론 이 사실로부터 민족이라는 존재가 없다는 결론에까지 갈 필요는 없다. 민족이라는 존재는 어떤 식으로든 엄연히 현실 속에서 작동하고 있기 때문이다.

32) 이정우, 「한국 민족주의의 두 얼굴」, 『시대와 철학』 제17권 1호, 213~214쪽.

33) 김영호, 『대한민국의 건국혁명 1』, 성신여자대학교 출판부, 2015, 98쪽.

34) 에릭 홉스봄 저, 강명세 역, 『1780년 이후의 민족과 민족주의』, 2012(9쇄), 35쪽.

35) 양정훈, 「통일을 향한 한반도 민족주의」, 『한국보훈논총』 제11권 제4호, 2012, 156~

166쪽.

36) J. S. Mill, *Utilitarianism, Liberty and Representative Government*(Everyman edition), London, 1910, pp. 359~366(에릭 홉스봄 저, 강명세 역, 『1780년 이후의 민족과 민족주의』, 창비, 2012(9쇄), 36쪽에서 재인용).

37) King, Lamont DeHaven "Nations Without Nationalism: Ethno-Political Theory and the Demise of the Nation-State", *Journal of developing societies*, E J BRILL. 2002(SCOPUS), p. 355. King은 Karl Barth의 학자들이 "민족성은 생물·문화적 요소가 아니라 사회적 요소로 해석하고자 노력했다"라고 하여 민족집단을 문화적 단위로 보던 견해를 사회적 조직으로 보는 견해로 재정립한 것에 대한 공로를 인정했다. '사회는 공통의 목적과 이해관계를 기초로 하는 개인들의 집합으로서 정치, 문화, 제도적으로 독자성을 지닌 공통의 관심과 신념, 이해에 기반 한 3인 이상의 개인적 집합, 결사체'라고 한 일반적인 정의들을 고려할 때 사회적 집단은 우선적으로 루소의 사회계약에 의한 집단으로 생각한다.

38) Ferdinard Lassallle, "Fichtes politisches Vermachtnis und neueste Gegenwart", Bernstein (Hg.), *Gesammelte Reden und Schriften* Bd. 6, Berlin, 1920, p. 101.

39) 마이네케의 '문화민족'의 개념을 예를 들어 설명하면, 스위스는 독일, 프랑스, 이태리 등 세 개의 '문화민족'으로 이루어진 반면에 우리나라는 남한 및 북한, 두 개의 '국가민족'으로 이루어진 하나의 '문화민족'이라 할 수 있다. 참고적으로 한스 콘은 마이네케의 이러한 구분방식을 수용하여 자신의 민족 개념을 정립하고 있다. 그는 '국가민족'을 주관적·합리적·서유럽적인 것으로, '문화민족'을 객관적·비합리적·중부 및 동유럽적인 것으로 구별하고 있다. Hans Kohn, *The idea of Nationalism: A Study in origins and Background*, Collier Books, 1969 참고(박호성, 『남북한 민족주의 비교연구－한반도 민족주의를 위하여』, 1997, 42쪽 재인용).

40) Karl Kaulsky, "Nationalitat und Internationalitat", *Neue Zeit* 26/1/1908의 별책, p. 3 참조 (박호성, 위의 책, 43쪽 재인용).

41) Clifford Geertz, "Thick Description: Tpward and Interpretive Theory of Culture", in *The Interpretation of Culture*, New York: Basic Books, 1973(케이트 크리언 지음, 김우영 옮김, 『그람시·문화·인류학』, 도서출판 길, 2002, 228쪽 재인용).

42) John, Baylis·Steve, Smith·Patricia Owens 편저, 하영선 외 옮김, 『세계정치론』, 을유문화사, 2013, 517쪽.

43) 권태준, 『한국의 세기 뛰어넘기』, 나남, 2006, 240쪽.

44) Geller, Ernest 저, 이재석 옮김, 『민족과 민족주의』, 예하, 1988, 77~83쪽.

45) 박호성, 『남북한 민족주의 비교연구－한반도 민족주의를 위하여』, 1997, 63쪽. "이 과제를 원만히 처리하기 위해서는 정부뿐만 아니라 국민 각계각층 그리고 역사적, 정치적 입장을 달리하는 다양한 사회세력들의 견해들을 실증적으로 종합, 정리해야 한다. 아울러 세계사적이고 문화사적이고 사상사적인 맥락도 고려하지 않으면 안 된다. 그러므로 학제 간 집단적 공동연구는 필요해 보인다"는 말에 동의한다.

46) Liah Greenfeld, *Nationalism: Five Roads to Modernity*, Harvard Univ., 1992.

47) Schmaker, Paul 저, 조효제 옮김, 『진보와 보수의 12가지 이념』, 후마니타스, 2013, 411쪽.

48) 존 베일리스, 스티브 스미스, 퍼트리스 오언스(Baylis, John · Smith, Steve · Owens, Patricia) 편저, 하영선 외 옮김, 『세계정치론(5판)』, 을유문화사, 2013(4쇄), 63쪽. "많은 사람들은 30년 전쟁을 종식한 베스트팔렌 평화조약(1648)의 체결을 근대적인 국제관계의 출현을 가져온 가장 중요한 사건으로 간주했다. 이는 상당수 국가들에게 주권적 평등을 공식적으로 인정한 최초의 사례였다. 더 일반적인 차원에서 베스트팔렌 평화조약은 국가들의 사회 관념을 포용했다."

49) 위의 책, 494쪽.

50) Max Weber, "Der Nationalatsst und Volkswirtschaftspolitik", *Gwseammelte politische Schriften*, 제2판, Tubrigen, 1958, p. 19(『남북한민족주의 비교연구(한반도 민족주의를 위하여)』, 당대, 1997, 34쪽에서 재인용).

51) 양정훈, 「통일을 향한 한반도 민족주의」, 『한국보훈논총』 제11권 제4호, 2012, 160~161쪽.

52) 김영호, 『대한민국의 건국혁명』 1, 성신여자대학교 출판부, 2015, 99~101쪽.

53) Hans Kohn, *Nationalism: Its Meaning and History*, Dovan Nostrand Co., 1965, p. 9(진덕규, 『현대 민족주의의 이론구조』, 지식산업사, 1983, 24~25쪽 재인용).

54) Eric Hobsbawm, "Introduction: Inventing Tradition", in Hobsbawm and Terence Ranger eds., *Inventing Tradition*, Cambridge University Press, 1955, pp. 13~14.

55) Louis L. Snyder, *Varieties of Nationalism: A Comparative Study*, The Dryden Press, 1976, pp. 20~24(진덕규, 『현대 민족주의의 이론구조』, 지식산업사, 1983, 26~27쪽 재인용). 루이스 스나이더는 "민족주의를 구성하는 중요한 요소로서 우리라는 집단의식, 공통의 영역, 공통의 언어, 공통의 종교, 공통의 역사와 전통, 공감을 얻을 수 있는 민족의 영웅, 하나로 합쳐야 한다는 통합 의지 등"을 들고 있다. 그는 이러한 요소들이 일정한 계기가 되면 민족주의라는 감정 상태를 만들어 내게 된다고 보았다.

56) 에릭 홉스봄 저, 강명세 역, 『1780년 이후의 민족과 민족주의』, 창비, 2012(9쇄), 137쪽.

57) 위의 책, p. 101.

58) Anthony D. Smith, *The Ethnic Revival*, Cambridge: Cambridge University Press, 1981, pp. 93~94.

59) Anthony D. Smith, *State-Making and Nation-Building*, in John A. Hall(ed.), State in History, Oxford: Basil Blackwell, 1986, p. 244.

60) 이상신, 「민족주의의 역사적 발전 국면과 그 기능」, 한국서양사학회 편, 『서양에서의 민족과 민족주의』, 도서출판 까치, 1999, 7쪽.

61) John Bruilly, *Nationalism and the State*, The University of Chicago Press, 1982, p. 307.

62) 차기벽, 『민족주의 원론』, 한길사, 2003, 28쪽.

63) 양정훈, 「통일을 향한 한반도 민족주의」, 『한국보훈논총』 제11권 제4호, 2012, 161쪽.

64) http://www.websters-online-dictionary.net/definition/nationalism(2009.12.1)

65) 이용희, 「민족주의의 개념」, 노재봉 편, 『한국민족주의와 국제정치』(동주 이용희 선생 제자 학술심포지움 자료집), 1983, 238쪽.

66) 이용희, 「현대 민족주의」, 『신동아』, 1973년 9월호, 56쪽.

67) 윤건차 저, 장화경 옮김, 『현대 한국의 사상흐름』, 당대, 2001, 228쪽.

68) 이용희, 「민족주의의 개념」, 노재봉 편, 『한국민족주의와 국제정치』(동주 이용희 선

생 제자 학술심포지움 자료집), 1983, 212쪽.

69) 위의 글, 220쪽.

70) Marmora, L. *Nation und Internationalismus*, Dortmund, 1983, p. 79.

71) 김동춘, 「1980년대 한국의 민족주의」, 유병용 외, 『한국현대사와 민족주의』, 집문 당, 1996.

72) 윤건차 저, 장화경 옮김, 『현대 한국의 사상흐름』, 당대, 2001, 230~231쪽.

73) 차기벽, 『민족주의 원론』, 한길사, 1990, 74쪽.

74) Aleasner B. Murphy, "the Sovereign State as Political Territorial Ideal: Historical and Contemporary Consideration", in Thomas J. Bierstecker and Cynthia Weber eds., *State Sovereignty as Social Contruct*, Cambridge: Cambridge University Press, 1996, 97쪽.

75) E. Renan, "What is nation?", in H.K.Bhabha ed., *Nation and Narration*, London, 1990, p. 19.

76) 임지현, 「전지구적 근대성'과 민족주의」, 『역사문제연구』 제4호, 2013, 14~17쪽.

77) 김민철, 「'민족주의 비판론'에 대한 몇 가지 노트」, 『역사문제연구』 제4호, 2013, 212쪽.

78) Karl Renner, *Staat und Nation*, p. 89.

79) 에릭 홉스봄 저, 강명세 역, 『1780년 이후의 민족과 민족주의』, 창비, 2012(9쇄), 136쪽.

80) 홍석률, 「민족주의 논쟁과 세계체제, 한반도 분단문제에 대한 대응」, 『역사비평』 통권 80호, 역사비평사, 2007, 150쪽.

81) 안현수, 「민족주의와 민주주의 그리고 통일」, 『사회과학 논총』 제4권, 2004, 115쪽.

82) J. J. Rousseau, R. D. Masters ed., *On the Social Contract and Political Economy*, N.Y: St. Martin's Press, 1978, p. 219(박의경, 「민족문화와 정치적 정통성: 루소(J. J. Rousseau)와 헤르더(J. G. Herder)」, 『한국정치학회보』 제36집 제3호, 2002, 55쪽에서 재인용).

83) 박의경, 위의 글, 55쪽.

84) 루소에 따르면 '인간은 무엇보다 생존을 추구하며 본성적으로 개별의지를 가지고 사적 이익을 추구한다. 일반의지는 개별의지 안에 존재하며 공동이익만을 고려한 다.'(양정훈, 「통일을 향한 한반도 민족주의」, 『한국보훈논총』 제11권 제4호, 2012, 160쪽에서 재인용)

85) Royal Institute of International Affairs, *Nationalism*, Oxford Univ. Press, London, 1963, p. 27.

86) 김혜승, 「한국 민족주의의 현상과 전망: 운동권 민족주의의 실체파악과 21세기 전망」, 『동양정치사상사』 제5권 제1호, 2006, 146쪽.

87) C. E. Vaughan, *The Political Writings of Jean Jacgues Rousseau*, p. 58.

88) 김용민, 「루소 정치철학에 있어서 일반의지와 애국심」, 『정치사상연구』 8집, 2003, 106쪽.

89) J. J. Rousseau, ed. by R. D. Masters, *The First and Second Discourses*, N.Y: St. Martin's Press, 1964, p. 141(박의경, 「민족문화와 정치적 정통성: 루소(J. J. Rousseau)와 헤르더(J. G. Herder)」, 2002, 56쪽 재인용). "언어란 다른 사람에게 생각과 감정을 전달하는 적극적 기능과 다른 사람으로부터 정보를 수령하는 소극적 기능 등 두 가지 통신 역할을 수행할 수 있을 때 비로소 언어라고 할 수 있다는 것이 루소의 생각이다.

단어란 말하기 전까지는 언어라고 할 수 없다. 그러므로 언어의 출현은 점증하는 사회적 관계의 필연적 결과이다."(루소, 1966, 12).

"실제로 언어 그 자체가 집단성을 유지시켜 주는 응집력을 가지고 있는 것은 아니기 때문에, 언어만으로는 사람들을 단결시킬 수 없다고 루소는 설명한다. 언어의 가치는 본질적으로 도구적이다. 즉, 동의를 가능케 하는 도구라는 말이다. 따라서 사회적 정치적 결집에 있어 언어는 간접적으로 공헌할 뿐이다."(루소, 1978, 74).

90) J. J. Rousseau, ed. by R. D. Masterrs, *Ont the Social Contract and Political Economy*, N. Y.: St. Martin's Press, 1978(박의경, 위의 글, 58쪽에서 재인용).

91) 위와 같음.

92) Judith Shklar, *Men and Citizens: A study of Rousseau's Social Theory*, 1969, p. 160.

93) 김혜승, 「한국 민족주의의 현상과 전망: 운동권 민족주의의 실체파악과 21세기 전망」, 2006, 147쪽.

94) 박의경, 「민족문화와 정치적 정통성: 루소(J. J. Rousseau)와 헤르더(J. G. Herder)」, 2002, 59~60쪽.

95) Andrew Mason, "Political Community, Liberal-Nationalism, and the Ethics of Assimilation", *Ethics* Vol. 109, No. 2, University of Chicago Press, 1999, p. 264.

96) 박호성, 『남북한민족주의 비교연구―한반도 민족주의를 위하여』, 1997, 35~36쪽.

97) 김혜승, 「한국 민족주의의 현상과 전망: 운동권 민족주의의 실체파악과 21세기 전망」, 2006, 147쪽.

98) Frederick M. Barnard, *Zwischen Aufklarung und Romantik: Eine Studie Uber Herders soziologisch-politisches Denken,* Berlin: Erich Schmidt Verlag, 1964, p. 199 참조.

99) 박호성, 『남북한 민족주의 비교연구―한반도 민족주의를 위하여』, 1997, 54쪽.

100) Hans Kohn, *The Idea of Nationalism,* N.Y: MacMillan 1961, pp. 427~451.

101) J. J. Rousseau, ed. by R. D. Masterrs, *The First and Second Dicourses*, N.Y.: St. Martin's Press, 1964(박의경, 「민족문화와 정치적 정통성: 루소(J. J. Rousseau)와 헤르더(J. G. Herder)」, 2002, 61쪽 재인용).

102) 박의경, 위의 글, 61쪽.

103) 박호성, 『남북한민족주의 비교연구―한반도 민족주의를 위하여』, 1997, 56쪽.

104) Benedict Anderson, *Imagined Communities: Reflections on the Origin and Spread of Nationalism,* London: Verso, 1983(윤형숙 옮김, 『민족주의의 기원과 전파』, 나남, 1991, 192쪽). 반면에 카우츠키 같은 사회주의자는 "민족어의 사용은 점차 가정의 영역에 국한될 것이며, 여기서조차 유산으로 물려받은 고가구처럼 취급될 것이다. 고가구는 시제 사용되지는 않지만 소중히 간직되는 것이다"라고 주장하고 있다.(홉스봄) 박호성, 『남북한 민족주의 비교연구―한반도 민족주의를 위하여』, 1997, 59쪽에서 재인용.

105) 박의경, 「민족문화와 정치적 정통성: 루소(J. J. Rousseau)와 헤르더(J. G. Herder)」, 2002, 60쪽.

106) 박호성, 『남북한민족주의 비교연구―한반도 민족주의를 위하여』, 1997, 59쪽.

107) Hans Kohn, *The idea of Nationalism : A Study in its Origins and Background*(Collier Books, 1969), pp. 428~429(박호성, 『남북한 민족주의 비교연구―한반도 민족주의를

위하여』, 1997, 60쪽에서 재인용).

108) Hans Kohn, *Ibid*, p. 429(박호성, 위의 책, 61쪽에서 재인용).

109) 헤르더 전집 ⅩⅤⅢ, p. 137 · 271 · 300(박의경, 「민족문화와 정치적 정통성: 루소(J. J. Rousseau)와 헤르더(J. G. Herder)」, 2002, 64쪽에서 재인용).

110) Frederick M. Barnard, *Zwschen Aufklarung und politischer Romantik : Eine Studie uber Herders soziologisch-politisches Denken* (Berlin : Erich Schmidt Verlag, 1964), p. 172(박호성, 『남북한 민족주의 비교연구─한반도 민족주의를 위하여』, 1997, 62쪽에서 재인용).

111) 에릭 홉스봄 저, 강명세 역, 『1780년 이후의 민족과 민족주의』, 창비, 2012(9쇄), 106쪽. 그러므로 왕은 자신을 돕기 위해 일어난 충성스러운 신민들을 향해 "오늘 그들은 나를 위해 일어났지만 내일은 나의 반역자가 될 것이다"라고 말할 수 있는 것이다.

112) 여기서 시민적 민족주의는 정치적 민족주의와 문화적 민족주의는 낭만적 민족주의와 동일한 개념으로 보았다. 주목할 부분은 토마스 아퀴나스가 구분하였던 실체적 전체와 비본질적 전체 간의 구분이다. 인간의 육체와 같이 복잡하면서도 동시에 집합적인 실체는 이러한 실체적 전체의 사례인 반면, 비본질적 전체는 육체의 형태를 갖춘 것이 아니라 관계의 유기적 총화로서 이해될 수 있다. 여기서 유기적 총화의 각 부분은 그 자체로서 곧 전체이기도 한 것이다. 어떠한 사회에서도 인간은 물리적 집단을 형성하는 단순한 분자가 아닐 뿐만 아니라, 그 자신이 바로 독립적이고 개별적인 실체인 것이다.

113) 헤르더 전집 Ⅴ, pp. 134~147(박의경, 「민족문화와 정치적 정통성: 루소(J. J. Rousseau)와 헤르더(J. G. Herder)」, 2002, 65쪽에서 재인용).

114) 노재봉 · 조성환 · 김영호 · 서명구 공저, 『정치학적 대화』, 성신여자대학교 출판부, 2015, 279쪽.

115) F. Barnard. "Culture and Civilization in Modern Times", *Dictionary of the History of Ideas*, ed. Philip P. Wiener. 1973, pp. 613-621. "현실적으로 정치적 힘이 부족하여 자신을 드러내지 않는 민족을 헤르더도 루소도 칭송─물론 여기서 칭송 받은 것은 정치적으로는 재난에 가까운 일이었으나─하였는바, 민족해방을 위하여 투쟁하는 민족주의자들도 이러한 경향을 수용하였다." 단적으로 헤르더는 슬라브 민족의 평화성을 칭찬하면서 동시에 슬라브 민족의 정치적 쇠망의 단서를 여기서 발견한다. (박의경, 「민족문화와 정치적 정통성: 루소(J. J. Rousseau)와 헤르더(J. G. Herder)」, 2002, 62~63쪽에서 재인용).

116) 박의경, 위의 글, 53~54쪽.

117) 노재봉, 『사상과 실천: 현실정치인식의 기초』, 녹두, 1985, 278~279쪽.

118) 이용희 외, 『한국의 민족주의』, 춘추문고, 1973, 13쪽.

119) 박의경, 「민족문화와 정치적 정통성: 루소(J. J. Rousseau) 와 헤르더(J. G. Herder)」, 2002, 51쪽.

120) 노재봉, 『사상과 실천─현실정치인식의 기초』, 녹두, 1985, 280쪽.

121) '이중적 변화'는 근대 민족주 성격을 "문화의 정치화"와 "정치의 문화화"라고 보는 관점에서 표현한 것으로 이해된다. 즉 문화와 정치는 떼려야 뗄 수 없는 불가분의 관계라는 것으로 정치적 민족주의와 문화(낭만)적 민족주의를 대상적으로 보지

않아야 한다는 점을 강조하고자 한 것으로 보임.

122) James S. Fishkin. *Tyranny and Legitimacy*, Baltimore, 1979(박의경, 「민족문화와 정치적 정통성: 루소(J. J. Rousseau)와 헤르더(J. G. Herder)」, 2002, 67쪽에서 재인용).

123) 박양신, 「근대 일본에서의 '국민' '민족' 개념의 형성과 전개: nation개념의 수용사」, 『동양사학연구』, 제104집, 2008, 238~240쪽.

124) 표세만 외, 「일본의 '네이션' 개념의 수용과 변용」, 『동아시아 근대 '네이션' 개념의 수용과 변용』, 고구려 연구재단, 2005, 141~142쪽.

125) 백영서, 「중국의 국민국가와 민족문제: 형성과 변용」, 『근대 국민국가와 민족문제』, 1985, 86쪽.

126) 이춘복, 「청말 중국 근대 '민족' 개념 담론연구 – 문화적 '민족' 개념과 정치적 '국민' 개념을 중심으로」, 『중앙사론』 제29집, 2009, 144~145쪽.

127) 박찬승, 「일제 지배 하 한국 민족주의 형성과 분화」, 『한국독립운동사연구』 제15집, 한국독립운동사연구소, 2000, 3쪽.

128) 량치차오, 「政治學大家伯倫知理之學說」, 『음빙실문집』(하), 광지서 국본, 1905, 141쪽.

129) 박상수 외, 「중국의 근대 '네이션' 개념의 수용과 변용」, 『동아시아 근대 '네이션' 개념의 수용과 변용』, 고구려연구재단, 2005, 140쪽.

130) 박찬승, 『민족·민족주의』, 소화, 2010, 51~52쪽.

131) 요시노 고사쿠 저, 김태영 옮김, 『현대 일본의 문화 내셔널리즘』, 일본어 뱅크, 2001, 33~34쪽.

132) 권용기, 「조선왕조실록에 나타난 '동포'의 검토」, 『한국사상사학』 제13집, 1999, 51쪽. 권용기는 "조선왕조실록에 '동포'라는 용어가 주로 국왕이나 지배층이 백성들을 대상으로 온정주의적으로 대해야 한다는 것을 강조할 때 주로 사용되었다는 것을 강조하였다. 즉, 왕도정치의 대상으로서의 '동포'로 쓰였다는 것이다. 따라서 '동족'이라는 의미로서의 '동포'에 대해서는 관심을 기울이지 않았다."고 하였다.

133) 한글학회 편, 『우리말큰사전』, 어문각, 1992, 사전에는 "1. 한 부모에게서 태어난 형제자매, 2. 한나라 또는 한겨레에 딸려있는 사람" 또는 "같은 나라 또는 같은 민족의 사람을 다정하게 이르는 말" 등으로 나와 있다.

134) 박찬승, 『민족·민족주의』, 소화, 2010, 61~62쪽.

135) 남시욱, 『한국 보수세력연구』, 청미디어, 2011a, 123~124쪽. 신채호가 쓴 것으로 보이는 대한매일신보 1909년 5월 28일자 '제국주의와 민족주의'라는 논설에서 민족주의는 '타민족의 간섭을 받지 않는 주의'라고 풀이하고 있다.

136) 백륜지리 저, 안종화 역. 1907년 량치차오(梁啓超)의 책을 중역한 책이다. 여기서 '백륜지리'는 『공법회통』의 저자인 독일법학자 블룬칠리이다. 김효진, 2000, 683~684쪽.

137) 남시욱, 『한국 보수세력연구』, 청미디어, 2011a, 124~125쪽.

138) 요시노 고사쿠 저, 김태영 옮김, 『현대 일본의 문화 내셔널리즘』, 일본어 뱅크, 2001, 33~34쪽.

139) Vladimir Tikhnov, "*Sin Chaeho's World: Heroes and the Survival of the National Family*", Social Darwinism and Nationalism in Korea: the Beginnings(1880s-1910s), Copyright 2010 by Koninklijke Brill NV, Leiden, The Netherlands. pp. 158~162.

140) 신용하, 『신채호의 사회사상연구』, 나남, 2004, 254~255쪽.

141) 박찬승, 『민족·민족주의』, 소화, 2010, 91쪽.

142) 김현숙, 「한말 '민족'의 탄생과 민족주의 담론의 창출: 민족주의 역사서술을 중심으로」, 『동양정치사상사』 제5권 제1집, 2005, 128쪽.

143) 양정훈, 「통일을 향한 한반도 민족주의」, 『2012년 한국보훈논총』 제11권 제4호, 163쪽.

144) 차기벽, 『민족주의 원론』, 한길사, 1990, 50~55쪽(박찬승, 『민족·민족주의』, 소화, 2010, 121~122쪽에서 재인용).

145) 박찬승, 위의 책, 122쪽.

146) 노재봉·조성환·김영호·서명구 공저, 『정치학적 대화』, 성신여자대학교 출판부, 2015, 209쪽.

147) 위의 책, 212쪽.

148) 위의 책, 213쪽.

149) Ch. Furth, 1986, "Intellectual Change: From the Reform Movemrnt to the May Fourth Movement, 1895~1920", Fairbank, J. K. ed, The Cambridge, *History of China*, Vol. 12. Part 1, Cambridge, 1858~1927, Seattle: University of Washington Press. p. 324.

150) 조성환, 「진화론과 근대 중국의 민족주의 – 양계초와 장병린의 민족사상을 중심으로 –」, 『대한정치학회보』 제16집 1호, 2010, 200~203쪽.

151) 단재 신채호선생기념사업회 편, 『20世紀新國民』, 1977, 212~213쪽.

152) 조성환, 「근대 중국의 세계관적 사상의 변화와 정치사상의 전개」, 『대한정치학회보』 제19집 2호, 2011, 11쪽.

153) 노재봉·조성환·김영호·서명구 공저, 『정치학적 대화』, 성신여자대학교 출판부, 2015, 213~214쪽.

154) 김혜승, 「한국 민족주의의 현상과 전망: 운동권 민족주의의 실체파악과 21세기 전망」, 2006, 162쪽.

155) 임현진·공유식·김병국, 「한국에서의 민족 형성과 국가 건설 – 〈결손국가론〉 서설」, 준봉 구범모 교수 회갑기념논총 편집위원회 편, 『전환기 한국정치학의 새 지평』, 나남, 1994, 487~511쪽.

156) 하상복, 208쪽.

157) 노재봉 편, 『한국민족주의와 국제정치』(동주 이용희 선생 제자 학술심포지움 자료집), 1983, 15~16쪽.

158) 위의 책, 17쪽.

159) 지은주, 「동북아시아 공동체를 위한 지역 정체성과 민족주의」, 『新亞細亞』 제15권 3호, 2009, 140쪽.

160) 왕후이(汪暉) 지음, 이욱연 옮김, 『새로운 아시아를 상상한다』, 창비, 2003, 223쪽. "중국학자 왕후이의 경우 '내재적 총체성'을 목표로 하는 이데올로기적 동아시아론을 경계하고 '관계성'과 '상대성'을 강조한다."

161) 조성환, 「동아시아주의의 정치사상」, 한국동북아지식인연대 편, 『동북아공동체를 향하여』, 동아일보사, 2004, 233쪽.

162) 재일동포 학자 강상중의 경우가 대표적이다. 강상중, 『아시아 공동의 집을 향하여』,

이파리, 2000(조성환 외 6명, 『세계화와 동아시아 민족주의』, 책사랑, 2010, 32쪽에서 재인용).

163) 조성환 외 6명, 위의 책, 32~35쪽.

164) 장동진・황민혁, 「외국인 노동자와 한국 민족주의: 자유주의적 민족주의를 통한 포용 가능성과 한계」, 『21세기 정치학회보』 제17집 3호, 2007, 237쪽.

165) 윤해동, 「내파하는 민족주의」, 『역사문제연구』 제5호, 2012, 183쪽.

166) Kate Crehan, 김우영 옮김, *Gramsci, Culture and Anthropology*, 2002. pp. 209~211을 참조. 그람시는 "인간은 역사의 주체이기도 하지만 고립된 개인들이 역사를 창조하는 것이 아니라 집합적인 정치 실체의 구성원이 역사를 만든다"라고 하여 개인보다는 집단을 강조하였다.

167) 김철민, 「민족주의 관점에서 본 양차대전 사이의 유고슬라비아: 정치적 민족주의 vs 문화적 민족주의」, 『동유럽발칸연구』 제38권 4호, 한국외국어대학교 국제사회교육원 동유럽발칸연구소, 2014, 211쪽.

168) 박순영, 「문화적 민족주의: 그 의미와 한계」, 『철학』, 한국철학회 37, 2009, 88~101쪽을 참조.

169) 위의 글, 89・118쪽. 헤르더 민족주의가 보편과 개체의 조화를 시도하듯이 '박애정신'은 차이의 원리에 근거한다. 자유와 평등이 상충할 경우 정의의 원칙으로 자유와 평등을 극단적으로 요구하지 않으면서 조화를 이루기 위해 서로의 차이를 인정하고 유리한 조건을 양보하고 관용하는 박애의 정신을 요청한다.

3장 한국의 낭만적 민족주의 부분에 대한 평가

1) 박찬승, 「일제 지배 하 한국 민족주의 형성과 분화」, 『한국독립운동사연구』 제15집, 한국독립운동사연구소, 2000, 51~53쪽.

2) 양정훈, 「통일을 향한 한반도 민족주의」, 『한국보훈논총』 제11권 제4호, 2012, 163쪽.

3) 조동걸, 『한국근현대사의 이상과 형상』, 푸른역사, 2001, 334~335쪽.

4) 김현숙, 「한국 근대 민족의 탄생과 민족주의 담론의 창출」, 조성환 외 6명, 『세계화와 동아시아 민족주의』, 책사랑, 2010, 53쪽.

5) 김현숙, 「한말 '민족'의 탄생과 민족주의 담론의 창출: 민족주의 역사서술을 중심으로」, 『동양정치사상사』 제5권 제1집, 2005, 128쪽.

6) 김민철, 「'민족주의 비판론'에 대한 몇 가지 노트」, 『역사문제연구』 제4호, 2013, 219쪽.

7) 한스 콘도 헤르더가 자연(nature)과 역사(history)를 유기적 생장물(organic growths)로 간주하는 새로운 철학적 인식에 몰두했었음을 강조하고 있다. Kohn, *The idea of Nationalism: A Study in origins and Background*, Collier Books, 1969, 427쪽 이하(박호성, 『남북한 민족주의 비교연구―한반도 민족주의를 위하여』, 1997, 53~54쪽 재인용)를 참고.

8) 안병준, 「민족주의와 한반도」, 『국제정치논총』 제13집, 한국국제정치학회, 1983, 29쪽

(한흥수,『도전과 응전의 한국 민족주의』, 옥당, 2015, 32쪽 각주 재인용).

9) 노재봉 · 조성환 · 김영호 · 서명구 공저,『정치학적 대화』, 성신여자대학교 출판부, 2015, 214쪽.

10) 위의 책, 215쪽.

11) 김영호,『대한민국의 건국혁명1』, 성신여자대학교 출판부, 2015, 75~76쪽.

12) 신용하,『이야기 독립운동사』, ㈜교문사, 2001, 333~334쪽.

13) 에릭 홉스봄 저, 강명세 옮김,『1780년 이후의 민족과 민족주의』, 창비, 1994, 69~110쪽. 홉스봄은 서유럽에서마저 19세기 후반까지 대다수 민족들에게 "민족의식"이 형성되지 않았다고 본다. 박호성,『남북한 민족주의 비교연구 – 한반도 민족주의를 위하여』, 1997, 51쪽에서 재인용.

14) 마루야마 마사오,『문명론의 개략을 읽는다』, 156쪽.

15) 신채호,「讀史新論」,『단재 신채호 전집』상, 1997, 467~523쪽.

16) 윤해동,「한국 민족주의의 근대성 비판」,『역사문제연구』제4호, 2000, 60쪽.

17) 베네딕트 앤더슨이 사용한 '관주도 국가 민족주의'(offical nationalism)는 민족주의가 국가의 권력 담론화 한다는 측면에서 '국가 민족주의'라는 용어를 사용하였지만, 이는 앤더슨이 사용하는 이른바 관주도 민족주의(offical nationalism)라는 용어와 비슷한 맥락에서 사용한 것이다.

18) 만주학회,「만주국 통치와 재만 한인 문제: '오족협화'와 '내선일체'의 상극」,『만주연구』제1집, 2004, 89~108쪽. 오족협화는 일본이 만주국(滿洲國)을 건국할 때의 이념이다. 5족은 일본인(日本人) · 한족(漢人) · 조선인(朝鮮人) · 만주족(滿洲人) · 몽고인(蒙古人)을 가리킨다

19) 윤해동,「한국 민족주의의 근대성 비판」,『역사문제연구』제4호, 2000, 50~52쪽.

20) 최형익,「한국 민족주의와 통일의 조건 – 하나의 민족주의적 관점」,『민주주의와 인권』제6권 2호, 2006, 55쪽.

21)「미 발견의 민중」,『동아일보』1924년 2월 6일자. "민중이란 용어가 이전에 사용하던 동포, 인민, 사회, 압박받는 계급이란 말을 대신하는 용어 또는 매우 몽롱한 정의를 가진 용어임을 인정하고 있다."

22) 신일철,「신채호의 무정부주의 사상」,『신채호의 역사사상 연구』, 고려대학교 출판부, 1996.

23) 박호성,『남북한 민족주의 비교연구 – 한반도 민족주의를 위하여』, 1997, 52~53쪽.

24) 여기서 '체제(system)'라는 개념은 두 개 이상의 근대국가들이 대외적으로 서로 접촉하면서 일정한 관계를 맺고 그 결과 어떤 국가의 정책을 결정하는 데 '전략적 상호작용'이 일어날 경우 이들 국가들이 하나의 '체제'(system)을 구성한다고 말한다. Hedley Bull, *The Anarchical Society*, New York: Columbia University Press, 1977, p. 10.

25) 하우동설,『교육학용어사전』, 서울대학교 교육연구소, 1995. '건국', '국가를 세운다'와 관련하여 국가에 대해 "국가의 3요소는 영토 · 국민 · 주권인데 일정한 영토를 소유하고, 외부의 지배로부터 독립하며, 그 관할 내에 있는 모든 개인과 집단에 대하여 법률을 제정하고 집행하는 정치기구를 지닌 인간집단"이라고 정의한다. 이것은 정치학의 기본 개념의 하나로서 학자에 따라 여러 견해가 있다. "즉, 국가의 3요소인 영토 · 국민 · 주권 중에서 특히 쟁점이 되는 것은 주권으로서, 주권은 보댕

(Bodin)의 군주주권론, 루소(J. J. Rousseau)의 국가주권론을 거쳐 다시 국민주권론이 현대국가의 기초적 정치원리를 제공해 주고 있다." 또 다른 논쟁적 관점으로 "현행 헌법 전문에 '대한민국은 임시정부의 법통을 계승하고'를 들어 건국일을 1919년으로 보아야 한다"는 주장과 "남북분단 상황을 중시한 분단사관에 입각하여 대한민국 '건국'이라는 표현은 '정부 수립'이라고 해야 한다"는 주장이 있다. 하지만 1941년 임시정부가 발표한 '대한민국 건국강령'에 일제에 빼앗긴 나라를 되찾기 위한 복국(復國) 시기와 복국이 완성된 후 '건국(建國)'해야 함을 명시하여 1948년 '건국'을 명확히 하고 있다.

26) 김영호, 『대한민국의 건국혁명1』, 성신여자대학교 출판부, 2015, 75쪽.

27) 노재봉, 「대한민국 건국의 세계사적 의의」, 김영호 편, 『대한민국 건국 60년의 재인식』, 기파랑, 2008, 13~14쪽.

28) 노재봉, 「대한민국 건국의 세계사적 의의」, 김영호 편, 『대한민국 건국 60년의 재인식』, 기파랑, 2008, 23~24쪽.

29) 김영호, 『대한민국의 건국혁명 1』, 성신여자대학교 출판부, 2015, 83~85쪽.

30) '비르투(virtue)'는 새로운 국가 건설 과정에서 지도자의 역할을 중시했던 사상가 마키아벨리(Niccolo Machiavelli)의 『군주론』에서 국가를 건설하고 유지하는 지도자의 역량이라고 설명한다. 새로운 국가 건설은 자연발생적인 과정이 아니라 '비르투'에 입각한 지도자의 인위적 노력의 결과라는 것이다. '비르투'라는 개념은 흔히 영어로 '미덕(virtue)'이지만 마키아벨리가 말하는 '비르투'는 해결하기 어려운 대내외적 비상 상황하에서도 새로운 국가 건설을 실현하고야 마는 건국 지도자의 '영웅적 행위'를 말한다. 노재봉·조성환·김영호·서명구 공저, 『정치학적 대화』, 성신여자대학교 출판부, 2015, 155쪽 재인용. 함규진, 서울교육대학교 교수, 역사저술가의 글 참조.

31) 노재봉, 「대한민국 건국의 세계사적 의의」, 김영호 편, 『대한민국 건국 60년의 재인식』, 기파랑, 2008, 27쪽.

32) Tocqueville, *Democracy in America* Ⅱ, pp. 569~571. "역사는 뛰어난 개인이나 지도자에 의해서가 아니라 사회 구성원들의 자발적 협력의 결과로 저절로 움직여 나가는 것처럼 보이는 '착시현상'이 생겨난다는 것이다. 이러한 착시현상은 민주사회에서 만연한 정치권이 '민주주의적 수사(修辭)'와 프로파간다에 의해 더욱 강화된다. 노재봉, 「대한민국 건국의 세계사적 의의」, 김영호 편, 『대한민국 건국 60년의 재인식』, 기파랑, 2008, 14쪽 재인용. "이러한 민주사회에 사는 인간들의 역사인식은 역사가의 역사 서술에도 그대로 반영된다는 것이 토크빌의 주장이다."(김영호, 13쪽.)

33) 니콜로 마키아벨리(Machiavelli, Niccolo) 저, 서정태 옮김, 김경준 해제, 『군주론』, 소울메이트, 2013, 15쪽.

34) 김영호, 『대한민국의 건국혁명 2』, 성신여자대학교 출판부, 2015, 208쪽.

35) 김영호, 63~64쪽.

36) 최형익, 「한국 민족주의와 통일의 조건 – 하나의 민족주의적 관점」, 『민주주의와 인권』 제6권 2호, 2006, 52쪽.

37) 이미 로자 룩셈부르크는 레닌과의 논쟁 중에 인도를 예로 들면서, 식민지 해방 후에 새로운 지배계급으로 부상한 민족 부르주아지는 제국주의 시대의 식민지 통치자가

행한 착취 역할을 떠맡게 되리라고 예측한 적이 있다. Rosa Luxemburg, *Die russische Revolution*(Frankfurt, 1963, p. 84 참조(박호성, 『남북한 민족주의 비교연구 – 한반도 민족주의를 위하여』, 1997, 69~70쪽 재인용).

38) Edelman, Murray. 1988. *Constructing the Political Spectacle*. Chicago and London: The University of Chicago Press(하상복, 「한국의 민주화와 민족주의 이념의 정치」, 『동아연구』 제49집, 2005, 211쪽 재인용).

39) 최장집, 「한국 민족주의의 특성」, 『한국 민족주의의 조건과 전망』, 나남, 1996, 189쪽.

40) 이수인, 「국가동원 체제의 문화적 동원: 민족주의 담론을 중심으로」, 『박정희 체제의 국가동원 메카니즘에 관한 연구』, 성공회대학교 박정희 동원체제 연구팀 발표문, 2003, 118쪽.

41) 김영작, 「Nationalism 원리와 국내정치 및 국제정치상의 위상. J. J. Rousseau의 정치사상을 중심으로」, 『국제정치논총』 1983, 72쪽.

42) 양정훈, 「통일을 향한 한반도 민족주의」, 『2012년 한국보훈논총』 제11권 제4호, 163쪽.

43) 윤건차 저, 장화경 옮김, 『현대 한국의 사상흐름』, 당대, 2001, 227쪽.

44) 황한식, 「한국농지개혁 연구」, 최장집 편, 『한국현대사』 I, 열음사, 1998, 36쪽.

45) 최형익, 「한국 민족주의와 통일의 조건 – 하나의 민족주의적 관점」, 『민주주의와 인권』 제6권 2호, 2006, 2006, 57쪽.

46) 이철순, 「이승만 정권기 미국의 대한정책 연구(1948~1960)」, 서울대학교 정치학과 박사학위논문, 2000, 98쪽.

47) 박명림, 『한국전쟁의 발발과 기원』, 나남, 1996. 박명림은 이처럼 남북 간에 구조적으로 맞물려 상호 제약하는 역사적 상황을 '동태적 대쌍관계(interface dynamics)'라는 개념으로 표현했다.

48) 최장집, 『한국 민주주의의 조건과 전망』, 나남, 1996, 20~28쪽.

49) 전재호, 『반동적 근대주의자 박정희』, 책세상, 2000, 45쪽.

50) 홍원표, 「한국의 정치변동과 통치담론의 이동에 관한 사상사적 고찰」, 『한국정치학 50년』, 한울, 2001, 66쪽.

51) 이정복, 「미 군정의 점령정책과 국가기구의 형성」, 서울대학교 한국정치연구소 편, 1993, 77쪽.

52) 양정훈, 「통일을 향한 한반도 민족주의」, 『2012년 한국보훈논총』 제11권 제4호, 165쪽.

53) '국가적 민족주의'는 '권위주의적 자유민주주의'가 가지고 있다고 보는 국가라고 하는 집단 중심의 '국가성'을 얘기하는 것임.

54) 최형익, 「한국 민족주의와 통일의 조건 – 하나의 민족주의적 관점」, 『민주주의와 인권』 제6권 2호, 2006, 52쪽.

55) 김혜승, 「한국 민족주의의 현상과 전망: 운동권 민족주의의 실체파악과 21세기 전망」, 2006, 146쪽.

56) 정지웅, 「한반도 통일에 있어서 민족주의의 함의」, 『북한연구학회보』 제8권 제1호, 2004, 232쪽.

57) 양정훈, 166쪽. "산업화에 의한 경제발전이 이루어질수록 국가주의적 경향이 강하게 나타나 민본주의적이며 자유·민주·평등이란 한계에 부딪칠 수밖에 없었다. 따라서 이러한 한계점을 극복할 때 지배 속에 가장 지배적인 가치이념으로 진정한 민족

주의가 자리를 잡을 수 있을 것으로 보인다."

58) 윤건차 저, 장화경 옮김, 『현대 한국의 사상흐름(1980~1990년대)』, 당대, 2001, 231~232쪽.

59) 박호성, 『남북한 민족주의 비교연구 — 한반도 민족주의를 위하여』, 1997, 75쪽. "나는 절충주의가 가장 잘 적용될 수 있는 대상이 있다 한다면, 그것은 '민족'의 경우라 생각한다. 민족 또는 민족주의는 문화·언어적이고 사회경제적인 요소를 절충하지 않으면 이해될 수 없다."

60) 김육훈, 『살아있는 한국 근현대사 교과서』, 휴머니스트, 2011, 86쪽.

61) 김일영, 「박정희 시대와 민족주의의 네 얼굴」, 『한국정치외교사논총』 제28집 1호, 2006, 223쪽.

62) 박정희, 「중앙방송 대통령 정견발표, 1963」 "남들이 그렇게도 좋다는 민주주의, 또 우리가 가져보려고 그렇게도 애쓰던 자유민주주의가 왜 이 나라에서는 꽃피지 않는 것인지 아십니까? 그 이유는 간단합니다. 자주와 민주를 지향한 민족적 이념이 없는 곳에서는 결코 자유민주주의는 꽃피지 않는 법입니다. 민족의식이 없는 사람들에게는 자유민주주의는 항상 잘못 해석되고 또 잘 소화되지 않는 법입니다."

63) 김일영, 「박정희 시대와 민족주의의 네 얼굴」, 『한국정치외교사논총』 제28집 1호, 2006, 227쪽.

64) Tom Nairn, "The Modern Janus", *New Left Review 94*, November~December, 1975, pp. 3~29. 박호성, 『남북한 민족주의 비교연구 — 한반도 민족주의를 위하여』, 1997, 72쪽에서 재인용.

65) 한국정치연구회 편, 『박정희를 넘어서』, 푸른숲, 1998, 221~223쪽.

66) 학술단체협의회 '97학술토론회, 『박정희 시대 재평가와 오늘의 한국사회』, 1977, 33쪽.

67) 윤건차 저, 장화경 옮김, 『현대 한국의 사상흐름(1980~1990년대)』(당대총서13), 당대, 2001, 228~229쪽.

68) 김정훈, 「분단체제와 민족주의 : 남북한 지배담론의 민족주의의 역사적 전개와 동질이형성」, 『동향과 전망』, 2000년 봄호, 179~180쪽.

69) 김일영, 「박정희 시대와 민족주의의 네 얼굴」, 『한국정치외교사논총』 제28집 1호, 2006, 231쪽.

70) 차기벽, 「오용된 민족주의」, 『사상계 5월호』, 1965, 106쪽. "우리나라는 먼저 산업화에 치중해야 한다고 믿는데, 그렇게 하는 것이 민주화의 터전을 닦는 셈이 되기도 하는 것이다…우리는 근대화란 다름 아닌 산업화임을 명심하고 경제건설에 총력을 기울여 경제자립을 서둘러야 하며…"

71) 안병욱, 「창조와 혼돈의 장」, 『사상계』, 1968년 8월호, 139쪽. "60년대 우리의 관심권을 지배한 것은 발전이요 산업주의 사상이다…후진국의 근대화론은 한마디로 말해서 민족주의의 경제적 표현이요, 경제적 민족주의 운동이다."

72) 장준하 저, 장준하 선생 10주기 추모문집간행위원회 편, 『장준하 문집』 제1권, 1985. "민족적인 생명과 따로 존재하는 자기, 민족의 생명이 끊어진 뒤에도 살아 있는 자기, 민족이 눌리고 헐벗고 있을 때, 그렇지 않은 자기는 이미 자기 아닌 자기이며, 그렇기에 자기의 생명을 실현하는 인간이 아닌 것이다…민족의 생명, 민족의 존재가 이미 없어져 버릴 때 민족의 한 사람인 그의 개인적인 인간적인 생명과 존재조차

없어져 버리는 것이다."(50쪽) "정치이념도 생활조건도 심지어 사생활까지도 통일을 위해 방해가 된다면 이에 대한 집착을 탁 털고 훌훌히 나서는 인간이 되어야만 통일을 말할 수 있고 통일 운동에 가담할 수 있다."(40쪽)

73) 김일영, 「박정희 시대와 민족주의의 네 얼굴」, 『한국정치외교사논총』 제28집 1호, 2006, 237쪽.

74) 홍석률, 「1960년대 한국 민족주의의 두 흐름」, 2004, 198~201쪽.

75) 박정희, 『민족중흥의 길』(1978), 『나라가 위급할 때 어찌 목숨을 아끼리』, 동서문화사, 2005, 414쪽.

76) 위의 책, 396쪽.

77) 박정희, 「국군의 날 유시」, 1968. 10. 1.

78) 박정희, 『국가와 혁명과 나』(1963), 『하면 된다! 떨쳐 일어나자!』(1963) "먹여 놓고 살려 놓고서야 정치가 있고 사회가 보일 것이며 문화에 대한 여유가 있을 것…이 경제재건 없이 적을 이길 수도 없고 자주독립도 기약할 수 없는 일이다."(『나라가 위급할 때 어찌 목숨을 아끼리』, 동서문화사, 2005, 396쪽); 「자유의 날 담화문」 (1965) "내부에 이 빈곤을 두고서 반공이나 승공 할 수 있다고 생각하는 것은 얼마나 무용한 도로(徒勞)이며, … 그러기에 정부는 승공이나 반공의 관건이 빈곤의 추방에 있음을 누누이 역설하였으며, 온 국민이 경제적 번영을 이룩하는 데 총력을 기울여 줄 것을 호소해 왔던 것이다."

79) 대중경제연구소 편, 『김대중씨의 대중경제 100문 100답』, 1971. '대중경제론'이 '민족경제론'으로 집약되어 출간되었음.

80) 김남주는 1970년대 말 '남조선민족해방전선(남민전)' 조직사건에 관련되어 오랜 투옥생활을 거친 시인이다.

81) 김일영·조성렬, 「한국에서의 반미주의에 관한 역사적 개관」, 『주한미군: 역사·쟁점·전망』, 한울, 2003, 249쪽.

82) Hugh Seaton-Watson, *Nations & States : An enquiry into the origins of nations and the politics of nationalism*(Methuen-London, 1997, University paperback 776), pp. 147~148; Benedict Anderson, *Imagined Communities : Reflections on the Origin and Spread of Nationalism* (London: Verso, 1983), 제6장 pp. 111~142.

83) Benedict Anderson, 1983, 129~131쪽.

84) E. J. 홉스봄, 『1780년 이후의 민족과 민족주의』, 창비, 강명세 옮김. 2012, 221쪽.

85) 박호성, 『남북한 민족주의 비교연구－한반도 민족주의를 위하여』, 1997, 79~80쪽.

86) 박호성, 위의 책, 82~83쪽.

87) H. Kohn, *The idea of Nationalism : A Study in its Origins and Background*(Collier Books, 1969), pp. 15~40. 한스 콘은 '근대적 민족주의'의 원천을 18세기 후반에서 찾고 프랑스 대혁명을 그 최초의 '위대한 발현'으로 간주하였다. 그러나 이미 중세에 민족주의가 출현한 것으로 파악하는 학자도 있다. 박호성, 『남북한 민족주의 비교연구－한반도 민족주의를 위하여』, 1997, 70쪽에서 재인용.

88) 임지현, 『민족주의는 반역이다: 신화와 허무의 민족주 담론을 넘어서』, 소나무, 1999, 24쪽.

89) 프리드리히 마이네케(Friedrich Meinecke) 저, 이상신·최호근 역, 「독일 민족국가의

형성에 관한 연구」, 『세계시민주의와 민족국가』, 나남, 2007, 25쪽.

90) 전재호, 「한국 근·현대사 교과서를 둘러싼 역사인식 갈등 연구: 한국 민족주의의 '균열'을 중심으로」, 『한국과 국제정치』 제26권 제3호, 2010년 가을, 163~164쪽.

91) 위의 글, 165쪽.

92) 위의 글, 165~168쪽.

93) Eric Hobsbawm, Nations and Nationalism Since 1780, Cambridge University Press, 1990, p. 66(이지윤, 「한국 민족주의에 대한 다양한 해석의 가능성: 종족 민족주의와 정치적 민족주의의 접합」, 『인간·환경·미래』 제4호, 2010, 96쪽에서 재인용).

94) 이지윤, 위의 글, 96~97쪽.

95) 위의 글, 116~118쪽.

96) 위의 글, 120쪽.

97) 김영호, 『대한민국의 건국혁명 1』, 성신여자대학교 출판부, 2015, 89~92쪽.

98) 노재봉 편, 『한국민족주의와 국제정치』(동주 이용희 선생 제자 학술심포지움 자료집), 1982, 71쪽.

99) 위의 책, 74~75쪽.

100) 위의 책, 79쪽.

101) 백낙청, 『흔들리는 분단체제』, 창비, 2006, 156~158쪽.

102) 노재봉 편, 『한국민족주의와 국제정치』(동주 이용희 선생 제자 학술심포지움 자료집), 1982, 115~116쪽.

103) 이용희, 『현대 민족주의』, 1977, 64쪽.

104) 노재봉 편, 『한국민족주의와 국제정치』(동주 이용희 선생 제자 학술심포지움 자료집), 1982, 121쪽.

105) 이용희 외, 『한국의 민족주의』, 춘추문고, 1973, 13쪽.

106) 손세일, 「한국 민족주의의 과제」, 노재봉 편, 『한국민족주의와 국제정치』(동주 이용희 선생 제자 학술심포지움 자료집), 1982, 125~126쪽.

107) 노재봉 편, 『한국민족주의와 국제정치』(동주 이용희 선생 제자 학술심포지움 자료집), 1982, 133~134쪽.

108) 신일철, 「저항적 민족주의의 문제」, 노재봉 편, 『한국민족주의와 국제정치』(동주 이용희 선생 제자 학술심포지움 자료집), 1982, 89~90쪽.

109) 손세일, 「한국 민족주의의 과제」, 노재봉 편, 『한국민족주의와 국제정치』(동주 이용희 선생 제자 학술심포지움 자료집), 1982, 114~115쪽.

110) 이용희, 차기벽, 「저항 민족주의의 과제와 문제점」, 노재봉 편, 『한국민족주의와 국제정치』(동주 이용희 선생 제자 학술심포지움 자료집), 1982, 19~22쪽.

111) 노재봉 저, 『사상과 실천: 현실정치인식의 기초』, 녹두, 1985, 283쪽.

112) 위의 책, pp. 283~284.

113) 손세일, 「한국 저항 민족주의의 과제와 문제점」, 노재봉 편, 『한국민족주의와 국제정치』(동주 이용희 선생 제자 학술심포지움 자료집), 1982, 22~24쪽.

114) 조기준, 『한국 민족주의의 과제』, 신동아 9월호, 1973, 129쪽.

115) 손세일, 「한국 저항 민족주의의 과제와 문제점」, 노재봉 편, 『한국민족주의와 국제

정치』(동주 이용희 선생 제자 학술심포지움 자료집), 1982, 22~25쪽.

116) 신일철, 「저항적 민족주의의 문제」, 노재봉 편, 『한국민족주의와 국제정치』(동주 이용희 선생 제자 학술심포지움 자료집), 1982, 69~76쪽.

117) 노재봉 저, 『사상과 실천: 현실정치인식의 기초』, 녹두, 1985, 276~277쪽.

118) 박봉식, 「전진적 민족주의의 과제」, 노재봉 편, 『한국민족주의와 국제정치』(동주 이용희 선생 제자 학술심포지움 자료집), 1982, 192쪽.

119) 이황직, 「초기 근대 유교 계열의 민족주의 서사에 대한 연구」, 『문화와 사회』 제11권, 2011, 109쪽.

120) 윤대식, 「한국 민족주의의 쟁점: 민족주의를 바라보는 양가적 시선에 대한 자존의 변명」, 『정신문화연구』 제36권, 2013, 340~357쪽.

121) 이정우, 「한국 민족주의의 두 얼굴」, 『시대와 철학』 제17권, 2006, 225쪽.

122) 위의 글, 226~228쪽.

123) 서중석, 『이승만의 정치 이데올로기』, 역사비평사, 2005, 18쪽.

124) 이정우, 「한국 민족주의의 두 얼굴」, 『시대와 철학』 제17권, 2006, 231~236쪽.

125) 김원열, 『유교 윤리의 근대적 변형에 대한 비판적 고찰: 박종홍의 유교 윤리를 중심으로』, 2006.

126) 김근식, 「대북정책과 대미정책 그리고 민족주의」, 『동북아 연구』 제28권 제1호, 2013, 38쪽.

127) 이홍구, 『민족공동체와 통일』, 나남, 1996. "노태우 정부 이홍구 통일부총리가 언급한 '상황의 이중성'은 바로 남북한 간에 존재하는 '민족성'과 '국가성(체제성)'의 괴리에 대한 인식적 함축을 의미한다." (조성환, 「통일론의 비판적 지식사회론: 민족패러다임의 비판적 인식」, 『동양정치사상사』 제3권 1호, 2002, 253쪽에서 재인용)

128) 조성환, 위의 글, 247쪽.

129) 김영호, 『통일한국의 패러다임: 평화통일 강국론』, 풀빛, 1999, 14~15쪽(조성환, 위의 글, 254쪽에서 재인용).

130) 조성환, 위의 글, 251쪽.

131) 김영삼, 「대통령 취임사」, 대통령 비서실, 1993.

132) 조성환, 「통일론의 비판적 지식사회론: 민족패러다임의 비판적 인식」, 『동양정치사상사』 제3권 1호, 2002, 253쪽.

133) 박명림, 「국내정치와 남북관계: '1.5레벨게임'의 구조와 동학: '내부' 민주주의와 '남북' 냉전체제 해체의 동시발전 모색」, 『계간사상』, 2000(조성환, 위의 글, 2002, 256쪽에서 재인용).

134) 한종기, 『햇볕정책의 정치동학』, 세종연구소, 2001, 61쪽.

135) "김일성이 체계화하여 통치이념화한 주체사상(주체사상), 김일성 사후의 혈족세습의 김정일, 김정은 체제, 그리고 강성(강성)대국 및 선군(선군)정치의 슬로건 등은 북한 권력의 신정주의적 현실을 증거한다."(조성환, 「통일론의 비판적 지식사회론: 민족패러다임의 비판적 인식」, 『동양정치사상사』 제3권 1호, 2002, 259쪽에서 재인용)

136) 심지연, 『남북한 통일방안의 전개와 수렴: 자주화, 국제화의 관점에서 본 통일방안 연구와 자료 1948~2001』, 돌베개, "남북한 통일방안의 전개와 수렴을 '자주화', '국제

화'의 정태적 선택이 아니라 동태적 상호작용으로 분석한다."

137) 조성환, 앞의 글, 『동양정치사상사』 제3권 1호, 2002, 257~258쪽.

138) 김근식, 「대북정책과 대미정책 그리고 민족주의」, 『동북아 연구』 제28권 제1호, 2013, 40~42쪽.

139) 김영명, 『우리 눈으로 본 세계화와 민족주의』, 오름, 2002, 32쪽.

140) 조성환, 앞의 글, 『동양정치사상사』 제3권 1호, 2002, 260~265쪽.

141) 백낙청, 『흔들리는 분단체제』, 창비, 2006, 157쪽.

142) 조성환, 앞의 글, 『동양정치사상사』 제3권 1호, 2002, 254~255쪽.

143) 임동원 김대중 대통령 특보는 '선정부 후 민간교류 원칙', '정경연계 원칙', '엄격한 상호주의 원칙'을 대신해 '쉬운 것부터 먼저하고 어려운 것은 나중에 한다(선이후난)', '경제부터 먼저 해결하고 정치문제는 나중에 해결한다(선경후정)', '민간단체 교류를 우선 허용하고 정부간 교섭은 나중에 추진 한다(선민 후관)', '먼저 주고 나중에 받는다(선공후득)' 등 화해협력 우선 정책을 햇볕기조의 원칙으로 나열했다.(임동원, 1999)

144) 남궁영, 「대북정책의 국내정치적 갈등」, 『국가전략』 제7권 4호, 81쪽.

145) 박명림, 「국내정치와 남북관계: '1.5레벨게임'의 구조와 동학: '내부'민주주의와 '남북'냉전체제 해체의 동시발전 모색」, 『계간사상』 12월, 2000(조성환, 앞의 글, 『동양정치사상사』 제3권 1호, 2002, 256쪽에서 재인용).

146) 박건영, 『한반도의 국제정치: 평화와 통일을 위한 새로운 접근』, 오름, 1999, 59~66쪽. "냉전종식에도 불구하고 동북아시아에는 역내 국가들이 군비 확대를 지속하고, 지역패권을 둘러싼 중·일 간의 군비경쟁이 확대되는 가운데 남북한의 이념적 경쟁과 군사적 대치가 완화되지 않고 있다."

147) 진덕규, 「한국 현대정치사에서 분단체제 현상에 대한 민족주의적 인식」, 『한국정신문화연구원논총』 제59권 2호, 1991.

148) 「사회과학원 철학연구소」 1985, 246쪽. 북한은 민족 개념을 "핏줄과 언어, 영토와 문화의 공통성에 기초하여 역사적으로 형성된 사회생활 단위이며 사람들의 공고한 집단"으로 규정하여 객관주의적 정의를 채택하고 있으나 '부르주아 민족주의'와 '진정한 민족주의'를 분리하여 계급주의를 일소한 것은 아니다.

149) 조성환, 앞의 글, 『동양정치사상사』 제3권 1호, 2001, 258~259쪽.

150) 이수인, 「1980년대 학생운동의 민족주의 담론」, 『기억과 전망』 제18호, 민주화운동기념사업회, 2008, 98쪽.

151) Wayne Norman, "Theorizing Nationalism(normativively): The First steps", in Bonald Beiner, ed., *Theorizing Nationalism*, State University of New York Press, 1999, p. 54.

152) Benedict Anderson 저, 윤형숙 역, 『상상의 공동체: 민족주의의 기원』, 나남, 2002, 25쪽.

153) 에릭 홉스봄 저, 강명세 역, 『1780년 이후의 민족과 민족주의』, 창비, 1994, 67쪽.

154) 하상복, 「한국의 민주화와 민족주의 이념의 정치(1945~19987)」, 『동아연구』 제49집, 2005, 199쪽.

155) 박명림, 「분단시대 한국 민족주의의 이해」, 『세계의 문학』, 여름호, 1996, 61쪽.

156) 김동춘, 「1980년대 한국의 민족주의 – 고도 산업화시대의 때늦은 민족주의」, 『한국

현대사와 민족주의』, 집문당, 1996, 167~171쪽.

157) 전국 대학생 대표자협의회, 「통일염원 44년(1988년 6월 10일), 통일의 길을 걷고자 하는 국민 여러분께」.

158) 이수인, 「1980년대 학생운동의 민족주의 담론」, 『기억과 전망』 제18호, 민주화운동 기념사업회, 2008, 119~122쪽.

159) 김일영, 「박정희 시대와 민족주의의 네 얼굴」, 『한국정치외교사논총』 제28집 1호, 2006, 248쪽.

160) 박노자, 『당신들의 대한민국』, 한겨레출판사, 2001.

161) 유홍준, 『한겨레』, 2002.

162) 김일영, 「박정희 시대와 민족주의의 네 얼굴」, 『한국정치외교사논총』 제28집 1호, 2006, 250쪽.

163) 하상복, 「한국의 민주화와 민족주의 이념의 정치」, 『동아연구』 제49집, 2005, 195쪽.

164) Norman, Wayne. 1999. "*Theorizing Nationalism: The First steps*", in Bonald Beiner ed. Theorizing Nationalism. State University of New York Press(하상복, 「한국의 민주화와 민족주의 이념의 정치」, 『동아연구』 제49집, 2005, 197쪽에서 재인용).

165) 하상복, 「한국의 민주화와 민족주의 이념의 정치」, 『동아연구』 제49집, 2005, 197~199쪽.

166) 최갑수, 「프랑스 혁명과 국민의 탄생」, 『서양에서의 민족과 민족주의』, 까치, 한국 서양사학회 편, 1999, 114쪽.

167) 최장집, 「한국 민족주의의 특성」, 『한국 민족주의의 조건과 전망』, 나남, 1996, 192쪽.

168) 윤해동, 『식민지의 회색지대』, 역사비평사, 2003, 189쪽.

169) 김수자, 「민주화 이후 한국 민족주의 담론의 전개: 6월 항쟁~김대중 정권」, 『사회 과학연구』 제14집, 2006, 53~74쪽.

170) 김수자, 「민주화 이후 한국 민족주의 담론의 전개: 6월 항쟁~김대중 정권」, 『사회 과학연구』 제14집, 2006, 48쪽.

171) 김혜승, 「한국 민족주의의 현상과 전망: 운동권 민족주의의 실체파악과 21세기 전망」, 2006, 151쪽.

172) 유석춘 외, 「참여연대 보고서」, 자유기업원, 2006(「시민단체의 권력기구화 진행 중」, 『동아일보』 2006년 9월 1일). 연세대 유석춘 교수팀의 분석에 따르면 21세기 한국의 대표적 NGO인 참여연대의 경우, 정부기관 진출 현황을 보면 김영삼 정부 시기에는 22개(7%) 정도였으나. 김대중 정부에서 113개(36.1%), 노무현 정부 들어 158개(50.5%) 로 급증했다.

173) 노재봉 편, 『한국민족주의와 국제정치』(동주 이용희 선생 제자 학술심포지움 자료 집), 민음사, 1983, "탈민족주의를 지향하는 민족주의가 무엇인지 그 실체가 의문스 럽기도 하지만, 저항적 민족주의를 넘어 전진적이고 개방적인 민족주의로 나아가야 한다는 문제제기 역시 일종의 형용모순으로서, 하나의 체제나 운동으로서 기능하고 있는 민족주의의 실체를 간과하고 있는 듯하여 다소 공허하다."

174) 최장집, 「한국 민족주의의 특성」, 『한국 민족주의의 조건과 전망』, 나남, 1996; 임지 현, 『민족주의는 반역이다』, 소나무, 1999.

175) 윤해동, 「한국 민족주의의 근대성 비판」, 『역사문제연구』 제4호, 2000, 41~42쪽.

176) 위의 책, 42~43쪽.

177) 박찬승, 「한국 민족주의와 종족적 민족주의의 해석 – 신기욱, 『한국 민족주의의 계보와 정치』(서평), 『역사와 현실』 72호, 2009, 341~342쪽.

178) 위의 글, 344쪽.

179) 위의 글, 342쪽.

180) 전재호, 「한국 근·현대사 교과서를 둘러싼 역사인식 갈등 연구: 한국 민족주의의 '균열'을 중심으로」, 『한국과 국제정치』, 제26권 제2호, 2010, 159쪽.

181) 홉스봄, 강명세 옮김 『1780년 이후 민족과 민족주의』, 창비, 1994.

182) 임지현, 「운동으로서의 민족주의」, 『민족주의는 반역이다』, 소나무, 1999, 21~51쪽.

183) Ernest Geller, 이재석 옮김, 『민족과 민족주의』, 예하, 1988, 167~184쪽.

184) 윤해동, 「한국 민족주의의 근대성 비판」, 『역사문제연구』 제4호, 2000, 75~76쪽.

185) Kymlicka, Will 2002. *Contemporary Political Philosophy.* 2nd Ed. New York: Oxprod University Press. 재인용: 장동진·황민혁, 「외국인 노동자와 한국 민족주의: 자유주의적 민족주의를 통한 포용 가능성과 한계」, 『21세기 정치학회보 제17집 3호』, 2007, 234~235쪽.

186) 장동진·황민혁, 「외국인 노동자와 한국 민족주의: 자유주의적 민족주의를 통한 포용 가능성과 한계」, 『21세기 정치학회보 제17집 3호』, 2007, 235쪽.

187) Jürgen. Habermas, 1990. *Appendix Ⅱ. Citizenship and National Identiti Between Facts and Norms.* trans. William Rehg. Cambridge: The MIT Press. pp. 492-500.

188) Jürgen. Habermas, 2001. "The Postnational Constellation": *Political Essay.* trans. and ed. by Max Pensky. Cambridge: The MIT Press. pp. 73~76.

189) Tamir, Yael. 1993. Liberal Nationalism Princeton: Princeton University Press, pp. 15~16.

190) 장동진·황민혁, 「외국인 노동자와 한국 민족주의: 자유주의적 민족주의를 통한 포용 가능성과 한계」, 『21세기 정치학회보』 제17집 3호, 2007, 237쪽.

191) 위의 글, 239쪽.

192) 지은주, 「동북아시아 공동체를 위한 지역 정체성과 민족주의」, 『新亞細亞』 15권 3호, 2009, 121쪽.

193) 윤해동, 「내파하는 민족주의」, 『역사문제연구』 제5호, 2012, 183쪽.

194) 스튜어트 홀 외, 전효관·김수진 외 역, 『모더니티의 미래』, 현실문화연구, 2000, 353~359쪽.

195) 박영은, 「한국에서의 근대적 공개념의 형성과 성격」, 『사회사연구의 이론과 실제』, 한국정신문화연구원, 1998.

196) 윤해동, 「내파하는 민족주의」, 『역사문제연구』 제5호, 2012, 195쪽.

197) 김덕영, 『현대의 현상학』, 나남, 2000, 73~94쪽 재인용. '이 책은 독일 사회학자 짐멜의 사상에 관한 입문서임. 개인주의에 대한 이해는 짐멜의 이해에 의한 것임.'

198) 우에노 치즈코, 이선이 옮김, 『내셔널리즘과 젠더』, 박종철출판사, 1999, 86~94쪽.

199) 조동걸, 「인간의 길을 향한 100년의 진통」, 『한국사학회보』 1, 한국사학사학회, 2000, 166~169쪽.

200) 송두율, 「지구화, 민족통일 그리고 민주주의」, 『민족은 사라지지 않는다』, 한겨레신문사, 2000, 93쪽에서 재인용.

201) 전재호, 「한국에서 민족주의란 무엇을 의미하는가?−민족주의에 대한 하나의 시각」 (비판과 성찰을 위한 동아시아 역사포럼 제2회 발표문).

202) 박호성, 『남북한 민족주의 비교연구−한반도 민족주의를 위하여』, 1997, 64쪽.

4장 북한 주체 민족주의에 대한 비판적 분석

1) 국학자료원, 『문학비평용어사전』, 2006; 볼프강 보이틴 외, 허창운 역, 『독일문학사』, 삼영사, 1993, 19세기 전반에 독일 지식인들 사이에 일어난 프랑스 혁명의 이념에 반대하는 복고적(復古的) 사상, 합리적·인공적인 것을 거부하고, 역사적·비(非)합리적인 것과 자연적·비기교적인 것을 존중한다. 유기체적(有機體的) 사회관을 취하며, 후기낭만주의는 민족주의와 왕정복고를 옹호하는 반동적 정치성을 띤다. 자유방임주의에 반대하고, 반(反)자본주의적 태도를 취한다. 역사적 전통을 존중하고, 민족주의를 주장한다, 낭만주의를 나타내는 핵심적인 개념은 질서보다는 '혼돈'이라고 할 수 있다.

2) 노재봉 외, 『정치학적 대화』, 성신여자대학교 출판부, 2015, 202~203쪽.

3) '일반의지'(一般意志, general will, volonté générale): "루소의 저서 『사회계약론』(1769)에 나타나 있는 공익의 핵심적 개념. 프랑스의 계몽사상가 루소(J. J. Rousseau)에 의하면 국가란 그 구성원인 국민 개개인의 자유의사(自由意思)의 상호계약에 의해 형성된 것으로, 그 계약에 의거하여 성립된 공적 인격(公的人格)의 의사가 곧, 일반의지(또는 일반의사)라고 했다. 사회계약의 당사자가 되는 공적 주체(公的主體)로서의 시민의 의지, 즉 루소의 일반의지로서 시민에 의해 제정된 각종 법규범 등이 그것이다"(철학사전).

4) 양정훈, 「통일을 향한 한반도 민족주의」, 『한국보훈논총』 제11권, 2012, 160쪽.

5) 차남희, 「주체사상과 민족주의: 북한사회 통치이념의 향상성과 변용성」, 『담론 201』 제15권 4호 통권48호, 한국사회역사학회, 2012, 128쪽.

6) 황장엽, 『개인의 생명보다 귀중한 민족의 생명: 조국의 평화와 민족통일』(시대정신, 1999), 99~101쪽에서 참조. "북한 통치자들이 주장하는 주체사상은 사회 전체의 이익을 옹호하여야 한다는 사회주의 사상과 노동 계급의 독재를 옹호하는 계급주의 사상, 통치자를 무조건 숭배하고 충성과 효성을 다해야 한다는 봉건사상이 서로 얽혀져 있으나 이것을 한마디로 집약하면 '수령절대주의 사상'이라고 할 수 있다."

7) 위의 책, 133쪽.

8) 신일철, 「주체사상은 국민동원 위한 「정치종교」」, 『동아일보』 1993년 10월 25일.

9) 위의 글.

10) 황장엽, 『개인의 생명보다 귀중한 민족의 생명: 조국의 평화와 민족통일』, 시대정신, 1999, 104~123쪽에서 참조.

11) 황장엽, 『인간중심 철학원론』, 시대정신, 2008, 110쪽. 황장엽의 인간 중심철학은 "인간은 개인적 존재인 동시에 집단적 존재이기 때문에 개인과 집단은 서로 떨어질

수 없다. 따라서 절대적 개인주의, 절대적 집단주의는 있을 수 없다"라고 하여 개인
의 자유와 평등의 원리를 의미했지만 북한의 개인은 철저히 공산주의 사회집단의
일부로서만 존재할 수 있었다.

12) 차남희, 「주체사상과 민족주의: 북한사회 통치이념의 향상성과 변용성」, 『담론 201』
제15권 4호 통권48호, 2012, 123~125쪽.

13) 황장엽, 『개인의 생명보다 귀중한 민족의 생명: 조국의 평화와 민족통일』, 시대정신,
1999, 127쪽.

14) 조성환·노재봉 외, 『정치학적 대화』, 성신여자대학교 출판부, 2015, 218~219쪽.

15) 황장엽, 『개인의 생명보다 귀중한 민족의 생명: 조국의 평화와 민족통일』, 시대정신,
1999, 133쪽.

16) 배성인, 「남북한 민족주의와 통합 이념의 모색: 세계화와 주체화의 변증법」, 『통일
문제연구』 제37호, 2002, 244쪽.

17) 서재진, 「북한의 민족주의: 주체사상의 이론적 변용을 중심으로」, 『통일연구 논총』
제2권 1호, 1993, 75·94·95쪽. 참조. 이 문제는 별도의 독립된 논의가 필요하다. 그
러나 여기에도 다양한 견해가 있는 듯하다. 예컨대 서재진은 다소 혼란스러운 입장
을 보여준다. 그는 "김일성의 입장에 있어서는 주체사상은 절대로 민족주의로 불려
져서는 안 되는 사상이다. 그러나 그렇다고 해서 주체사상은 반민족주의적 사상이
라고 보아서는 안 된다"고 주장한다. 그러다가 또 "민족주의를 외세에 대한 저항의
개념으로 이해한다면 주체사상은 극단적인 차원에서 민족주의적이라 할 수 있을
것"이라 쓰다가, 곧 "주체사상은 민족주의적 이념이라기보다는 권력 이데올로기의
전형이라"볼 수 있다고 덧붙이기도 한다. 다른 한편 이종석은 주체사상과 민족주의
적 정향을 극명하게 드러내주는 것은 주체사상이 당시 북한식 민족주의의 표현인
사회주의적 애국주의와 결합되었다는 데서도 드러난다"고 쓰고 있다.

18) 노재봉 외, 『정치학적 대화』, 성신여자대학교 출판부, 2015, 207~208쪽.

19) 박호성, 『남북한 민족주의 비교연구–한반도 민족주의를 위하여』, 당대, 1997, 138쪽.

20) 황장엽, 『개인의 생명보다 귀중한 민족의 생명: 조국의 평화와 민족통일』, 시대정신,
1999, 132~136쪽에서 참조.

21) 위의 책, 146쪽.

22) 황장엽, 『개인의 생명보다 귀중한 민족의 생명: 조국의 평화와 민족통일』, 시대정신,
1999, 149~153쪽에서 참조.

23) 김정일, 「주체사상 교양에서 제기되는 몇가지 문제에 대하여 조선노동당 중앙위원
회 책임일군들과 한 담화 1986. 7. 15」, 『김정일 선집 제8권』, 조선로동당 출판사,
1998, 444쪽.

24) 배성인, 「남북한 민족주의와 통합 이념의 모색: 세계화와 주체화의 변증법」, 『통일
문제연구 제37호』, 2002, 241쪽.

25) 양정훈, 「통일을 향한 한반도 민족주의」, 『한국보훈논총』 제11권, 2012, 169~174쪽.

26) 스미스 저, 차기벽 역, 「공산주의적 민족주의」, 『민족주의』, 종로서적, 1984, 320~348쪽.

27) 김부기, 「민족주의와 사회주의, 주체사상의 민족주의와 사회주의 민족국가 건설노
선」, 『민족사상연구 제4권』, 1997, 171쪽. 여기서 말하는 민족주의는 "부르주아 국가
의 허위의식 형태의 그것도 아니며 또한 쇄국주의도 아니다. 종속을 거부하는 그리

고 사회주의 애국주의를 통하여 민족역량을 집결하기 위한 민족주의다."

28) 김일성, 「주체사상의 사회력사 원리」, 『위대한 주체사상총서 2』, 사회과학출판사, 1985, 71쪽.

29) Marx & Engels, *Die Deutsche Ideologie*, MEW 3, p. 36(박호성, 『남북한 민족주의 비교연구―한반도 민족주의를 위하여』, 1997, 93쪽에서 재인용).

30) Engels, "Der Ursprung der Famillie, des Privateigentums und des Staates", MEW 21, p. 106(박호성, 『남북한 민족주의 비교연구―한반도 민족주의를 위하여』, 1997, 94쪽에서 재인용).

31) 「공산당 선언」의 마지막은 "만국의 프롤레타리아트여, 단결하라!"라는 함축적인 호소로 끝맺음되고 있다. 뿐만 아니라 이 선언은 동시에 "노동자는 조국이 없다. 그들이 소유하지 않은 것을 그들로부터 박탈할 수는 없다." Marx / Engels, *Manifest der Kommunistischen Partei*, MEW 4, p. 493 · 479.

32) Tom Nairn, "Marximus und nationale Frage. Ein Gesprach mit Regis Debray", in: Tom Nairn 외, *Nationalismus und Marxismus, Anstoss zu einer notwendigen Debatte* (Berlin, 1978), pp. 78~101.

33) 박호성, 『남북한 민족주의 비교연구―한반도 민족주의를 위하여』, 1997, 121쪽. "프랑스의 레지스 드브레(Regis Debray)는 민족을 "불변적"인 것으로 간주한다. 그는 민족주의와의 동맹 없이는 사회주의의 승리를 상상할 수도 없다고 잘라 말한다."

34) Kautsky, *Die moderne Nationalitat* in : NZ 5(1887). 이 연구는 근 20년 동안 이 분야의 거의 유일한 이론적 작업으로 남아 있었다. 그리고 이 논문에서 수립된 카우츠키의 명제는 이른바 "마르크스주의의 황제"로서의 그의 국제적 명성에 걸맞게, 민족문제에 대한 마르크스주의의 공식적 입장으로 간주되었다.

35) 박호성, 『남북한 민족주의 비교연구―한반도 민족주의를 위하여』, 1997, 98쪽.

36) Kautsky, *Nationalitat und Internationalitat* in : Neue Zeit 보충판, 1908, 17쪽.

37) Stalin, 「맑스주의와 민족문제」, 서중권 옮김, 『스탈린 선집 1』, 전진, 1988, 45쪽.

38) G. Klaus, M. Buhr(ed.), *Philosophisches Worterbuch*, 제11판(Leipzig, 1974), 제2권, p. 835. 예컨대 "민족은 사회현상의 두 가지 (유형적) 집단에 의해 구분된다. 첫째, 경제의 수준과 특성, 사회구조와 정치조직의 고유성, 문화 및 정신생활의 수준과 같은 사회경제적, 문화적 발전의 양상에 의해, 둘째, 언어, 문화, 생활방식, 풍습, 습관과 전통 및 사회심리의 특수한 차이에 의해서"라는 것이 이전 동독의 일반적 입장이었다.

39) 박호성, 『남북한 민족주의 비교연구―한반도 민족주의를 위하여』, 1997, 105~107쪽.

40) 북한에서의 민족 개념의 변화를 간략히 참고하기 위해서 이종석, 「주체사상과 민족주의: 그 연관성에 관한 연구」, 『통일문제연구』 제6권 1호(1994), 72~75쪽에서 참조.

41) 국가안전기획부, 「북한의 민족주의 선전자료집」, 1995, 54~55쪽. "종래에는 핏줄의 공통성을 '민족을 특징짓는 징표'로 간주하지 않다가 김정일에 와서 '핏줄과 언어의 공통성은 민족을 특징짓는 가장 중요한 징표'로 부각되었다."

42) 위의 글, 103쪽.

43) 국가안전기획부, 「북한의 민족주의 선전자료집」, 1995. 12, 55~56쪽.

44) 양정훈, 169쪽.

45) 김정일, 「민족주의에 대한 올바른 리해를 가질데 대하여」, 『김정일 선집 제15집』,

조선로동당출판사, 2005, 28쪽.

46) 정영철, 「북한 민족주의의 이중구조 연구: 발생론적 민족관과 발전론적 민족관」, 『통일문제연구』 제22권 1호, 2010, 1~31쪽.

47) 국가안전기획부, 「조선민족 제일주의 정신을 높이 발양시키자」, 108쪽.

48) 국가안전기획부, 「계급과 민족」, 『주체철학원론』, 1989, 103쪽.

49) 김태영, 「中庸에서의 '誠' 思想」, 『호서문화연구』 제9권, 충북대학교 중원문화연구소, 2003, 73~86쪽. "誠은 中庸의 本體요 德性의 槪念이다. '誠'은 하늘의 道요 하늘의 德이다. '誠'이라는 것은 하늘의 道인데 '誠하려는 것은 사람의 道가 된다.'"

50) 조성환, 「낭만적 민족주의」, 노재봉 외, 『정치학적대화』, 성신여자대학교출판부, 2015, 214쪽.

51) 노재봉 외, 『정치학적대화』, 성신여자대학교출판부, 2015, 216~217쪽.

52) 김광철, 『김일성민족주의 정치전략의 비판적 분석』, 북랩, 2014, 78~86쪽. "이데올로기는 '일련의 신념체계'라는 중립적 개념으로 많이 사용한다. 마르크스는 이데올로기를 '지배계급의 허위의식' 또는 '계급의 이익에 봉사하도록 기능하는 방법'이라고 규정했다." 로버트(Erikson S. Robert)와 켄트(Tedin L. Kent)는 "이데올로기는 사회의 적절한 질서에 관한 일련의 신념이고 어떻게 그것을 달성할 수 있는가에 관한 것", "정치 이데올로기는 변화된 사회·경제적 조건에 맞게 적응하거나 지배자의 철학 또는 의도에 따라 변화할 수 있다."

53) 박호성, 『남북한 민족주의 비교연구 – 한반도 민족주의를 위하여』, 1997, 136~137쪽.

54) Alberecht Martiny, "Nationalismus und Nationalitatenfrage in sowjetischer Sicht", H-A. Winkler(Hg.) p. 105 및 lring Fetscher, *Von Marx zur Sowjetideologie*, 제10판(Frankfurt/Brlin/Bonn, 1963), pp. 134~137, 190~192.

55) Franz Borkenau, *Socialism, National or International*, London, 1942, p. 144.

56) 국가안전기획부, 「계급과 민족」, 『주체철학원론』, 1989, 16쪽.

57) 위의 책, 69~70쪽.

58) 이종석, 『새로 쓴 현대 북한의 이해』, 역사비평사, 2000, 91쪽 참조, 인용문은 최성욱, 「우리당의 주체사상과 사회주의적 애국주의」, 조선로동당출판사, 1966, 25쪽.

59) 김일성, 「우리민족의 대단결을 이룩하자」(국가안전기획부, 「계급과 민족」, 『주체철학원론』, 1989, 537·544쪽).

60) 박호성, 『남북한 민족주의 비교연구 – 한반도 민족주의를 위하여』, 1997, 134~137쪽.

61) 김정일, 「조선민족 제일주의정신을 높이 발양시키자」, 국가안전기획부, 『주체철학원론』, 1989, 105~111쪽.

62) 민족의 형성 과정과 개념을 "민족은 씨족, 종족을 이루고 살던 사람들이 자주성을 위한 투쟁을 하여 오는 역사적 과정에서 핏줄과 언어, 문화와 영토의 공통성에 기초하여 결합된 공고한 사회적 집단이다. 자주성을 위한 오랜 기간의 투쟁 과정에서 사람들은 점차 씨족, 종족의 좁은 울타리를 벗어나 보다 복잡하고 다양한 사회적 관계를 맺게 되었다. 씨족, 종족의 필연적 조직이 파괴되고 사람들 사이에 새로운 통일적인 경제생활, 문화생활이 이루어지게 되었다. 통일적인 경제생활, 문화생활, 정치생활은 민족의 형성 발전을 위한 기본 요인이다」, 『위대한 주체사상총서』, 2권 (주체사상의 사회역사전근), 백산서당, 1989, 69쪽.

63) 김남식,「북한의 민족론: 그 변화 과정을 중심으로」,『사회과학논총』4, 경기대학교 부설사회과학연구소, 2001, 248쪽.

64) 김남식,「북한의 민족론: 그 변화 과정을 중심으로」,『사회과학논총』4, 경기대학교 부설 사회과학연구소, 2001, 248~252쪽.

65) 『기독교와 주체사상』, 신앙과 지성사, 1993, 359~385쪽.

66) 김남식,「북한의 민족론: 그 변화 과정을 중심으로」,『사회과학논총』4, 경기대학교 부설 사회과학연구소, 2001, 255쪽.

67) 김정일,「조선민족 제일주의 정신을 높이 발양시키자」,『김정일선집 제19권』, 조선 로동당 출판사, 1997, 444쪽.

68) 김일순,「조선민족 제일주의 정신의 본질」,『철학연구』제4호, 사회과학출판사, 1990, 15쪽.

69) 김광운,「북한 민족주의 역사학의 궤적과 환경」,『한국사연구』152, 2011, 294쪽.

70) 정영철, 정영철,「북한 민족주의의 이중구조 연구: 발생론적 민족관과 발전론적 민족 관」,『통일문제연구』제22권 1호, 2010, 31쪽.

71) 배성인,「남북한 민족주의와 통합 이념의 모색」,『통일문제연구』제37호, 2002, 244쪽.

72) 박호성,『남북한 민족주의 비교연구─한반도 민족주의를 위하여』, 1997, 137쪽.

73) 김대중 정부가 김정일의 저의를 방조했다는 근거는 "김정일이 1994년 '김일성 민족'이라는 말을 사용했고 1995년부터 노동신문 등 북한 선전매체에도 공개적으로 다방면에 사용되었기 때문에 북한이 '김일성 민족주의'를 지향하고 있음을 충분히 알 수 있었고, 따라서 김일성 민족과 한민족은 '우리민족끼리'의 표현에서는 공존할 수 없는 것임을 충분히 알 수 있었는데도 이를 간과하고 수용했다는 점에 있다." 김광철, 『김일성민족주의 정치전략의 비판적 분석』, 북랩, 2014, 115쪽.

74) '우리민족 서로 돕기 운동' 상임대표로 10여 차례 방북하는 등 민간차원 대북 지원 활동에 열성적이었던 송월주 전 불교조계종 총무원장은 2006년 7월 국내 한 일간지 인터뷰에서 "김구 선생은 김일성에게, 김대중 전 대통령은 김정일에게 속았다. 나도 속은 느낌이다… 이런 점을 국민들과 대북 관련 업무를 하는 사람들에게 분명히 알리고 싶다"고 말한 바 있다.「정상회담 후 핵실험, 미사일 발사… DJ, 北에 속아」, 『조선닷컴』2006. 7. 23(재인용: 김광철,『김일성민족주의 정치전략의 비판적 분석』, 북랩, 2014, 114쪽).

75) "대북 포용정책은 대 국민설득과 홍보과정에서 '햇볕정책'이라는 이름으로 더 널리 알려졌는데 정식 명칭은 "대북화해협력정책"이다. 햇볕정책이란 말은 김대중 대통령이 1998년 4월 3일 영국을 방문했을 때 런던대학교에서 행한 연설에서 처음 사용하였고 그때부터 정착된 용어이다. 겨울 나그네의 외투를 벗게 만드는 것은 강한 바람(강경정책)이 아니라 따뜻한 햇볕(유화정책)이라는 이솝우화에서 인용한 표현으로서 대북화해협력협정은 박정희 정권 중반기인 1970년 8월 박대통령의 '평화통일구상선언'과 1972년의 7·4 남북공동성명에서 비롯되었으며 언론에서는 동일한 개념인 '햇볕론'이라는 표현을 1995년에 이미 쓰고 있었다." 김광철, 위의 책, 116쪽에서 재인용.

76) 김광철, 위의 책, 120~123쪽.

77) 남주홍,『통일은 없다』, 랜덤하우스 중앙, 2006, 168쪽.

78) 노무현 전 대통령은 2007년 10월 2일~4일 2박3일 간 평양을 방문하여 김정일과 정상 회담을 하고 '남북관계 발전과 평화번영을 위한 선언'이라는 합의문을 발표했다.

79) 2005년 3월 4일 금강산에서 결성선언문을 발표하고 발족한 단체로 "지도정신은 6·15 공동선언", "통일 문제를 주인인 우리민족끼리 힘을 합쳐 풀어나갈 것", "민족 공동의 이익을 우선시 하고 각자의 의사를 존중하며 6·15 공동선언을 중심으로 단결하여 그 실현을 위해 혼신의 노력을 다할 것"등을 선언했다.

80) 정식명칭은 '6·15 남북 공동선언 실현과 한반도 평화를 위한 통일연대'이다. 2001년 3월 15일 전국연합, 범민련 남측본부, 한총련 등 30여개 단체가 서울 종로 5가 기독 교회관에서 결성식을 가졌다. 상임대표는 오종렬 전국연합 의장이 선출되었다.

81) 남시욱, 『한국진보세력연구』, 청미디어, 2009b, 456~457쪽.

82) 위의 책, 457쪽. 『문화일보』 2008년 2월 27일.

83) 조성환, 「종북사태와 한국 자유민주주의 위기의 배경」, 『시대정신』 2013 겨울호, p. 81. "'종북'이라는 단어는 소위 반공 우파세력이 명명한 것이 아니다. 2008년 한국 진보세력의 중심에 있었던 심상정 의원이 "종북세력과는 더 이상의 정치를 함께할 수 없다"고 선언하고 민주노동당을 탈당하면서 유래된 단어이다. 그 의미에서는 "종 북주의가 '굴종'과 '북한'이라는 단어의 의미가 결합된 용어로 보지만 일반적으로 '종 북'이라는 용어는 '김일성 세습왕조정권 지배세력을 추종'한다라는 의미로 볼 수 있 겠다."

84) Antonio Gramsci(1891~1937), 마르크시즘의 전개 과정에서 서양 마르크시즘 혹은 신 마르크시즘의 발전에 획기적인 전기를 마련한 이탈리아 사상가이며 혁명운동의 실 천가이다. '진지전'은 그람시 헤게모니를 위한 실천적 전략이다. '진지전'의 성격은 장기전이다. 그람시는 장기전에 필요한 이념적 무장을 위한 정치교육, 이를 수행하 는 집단으로서 '유기적 지식인'의 개념을 개발했다. 진지전의 무기는 대중의 의식을 전환시키는 이데올로기 투쟁에 있다. 그람시는 "모든 헤게모니의 관계는 필연적으 로 교육적 관계이다" "내부 대항헤게모니 집단 성원들과 동맹세력들에게 끊임없이 이데올로기적 교육과 정치교육을 실시해야 한다"라고 주장했다.

85) 조성환, 「종북사태와 한국 자유민주주의 위기의 배경」, 『시대정신』 2013 겨울호, 81~82쪽.

86) 조국평화통일위원회 서기국 보도 제844호, 「반공화국 전쟁책동은 6자회담 전망에 어두운 그림자를 던질 뿐이다」 2003년 8월 22일.

87) 김갑식, 「북한 민족주의의 전개와 발전: 민족 공조론을 중심으로」, 『통일문제연구』 2006년 상반기호(통권 제45호), 2006, 173쪽.

88) 『김정일 선집 9권』, 조선로동당출판사, 1997, 468쪽. 김정일은 1998년 4월 18일 '전조 선 제정당사회단체 대표자 연석회의(남북연석회의)' 50주년 기념 중앙연구토론회에 "온 민족이 대단결하여 조국의 자주적 평화통일을 앞당기자"라는 제하의 서한을 보 냈으며, 여기에서 「민족대단결 5대 방침」을 제시하였다.

89) 『김정일 선집 12권』, 조선로동당출판사, 1997, 265쪽. 『김정일 선집 13권』, 조선로동 당출판사, 1998, 14~15쪽.

90) 『김정일 선집 14권』, 조선로동당출판사, 2000, 343~359쪽.

91) 최진욱, 「북한의 '민족 공조론'과 남북관계 10년」, 『김정일 정권 10년: 변화와 전망』,

통일연구원, 2004, 112~116쪽.

92) 김정일,『온 민족이 대단결하여 조국의 자주적 평화통일을 이룩하자』, 조선로동당출판사, 2003, 3쪽.

93) 장석,『김정일 장군 조국통일론 연구』, 평양출판사, 2002, 258~266쪽.

94) 김정일,「마르크스-레닌주의 와 주체사상의 기치를 높이 들고 나아가자」,『김정일 주체사상에 대하여』, 조선로동당출판사, 1991, 126쪽.

95)『통일문제이해』, 통일부 통일교육원, 2013;『남북관계 지식사전』, 통일부 통일교육원, 2011.

96) 김수민·윤황,「김정일의 민족대단결론과 민족 공조론에 대한 평가」,『평화연구 13(2)』, 고려대학교 평화와 민주주의 연구소, 2005, 99쪽.

97) 정영철,「북한 민족주의의 전개와 그 특징: 1980년대와 1990년대를 중심으로」,『현대북한연구』, 4권 2호, 2001, 239쪽.

98) 조성박,『김정일 민족관』, 평양출판사, 1999, 233쪽.

99) 김창근,「김정일 민족관: 내용과 특징」,『극동문제』, 2002, 33쪽.

100) 최기환,『6·15시대와 민족 공조』, 평양출판사, 2004, 49·50·92~102쪽.

101)「〈고난의 행군〉에서 승리한 기세로 새세기의 진격로를 열어 나가자」,『로동신문』, 2001년 1월 1일.

102)「위대한 수령님 탄생 90돐 맞는 올해를 강성대국 건설의 새로운 비약의 해로 빛내이자」,『로동신문』, 2002년 1월 1일.

103) "전당, 전군, 전민이 일심단결하여 선군의 위력을 더 높이 떨치자",「로동신문」, 2005년 1월 1일. "3대 민족 공조란 민족자주, 반전평화, 통일애국의 민족 공조를 말한다."

104) 김정일,「혁명과 건설에서 주체성과 민족성을 고수할 데 대하여」,『김정일 주체사상에 대하여』, 조선로동당출판사, 1991, 106쪽.

105) 최진욱,『김정일 정권과 한반도의 장래』, 한국외국어대학교 출판부, 2005, 267~292쪽.

106) 최기환,『6·15시대와 민족 공조』, 평양출판사, 2004, 38쪽(김갑식,「북한 민족주의의 전개와 발전: 민족 공조론을 중심으로」,『통일문제연구』45호, 2006, 168~169쪽에서 재인용).

107) 로동신문 공동사설 해설,「올해 공동사설의 기본체계」,『로동신문』2004년 1월 4일.

108) 조선로동당출판사,『주체의 민족이론』, 조선로동당출판사, 2003, 135~144쪽.

109) 김갑식,「북한 민족주의의 전개와 발전: 민족 공조론을 중심으로」,『통일문제연구』2006년 상반기호(통권 제45호), 2006, 170쪽.

110) 김수민·윤황,「김정일의 민족 대단결론과 민족 공조론에 대한 평가」,『평화연구』13(2), 고려대학교 평화와 민주주의 연구소, 2005, 113쪽.

111) 정일영,「남북합의서의 법제화 방안 연구」,『법과 정책』, 2012, 396쪽. 5·24조치와 남북관계의 법제도적 상관관계에 관해서는 정일영의 논문 참조.

112) 조국평화통일위원회 서기국 보도 제844호,「반공화국 전쟁책동은 6자 회담 전망에 어두운 그림자를 던질 뿐이다」, 2003년 8월 22일.

113) 김갑식,「북한 민족주의의 전개와 발전: 민족 공조론을 중심으로」,『통일문제연구』2006년 상반기호(통권 제45호), 2006, 173쪽.

114) 박호성, 『남북한 민족주의 비교연구 – 한반도 민족주의를 위하여』, 1997, 35~36쪽.

115) 김혜승, 「한국 민족주의의 현상과 전망: 운동권 민족주의의 실체파악과 21세기 전망」, 2006, 147쪽.

116) 김일성, 「사회주의 진영의 통일과 국제공산주의 운동의 새로운 단계」, 『김일성 저작집』 제11권, 조선로동당출판사, 1981, 410쪽.

117) 김정일, 「주체사상 교양에서 제기되는 몇 가지 문제에 대하여」, 『김정일 선집 제8권』, 조선로동당출판사, 1998, 444쪽.

118) 전치우·강정호, 「민족성을 견지하고 민족적 대단결을 이룩하기 위한 투쟁에서 우리당이 이룩한 불멸의 업적」, 력사편집부, 141쪽.

119) 김갑식, 「북한 민족주의의 전개와 발전: 민족 공조론을 중심으로」, 『통일문제연구』 2006년 상반기호(통권 제45호), 2006, 156~157쪽.

120) '우리민족 제일주의'는 '조선민족 제일주의'와 並用되어 왔는데 1986년 김정일의 "주체사상 교양에서 제기되는 몇 가지 문제에 대하여"라는 논문에서 처음으로 제기되었음. 이것은 일반적으로 '조선민족 제일주의'라 불리고 2002년 김일성 출생 90돌을 즈음해서는 '김일성민족 제일주의'라 호칭되기도 했다.

121) 박형중, 『최근 북한의 주요 대남논조: 민족 공조론 강조의 배경과 의도』, 통일연구원, 2004, 3쪽.

122) 김정일, 「조선민족 제일주의 정신을 높이 발양시키자」, 『친애하는 지도자 김정일 동지의 문헌집』, 1989, 249쪽.

123) "'조선민족 제일주의'가 제창된 후 북한에서 '우리민족'은 두 가지 서로 다른 의미가 혼재되어 있는 것으로 보인다." 이종석, 「주체사상과 민족주의: 그 연관성에 관한 연구」, 통일문제 연구, 82쪽에서 재인용.

124) 김갑식, 「북한 민족주의의 전개와 발전: 민족 공조론을 중심으로」, 『통일문제연구』 2006년 상반기호(통권 제45호), 2006, 163~164쪽.

125) 로동신문 논설, 「우리민족 제일주의 기치 높이 평화와 조국통일을 위한 투쟁을 힘있게 벌려나가자」, 『로동신문』, 2004년 1월 3일.

126) 국가안전기획부, 『북한의 '민족주의' 선전자료집』, 1995.

127) 강승춘, 「민족문제 해결의 독창적인 길」, 『철학연구』, 통권 제44호. 1990, 24~28쪽.

128) 이종석, 『새로 쓴 현대 북한의 이해』, 역사비평사, 2000, 196~203쪽.

129) 정영철, 「북한 민족주의의 이중구조 연구: 발생론적 민족관과 발전론적 민족관」, 『통일문제연구』 제22권 1호, 2010, 19쪽.

130) 정심, 「민족주의에 대한 주체적 리해의 독창성」, 『철학연구』, 2007, 35쪽. "민족 형성에 대한 위의 주장에도 불구하고 우리 민족의 구체적인 형성 시기에 대해서는 특정하지 않고 있다. 이는 민족 형성의 구체적 시기를 특정하기 어렵다는 현실적 이유 때문으로 보인다. 단군릉 발굴 이후, 민족 형성을 단군시기로까지 거슬러 올라가기는 했지만 우리 민족이 이때 형성되었다고 특정하지는 않고 있다." 정영철, 위의 글, 18쪽에서 재인용.

131) 리승철, 「민족성에 대한 주체적 리해」, 『철학연구』, 1999년 2호, 29쪽. "북한에서 민족·민족주의를 전개하면서 중요한 개념의 하나가 '민족성'이다. 김정일의 문헌에도 나타나듯이 '민족성'은 결국 민족을 특징짓는 것이자 동시에 민족의 미래와도 관

런되기 때문이다."

132) 정영철, 「북한 민족주의의 이중구조 연구: 발생론적 민족관과 발전론적 민족관」, 『통일문제연구』 제22권 1호, 2010, 30~32쪽.

133) 권효남, 「민족주의에 대한 선행 고전가들의 견해와 그 제한성」, 『철학연구』, 2007, 41쪽(정영철, 위의 글, 22쪽에서 재인용). "북한은 '근대민족주의를 근대적인 자주독립국가 건설을 위한 사상으로 규정한다. 즉, 원래 민족주의는 민족이 형성되고 발전하는 데 따라 민족의 리익을 옹호하는 진보적 사상으로 발생하였다."

134) Jenkins, Richard, *Nations and nationalisms: towards more open models, Nations and Nationalism*, Vol 1, Part 3, 1995, p. 385(정영철, 위의 글, 23쪽에서 재인용). "민족주의의 특수성이란 복수의 민족주의(nationalisms)를 의미한다. 즉, 민족주의는 보편이 아닌 특수한 현실의 반영일 수밖에 없음을 의미한다. 그것은 민족주의가 하나의 공통된 특징으로 범주화되기에는 너무나 다른 모습을 띠고 있기 때문이다. 젠킨스는 단수로서의 민족주의에서 복수로서의 민족(Nations), 민족주의(Nationalisms)를 제시한다. 이는 민족, 민족주의를 일원론적 모델에서 유연한 모델로 전환시킴을 의미한다."

135) 서재진, 「북한의 민족주의: 주체사상의 이론적 변용을 중심으로」, 『통일연구 논총』, 민족통일연구원, 1993, 74~80쪽.

136) 김일성, 「쏘련을 선두로 하는 사회주의 진영의 위대한 통일과 국제공산주의 운동의 새로운 단계」, 『김일성 선집 5』, 로동당출판사, 1957, 236쪽.

137) 서재진, 「북한의 민족주의: 주체사상의 이론적 변용을 중심으로」, 『통일연구논총』, 민족통일연구원, 1993, 88~93쪽.

138) 남근우, 「한민족(韓民族)의 준-종족화(準種族化)와 문화 분절화: 김일성 민족, 중국 조선족, 자이니치 사회의 비교연구」, 『국제정치연구』, 2012, 235~249쪽.

139) 김정일, 「주체사상에 대하여」(위대한 수령 김일성동지 탄생 70돐 기념 전국주체사상 토론회에 보낸 론문, 1982년 3월 31일), 『로동신문』, 1982년 3월 31일. "주체의 혁명관에서 핵을 이루는 것은 당과 수령에 대한 충실성입니다. 사회주의, 공산주의 위업은 수령에 의하여 개척되며 당과 수령의 령도 밑에 수행됩니다…"

140) 차남희, 「주체사상과 민족주의: 북한사회 통치이념의 항상성과 변용성」, 『담론 201』 제15권 4호 통권48호, 한국사회역사학회, 2012, 109~140쪽.

141) Andrew Mason, "Political Community, Liberal-Nationalism, and the Ethics of Assimilation", *Ethics* Vol. 109, No. 2, University of Chicago Press, 1999. p. 264.

142) Ibid., p. 263.

143) 김근식, 「대북정책과 대미정책 그리고 민족주의」, 『동북아 연구』 제28권 제1호, 2013, 53쪽.

5장 한국 민족주의 발전의 이념적 정향

1) 최진욱, 「북한의 '민족 공조론'과 남북관계」, 『김정일 정권과 한반도 장래』, 한국외

국어대학교출판부, 2005, 282쪽. 재인용: "포괄적 내용의 정책은 다수의 하위 내용으로 구성될 수 있는데, 그 정책을 지지한다고 해서 다수의 하위 내용 모두를 지지하는 것은 아니다. 정책을 지지하여 합의를 이룬 구성원 내에서도 일부는 모든 내용을 지지하는 반면 다른 일부는 몇 가지의 내용만을, 또 다른 일부는 극소수의 내용만을 지지하는 경우도 있다. 그리고 똑 같이 지지한다 하더라도 지지하는 열정에 있어 차이가 있으며 생각에서의 합의가 반드시 행동에서의 합의를 수반하는 것은 아니다. 곧 어떤 생각에 동의한다 해서 그 생각을 실현하기 위한 구체적 행동의 실행에도 동의한다는 것은 아니다. 결국 어떤 정책에서 사회 구성원의 대부분이 합의를 이룬다 하더라도, 그런 합의 내에서조차 많은 개인적 차이가 있다. 예를 들면 거의 모든 국민들이 북한과 화해 · 협력하고 북한을 도와주는 정책을 지지할 수 있으나 지원하는 조건이나 방식에 관해서는 동의하지 않을 수도 있다. 한 때 의견이 일치되지 않았던 쟁점에서 합의가 이루어지는 반면, 이전에 합의가 이루어졌던 것에서 부분적으로 합의가 깨어지기도 한다. 때때로 합의는 포괄적일 수도 있고 또 상황과 조건의 변화에 의해서 그 참여자의 일부 혹은 많은 부분이 이탈할 수도 있다. 이교덕, 「합의기반 조성 방향」, 최진욱 외, 위의 책, 255쪽.

2) 최진욱, 「북한의 '민족 공조론'과 남북관계」, 『김정일 정권과 한반도 장래』, 한국외국어대학교출판부, 2005, 282~283쪽.

3) 조성환, 「통일론의 비판적 지식사회론: 민족패러다임의 비판적 인식」, 『동양정치사상사』 제3권 1호, 2004, 253쪽.

4) 주봉호, 「남한사회 남남갈등의 양상과 해소방안 모색」, 『한국동북아논총』 제17권 제3호(통권64집), 2012년 9월, 145~169쪽.

5) 조성환, 앞의 글, 『동양정치사상사』 제3권 1호, 2004, 249쪽.

6) 고영복, 『사회학 사전』, 사회문화연구소, 2000, 「인텔리겐챠라는 용어는 독일어 인텔리겐츠(Intelligenz)와 일치한다. 알프레드 베버(Alfred Weber)가 사회적으로 부동하는 인텔리겐챠라는 개념을 창시했지만, 가장 잘 알려진 것은 만하임(Mannheim)의 공식이다. "모든 사회에는 그 사회를 위하여 세계에 대한 해석을 제공하는 것을 그 사회적 임무로 하는 사회집단이 있다. 우리는 이들을 인텔리겐챠라고 부른다."

7) 최장집, 『민주화 이후의 민주주의』, 후마니타스, 2006, 34~35쪽(조성환, 앞의 글, 『동양정치사상사』 제3권 1호, 2004, 250쪽에서 재인용).

8) 주봉호, 「남한사회 남남갈등의 양상과 해소방안 모색」, 『한국동북아논총』 제17권 제3호(통권64집), 2012년 9월, 145~169쪽.

9) 조성환, 앞의 글, 『동양정치사상사』 제3권 1호, 2004, 252쪽.

10) 류길재, 「대북정책과 남남갈등」, 『남남갈등 진단 및 해소방안』, 경남대학교 극동문제연구소. 2004, 14쪽.

11) 이한우, 「남남갈등을 넘어」, 『통일정책연구』 제12권 제2호, 2003, 93~95쪽.

12) 한관수 · 장윤수, 「한국 보수와 진보의 대북관에 대한 연구」, 『한국정치학회보』 제46집 제1호, 2012, 77쪽.

13) 이한우, 「남남갈등을 넘어」, 『통일정책연구』 제12권 제2호, 2003, 95쪽.

14) 주봉호, 「남한사회 남남갈등의 양상과 해소방안 모색」, 『한국동북아논총』 제17권 제3호(통권64집), 2012년 9월, 145~169쪽.

15) 김근식, 「대북정책과 대미정책 그리고 민족주의」, 『동북아연구』 제28권 제1호, 2013, 45쪽.

16) 노재봉 외 『정치학적 대화』, 성신여자대학교출판부, 2015, 223쪽.

17) David Miller, "Citizenship and national identity", David Miller is Official Fellow in *Social and Political Theory*, Nuffield College, Oxford, 1988.

18) 백낙청, 『흔들리는 분단체제』, 창비, 2006, 157쪽.

19) 북한 문제를 두고서 남한 내 본격적인 갈등은 2001년 8월 평양의 '민족대통일축전'에 참가한 남측 대표단 중 일부가 만경대 방명록에 북측의 주장을 수용하는 듯한 글 "만경대 정신을 이어받아 통일 위업을 이룩하자"라고 남기고, 조국통일 3대헌장 기념탑에서 개최된 개막식에 참가한 데서 비롯한다. 이때부터 북한을 둘러싸고 견해를 달리하는 보수와 진보세력 사이에 갈등을 빚게 되었다. 한관수·장윤수, 「한국 보수와 진보의 대북관에 대한 연구」, 『한국정치학회보』 제46집 제1호, 2012, 64쪽에서 재인용.

20) 김일영, 「한국에서 보수와 진보의 의미 변화와 현위상: 뉴라이트, 뉴레프트 그리고 자유주의」, 『철학연구』 제100집 제1호, 2006, 25~57쪽.

21) 남남갈등은 조선일보가 2000년 7월 13일자 기사에서 "남북갈등보다 남남갈등이 더 심각"이란 제목으로 처음 사용하였다. 그리고 김재한, 「남남갈등과 대북 강온정책」, 『국제정치연구』 제9집 2호, 192쪽에서는 남남갈등이란 용어가 1997년 8월 2일자 한겨레신문에 맨 처음 등장하였다고 주장한다.

22) 윤건차 저, 장화경 옮김, 『현대한국의 사상 흐름(지식인과 그 사상 1980년~1990년대)』, 당대, 2001, 255쪽(『한겨레신문』 1998. 8. 10)

23) 백낙청, 「분단체제의 인식을 위하여」, 『창작과비평』 통권78호 겨울호, 1992(윤건차, 위의 책, 258쪽에서 재인용). "백낙청은 '주요모순으로서의 분단모순론'을 소련과 동유럽권이 붕괴한 다음에 분단모순론을 더욱 발전시켜 '분단체제론'을 주장하였다."

24) 송두율, 「북한 사회주의의 내재적 비교연구」, 『현대와 사상』, 한길사, 2001, 65쪽.

25) 강정구, 『민족의 생명권과 통일』, 당대, 2002.

26) 조성환, 「통일론의 비판적 지식사회론: 민족 패러다임의 비판적 인식」, 『동양정치사상사』 제3권 1호, 2004, 250~251쪽.

27) 김근식, 「남남갈등을 넘어: 진단과 해법」, 경남대 극동문제연구소 편, 『남남갈등: 진단 및 해소방안』, 2004, 364쪽.

28) 김근식, 「대북정책과 대미정책 그리고 민족주의」, 『동북아 연구』 제28권 제1호, 2013, 38~40쪽 주석 재인용. "친미와 반미, 한미 공조와 민족 공조라는 민주화 이후 한국사회의 이념적 갈등과 대북정책을 둘러싼 정책 갈등을 한국사회의 역사적이면서 구조적인 문제로 접근하고, 그 근원을 규명하고자 하는 다수의 연구들이 있다."

29) 윤민재, 「한국 보수세력의 이념과 활동에 대한 정치사회학적 연구」, 『사회이론』 2004 가을/겨울호, 248~249쪽.

30) 윤평중, 「우리와 저들의 경계에 서서」, 『당대비평』, 생각의 나무, 2002, 163쪽.

31) 윤민재, 「한국 보수세력의 이념과 활동에 대한 정치사회학적 연구」, 『사회이론』 2004 가을/겨울호, 256쪽.

32) 김경미, 「진보와 보수, 좌파와 우파에 대한 이론적 좌표설정 모색」, 『정치정보연구』

제12권 1호, 2009, 45~60쪽.

33) Bobbio, N. 박순열 역, 『제3의 길은 없다』, 새물결, 1998(김경미, 위의 글, 56쪽에서 재인용).

34) 최석만 외, 「한국에서의 진보-보수적 태도의 구조와 유형에 관한 연구」, 『한국사회학』 24, 1990, 83~152쪽.

35) 김태현, 「한국의 보수와 진보의 대북관에 대한 연구」, 『한국정치학회보』 제46집 제1호, 2007, 92~98쪽.

36) 윤민재, 「한국 보수세력의 이념과 활동에 대한 정치사회학적 연구」, 『사회이론』 26, 2004, 259쪽.

37) 박찬승, 「한국 민족주의와 종족적 민족주의의 해석: 신기욱, 『한국 민족주의의 계보와 정치』」(서평), 『역사와 현실』 72호, 2009, 347~349쪽.

38) 조성환, 「통일론의 비판적 지식사회론: 민족 패러다임의 비판적 인식」, 『동양정치사상사』 제3권 1호, 2004, 257~259쪽.

39) 노재봉·조성환·김영호·서명구 공저, 『정치학적 대화』, 성신여자대학교 출판부, 2015, 226쪽.

40) 위의 책, 229쪽.

41) 조성환, 「통일론의 비판적 지식사회론: 민족 패러다임의 비판적 인식」, 『동양정치사상사』 제3권 1호, 2004, 265쪽.

42) 조성환, 「종북(從北) 사태와 한국 자유민주주의 위기의 배경」, 2013, 10쪽.

43) Samuel P. Huntington, *The Third Waves : Democratization in the Late Twentieth Century*, Norman : University of Oklahomas, Press, 1991. 유재천 역, 문화서적, 2013, 464쪽.

44) *Economist Intelligence Unit*, 2013.

45) Edward Hallett Carr, 『민족주의 이후』(손세일, 「한국 민족주의의 과제」, 노재봉 편 『한국민족주의와 국제정치』(동주 이용희 선생 제자 학술심포지움 자료집), 1982, 122쪽에서 재인용).

46) 손세일, 「한국 민족주의의 과제」, 노재봉 편, 『한국민족주의와 국제정치』(동주 이용희 선생 제자 학술심포지움 자료집), 1982, 124~125쪽.

47) 노재봉, 『사상과 실천: 현실정치인식의 기초』, 녹두, 1985, 285~286쪽.

48) 노재봉, 위의 책, 1985, 348~349쪽.

49) Brian Barry는 런던 출생으로, 정의론과 민주주의이론 등에서 알려진 영국의 정치학자, 정치철학자. 민주주의의 공익이란 무엇인가를 논한 고전적인 연구(Political Argument)나 민주주의에 대한 그때까지의 이론적 분석을 경제학적인 견해와 사회학적인 견해로 정리하여 비판한 저작(Sociologists, Economists and Democracy)으로 유명하다. 최근에는 보다 한층 정치철학적인 면에서 리버럴(liberal)파의 입장에서 롤스(John Bordley Rawls)나 흄(David Hume)을 논하면서 자신의 사회정의론을 전개하고 있다.

50) 존 롤즈는 1921년 미국 볼티모어에서 태어났다. 1950년 프린스턴 대학교에서 철학 박사 학위를 받은 후 코넬 대학과 메사추세츠 공대(MIT) 교수를 지냈다. 1962년에는 하버드 대학교 철학과 교수가 되었으며, 그 후 이 대학에서 명예교수를 지냈다. 롤즈는 계약론을 현대적으로 해석하여, 사회 정의에 대한 자유주의적 입장을 제시하

였다.

51) Anna Stilz, "Civic Nationalism and Language Policy", *Philosophy & public affairs*, Blackwell Publishing Ltd. 2009, pp. 257~258.

52) 윤병태, 「헤겔의 민족정신과 그 성립근거」, 『헤겔연구』, 2012, 66쪽.

53) 노재봉, 『사상과 실천: 현실정치인식의 기초』, 녹두, 1985, 356~361쪽.

54) G. George Burdeau, *Traite de Science Politique*, Paris: L.G.D.J., 1953, T. V, pp. 298~299(노재봉, 위의 책, 350쪽에서 재인용).

55) 한국 민족주의와 낭만주의와의 관계에 관한 연구는 앞으로 기대해 볼 일이다. 독일의 낭만주의에 관한 연구로 Jacques Droz, *Le Romantisme Allemand et l'Etat* (Paris: Payot, 1966)가 새롭고 내용이 상세하다. 노재봉, 위의 책, 363쪽 각주 재인용.

56) 임석진 외, 「코페르니쿠스적 전회 [Kopernikanishe Wendung]」, 『철학사전』, 중원문화, 2009. Kopernikanishe Wendung은 칸트가 자신의 인식론에서 설파한 것을 코페르니쿠스가 종래의 천동설에 대하여 지동설을 주장, 천문학에 대전환을 일으킨 것에 비유하여 사용한 말. 현대에는 사고방식이나 견해가 종래와는 달리 크게 변하는 일을 비유적으로 이를 때 사용한다.

57) 노재봉, 『사상과 실천: 현실정치인식의 기초』, 녹두, 1985, 389~392쪽.

58) 박동천, 「한국 민족주의와 민족 정체성: 뉴질랜드와 대비하여」, 『한국정치외교사논총』 제34집 2호, 2011, 219쪽.

59) Andrew Mason, "Political Community, Liberal-Nationalism, and the Ethics of Assimilation", *Ethics*, University of Chicago Press, 1999. p. 264.

60) Mill, *Considerations on Representative Government*, p. 309. See also E. Barker, *National Character and the Factors in Its Formation*(London: Methuen, 1927), pp. 16~17.

61) Andrew Mason, "Political Community, Liberal-Nationalism, and the Ethics of Assimilation", *Ethics*, University of Chicago Press, 1999. pp. 263-264.

62) Habermas, Jűrgen. 1990. "*Apendex Ⅱ. Citizenship and Natinal Idendity.*" Between Facts and Norms. trans. William Rehg. Cambridge: The MIT Press. Cambridge(장동진·황민혁, 「외국인 노동자와 한국 민족주의: 자유주의적 민족주의를 통한 포용 가능성과 한계」, 『21세기 정치학회보』 제7집 3호, 2008, 235쪽에서 재인용).

63) David Miller, "Socialism and Toleration", in Justifying Toleration: *Conceptual and Historical Perspectives*, ed. S. Mendus(Cambridge University Press, 1988), pp. 241~242.

64) Andrew Mason, "Political Community, Liberal-Nationalism, and the Ethics of Assimilation", *Ethics*, University of Chicago Press, 1999. pp. 265~266.

65) 노재봉, 『사상과 실천: 현실정치인식의 기초』, 녹두, 1985, 366~367쪽.

66) 이용희, 노재봉 편, 『한국민족주의와 국제정치』, 1982, 221쪽.

67) 박호성, 『남북한 민족주의 비교연구-한반도 민족주의를 위하여』, 1997, 155~156쪽.

68) 김영호, 『대한민국의 건국혁명 2』, 성신여자대학교 출판부, 2015, 214~215쪽.

69) 김영호, 213쪽.

70) 박호성, 『남북한 민족주의 비교연구-한반도 민족주의를 위하여』, 1997, 152~153쪽.

71) 노재봉·조성환·김영호·서명구 공저, 『정치학적 대화』, 성신여자대학교 출판부, 2015, 259쪽.

72) 위의 책, 261~263쪽.

73) 위의 책, 265쪽.

74) 이용희, 노재봉 편, 『한국민족주의와 국제정치』, 1982, 238쪽.

75) 최장집, 『한국 민주주의의 조건과 전망』, 나남, 1996.

76) Heller, H. 저, 윤기황 역, 『독일정치사상사』, 교육과학사, 1993, 바이마르 공화국 당시 독일에서도 국가주의와 민족주의 그리고 민주주의의 문제를 둘러싸고 격렬한 정치적 논쟁이 벌어졌다. 이러한 논쟁에서 민족주의와 국가주의를 결합한 히틀러의 국가사회주의 운동, 곧 나치즘이 정치적 승리를 거두었지만 민주주의 진영의 저항 역시 만만치 않았다. 민주주의 진영의 대표적 이론가였던 헤르만 헬러(Heller, 1996)는 민족주의와 사회민주주의의 결합을 통해 자유주의적 법치국가의 한계를 뛰어넘는 민주적 사회적 법치국가의 개념을 정초했다.

77) 최장집, 『한국 민주주의의 조건과 전망』, 나남, 1996, 200쪽. 민족주의에 대한 이러한 분류는 한국전쟁 이후 한국 민주주의의 모순된 현상을 이해하는 데 다소 도움이 될 수 있을 것이다. 한국 민족주의의 역사에 내장된 국가주의와 민주주의의 대립양상을 보지 못하고, 반공안보를 중핵으로 한 이승만, 박정희의 정권의 체제유지와 그 안정화 논리에 일반 대중들이 묵시적으로 동의했다고 하여, 한국의 민주주의 체제를 '대중독재'(임지현 외, 『우리 안의 파시즘』, 삼인, 2000)로 규정하는 '포스트 모더니즘적 사관'에 대해서는 동의하지 않는다. 다만 최장집 교수가 대안으로 제시한 '시민적 민족주의'는 '민주적 민족주의'와 궤를 같이 한다고 본다.

78) 양정훈, 170~171쪽.

79) 김영호, 『대한민국의 건국혁명』 2, 성신여자대학교 출판부, 2015, 212쪽.

80) 송두율, 『민족은 사라지지 않는다』, 한겨레신문사, 2000.

81) 남주홍, 『통일은 없다: 바른 통일에 대한 생각과 담론』, 랜덤하우스 중앙, 226쪽.

82) 남주홍, 위의 책, 230쪽.

83) *The Washington Post* 2013.5.18. "한국, 中·日보다 인종차별 심하다", 세계 80여 개국을 대상으로 조사한 세계가치관조사(WVS)에서 한국은 응답자 중 36.4%가 다른 인종을 이웃으로 둘 수 없다고 답했다. 일본·중국은 20% 미만이었다. 경제와 교육수준이 높고 민족적 갈등도 없는 한국에서 인종차별 수준이 높은 것은 이례적이나 한국은 오랜 단일민족이라는 자부심, 동남아시아 권 이민자의 급증, 일본과의 역사적 갈등 등이 인종차별 수준을 높인 것으로 WP와 스웨덴 경제학자들이 분석했다.(『조선닷컴』 2015.5.18)

84) 싱가포르는 중국계 74%, 말레이계 13.4%, 인도계 9.2% 등으로 각 민족의 종교적·문화적 고유성을 제도적 정책적으로 인정하여 국민통합과 경쟁우위의 수단으로 활용하여 다문화주의로 선진화를 이룬 나라이다. (서정하(싱가포르 대사), 『문화일보』 2014년 4월 16일)

85) John Stuart Mill, *"Considerations on Representative Government"*, p. 309; E. Barker, *National Character and the Factors in Its Formation*(London: Methuen, 1927), pp. 16~17.

86) Andrew Mason, "Political Community, Liberal-Nationalism, and the Ethics of Assimilation", *Ethics* Vol. 109, No. 2, January 1999, University of Chicago Press, 1999. p. 264.

87) 위의 글, p. 278.

88) 감정적 속성으로서의 'patriotism'은 애국주의 대신 애국심으로 부르기도 하지만 이것은 민족주의를 민족애라고 부르지 않는 것처럼 'patriotism'이 국가에 대한 뚜렷한 논리적 관념체계를 가지고 있기 때문에 '애국주의'로 옮기는 것이 바람직하다 하겠다. 이황직, 「공화적 애국주의를 통한 한국 민족주의의 전유」, 『사회이론』, 2011, 40쪽에서 재인용.

89) Primoratz, Igor, *Patriotism*, The Stanford Encyclopedia of Philosophy (Summer 2009 ed.), Edward N. Zalta (ed.) (이황직, 위의 글, 40쪽에서 재인용).

90) 이황직, 위의 글, 40쪽.

91) Durkheim, Emile, *Durkheim on Politics and the State* (A. Giddens 엮음), (Standford University Press, 1986.), p. 206(이황직, 위의 글, 41쪽에서 재인용).

92) 이황직, 위의 글, 42~44쪽.

93) 에릭 홉스봄 저, 박지향, 장문석 옮김, 『만들어진 전통』, 창비, 2004, "1870년대 이후 대량 생산된 '정치적 전통'의 주된 논리로서 프랑스 공화국과 독일 제국의 차이에서 분명히 볼 수 있는 것이다."

94) 장 자크 루소 저, 권기돈 옮김, 『사회계약론』, 새물결, 1998, 321쪽.

95) 이황직, 「공화적 애국주의를 통한 한국 민족주의의 전유」, 『사회이론』, 2011. 46~48쪽.

96) 모리치오 비롤리 저, 김경희 · 김동규 옮김, 『공화주의』, 인간사랑, 2006, 181쪽.

97) 이황직, 「공화적 애국주의를 통한 한국 민족주의의 전유」, 『사회이론』, 2011, 58~60쪽.

98) Andrew Mason, "Political Community, Liberal-Nationalism, and the Ethics of Assimilation", *Ethics*, University of Chicago Press, 1999. p. 279.

99) Fichte, *Reden an die deutschen Nation*, Fichtes Werke, hrsg. von I. H. Fichte, Bd. VII, Berlin 1971, p. 267.

100) 피히테가 말하는 '민족정신'의 중요한 본성 중 하나가 바로 이 자기반성과 그 교육이다. Fichte, *Reden an die deutschen Nation*, Fichtes Werke, hrsg. von I. H. Fichte, Bd. VII, Berlin 1971, p. 275(윤병태, 「헤겔의 민족정신과 그 성립근거」, 『헤겔연구』 32권, 2012, 60쪽에서 재인용).

101) 윤병태, 위의 글, 52쪽.

102) Hegel, VG, p. 59.

103) Anthony D. Smith, *Nationalism: Theory, Ideology, History* (A. D. 스미스, '민족주의란 무엇인가-근대주의를 넘어선 새로운 모색' 강철구 역, 용의 숲, 2012(=앤서니), 20쪽. 헤겔에게서 이 셋은 민족의 목표가 아니라 민족정신의 개념적 본질이다.

104) 윤병태, 「헤겔의 민족정신과 그 성립근거」, 『헤겔연구』, 2012, 58~66쪽.

105) 조성환 외, 『세계화시대와 동아시아 민족주의』, 책사랑, 2010, 12~14쪽.

106) David Held, MacGrew A. eds. *Global Transformation* (조효제 옮김, 『전 지구적 전환』, 창비, 2004, 36~37쪽).

107) 조성환 외 6명, 『세계화시대와 동아시아 민족주의』, 책사랑, 2010, 16~17 · 21-22쪽.

108) 예컨대 윤영관은 세계화의 본질을 "과학기술의 발달과 이로 인한 시장기제의 작동 영역의 확대"에 따른 '상호의존성의 증가'로 이해하고 있다. 윤영관, 「세계화 : "민족주의의 새로운 지평을 위하여"」, 김경원 · 임현진 편저, 『세계화의 도전과 한국의 대응』, 나남, 1995, 40~41쪽.

109) 박호성, 『남북한 민족주의 비교연구 − 한반도 민족주의를 위하여』, 1997, 85~86쪽.

110) 문상석, 「선거권의 확대; 세계화 시대 민족주의를 넘어서 시민권으로」, 『사회이론』 40호, 2011, 64~65쪽.

111) John Baylis, Steve Smith, Patricia Owens, *The Globalization of World Politics* (하영선 외 옮김, 을유문화사, 2013, 504~509쪽).

112) Max, Weber, *Economy and Society*, New York: Bedminster Press, 1968. United Nations(Human Rights Council), "Report of the Rapporteur on the Promotion and Protection of the Freedom of Opinion and Expression", Frank La Rue, p. 903(박영신, 「범세계화 시대의 민족문제: 범세계 시민의 새로운 나라 모습」, 『사회이론』, 2011, 12쪽에서 재인용).

113) Seyla Benhabib, With J. Waldron, B. Honig & W. kymlicka, Robert Post ed., *Another Cosmopolitanism*, Newyork: Oxford University Press, 2008, pp. 51~69(박영신, 2011, 24 쪽에서 재인용).

114) 프랜시스 후쿠야마(Fukuyama, Francis) 저, 안진환 옮김, 『강한 국가의 조건』, 황금 가지, 2005, 21~44쪽.

참고문헌

1. 국내문헌

1) 단행본

강성민,『학계의 금기를 찾아서』, 살림, 2013.

강정구,『민족의 생명권과 통일』, 당대, 2002.

고명섭,『담론의 발견』, 한길사, 2011.

고영복,『사회학 사전』, 사회문화연구소, 2000.

곽준혁 · 조홍식 엮음,『아직도 민족주의인가』, 한길사, 2012.

교과서 포럼,『한국 현대사의 허구와 진실』, 두레시대, 2005.

국가안전기획부,『북한의 민족주의 선전자료집』, 1995.

권태준,『한국의 세기 뛰어넘기』, 나남, 2007.

김광철,『김일성민족주의 정치전략의 비판적 분석』, 북랩, 2014.

김대호,『진보와 보수를 넘어』, 백산서당, 2007.

김동춘,「1980년대 한국의 민족주의」, 유병용 외,『한국현대사와 민족주의』, 집
　　　문당, 1996.

김영명,『우리 눈으로 본 세계화와 민족주의』, 오름, 2002

김영호,『대한민국의 건국혁명』 1 · 2, 성신여자대학교 출판부, 2015.

김영호,『통일한국의 패러다임: 평화통일 강국론』, 풀빛, 1999.

김용신,『보수와 진보의 정신분석』, 살림출판사, 2013.

김우상 · 조성권, 『세계화와 인간안보』, 집문당, 2005.

김육훈, 『살아있는 한국 근현대사 교과서』, 휴머니스트, 2011.

김일영, 『한국 현대정치사론』, 논형, 2012.

김충남, 『대통령직과 국가경영』, 서울대학교출판부, 2006.

남시욱, 『한국보수세력연구』, 청미디어, 2009a.

남시욱, 『한국진보세력연구』, 청미디어, 2009b.

남주홍, 『통일은 없다』, 랜덤하우스중앙, 2006.

노재봉 편, 『한국민족주의와 국제정치』(동주 이용희 선생 제자 학술심포지움 자료집), 민음사, 1982.

노재봉, 『사상과 실천－현실정치인식의 기초』, 녹두신서, 1985.

노재봉 · 조성환 · 김영호 · 서명구 공저, 『정치학적 대화』, 성신여자대학교 출판부, 2015.

데이비드 맥렐런 저, 구승회 옮김, 『IDEOLOGY』 B2B21, 2002.

도현신, 『옛사람에게 전쟁을 묻다』, 타임스퀘어, 2009.

박건영, 『한반도의 국제정치: 평화와 통일을 위한 새로운 접근』, 오름, 1999.

박노자, 『당신들의 대한민국』 1, 한겨레출판, 2001.

박명림, 『한국전쟁의 발발과 기원』, 나남, 1996.

박상철, 『한국정치법학론』, 리북, 2008.

박찬승, 『민족 · 민족주의』, 小,花 2010.

박형중, 『최근 북한의 주요 대남논조: 민족 공조론 강조의 배경과 의도』, 통일연구원, 2004.

박호성, 『남북한 민족주의 비교연구－한반도 민족주의를 위하여』, 당대, 1997.

백낙청, 『흔들리는 분단체제』, 창비, 2006.

북미주 기독학자회 저, 『기독교와 주체사상』, 신앙과 지성사, 1993.

사회와 철학연구회 편, 『진보와 보수』, 이학사, 2002.

서중석, 『이승만의 정치 이데올로기』, 역사비평사, 2005.

송두율, 『민족은 사라지지 않는다』, 한겨레신문사, 2000.

신기욱, 『한국 민족주의의 계보와 정치』, 창비, 2009.

신용하, 『증보 신채호 사회사상연구』, 나남, 1984.

심성보, 『민주시민교육』, 도서출판 살림터, 2011.

윤건차 저, 장화경 옮김, 『현대한국의 사상흐름』, 당대, 2001.

이극찬, 『정치학』, 법문사, 2014.

이상신, 「민족주의의 역사적 발전 국면과 그 기능」, 한국서양사학회 편, 『서양에서의 민족과 민족주의』, 까치, 1999.

이용희 외, 『한국의 민족주의』, 춘추문고, 1973.

이종석, 『새로 쓴 현대 북한의 이해』, 역사비평사, 2000.

이종석, 『조선노동당연구』, 역사비평사, 1995.

이홍구, 『민족공동체와 통일』, 나남, 1996.

임지현, 『마르크스, 엥겔스와 민족문제』, 탐구당, 1990.

임지현, 『민족주의는 반역이다: 신화와 허무의 민족주의 담론을 넘어서』, 소나무, 1999.

장문석, 『민족주의』, 책 세상, 2011.

조성환 외 6명, 『세계화와 동아시아 민족주의』, 도서출판 책사랑, 2010.

조성환 외 8명, 『2008년 뉴라이트 한국보고서』, 도서출판 뉴라이트, 2007.

조영갑, 『국가안보론』, 선학사, 2014.

조효제 외 19명, 『지식의 최전선』, 한길사, 2008.

진덕규, 『현대 민족주의의 이론구조』, 지식산업사, 1983.

차기벽, 『민족주의 원론』, 한길사, 1990.

최장집, 『한국 민주주의의 조건과 전망』, 나남, 1996.

학술단체협의회 '97학술토론회, 『박정희 시대 재평가와 오늘의 한국사회』, 1977.

한국문화안보연구원, 『한국문화의 정체성』, 좋은땅, 2012.

한국정치연구회 편, 『박정희를 넘어서』, 푸른숲, 1998.

한반도선진화재단 편, 『서울컨센서스』 Ⅰ · Ⅱ, 나남, 2011.

한종기, 『햇볕정책의 정치동학』, 세종연구소, 2001.

한홍구, 『대한민국사』 Ⅰ~Ⅳ, 한겨레출판, 2013.

황장엽, 『인간중심 철학원론』, 시대정신, 2008.

New Military Paradigm 저, 조상근 기획, 『4세대 전쟁』, 집문당, 2010.

니콜로 마키아벨리(Machiavelli, Niccolo) 저, 서정태 옮김, 『군주론』, 소울메이트, 2013.

레이몽 아롱(Aron, Raymond) 저, 안병욱 옮김, 『지식인의 아편』, 삼육출판사, 1986.

모리치오 비롤리 저, 김경희·김동규 옮김, 『공화주의』, 도서출판 인간사랑, 2006.

미셸 푸코(Foucault, Paul Michel) 저, 정일준 편역, 『미셸 푸코의 권력이론』, 새 물결, 1994.

배리 부잔(Buzan, Barry) 저, 김태현 옮김, 『세계화시대의 국가안보』, 나남, 1995.

베네딕트 앤더슨(Anderson, Benedict) 저, 윤형숙 역, 『상상의 공동체: 민족주의 의 기원』, 나남, 2004.

새뮤얼 헌팅턴(Huntington, Samuel P.) 저, 이희재 옮김, 『문명의 충돌』, 김영사, 2013.

스탈린(J. V.Stalin) 저, 서중권 옮김, 「맑스주의와 민족문제」, 『스탈린 선집』 1, 전진, 1990.

아르놀트 하우저(Hauser, Arnold) 저, 백낙청 옮김, 『문학과 예술의 사회사』 I ~ IV, 창비, 2013.

앤서니 기든스(Giddens, Anthony) 저, 김미숙·김용학·박길성·송호근·신광영· 유흥준·정성호 옮김, 『현대 사회학』, 을유문화사, 2009.

어네스트 갤너(Gellner, Ernest) 저, 이재석 옮김, 『민족과 민족주의』, 예하, 1988.

에릭 홉스봄(Hobsbawm, Eric) 저, 박지향·장문석 옮김, 『만들어진 전통』, 창비, 2004.

에릭 홉스봄(Hobsbawm, Eric) 저, 이희재 옮김, 『미완의 시대』, 민음사, 2007.

에릭 홉스봄(Hobsbawm, Eric) 저, 강명세 역, 『1780년 이후의 민족과 민족주의』, 창비, 2012(9쇄).

장 자크 루소(Rousseau, J. J.) 저, 권기돈 옮김, 『사회계약론』, 새물결, 1998.

조지프 나이(Nye, Joseph S. Jr.) 저, 홍수원 옮김, 『소프트 파워』, 세종연구원, 2004.

존 베일리스, 스티브 스미스, 퍼트리스 오언스(Baylis, John·Smith, Steve·Owens, Patricia) 편저, 하영선 외 옮김, 『세계정치론(5판)』, 을유문화사, 2013 (4쇄).

카를 만하임(Mannheim, Karl) 저, 임석진 옮김, 『이데올로기와 유토피아』, 김영 사, 2012.

케이트 크리언 지음, 김우영 옮김, 『그람시 · 문화 · 인류학』, 도서출판 길, 2002.
폴 슈메이커(Schmaker, Paul) 저, 조효제 옮김, 『진보와 보수의 12가지 이념』, 후마니타스, 2013.
프랜시스 후쿠야마(Fukuyama, Francis) 저, 안진환 옮김, 『강한 국가의 조건』, 황금가지, 2005.
프리드리히 마이네케(Meinecke, Friedrich) 저, 이상신 · 최호근 역, 「독일 민족국가의 형성에 관한 연구」, 『세계시민주의와 민족국가』, 나남, 2007.

2) 논문

강승춘, 「민족문제해결의 독창적인 길」, 『철학연구』, 통권 제44호. 1990.
권용기, 「조선왕조실록에 나타난 '동포'의 검토」, 『한국사상사학』 제13집, 1999.
김갑식, 「북한 민족주의의 전개와 발전: 민족 공조론을 중심으로」, 『통일 문제 연구』, 2006년 상반기호.
김경미, 「진보와 보수, 좌파와 우파에 대한 이론적 좌표설정 모색」, 『정치정보 연구』 제12권 1호, 2009.
김광운, 「북한 민족주의 역사학의 궤적과 환경」, 『한국사연구』 152, 2011.
김근식, 「대북정책과 대미정책 그리고 민족주의」, 『동북아연구』 제28권 제1호, 2013.
김남식, 「북한의 민족론: 그 변화 과정을 중심으로」, 『사회과학논총』 4, 경기대학교부설사회과학연구소, 2001.
김민철, 「'민족주의 비판론'에 대한 몇 가지 노트」, 『역사문제연구』 제4호, 2013.
김부기, 「민족주의와 사회주의, 주체사상의 민족주의와 사회주의 민족국가 건설노선」, 『민족사상연구』 제4권, 1997.
김수민 · 윤황, 「김정일의 민족대단결론과 민족 공조론에 대한 평가」, 『평화연구』 13(2), 고려대학교 평화와 민주주의 연구소, 2005.
김수자, 「민주화 이후 한국 민족주의 담론의 전개: 6월 항쟁~김대중 정권」, 『사회과학연구』 제14집, 2006.
김일영, 「박정희 시대와 민족주의의 네 얼굴」, 『한국정치외교사논총』 제28집 1호, 2006.

김철민, 「민족주의 관점에서 본 양차대전사이의 유고슬라비아: 정치적민족주의 vs 문화적 민족주의」, 『동유럽발칸연구』 제38권 제4호, 한국외국어대학교 국제사회교육원 동유럽발칸연구소, 2014.

김태영, 「中庸에서의 '誠' 思想」, 『호서문화연구』 제9권, 충북대학교 중원문화연구소, 2003.

김태현, 「한국의 보수와 진보의 대북관에 대한 연구」, 『한국정치학회보』 제46집 제1호, 2007.

김현숙, 「한말 '민족'의 탄생과 민족주의 담론의 창출: 민족주의 역사서술을 중심으로」, 『동양정치사상사』 제5권 제1집, 2005.

김혜승, 「한국 민족주의의 현상과 전망: 운동권 민족주의의 실체파악과 21세기 전망」, 『동양정치사상사』 제5권 제1호, 2004.

남근우, 「'조선민속학'과 식민주의: 송석하의 문화 민족주의를 중심으로」, 『한국문화인류학』 제35집 2호, 한국사회과학연구회, 2000.

박동천, 「한국 민족주의와 민족 정체성: 뉴질랜드와 대비하여」, 『한국정치외교사논총』 제34집 2호, 2011.

박명림, 「분단시대 한국 민족주의의 이해」, 『세계의 문학』, 1996년 여름호.

박봉식, 「전진적 민족주의의 과제」, 노재봉 편, 『한국민족주의와 국제정치』, 동주 이용희선생 제자 학술심포지움, 1982.

박수헌, 「근대 국제질서의 전개와 '협력적 주권'의 모색」, 『社會科學論叢』 제19집, 2001.

박양신, 「근대 일본에서의 '국민''민족' 개념의 형성과 전개: nation 개념의 수용사」, 『동양사학연구』 제104집, 2008.

박의경, 「민족문화와 정치적 정통성: 루소(J. J. Rousseau)와 헤르더(J. G. Herder)」, 『한국정치학회보』 제36집 제3호, 2002.

박정수, 「중화(中華) 민족주의와 동아시아의 문화갈등: 역사와 문화의 경계짓기」, 『국제정치논총』 제52집 2호, 한국국제정치학회, 2012.

박정수, 「세계화와 민족주의의 문화갈등: 한중간 한류와 반한류의 사례분석」, 『중소연구』 제37권 제1호, 한양대학교아태지역연구센터: 한양대학교중국문제연구소, 2013.

박찬승, 「일제 지배 하 한국 민족주의 형성과 분화」, 『한국독립운동사연구』 제

15집, 한국독립운동사연구소, 2000.

박찬승, 「부르주아민족주의, 우파민족주의, 문화 민족주의」, 『역사비평』 통권75호 여름, 역사비평사, 2006.

배성인, 「남북한 민족주의와 통합 이념의 모색: 세계화와 주체화의 변증법」, 『통일문제연구』 제37호, 2002.

백낙청, 「분단체제의 인식을 위하여」, 『창작과비평』 통권78호, 1992년 겨울호.

서재진, 「북한의 민족주의: 주체사상의 이론적 변용을 중심으로」, 『통일연구 논총』 2권 1호, 민족통일연구원, 1993.

신일철, 「저항적 민족주의의 문제」, 노재봉 편, 『한국민족주의와 국제정치』, 동주 이용희선생 제자 학술십포지움, 1982.

신형기, 「세계화와 문화적 주권의 역설: 북한의 문화 민족주의와 민족 공조론에 대한 하나의 견해」, 『문예중앙』 통권 제111호 가을, 랜덤하우스 중앙, 2005.

안병욱, 「창조와 혼돈의 장」, 『사상계』, 1968년 8월호.

안현수, 「민족주의와 민주주의 그리고 통일」, 『사회과학 논총』 제4권, 2004.

오일환, 「세계화에 대한 중국의 문화 민족주의적 대응 연구」, 『중국연구』 제49권, 한국외국어대학교 국제지역연구센터 중국연구소, 2010.

양정훈, 「통일을 향한 한반도 민족주의」, 『한국보훈논총』 제11권 제4호, 2012.

윤대식, 「한국 민족주의의 쟁점: 민족주의를 바라보는 양가적 시선에 대한 자존의 변명」, 『정신문화연구』 제36권, 2013.

윤민재, 「한국 보수세력의 이념과 활동에 대한 정치사회학적 연구」, 『사회이론』, 2004 가을/겨울.

윤병태, 「헤겔의 민족정신과 그 성립근거」, 『헤겔연구』 32, 2012.

윤평중, 「'우리'와 '저들'의 경계에 서서: 2003년 봄, 한 회색인의 정치적 명상」, 『당대비평』 제6권 제4호, 생각의 나무, 2003.

윤해동, 「한국 민족주의의 근대성 비판」, 『역사문제연구』 제4호, 2000.

윤해동, 「내파하는 민족주의」, 『역사문제연구』 제5호, 2012.

이경희, 「중국 문화 민족주의와 그 실천전략」, 『한국동북아논총』 제14권 3호 통권52집, 한국동북아학회, 2009.

이병수, 「문화적 민족주의의 맥락에서 본 안호상과 박종홍의 철학」, 『시대와 철학』 제19권 2호 통권43호 여름, 한국철학사상연구회, 2008.

이병수, 「문화적 민족주의와 현대 한국철학: 고형곤, 박종홍, 안호상의 철학적 문제의식을 중심으로」, 『인문학 논총』 제47집, 건국대학교 인문학연구원, 2008.

이병훈, 「문화적 민족주의를 넘어서」, 『민속예술』 통권 91호, 한국민족예술인 총연합, 2003.

이수인, 「국가동원체제의 문화적 동원: 민족주의 담론을 중심으로」, 『박정희 체제의 국가동원 메카니즘에 관한 연구』. 성공회대학교 박정희 동원체제 연구팀 발표문, 2003.

이수인, 「1980년대 학생운동의 민족주의 담론」, 『기억과 전망』 제18호, 민주화 운동기념사업회, 2008.

이신철, 「주체사상과 황장엽의 인간중심철학」, 『한국논단』 통권254호, 한국논 단, 2010.

이용희, 「현대 민족주의」, 『신동아』, 1973년 9월호.

이용희·차기벽, 「저항 민족주의의 과제와 문제점」, 노재봉 편, 『한국민족주의 와 국제정치』, 동주 이용희선생 제자 학술심포지움, 1982.

이정우, 「한국 민족주의의 두 얼굴」, 『시대와 철학』 제17권, 2006.

이종석, 「주체사상과 민족주의: 그 연관성에 관한 연구」, 『통일문제연구』 제6권, 1994.

이지윤, 「한국 민족주의에 대한 다양한 해석의 가능성: 종족 민족주의와 정치 적 민족주의의 접합」, 『인간·환경·미래』 제4호, 2010.

이춘복, 「청말 중국 근대 '민족'개념 담론연구: 문화적 '민족'개념과 정치적 '국 민'개념을 중심으로」, 『중앙사론』 제29집, 2009.

이철순, 「이승만 정권기 미국의 대한정책 연구(1948~1960)」, 서울대학교 정치학 과 박사학위논문, 2000.

이한우, 「남남갈등을 넘어」, 『통일정책연구』 제12권 제2호, 2003.

이황직, 「초기 근대 유교 계열의 민족주의 서사에 대한 연구」, 『문화와 사회』 제11권, 2011.

임지현, 「'전지구적 근대성'과 민족주의」, 『역사문제연구』 제4호, 2013.

장동진·황민혁, 「외국인 노동자와 한국 민족주의: 자유주의적 민족주의를 통한 포용 가능성과 한계」, 『21세기 정치학회보』 제17집 3호, 2007.

전재호, 「한국 근·현대사 교과서를 둘러싼 역사인식 갈등 연구: 한국 민족주의의 '균열'을 중심으로」, 『한국과 국제정치』 제26권 제3호, 2010.

정을병, 「문화의 사회주의화 현상과 문화적 민족주의」, 『민족지성』 통권 제46호, 1989.

정지웅, 「한반도 통일에 있어서 민족주의의 함의」, 『북한연구학회보』 제8권 제1호, 2004.

정영철, 「북한 민족주의의 이중구조 연구: 발생론적 민족관과 발전론적 민족관」, 『통일문제연구』 제53호, 2010.

정일영, 「남북합의서의 법제화 방안 연구」, 『법과 정책』 제18집 제1호, 2012.

조기준, 「한국 민족주의의 과제」, 『신동아』, 1973년 9월호.

조동걸, 「인간의 길을 향한 100년의 진통」, 『한국사학회보』 1, 한국사학사학회, 2000.

조성환, 「통일론의 비판적 지식사회론: 민족패러다임의 비판적 인식」, 『동양정치사상사』 제3권 1호, 2002.

조성환, 「진보의 덫」, 『시대정신』 2006 가을.

조성환, 「진화론과 근대 중국의 민족주의: 양계초와 장병린의 민족사상을 중심으로」, 『대한정치학회보』 제16집 1호, 2010.

조성환, 「근대 중국의 세계관적 사상의 변화와 정치사상의 전개」, 『대한정치학회보』 제19집 2호, 2011.

조성환, 「종북사태와 한국 자유민주주의 위기의 배경」, 『시대정신』, 2013 겨울호.

조성환, 「민주화 이후 한국 진보·보수의 이념적·정치적 경쟁의 특성: 진보헤게모니 구축, 진보체제의 형성·전개의 비판적 분석」, 『통일전략』 제16권 1호, 2015, 13~16쪽.

주봉호, 「남한사회 남남갈등의 양상과 해소방안 모색」, 『한국동북아논총』 제17권 제3호, 2012.

지은주, 「동북아시아 공동체를 위한 지역 정체성과 민족주의」, 『新亞細亞』 제15권 3호, 2009.

진덕규, 「한국 현대정치사에서 분단체제 현상에 대한 민족주의적 인식」, 『한국정신문화연구원논총』 제59권 2호, 1991.

차기벽, 「오용된 민족주의」, 『사상계 5월호』, 1965.

최석만 외, 「한국에서의 진보-보수적 태도의 구조와 유형에 대한 연구」, 『한국
사회학』 24, 1990.

최형익, 「한국 민족주의와 통일의 조건 ─ 하나의 민족주의적 관점」, 『민주주의
와 인권』 제6권 2호, 2006.

하상복, 「한국의 민주화와 민족주의 이념의 정치(1945~19987)」, 『동아연구』 제
49집, 2005.

한관수 · 장윤수, 「한국 보수와 진보의 대북관에 대한 연구」, 『한국정치학회보』
제46집 제1호, 2012.

홍석률, 「민족주의 논쟁과 세계체제, 한반도 분단문제에 대한 대응」, 『역사비평』
통권80호, 역사비평사, 2007.

황장엽, 「평화통일 전략」, 『통일로』 132, 안보문제연구원, 1999.

황장엽, 「친북좌익세력의 허위와 기만: 빈사상태의 독재집단회생시키고 군사력
강화시켜준 민족화해지상주의자들」, 『한국논단』 통권180호, 2004.

3) 기타

국가안전기획부, 「계급과 민족」, 『주체철학원론』, 1989.

김영삼, 「대통령 취임사」, 대통령 비서실, 1993.

신일철, 「주체사상은 국민동원 위한 「정치종교」」, 『동아일보』, 1993년 10월 25일.

유석춘 외, 「참여연대 보고서」, 자유기업원, 2006(「시민단체의 권력기구화 진행
중」, 『동아일보』 2006년 9월 1일).

황태연, 「들어라 수구 · 냉전세력들아!」, 『신동아』, 2000년 9월호.

2. 북한자료

김일성, 「쏘련을 선두로 하는 사회주의 진영의 위대한 통일과 국제공산주의 운
동의 새로운 단계」, 『김일성선집 5』, 로동당출판사, 1957.

김일성, 「사회주의 진영의 통일과 국제공산주의 운동의 새로운 단계」, 『김일성 저작집』, 제11권, 조선로동당출판사, 1981.

김일성, 「주체사상의 사회력사 원리」, 『위대한 주체사상총서 2』, 사회과학출판 사, 1985.

김일순, 「조선민족 제일주의 정신의 본질」, 『철학연구 제4호』, 사회과학출판사, 1990.

김정일, 「주체사상에 대하여」(위대한 수령 김일성 동지 탄생 70돐 기념 전국주 체사상 토론회에 보낸 론문), 『로동신문』, 1982.

김정일, 「조선민족 제일주의정신을 높이 발양시키자」, 『친애하는 지도자 김정 일 동지의 문헌집』, 1989.

김정일, 「마르크스-레닌주의 와 주체사상의 기치를 높이들고 나아가자」, 『김정 일 주체사상에 대하여』 조선로동당출판사, 1991.

김정일, 「주체사상 교양에서 제기되는 몇 가지 문제에 대하여」, 『김정일 선집 제8권』, 조선로동당출판사, 1998.

김정일, 「주체사상 교양에서 제기되는 몇가지 문제에 대하여 조선노동당 중앙 위원회 책임일군들과 한 담화 1986. 7. 15」, 『김정일 선집 제8권』, 조선 로동당 출판사, 1998.

김정일, 「조선민족 제일주의 정신을 높이 발양시키자」, 『김정일 선집 제19권』, 조선로동당 출판사, 1997.

김정일, 『온 민족이 대단결하여 조국의 자주적 평화통일을 이룩하자』, 조선로 동당출판사, 2003.

김정일, 「민족주의에 대한 올바른 리해를 가질데 대하여」, 『김정일 선집 제15 권』, 조선로동당출판사, 2005.

『김정일 선집 제9권』, 조선로동당출판사, 1997.

『김정일 선집 제12권』, 조선로동당출판사, 1997.

『김정일 선집 제13권』, 조선로동당출판사, 1998.

『김정일 선집 제14권』, 조선로동당출판사, 2000.

리승철, 「민족성에 대한 주체적 리해」, 『철학연구』, 1999년 2호.

장석, 『김정일 장군 조국통일론 연구』, 평양출판사, 2002.

조선로동당출판사, 『주체의 민족이론』, 조선로동당출판사, 2003.

조성박, 『김정일 민족관』, 평양출판사, 1999.

최기환, 『6·15시대와 민족 공조』, 평양출판사, 2004.

3. 해외문헌

Anderson, Benedict, *Imaged Communities: Reflections on the Origin and Spread of Nationalism*, London: Verso, 1983; revised 1991.

Anthony Smith, D., *The Ethnic Origins of Nations*, New York: Blackwell, 1986.

Borkenau, Franz, *Socialism, National or International,* London, 1942.

Brubaker, Rogers, *Citizenship and Nationhood in France and Germany*, Cambridge M.A.: Harvard University Press, 1994.

Johann G. Fichte, *Reden an die deutschen Nation*, Fichtes Werke, hrsg. von I. H. Fichte, Bd. VII, Berlin 1971.

Frederick Coplrston S.J., *A History of Philosophy vol 6: The french enlightenment to kant*, New York: A Division of Doubleday & Company Icc. 1964.

Furth, Charlotte, "Intellectual Change: From the Reform Movement to the May Fourth Movement, 1895~1920", Fairbank, J. K. ed., *The Cambridge History of China,* Vol. 12. Part 1, Seattle: University of Washington Press, 1986.

Habermas, Jürgen, 1990. "Appendix Ⅱ", trans. William Rehg, *Citizenship and National Identiti Between Facts and Norms*, Cambridge: The MIT Press.

Hobsbawm, Eric, "Introduction: Inventing Tradition", in Hobsbawm and Terence Ranger eds., *Inventing Tradition*, Cambridge University Press, 1955.

Lamont DeHaven, King, "Nations Without Nationalism: Ethno-Political Theory and the Demise of the Nation-State", *Journal of developing societies,* E J Brill. 2002(SCOPUS).

Miller, David, "Socialism and Toleration", in S. Mendus, ed., *Justifying Toleration: Conceptual and Historical Perspectives,* Cambridge University Press, 1988.

Murphy, Aleasner B., "the Sovereign State as Political Territorial Ideal: Historical and Contemporary Consideration", in Thomas J. Bierstecker and Cynthia Weber eds., *State Sovereignty as Social Contruct*, Cambridge: Cambridge University Press, 1996.

Martiny, Alberecht., *Nationalismus und Nationalitatenfrage in sowjetischer Sicht*, H-A. Winkler(Hg.) lring Fetscher, Von Marx zur Sowjetideologie, Frankfurt/Brlin/Bonn, 1963.

Mason, Andrew, "Political Community, Liberal-Nationalism, and the Ethics of Assimilation", *Ethics*, University of Chicago Press, 1999.

Mill, J. S., *Utilitarianism, Liberty and Representative Government*, Everyman edition, London 1910.

Mill, John Stuart, "Considerations on Representative Government", London: Methuen, 1927.

Norman, Wayne, "Theorizing Nationalism(normativively): The First steps", in Bonald Beiner ed., *Theorizing Nationalism*. State University of New York Press, 1999.

Royal Institute of International Affairs, *Nationalism,* Oxford Univ. Press, London 1963.

Stilz, Anna, "Civic Nationalism and Language Policy", *Philosophy & public affairs,* Blackwell Publishing Ltd., 2009.

Tamir, Yael, 1993. *Liberal Nationalism Princeton*, Princeton University Press.

Tilly, Charles, "Reflection on the History of European State-Making", in C. Tilly,ed., *The Formation of National States in Western Europe*, Princeton, N. J.: Princeton Press, 1974.

Tilly, Charles, *Coercion, Capital, and European States, A.D. 990 - 1992*, Cambridge, M.A.: Blackwell, 1992.

Watson, Hugh Seaton, "Nations & States: An enquiry into the origins of nations and the politics of nationalism", (Methuen-London, 1997, University Paperback 776), London: Verso, 1983.

4. 인터넷 자료

http://www.websters-online-dictionary.net/definition/nationalism (2015.4.1)

찾아보기

저자소개

권순철(국제정치학박사)

육군사관학교 졸업(37기)
경남대학교 경영대학원 경영학석사
연세대학교 공학대학원 건축공학석사
경기대학교 정치전문대학원 국제정치학박사
현 국민대학교 정치대학원 겸임교수
현 한국문화안보연구원 사무총장

—